皮书系列

皮书系列

广视角 · 全方位 · 多品种

皮书系列

皮书系列

皮书系列

皮书系列

**皮书系列为“十二五”国家重点图书出版规划项目**

皮书系列

皮书系列

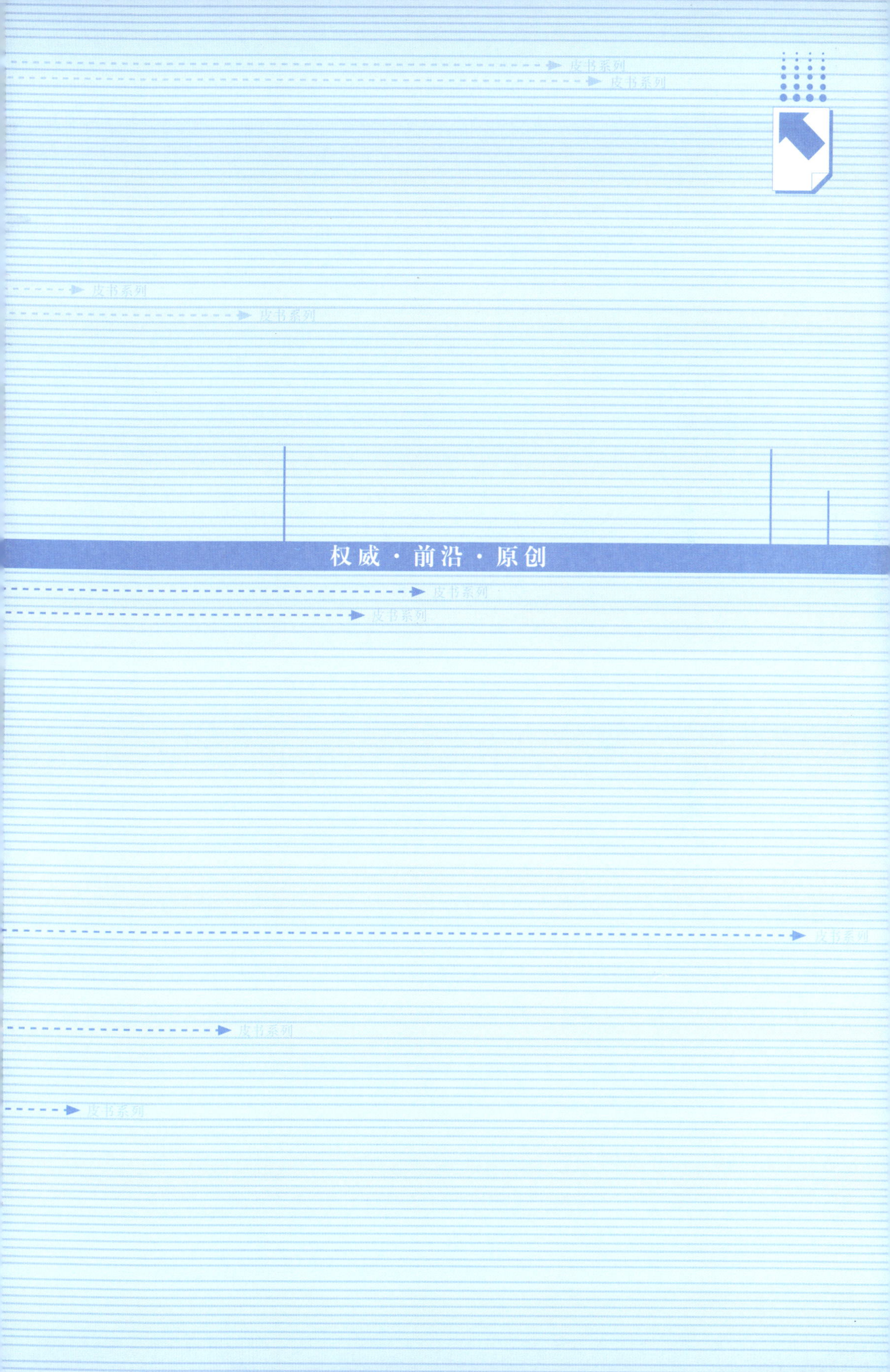
皮书系列
皮书系列
皮书系列
皮书系列
权威·前沿·原创
皮书系列
皮书系列
皮书系列
皮书系列
皮书系列

反腐倡廉蓝皮书

**BLUE BOOK** OF
COMBATING CORRUPTION
AND UPHOLDING INTEGRITY

# 中国反腐倡廉建设报告

*No.2*

REPORT ON COMBATING CORRUPTION
AND UPHOLDING INTEGRITY IN CHINA No.2

编／中国社会科学院中国廉政研究中心
主　编／李秋芳
副主编／王延中　孙壮志　马　援

社会科学文献出版社
SOCIAL SCIENCES ACADEMIC PRESS (CHINA)

**图书在版编目(CIP)数据**

中国反腐倡廉建设报告.2/李秋芳主编.—北京：社会科学文献出版社，2012.12
(反腐倡廉蓝皮书)
ISBN 978-7-5097-3789-7

Ⅰ.①中… Ⅱ.①李… Ⅲ.①反腐倡廉-研究报告-中国 Ⅳ.①D630.9

中国版本图书馆 CIP 数据核字（2012）第217693号

反腐倡廉蓝皮书
中国反腐倡廉建设报告 No.2

主　　编／李秋芳
副 主 编／王延中　孙壮志　马　援

出 版 人／谢寿光
出 版 者／社会科学文献出版社
地　　址／北京市西城区北三环中路甲29号院3号楼华龙大厦
邮政编码／100029

责任部门／皮书出版中心（010）59367127　　责任编辑／丁　凡
电子信箱／pishubu@ssap.cn　　责任校对／韩海超
项目统筹／邓泳红　　责任印制／岳　阳
经　　销／社会科学文献出版社市场营销中心（010）59367081　59367089
读者服务／读者服务中心（010）59367028

印　　装／北京季蜂印刷有限公司
开　　本／787mm×1092mm　1/16　　印　　张／25.25
版　　次／2012年12月第1版　　字　　数／338千字
印　　次／2012年12月第1次印刷
书　　号／ISBN 978-7-5097-3789-7
定　　价／79.00元

# 主要编撰者简介

**李秋芳** 中国廉政研究中心理事长。主要研究领域：廉政理论与实践、性别平等与发展、社会发展政策。

**王延中** 社会学博士，中国社会科学院研究员，中国廉政研究中心副理事长。主要研究领域：劳动社会保障、廉政理论与实践、产业经济。

**孙壮志** 法学博士，中国社会科学院研究员，中国廉政研究中心副理事长兼秘书长。主要研究领域：国际政治、上海合作组织、廉政理论与实践。

**马　援** 经济学博士，中国社会科学院副研究员，中国廉政研究中心副理事长。主要研究领域：宏观经济发展与社会建设、廉政理论与实践。

# 摘 要

《中国反腐倡廉建设报告 No. 2》坚持“建设”主题，从学术视角冷静观察、客观解读、全面反映我国反腐倡廉建设的最新进展和成效。全书由主编观察、总报告、专项报告、地方报告和专题报告组成。

主编观察盘点了近年来特别是从 2011 年至 2012 年我国党风廉政建设和反腐败斗争状态，对当下反腐倡廉建设实践进程作出“一强三高”的判断（部门和地方治理腐败“力度强”，公众对于腐败问题“关注度高”，社会对于治理腐败“参与度高”，人民对于反腐败成效“期盼度高”），回答了如何看待一些重要领域和关键岗位严重腐败案件频发的深层次原因、如何看待公众对腐败问题的“痛感”与“麻木感”、对于中国治理腐败的历史进程该持何种心态这三个不容回避的问题，得出“科学规制权力始终是反腐倡廉建设的核心问题”的结论。

总报告从惩治腐败和纠正不正之风、强化综合监督、规制公共权力、监管公共资金资源资产、强化公职人员道德诚信和行为规范、推进社会廉洁文化建设等六个方面，对全国反腐倡廉建设进程与效果进行了综述。根据实地调研、问卷调查和舆情分析，反映了社会公众对反腐倡廉建设进展与成效的评价，梳理了社会普遍关注的与反腐败密切相关的热点问题，主张科学规制“一把手”权力，加强制度的有效供给，用“刚性”制度推动领导干部为群众服务，建立遏制“三公”奢侈浪费现象的长效机制，用力防治社会领域的腐败。

专项报告系统总结了我国公务用车问题专项治理、法院系统惩防体系建设及卫生领域反腐倡廉建设的做法及成效，对相关领域反腐倡廉建设的深层次问题进行了思考，就深入推进相关领域的工作提出了建议。

地区报告全景式概述了七个地区反腐倡廉建设进展及成效：宁夏以党风廉政建设责任制正风气促发展；天津以“板块化、系统化、网络化、信息化”推动跨越发展；黑龙江以“八项工程”提升反腐倡廉建设的系统性、整体性、协调性和针对性；湖南在法治建设中推进制度反腐；海南在国际旅游岛发展战略中实抓反腐倡廉建设；四川反腐倡廉建设为加快建设西部经济发展高地、加快建设灾后美好新家园提供坚强保障；江苏扬反腐倡廉旗帜，保“率先全面建成小康社会、率先基本实现现代化”发展。

专题报告以一地某项特色工作为选题，梳理做法，分析成效，升华理念，展示其实践创新的最新成果，介绍了云南以干部问责加强公共服务机构建设的实践、山西以“阳光农廉网”开辟农村防腐新视域的做法、四川抗震救灾和灾后重建中应急监督的实践创新、合肥改革招投标制度防治工程建设腐败的做法、宁波创建社区廉政工作室推进基层廉洁工程的探索。

# Abstract

*Report on Combating Corruption and Upholding Integrity in China No.* 2 adheres to the theme "construction" and observes soberly, interprets objectively and reflects comprehensively the most recent progress and effect of construction of combating corruption and upholding integrity in China from an academic perspective. The book includes observations by the Chief Editor, general report, special reports, regional reports and thematic reports.

The Chief Editor summarizes the work of improvement of Party work style and fighting against corruption in recent years, 2011 and 2012 in particular, and makes the judgment of "one strong and three high degrees" concerning the current process of fighting against corruption and building a clean government: "strong intensity" of corruption governance by departments and localities, "high degree of concern" over corruption by the public, "high degree of participation" by the society in governing corruption and "high degree of expectation" of people for anti-corruption effect. The Chief Editor answers the three unavoidable questions of how to look at in-depth causes for the frequent occurrence of corruption in some important fields and important positions, how to look at the public "hatred" and "indifference" towards corruption and what attitude one should adopt toward the historical process of corruption governance in China, and comes to the conclusion that "scientifically regulating power is always a core issue for fighting against corruption and building a clean government".

The general report provides an overview of the construction process and effect of combating corruption and upholding integrity from the six aspects: punishing corruption and overcoming unhealthy tendencies,

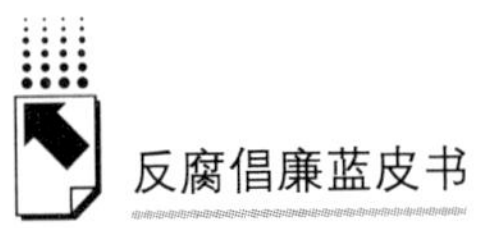


strengthening comprehensive supervision, regulating public power, overseeing public funds, resources and assets, improving moral integrity and code of conduct of civil servants and promoting social honest and clean cultural construction. Through field research, questionnaire surveys and public sentiment analysis, the general report reflects the public assessment of the progress and effect of the construction of combating corruption and upholding integrity, sorts out hot issues closely associated with anti-corruption. The general report proposes that the power of "chief leader" should be scientifically regulated, more effective institutions should be made, "rigid" systems should be designed to force leading cadres to serve the people, long-term and effective mechanism should be constructed to restrain official consumptions, and corruption in the social field should be prevented by practical measures.

The special reports sum up systematically the practice and effect of "governance of government cars", "construction of punishment and prevention system in the court system" and "construction of combating corruption and upholding integrity in the public health field", ponder over issues of anti-corruption construction in relevant fields and put forward suggestions for the further advancement of work in related areas.

Regional reports panoramically outline the progress and effect of anti-corruption construction in seven regions: healthy tendencies are nourished and development is promoted through responsibility system of construction of CPC work style and clean government in Ningxia; Tianjin promotes leapfrog development with departmentalization, systematization, networks and informatization; Heilongjiang enhances the systematicness, wholeness, coordinatedness and pertinence of anti-corruption construction through "eight projects"; Hunan advances institutional anti-corruption in the construction of rule of law; Hainan carries out anti-corruption in its international traveling island strategy, the anti-corruption construction in Sichuan provides strong guarantee to quickening the pace of economic development in the West Region and home building in the post-earthquake era; and Jiangsu tries to ensure "be the first to build an overall well-off society and realize modernization" through anti-corruption.

Each thematic report features one particular work in a particular area, sorts out its practice, analyzes its results, conceptualizes the ideas and demonstrates its most recent innovative achievements. The thematic reports introduce the following themes: the practice in Yunnan of strengthening construction of public service institutions with accountability, the practice of opening up new areas of corruption prevention in rural areas through "www. nlw. com", the practice and innovation of the contingency supervision in earthquake relief operation and post-disaster reconstruction in Sichuan, the reform of tendering and bidding system to prevent and govern corruption in project construction in Hefei, and the exploration of establishment of clean government work offices in communities to promote honest and clean government construction at the grassroots level in Ningbo.

# 目 录

## 主编观察



## ⅭⅠ 总报告



## BⅡ 专项报告

## BⅢ 地区报告



## BⅣ 专题报告

## BV 附录



皮书数据库阅读**使用指南**

# CONTENTS

## B II Special Reports



## B III Regional Reports

## BIV Thematic Reports



## BV Appendix

# 主编观察

## 有效规制权力始终是反腐倡廉建设的核心问题

李秋芳

中国正处在反腐败斗争的关键期。反腐败形势依然严峻，反腐败力度持续加大。2011～2012年，全国各级领导班子集中换届选举，这是一个“盘点”过去和“规划”未来的重要时段。党的十八大清醒而客观地判断反腐败形势，坚持“反对腐败、建设廉洁政治”的鲜明政治立场，提出“干部清正、政府清廉、政治清明”的反腐倡廉建设标准，符合民意；中央政治局迅速作出改进工作作风密切关系群众的“八项规定”，一个从严治党的责任担当，一个注重行为示范的政治承诺，一股务实真诚的扑面清风，深乎民心。各地党代会对反腐倡廉建设的回溯与展望，均凸显出系统防治、多措并举、整体推进、保障发展的轨迹，“建设”始终是党风廉政建设和反腐败斗争的主题词。

在惩治科目的“账本”上，有无论职位高低只要发现腐败问题便被查办的一批腐败案件；有对工程建设、商业贿赂、公务用车、公款出国、收送“红包”等突出问题的各类专项治理；有对食品安全、征地拆迁、环境保护、安全生产、土地使用、农用物资中损害群众利益问题的系列纠风治乱。让为民执政的宗旨“落地生根”，务必要回应人民群众关切的问题，把查办腐败案件、消除群众身边的腐败现象、治理行业不正之风及突出问题作为反腐倡廉建设的着力点。只有坚持打击腐败不妥协、不放松，以此促进社会的公平正义，人民群众才会受益，人民群众才能满意。

在改革实践的“清单”上，清权、削权、分权、限权、确权、亮权及其监督问责的方案大同小异，规制权力的范围从司法执法、组织人事、行政审批、财政金融、国土资源、政府采购等关键领域扩展到教育卫生、新闻体育、文化科研等社会领域，防范腐败风险的具体做法有共性选择，也有个性创新。那么，人民对其满意度如何？可以检索各地的行风评议、政务办事大厅的群众评议和网民博客的在线评议，由公众检验与评说。让公共权力在行使过程中保持公共属性，必须充分发挥市场机制配置资源的基础性作用，对公职人员支配公共资金、资源和资产的行为进行规制，给公权行使者特别是手握实权者套上“缰绳”。

在多方搭建的教育平台上，理想信念教育、岗位道德教育、行为示范教育、案例警示教育是“主要模板”。任职法规考试、网络空中课堂、廉政教育基地等对廉政知识的“群体强化”，正在替代领导干部作报告、讲党课等“单向传输”。各地推出的古代清官、廉政格言释放着廉洁文化传统的影响力，身边当代廉政典型则阐发着行为教育的说服力。让作为中国工人阶级和中华民族先锋队的中国共产党始终保持纯洁性，党员干部必须对人民忠诚、对社会诚信、对岗位负责，以“实践”诠释理想信念，用“行为”彰显廉洁人格。传播纯洁性的方式可以万紫千红、百花争艳，实践纯洁性的标准必须是知行统一、表里如一。

跟进反腐倡廉建设的实践进程，“一强三高”状态呈现在眼

前：部门和地方治理腐败“力度强”，具有各自特色的惩治和预防腐败体系正加紧构建；公众对于腐败问题“关注度高”，通过亲历或耳闻感知和针砭着腐败现象；社会对于治理腐败“参与度高”，从多种途径以多种方式介入了反腐倡廉建设进程；人民对于反腐败成效“期盼度高”，在肯定治理腐败取得一定成效的同时也不断提出新的要求。值得注意的是，对于治理腐败问题，社会大众关注中有疑惑，参与中有议论，期盼中有焦虑，诸多不容回避的问题提到面前，需用冷静心态来对待，更要用客观事实来回答。

首先，面对严重腐败案件频发的现象，如何看待其深层原因？尽管我国保持了严惩腐败的高压态势，但一个时期以来一些重要领域和关键岗位出现“前腐后继”现象，特别是党政“一把手”腐败案件影响很大。党内和社会禁不住发问：究竟为什么？2012年因腐败被“拉下马”的原铁道部部长刘志军说：“官做到我一级，就没有什么人能管得着了”。因腐败犯罪进入“铁窗”的许多原党政“一把手”们也用相似的话作了解答：“没有谁能真正监督我”。腐败大要案频发的地带，往往是权力大、资源多的关键领域和关键岗位，包括位高权重的“一把手”岗位。正是腐败易发地带的体制机制不健全和制度落实不到位，导致了对权力的监督失效，使权力制约成为虚置和空谈，腐败行为才有了机会和空间。因此，必须加快推进关键领域体制机制制度的深度改革，始终把对公共权力的准确认知、科学配置和有效监管作为反腐倡廉建设的核心问题，尤其实现对关键岗位权力的有效制衡。

其次，面对众说纷纭的社会舆论，如何看待公众对腐败问题的“痛感”与“麻木感”？近年来，在社会关注的热点问题中，反腐败问题高居前位。由于价值观、评判标准和地位利益不同，不同社会群体对于腐败现象的主观感觉出现差异，“痛感”与“麻木感”并存。应当看到，有着“痛感”的人们，持有对廉洁标准的坚守和清廉风气的向往，信奉公共权力源自人民且须服务于人民的基本价值观，对于滥用公权谋取私利的腐败现象敏感而痛恨，也有极少数人把自己感到不如意的事情都归咎于腐败而产生腐败泛化心理。有着“麻木感”的人们，有“只要经济发展了有些腐败也算正常”的过度宽容心，而当“自己有事情要办”时也可能加入到不当交易的行列中。社会对于腐败状况的感知评价和行为选择，是反腐倡廉建设必须观察的“晴雨表”。任何时候都不可忽视社会对腐败现象存在的“宽容心”或“麻木感”，要清醒地认识和防范腐败病毒蔓延扩散的风险；应始终高度重视广大人民群众对腐败现象表示出的“痛感”，将其作为对腐败分子的巨大压力，更作为反腐倡廉建设的强大动力。

再次，面对依然严峻的反腐败形势，对于中国治理腐败的历史进程该持何种心态？中国改革开放30多年来，在创造经济发展奇迹的同时，也遭遇到严重腐败问题的困扰。如今社会财富多，物质利益刺激性强，腐败动机诱惑大，公职人员和利益攸关者一旦心理失衡，容易陷入钱权交易的泥潭。这些年来，腐败案件发生率高位运行，涉案金额的增长速度令人触目惊心，腐败分子从基层干部到高级干部影响都很恶劣。纵观世界反腐败历史，处于经济快速发展和社会转型期的国家，腐败也往往易发多发，而走出腐败高发期均非一日之功。中国的反腐败斗争正在经历“在坡路上艰难行进”的阶段。因此，全党全社会既要“只争朝夕”做在当下，抓紧解决目前存在的突出问题，又要树立长期作战思想，克服急躁速胜心理，在反腐倡廉建设这场不可避免的“持久战”中，磨砺出与腐败势力进行顽强博弈的钢铁意志，不断积小胜为大胜，在全面建成小康社会和社会主义现代化国家的进程中，满

怀信心地迎来风清气正的社会景象。

中国社会科学院2011年发布首部蓝皮书《中国反腐倡廉建设报告No.1》后，引起社会强烈反响。2012年度蓝皮书所收录的报告，源自近一年来课题组对足迹踏过的东西南北中10余个省、市、自治区的实地调研和问卷调查。中国社科院正在实施哲学社会科学创新工程，完善科研评价机制，创新研究方法，使课题组把触角向基层向实践伸得更长、扎得更深：座谈讨论直面干部学者群众，问卷调查入户访问公众，所提问题直截了当，“每周公款吃喝几次”、“收送了多少礼品礼金”、“一年来办事是否发生了额外费用”等被认为“很尖锐”的提问，不容回避也不得商量，请干部群众当场独立作答，干部主观评价与群众亲身经历相互印证，定性分析与定量统计相互结合。基于深入细致的调研作风，科学严谨的调查数据，使得报告对反腐倡廉建设进程及效果的陈述客观性强、真实度高。

中国社会科学院2012年度调查问卷显示，人民群众对于我国今后5~10年治理腐败保持了“很有信心”和“较有信心”的稳定度。在社会舆论不断发出“越查越腐”的声音时，为何广大人民群众能有如此的信心度？其一，中国共产党始终对现存的严重腐败现象保持着清醒认识，秉持了对腐败问题绝不姑息的坦诚态度，坚持了旗帜鲜明地反腐败的坚定立场。其二，当前的反腐败斗争，特别注重治理发生在群众身边的腐败问题，纠正损害群众利益的不正之风，而治理的目标是务必让人民群众受益。其三，反腐败斗争是一场“人民战争”，在党风廉政建设和反腐败斗争中，党和国家始终在依靠人民群众的支持与参与。

在实地调查中，课题组直接接触了众多党政干部和基层群众。当深入讨论到我国当今复杂多样的腐败现象时，干部、学者、基层群众均忧心忡忡，迫切要求对严重腐败问题“下猛药以起沉疴”。而仔细“品味”部门和地区治理腐败的举措时，也真切感受到许多党员干部的政治勇气和担当精神，他们敢于触碰治腐难题，用“真招儿狠劲儿”查治问题和推进改革，去“得罪”不当利益获得者，努力维护人民群众的利益。深入解析这些地区和部门党员干部的理念与行为，感悟出了什么是“忠诚”和“责任”。

2012年度《中国反腐倡廉建设报告》，通过反映中央国家机关有关部门和一些地方在反腐倡廉建设中作出的艰辛探索和务实努力，试图引发全党全社会对反腐倡廉建设更加深入的思考和更加广泛的参与，用时间与实践做出一份中国成功走出一些领域和地区腐败易发多发期的历史答卷。

# 总 报 告

General Report

## B.1

# 中国反腐倡廉建设实践与成效报告

中国社会科学院反腐倡廉建设课题组*

党的十七大以来，是中国出台反腐倡廉法规制度最多、实施源头治理改革最多、采取维护群众利益措施最多、反腐败国际合作进展最快的时期之一。以胡锦涛同志为总书记的党中央坚持以科学发展观统

---

* 课题组组长：李秋芳，中国社会科学院中国廉政研究中心理事长。课题组副组长：王延中，中国社会科学院中国廉政研究中心副理事长、研究员；孙壮志，中国社会科学院中国廉政研究中心副理事长、秘书长、研究员；马援，中国社会科学院中国廉政研究中心副理事长、副研究员；刘克平，中国社会科学院中国廉政研究中心副理事长；高波，中国社会科学院中国廉政研究中心副秘书长、编辑。课题组核心成员：范雷，中国社会科学院社会学所副研究员；蒋来用，中国社会科学院中国廉政研究中心副秘书长，副研究员；于树一，中国社会科学院财经战略研究院助理研究员；王继锋，中国社会科学院中国廉政研究中心助理研究员；田坤，中国社会科学院中国廉政研究中心助理研究员；曹永，中国社会科学院中国廉政研究中心助理研究员；范三国，中国社会科学院中国廉政研究中心助理研究员；王田田，中国社会科学院中国廉政研究中心助理研究员；陈振，中国社会科学院中国廉政研究中心实习研究员。主要执笔人：李秋芳、孙壮志、高波、范雷、曹永、范三国、王田田、蒋来用、于树一、王继锋、田坤、陈振。

领经济社会发展全局，提出坚决惩治腐败是执政能力的重要体现，有效预防腐败更是执政能力的重要标志，确立了标本兼治、综合治理、惩防并举、注重预防的工作方针，以完善惩治和预防腐败体系为重点加强反腐倡廉建设，在坚决惩治腐败的同时，更加注重治本，更加注重预防，更加注重制度建设，大力保持党员干部的思想纯洁、队伍纯洁、作风纯洁和清正廉洁，使我国反腐倡廉工作进入整体推进、系统治理、创新发展的新阶段。[①]

各级党委、政府和纪检监察机关既注重做好党风廉政建设和反腐败斗争的基础工作，又着力解决人民群众反映强烈的突出问题，党风廉政建设和反腐败工作取得新的成效。为跟踪评估反腐倡廉建设的进展及其效果，中国社会科学院“反腐倡廉建设课题组”于2011年12月至2012年6月对8个省（区、市）实施了重点实地调研，并在全国东西南北中14个省（区、市）组织开展了2011～2012年“反腐倡廉建设成效社会评价”问卷调查（以下简称“问卷调查”）。课题组对我国反腐倡廉建设最新进展分析报告如下[②]。

## 一　依纪依法惩治腐败和纠正不正之风

各级纪检监察机关加大查办案件、纠风治乱和专项治理力度，对腐败分子和消极腐败现象严肃查处，决不姑息，不断以惩治腐败和不正之风的新成效取信于民。

### （一）保持查办案件工作的强劲势头

突出查办案件工作重点，严肃查办发生在领导机关和领导干部中的

① 参见《中国的反腐败和廉政建设》白皮书。

② 本报告引述的材料和数据截止时间为2012年12月。

违纪案件，查办案件工作力度持续加大。2011 年，全国纪检监察机关共接受信访举报 1345814 件（次），立案 137859 件，结案 136679 件，处分 142893 人（见图 1）。其中，共处分县处级以上干部 4843 人，移送司法机关的县处级以上干部 777 人。通过查办案件，为国家挽回经济损失 84.4 亿元。从党的十七大以来到 2012 年 1 月底，中央和 31 个省（区、市）纪委案件监督管理部门共办理督办案件（含清理超期案件）8210 件，办结 7598 件，有力地促进了查办案件工作的深入开展。[①] 2007 ~2012 年 5 月，全国检察机关通过劝返、遣返等方式抓获外逃职务犯罪嫌疑人 76 人，在国内每年的追逃专项行动中年均抓获在逃犯罪嫌疑人 1300 名左右，保持了追逃追赃的高压态势。[②] 中央坚决查处了铁道部原党组书记、原部长刘志军滥用职权为民营企业主谋取巨额非法利益、收受巨额贿赂的案件，给予刘志军开除党籍和公职处分，移送司法机关依法处理，同时还发现和查办了铁道部原副总工程师兼运输局局长张曙光等 9 起铁路系统领导干部严重违纪违法案件。2012 年 5 月 18 日，赖昌星被厦门市中级人民法院判处无期徒刑，剥夺政治权利终身，并处没收个人全部财产。赖昌星一案的公开审判，向世人表明了中国政府打击犯罪、惩治腐败的坚定决心。中央纪委监察部还查处了浙江省人大常委会原副主任张家盟、江西省政协原副主席宋晨光、内蒙古自治区政府原副主席刘卓志、吉林省原常务副省长田学仁、山东省原副省长黄胜等大案要案。2012 年 9 月 28 日，中央决定给予薄熙来开除党籍、开除公职处分，对其涉嫌犯罪问题及犯罪问题线索移送司法机关依法处理。对薄熙来严重违纪问题的查处，进一步表明了党中央反腐败的鲜明立场和坚定决心。

各地区各部门查处了一批有影响的重大案件。从 2010 年 1 月至 2012

---

① 钟季安：《案件督办：既要“办了”，更要“办好”》，2012 年 6 月 1 日《中国纪检监察报》。

② 杨振江：《认真履行检察职责 增强防逃工作预见性、主动性、震慑性和针对性》，2012 年 5 月 31 日《中国纪检监察报》。

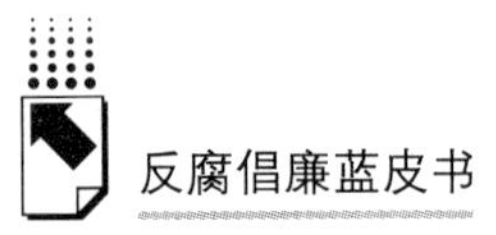


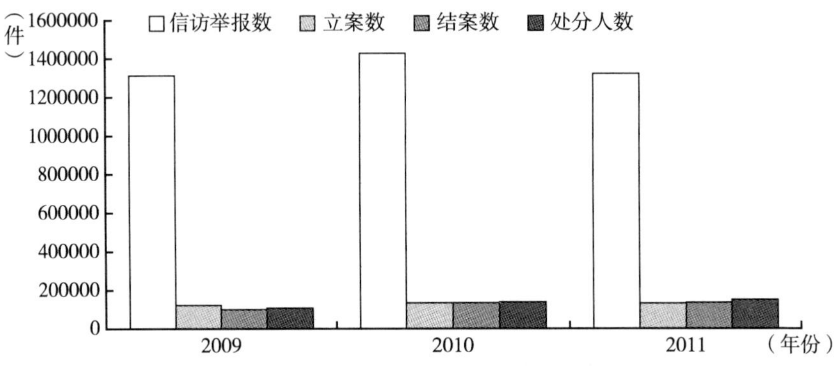


**图1　2009～2011年全国案件查办情况**

说明：2009年为1～11月数据。

年3月，广东省纪检监察机关立案查处违纪违法案件10336件10856人，其中涉及地厅级干部74人，县处级干部503人；给予党纪政纪处分9546人，其中地厅级干部79人，县处级干部453人；移送司法机关依法处理409人；[①] 查处的茂名市原市委书记罗荫国系列案共涉及省管干部24人，县处级干部218人，挽回直接经济损失3.2亿元。[②] 2011年7月，山西省启动了解决基层涉纪信访难题的"百日大会战"，截至当年10月初，1038件案件全部在基层得到化解，查实率达79.8%，给予党纪政纪处分1127人，移送司法机关103人，收回违纪资金4137万元。[③] 2011年，全国卫生系统查处商业贿赂案件169起，涉及金额4231.76万元人民币，289人受到党纪政纪处分及其他处理，75人被追究刑事责任。[④] 全国共纠正土地违法违规问题2.3万个，立案1.17万件，结案1.05万件，给予党纪政纪处分4166人，给予44名地方政府负责人、29名国土

---

① 《省纪委通报违纪违法典型案件》，http：//www.gdjct.gd.gov.cn/main/zhyw/2012041317343.shtml，访问时间：2012年11月7日。

② 翁健：《广东省纪委通报一批典型案件》，2012年4月14日《中国纪检监察报》。

③ 石艳红等：《真情化解千千结》，2012年7月6日《中国纪检监察报》。

④ 《中国卫生部：严查商业贿赂案件》，http：//www.chinanews.com/fz/2012/02－02/3640849.shtml，访问时间：2012年11月7日。

资源部门负责人纪律处分。[①] 2012 年 6 月 13 日，中国足协原副主席南勇、谢亚龙犯受贿罪分别被法院判处有期徒刑 10 年 6 个月，这标志着始于 2009 年的中国足坛腐败案暂告一段落。

### （二）违纪违法行为惩戒制度渐成体系

惩戒违纪违法行为的主体法规基本完备，配套法规制度不断完善，针对不同领域问题的专门惩戒制度陆续出台。据不完全统计，党的十七大以来，中央纪委监察部单独或会同有关部门制定法规制度 50 余部，各省、自治区、直辖市制定反腐倡廉法规制度和规范性文件达 500 余件。[②] 中央纪委监察部相继制定出台了党员领导干部违反规定插手干预工程建设领域行为、用公款出国（境）旅游违纪行为适用《中国共产党纪律处分条例》的《问题解释》和《处分规定》、《党政领导干部选拔任用工作责任追究办法（试行）》等制度。监察部联合国务院有关部门颁布了《海域使用管理违法违纪行为处分规定》《违反土地管理规定行为处分办法》《统计违法违纪行为处分规定》《公安机关人民警察纪律条令》等政纪处分规定。

2012 年，中央纪委印发《违反〈国有企业领导人员廉洁从业若干规定〉行为适用〈中国共产党纪律处分条例〉的解释》《违规发放津贴补贴行为适用〈中国共产党纪律处分条例〉若干问题的解释》和《中央纪委关于使用“两规”措施的规定》等，为查处违纪违法行为提供了制度支撑。随着党纪政纪处分制度的起草、修订、解释和清理工作不断加强，已基本形成由基本法规、配套规定和解释所组成的违纪违法行为惩戒制度体系。

---

① 《中央纪委常委、监察部副部长、国家预防腐败局副局长屈万祥通报 2011 年纠风和执法监察工作中查处违纪违法案件的情况》，http：//www.lianzheng.com.cn/c34850/w10228958.asp，访问时间：2012 年 11 月 7 日。

② 干以胜：《扎实推进反腐倡廉法规制度建设》，《中国监察》2011 年第 17 期。

### （三）在纠风和专项治理中维护群众利益

着力解决征地拆迁、矿产资源开发、学校办学、医药购销和医疗服务、食品药品制售等10个方面发生在群众身边的腐败问题，切实维护群众利益。2011年，全国共查处违法违规强制征地拆迁问题1480个，责任追究509人。为纠正保障性住房建设、配置等环节的不正之风，各级纠风办参与保障性住房检查项目2.6万多个（次），查处违法违纪问题307个，对贯彻执行国家调控政策不到位的市政府负责人约谈260人（次）。全国共纠正和查处农村土地承包、耕地占补平衡中损害农民土地权益问题1.4万个，查处哄抬农资价格、制售假劣农资坑农害农问题3.2万个，涉及金额4.3亿元，查处乱收费、乱罚款、乱摊派等损害农民利益问题2821个，责任追究1982人。全国共查处挤占、截留、挪用和骗取医改资金问题5588个，涉及金额3289万元；查处收受回扣、红包、开单提成和各种乱收费行为问题13387个。[①] 2011年，吉林省各级纪检监察机关共办理涉及民生问题的信访举报案件4152件，占吉林省信访举报总量的23.76%；给予党纪政纪处分4251人，移送司法机关136人，解决民生信访问题1635个。[②] 四川省着力纠正医药购销和医疗服务中的不正之风，基层医疗机构全部实行“零差率”销售，县级及以上医院采购药品153.7亿元，降价总额达43亿元，降幅近三成。[③] 陕西省2010年在全省县以下推行信访听证终结制度，截至2012年6月初，全省共实施信访听证终结517起，无一出现反复。[④]

以治理公务用车问题为重点，工程建设领域突出问题，庆典、研讨会、论坛过多过滥问题，公款出国（境）旅游，“小金库”等专项

① 姜洁：《着力维护群众的切身利益——2011年纠风工作扎实推进》，2012年1月9日《人民日报》。

② 董亮：《吉林纪检监察机关便捷惠民办信访》，2012年7月9日《中国纪检监察报》。

③ 李雪竹：《四川抓重点促纠风》，2012年7月9日《中国纪检监察报》。

④ 叱骁峰：《让“老大难”不再难》，2012年6月6日《中国纪检监察报》。

治理工作不断深化，逐步建立长效机制。党政机关公务用车问题专项治理工作开展一年来，中央和国家机关本级公务用车压减达35%。截至2012年6月，全国共清理出违规公务用车19.96万辆。一些地方在换届时严控新购新配公务用车，减少了车辆购置，节约了财政资金。[①]据不完全统计，公务用车专项治理工作开展以来，各级专项治理工作机构共督办查处群众信访举报和媒体披露的案件949件，给予党纪政纪处分170人。对腐败发案率较高的工程建设领域的治理力度持续加大。从2009年7月至2011年11月，全国共受理工程建设领域违纪违法问题举报4.23万件，查实2.02万件，给予党纪政纪处分15109人，其中厅局级干部89人，县处级干部1465人，移送司法机关7891人。[②]

治理公职人员“收送红包”。从近年来查处的违纪违法案件看，不少经济违纪违法案件都涉及收送“红包”问题。2012年5月，新闻出版总署、全国“扫黄打非”工作小组办公室、中央纪委驻新闻出版总署纪检组三部门在全国部署开展了为期三个月的打击“新闻敲诈”、治理有偿新闻的专项行动，重点治理利用“采访”活动敲诈勒索、牟取利益、接受企业和公关公司“红包”、搞有偿新闻或“有偿不闻”等行为。[③]海南省在2011年领导干部违规收送礼金问题专项治理中，有168人次主动上交礼金、红包1170多万元。[④]辽宁、湖北、青海、江西、财政部、国家质检总局等地区和部门开展了收送红包礼金问题的重点治理。财政部把整治礼金礼卡工作与单位内部廉政风险防控管理工作相结合，坚持“教育为先、预防为主、自我纠正”的原则，与所

---

① 《贺国强对公务用车问题专项治理工作作出重要批示》，http://news.xinhuanet.com/politics/2012-06/14/c_112219723.htm，访问时间：2012年11月7日。

② 《中央纪委常委、监察部副部长、国家预防腐败局副局长屈万祥通报2011年纠风和执法监察工作中查处违纪违法案件的情况》，http://www.lianzheng.com.cn/c34850/w10228958.asp，访问时间：2012年11月7日。

③ 《打击“新闻敲诈”　治理有偿新闻》，2012年5月4日《人民日报》。

④ 《海南省2011年党风廉政建设和反腐败工作综述》，2012年2月13日《海南日报》。

辖41个单位2028人签署《确认书》，坚持收缴情况每日一报制度。[①]广东省印发了《关于贯彻落实〈廉政准则〉深入开展治理收送“红包”问题工作的意见》，要求领导干部要公开作出拒收拒送“红包”的承诺，节假日提醒，在省和各地级以上市统一设立廉政账户。[②]茂名市鼓励干部群众实名举报“红包”问题，并对属实举报，按查实“红包”金额的20%、最高不超过5万元的标准予以奖励。2011年，全国共有44150名党员干部主动上交现金、有价证券和支付凭证等共计3.86亿元。[③]

部门地区开展了各具特色的专项治理。国土资源部实施“两整治一改革”[④]专项行动成效明显，2011年以来国土资源系统违纪违法案件同比下降44%，首次实现了违纪违法案件被处理人数同比下降，省级国土资源部门政风行风评议名次上升的占83.3%。[⑤]公安部“打四黑除四害”专项行动把矛头直指“黑作坊”“黑工厂”“黑市场”“黑窝点”，重点治理严重危害群众餐桌安全的“瘦肉精”“地沟油”问题等，在3个月时间里共查破案件13.2万余起，抓获违法犯罪嫌疑人9万余名，捣毁“四黑”场所2.8万余个，打击了危害人民群众生命健康和财产安全的违法犯罪活动，[⑥]相关负有责任或涉案的管理人员受到严肃处理。2011年，河南省焦作市在查处“瘦肉精”案件中，包

① 《各地区各部门认真落实〈廉政准则〉扎紧廉洁自律篱笆》，2011年12月27日《人民日报》。

② 《广东省召开深入治理收送“红包”问题新闻发布会》，2011年12月31日《南方日报》。

③ 《各地区各部门认真落实〈廉政准则〉扎紧廉洁自律篱笆》，2011年12月27日《人民日报》。

④ 即“土地和矿业权交易市场、整纪纠风两个专项整治及深化国土资源管理制度改革专项行动”。

⑤ 陈治治：《党风廉政建设是国土资源事业发展的生命线》，2012年7月5日《中国纪检监察报》。

⑥ 《“打四黑除四害”行动百日破案13.2万余起》，http：//legal.people.com.cn/GB/188502/16569963.html，访问时间：2012年11月7日。

括8名县处级干部在内的27名公职人员被处分，3名公职人员被判刑。[①] 2012年初，广东开展了“三打两建”[②] 活动，截至6月初，共计打掉欺行霸市团伙1331个[③]；查结商业贿赂案件147件，涉及金额2.23亿元，涉及国家机关工作人员410人，其中受到查处的为不法分子充当“保护伞”的党员干部和公职人员21人[④]。宁夏有关部门开展对中南部地区35万生态移民工程的专项督查150多次，拆除重建不合格移民住房264栋，清退信誉不良施工单位8家，下发整改通知书或建议书162份，33名责任人被问责处理。[⑤]

## 二　多管齐下强化综合监督

突出重大决策贯彻落实、领导干部廉洁自律、公共权力规范运行等重点，创新监督方式方法，完善多主体、全方位、网络化的综合监督长效机制。

### （一）对重大决策部署执行情况实施监督检查

同步监督中央加快转变经济发展方式等决策部署贯彻落实。2011年以来，中央纪委、监察部会同国家发展改革委、住房和城乡建设部、水利部、环境保护部、国土资源部等先后两批次派出22个中央检查组，对31个省（区、市）贯彻落实中央关于加快转变经济发展

① 刘靖等：《“四个转变”打响食品安全保卫战》，2012年6月3日《中国纪检监察报》。

② 即“打击欺行霸市、打击制假售假、打击商业贿赂，建设社会信用体系、建设市场监管体系”专项治理。

③ 《广东今年“三打两建”行动打掉欺行霸市团伙1331个》，http://www.chinanews.com/df/2012/06-27/3991525.shtml，访问时间：2012年11月15日。

④ 孙崇鸽等：《铁拳打破保护伞——广东韶关查处涉赌商业贿赂案纪实》，2012年6月15日《中国纪检监察报》。

⑤ 吴少男：《擦亮“监督之眼”——宁夏纪检监察机关2011年监督检查综述》，2012年1月31日《宁夏日报》。

方式决策部署情况进行两轮集中检查，重点检查中央关于水利改革发展、保障性安居工程建设以及节能减排和环境保护、耕地保护和节约用地等政策措施的落实情况，发现和纠正了一批突出问题。国家民委、水利部、国家粮食局、新疆生产建设兵团围绕中央关于民族地区经济社会发展政策、中央新疆工作座谈会和支持兵团经济社会发展政策及援疆项目资金落实情况开展监督检查，促进了经济社会稳定发展。

各地区结合实际开展专项监督检查。广东省出台了《“加快转型升级建设幸福广东”工作监督检查暂行办法》，规范监督检查工作。2012年初，广东省监察厅成立派驻港珠澳大桥工程监察专员办，同步监督800亿元项目投资。[①] 青岛市建设了财政专项资金网络监管系统、保障性住房建设管理和分配监控系统、工程建设领域信用信息平台、政府投资项目全流程网上办理和监督监察系统等网络化监管系统，截至2012年6月，共组织开展监督检查2521项次，发现各类问题574个，整改落实到位519个[②]，促进了各项政策措施的贯彻落实。四川省对保障性住房建设和分配管理情况督促检查，实行工程质量责任制和责任终身追究制，建立健全保障房申请、审核、公示、复核及售后监管等制度，2009～2011年共建设保障房100多万套，使困难群众和受灾群众住房得到改善。[③] 截至2012年5月底，绵阳市先后派出1564个审计组，对灾后重建项目跟踪审计涉及资金总额887.06亿元，节约资金和挽回损失3.67亿元。[④] 陕西围绕“廉洁办世园”，向世园会派驻审计监察组和廉政监督员，加强对资金使用、工程项目、重大活动

---

① 刘珲等：《全程同步监督港珠澳大桥800亿投资》，2012年3月25日《中国纪检监察报》。

② 《青岛市扎实开展加快转变经济发展方式监督检查》，http://www.mos.gov.cn/mos/cms/html/3/42/201206/18682.html，访问时间：2012年11月7日。

③ 李雪竹：《四川保障性安居工程惠民160万户》，2012年4月9日《中国纪检监察报》。

④ 《“阳光重建”创造人间奇迹》，2012年5月31日《中国纪检监察报》。

的监督检查，审核合同1772份，涉及金额17亿元。[①] 国资委重点检查了中央企业非主业投资及16家企业资本预算执行情况，抽查了15家企业转变经济发展方式情况，专项督查了12个高铁在建项目，并对6家企业境外国有资产开展了试点监督，全年中央企业共开展检查17.4万余项。[②]

加强换届选举监督检查。2011年以后，根据地方集中换届的形势需要，中央纪委、中央组织部印发了《关于严肃换届纪律保证换届风清气正的通知》和《关于在换届中进一步严厉整治“买官卖官”问题的通知》，提出“5个严禁、17个不准和5个一律”等纪律要求，并派出重点督导组、巡视督导组和巡回督导组对31个省（区、市）的市、县、乡换届风气进行明察暗访、谈话测评等。2011年全国共受理反映违反换届纪律问题的举报846件、查实52件、处理73人。全国31个省（区、市）聘请换届风气监督员达7.3万余名。全国检察机关首次全程监控四级换届选举，对候选人进行资格审查，在选举现场派驻检察官，将涉选人员涉嫌职务犯罪情况提前报告党委，配合纪检、组织部门和选举机构调查核实。浙江省丽水市检察院对所辖2个街道的村级组织换届选举600余名候选人进行了行贿犯罪档案查询和资格审查，共有279人被取消候选人资格。[③] 各地纪检监察机关会同组织部门严把换届人选的廉政关。上海市细化了换届拟提拔考察对象个人有关事项报告制度中的房产、投资等项目，110多名考察对象填写了个人有关事项报告材料。天津市应用“干部选拔任用工作纪实监督系统”，严防违规用人。山西省在省级主要媒体公布市（县）纪委书记、组织部长热线电话和电子邮箱，以便社会监督。浙

① 杨江伟等：《2011年陕西省反腐倡廉工作综述》，2012年1月19日《陕西日报》。

② 丁刚、滕抒：《把反腐倡廉建设融入国有经济发展中——2011年国务院国资委和中央企业反腐倡廉工作综述》，《中国监察》2012年第4期。

③ 宋伟、朱安奇：《检察机关全程监督换届选举》，2011年8月24日《人民日报》。

江省杭州市上城区委组织部官方微博对换届全过程进行全程实时直播，关注该微博者达7000余人。[①]

加强中央强农惠农政策落实督查。2010年11月~2011年11月，各地通过督查查处农田水利建设专项资金落实问题1742个，涉及金额1.81亿元；查处粮食直补、良种补贴等农业补贴发放问题2865个，涉及金额2.25亿元；纠正侵害农民土地承包权益和非法占用农村集体土地的行为2.0954万起，涉及土地18.13万亩。天津、江西、湖南、甘肃、青海等地严厉打击制售假冒伪劣农资和哄抬农资价格等坑农害农行为，纠正在农村教育、环境保护、征地拆迁、移民安置、扶贫开发和社会保障等领域损害农民利益的问题。河南省组织开展农村低保政策执行情况专项检查，取消条件不符的低保对象27.97万人。[②] 卫生部加强对新型农村合作医疗制度执行情况的监督检查，规范新农合基金的使用管理。岳阳市湘阴县用政策宣传到位、责任落实到位、信息采集到位、程序操作到位、监督检查到位、信访处理到位办法确保强农惠农政策落实。

### （二）丰富和改进监督方法

以党务公开推进党委权力公开透明运行。贯彻落实《关于党的基层组织实行党务公开的意见》，截至2011年底，全国党的基层组织全面实行了党务公开，31个省（区、市）基层党组织党务公开平均覆盖率达97.37%，中直机关、中央国家机关基层党组织党务公开覆盖率分别为98.2%、100%。[③] 吉林省松原市将市直35个党委、149

---

① 姜洁：《2011年以来，各地区各部门严肃换届纪律——风清气正换好届》，2012年1月5日《人民日报》。

② 《向农民身边的腐败“亮剑”——我国扎实推进农村党风廉政建设综述》，http://news.xinhuanet.com/2012-01/07/c_111389928.htm，访问时间：2012年11月7日。

③ 钟纪廉：《新举措、新进展、新成效——党的十七大以来党风建设工作综述》，《中国监察》2012年第7期。

个党总支、1863 个党支部全部纳入党务公开管理系统，进行实时管理。[①] 县委权力公开透明运行工作深入推进。江西省抚州市黎川县围绕县委“三重一大”事项公开“晒权”，促使县委决策事项责权明晰、透明公开。青海省湟中县和门源自治县制定实施《县委事务例行公开制度》等规定，为决策公开化提供制度保证。[②] 山西省长治县利用短信互动平台、“权力公开透明运行网”等载体，公开干部选任过程。[③] 四川省成都市锦江区将区管干部任免、财政预算、大额度资金安排、重大建设项目等 12 类重大问题由常委会扩大到全委会议决。[④] 南江县委全委会、常委会、人大常委会、政府常务会、乡镇党委会等均向社会开放或进行媒体直播，截至 2011 年 12 月累计有 1600 多人次列席“五会”。[⑤] 浙江省温州市进行党代表询问活动，党代表围绕环境整治、腐败治理等热点问题提问，市委领导现场回答并通过互联网和微博直播。[⑥]

以政务公开强化行政监督。2011 年，中共中央办公厅、国务院办公厅印发《关于深化政务公开加强政务服务的意见》。全国 31 个省（区、市）主动公开政府信息 2885 万多条，办理依申请公开信息 130 多万条，85% 以上的申请都予以公开。中央国家机关主动公开政府信息 149 万多条，办理依申请公开信息 3000 多条，70% 以上的申请都予以公开。各地把政务（行政）服务中心作为推动政务服务标准化、规范化、高效化的重要平台。截至 2011 年底，全国 31 个省（区、市）共设立政务（行政）服务中心 2912 个，其中，省级中心 10 个，市

① 《吉林省基层党务公开实现“全覆盖”》，2012 年 1 月 4 日《中国纪检监察报》。

② 《青海省积极探索推进县委权力公开透明运行试点工作》，http：//www. nbcp. gov. cn/article/xxzh/201105/20110500013083. shtml，访问时间：2012 年 11 月 7 日。

③ 《山西省长治推进县委权力公开规范运行》，2012 年 6 月 11 日《中国纪检监察报》。

④ 《锦江：“一把手”与全委会的权力嬗变》，2012 年 4 月 26 日《中国纪检监察报》。

⑤ 《四川省南江县县委权力公开透明运行试点工作取得显著成效》，2011 年 12 月 6 日《中国纪检监察报》。

⑥ 姜洁：《监督更有力　纪律更严明》，2012 年 2 月 28 日《人民日报》。

（地）级368个，县（市）级2534个。全国省级政务（行政）服务中心2011年共办理各类审批和服务事项227.7万多件，按时办结率达到98%。[①] 2012年2月1日开始实施的《辽宁省政务公开工作规定》明确提出，干部不履行政务公开义务的，将受到不同程度的处罚。[②]

对领导班子及其成员开展巡视监督。2011年，中央巡视组巡视或巡视回访了6个省（区、市）、4个国有重要骨干企业和4个中央金融单位；对7个省（区）换届风气情况进行督导，并派员参加省委换届考察。各省（区、市）党委巡视组完成对全国134个市（地、州、盟）、707个县（市、区、旗）、99个省直部门和109家省属国有企业、高校的巡视或巡视回访，有20个省（区、市）对换届风气情况开展专项巡视。截至2011年底，中央巡视组向中央和有关部门提出建议64条，向被巡视地区和单位提出建议66条；各省（区、市）党委巡视组共向同级党委、政府提出建议585条，向被巡视地区、单位提出建议4873条，为中央和省（区、市）党委决策提供了重要参考。中央和各省（区、市）党委巡视组发现并向纪检监察机关移交涉及361名县处级以上领导干部的违纪违法案件线索，一批腐败分子受到查处。[③] 对中央国家机关所属单位和企业领导人员的巡视监督更趋强化。国家质检总局巡视了天津检验检疫局等8个直属局和计量科学院等5个直属挂靠单位，对浙江检验检疫局等4个直属局进行巡视回访，查找出被巡视单位存在的主要问题83个，向被巡视单位提出整改建议94条，向国家质检总局党组提出建议39条。[④] 国资委组建6个巡视组和巡视

---

① 《全国政务公开与政务服务工作成效明显》，http：//www.mos.gov.cn/mos/cms/html/3/288/201202/13425.html，访问时间：2012年11月7日。

② 《辽宁省官员不履行政务公开义务将受罚》，2012年2月7日《工人日报》。

③ 《推进巡视工作科学发展，着力提高巡视监督成效》，2011年12月29日《中国纪检监察报》。

④ 《2011年国家质检总局巡视工作综述》，http：//www.aqsiq.gov.cn/zjxw/zjxw/zjftpxw/201201/t20120117_206926.htm，访问时间：2012年11月7日。

办，向被巡视企业反馈整改意见53条，向国资委党委及有关厅局提出建议16条。40余家中央企业对所属单位开展了巡视工作，完成对1029家所属单位的巡视，提出整改意见和建议1882条。[①]

领导干部向纪委委员、党员群众公开述职述廉。湖南推行党政正职向上级纪委全委会集中述廉制度，厅级党政“一把手”向省纪委委员公开述廉，并接受质询和评议，“差”票超过1/3由纪委向同级党委提出免职、责令辞职或降职的建议。[②] 永州市纪委要求县处级党政正职述廉述德并接受评议，把树立和弘扬职业道德、社会公德和家庭美德纳入评议内容。青岛市推行“向市民报告，听市民意见，请市民评议”的“三民活动”，全市57位政府部门“一把手”集中向市民代表述职并接受监督，约1万名市民代表在主会场和分会场听取报告并现场打分评议。内蒙古自治区翁牛特旗依据年度考核民主测评结果，加大调整不胜任现职领导干部的力度，免除了15名在民主测评和评议中不称职票达20%以上的科级领导干部的领导职务。

完善特邀监察员制度。全国31个省（区、市）普遍建立了特邀监察员制度。截至2012年2月，湖北省聘请特邀监察员1192人次，共接待群众来访1644人次，转呈群众来信980件次，有7000余人次参与案件查处、专项检查和政风行风评议等工作，800多人次参加反腐倡廉专题调研活动，提出对策建议1898条。[③] 广东省监察厅聘任特邀监察员26人，通过直接参与行风评议、专项检查等途径发挥监督作用。[④] 宁夏邀请特邀监察员参加纪委全会。2011年，最高人民法院特约监督员应邀参加最高人民法院相关工作会议6次，旁听案件庭

① 丁刚、滕抒：《2011年国务院国资委和中央企业反腐倡廉工作综述》，《中国监察》2012年第4期。

② 颜珂：《湖南首推厅级“一把手”集中述廉》，2011年6月23日《人民日报》。

③ 周萍军、王朝晖：《湖北省充分发挥特邀监察员作用》，2012年2月20日《中国纪检监察报》。

④ 《广东省监察厅召开特邀监察员座谈会部署今年工作》，2012年2月5日《南方日报》。

审2次，应邀参加专项调研和视察活动3次，参与制定司法解释2次，参与问卷调查1次，反映或转递人民群众批评、意见、建议、材料21件，履职人数108人次。①

村级监督得到加强。各地围绕加强村级监督力量、提高民主监督水平，大力推进村务监督委员会等村务监督机构建设。截至2011年底，全国已有51.4万个村建立村务监督机构。江苏、安徽、福建、河南、四川、宁夏等省（区）出台规范性文件，要求村务监督机构依法行使监督权力。浙江对全省2.87万个村务监督委员会进行了集中换届选举，提高了人员素质。各地进一步健全村级民主决策制度和议事规则，全国已有56.59万个村实行了“四议两公开”等民主决策办法。全国有94%以上的县制定了村务公开目录，98%的村集体实行了财务公开，村务公开和民主管理“难点村”治理工作取得明显成效。湖南长沙市开福区出台《村干部勤廉双述暂行办法》要求村党组织（含农村社会）和村委会班子成员述勤述廉，采取组织“命题”和群众“点题”相结合的方式，对群众的现场询问和质问作出回答和说明。江苏省张家港市在农村建设“网上村委会”，将村级重要事务和服务管理事项在互联网上全部公开，村民可即时查询、实时监督。② 2012年，河北省盐山县在450个行政村推行“村情发言人”制度，截至6月初，全县“村情发言人”共收到群众提出的意见建议1200余条，帮助群众解决问题600余个。③

新兴媒体成为群众监督的重要通道。随着互联网的快速发展和广泛普及，网络、微博、手机等新兴媒体成为群众实现监督权的重要通

① 《2011年最高人民法院特约监督员工作综述》，http://www.court.gov.cn/xwzx/fyxw/zgrmfyxw/201112/t20111215_168382.htm，访问时间：2012年11月7日。

② 《向农民身边的腐败“亮剑”——我国扎实推进农村党风廉政建设综述》，http://news.xinhuanet.com/2012-01/07/c_111389928.htm，访问时间：2012年11月7日。

③ 陈雅蕊：《盐山：推行“村情发言人”制度》，2012年6月1日《中国纪检监察报》。

道。目前，监察部网站已实现了全国举报网站的统一联网，使网上举报成为接受群众信访举报的重要渠道。据不完全统计，2011 年以来，中央纪委、监察部已接受群众网上举报 5 万多件，监察部网站“向部长建言”栏目收到网民来信 1580 多件，“网友声音”栏目留言 2000 多条。[①] 不少地方完善举报网站，开通工作 QQ 和手机短信，鼓励网上举报。广东省形成了集来信、来访、12388 电话举报、网络举报、手机短信举报及涉腐网络舆情搜索于一体的“5 + 1”信访举报受理渠道网，2007 年以来共受理群众信访举报 33 万件次，接待群众来访 1.8 万批次，筛选案件线索 68684 条，直接查办信访举报案件 36995 件次，发信访函询书和约谈领导干部 12432 人次，为 45259 名党员干部澄清是非。[②] 江苏省淮安市清河区将“区长热线”“民声通道”“阳光信访”等群众投诉渠道整合成“阳光清河”网络平台，自 2011 年底运行以来，全区信访总量同比下降 16.8%。[③] 党政机关、公安司法机关纷纷加入“微博反腐”队伍。截至 2011 年底，我国政务博客总数已经达到 50561 个。[④] 2012 年 1 月，甘肃“微博政务大厅”暨全国首家省级“政务微博矩阵”开通。浙江省、市、县三级组织部门已全部开通官方微博，省委组织部“之江先锋”粉丝量已达 59 万。[⑤] 截至 2012 年 5 月 28 日，宁夏回族自治区银川市政务微博群共收到群众反映问题的有效信息 6000 余条，办结率达 80% 以上，全市信访件总量同比下降 23.35%。[⑥]

---

① 《全国举报网站实现联网，今年收到五万件网上举报》，http://news.xinhuanet.com/politics/2011-12/03/c_122370701.htm，访问时间：2012 年 11 月 7 日。

② 《广东纪检短信举报平台开通》，2012 年 4 月 25 日《南方日报》。

③ 蔡绍忠：《清河区：打造网络举报平台》，2012 年 5 月 4 日《中国纪检监察报》。

④ 国家行政学院电子政务中心：《2011 年中国政务微博客评估总体概况》，《行政管理改革》2012 年第 3 期。

⑤ 辛安疆：《“微博反腐”：各界联动齐出手》，《反腐败导刊》2011 年第 10 期。

⑥ 王静：《银川：政务微博很“给力”网络问政不“浮云”》，2012 年 5 月 30 日《中国纪检监察报》。

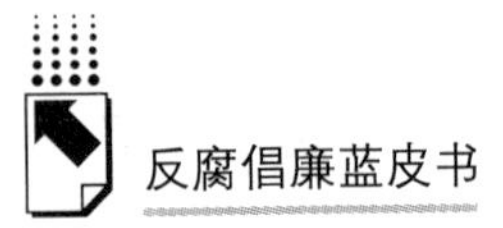


## (三) 多种监督主体形成合力

各级人大探索完善专题询问、执法检查、重点督办代表建议等监督方式。2011 年，全国人大常委会就中央决算报告、保障性住房建设管理及国家中长期教育改革和发展规划纲要等进行了 3 次专题询问，国家发改委、财政部、国土资源部、科技部、人力资源和社会保障部等十几个部门负责人到场应询，并通过电视、网络等媒体进行现场直播或报道；审议了 2011 年以来国民经济和社会发展规划执行情况等 14 项专题报告，开展了食品安全法、劳动合同法等 4 次执法检查，审议通过了 9 部法律，用刚性监督回应民生关切。① 安徽省人大常委会将专题询问意见落实情况的跟踪督办列入工作要点，召开医改专题询问意见落实情况跟踪督办会、跟踪督办情况通报会，推动了省政府办公厅《关于巩固完善基层医药卫生体制综合改革的意见》的出台。② 上海市人大综合运用多种方式强化监督力度，2011 年市人大代表共提出书面意见 1054 件，答复 1020 件。③

各级政协将民主监督寓于政治协商和参政议政之中。2011 年，全国政协围绕“十二五”规划实施过程中的重大问题先后组织开展考察和专项调查 85 次，提案超过 6000 件。④ 江苏省南京市把政协提案列入各承办单位的“一把手工程”，要求予以高度重视。⑤ 山东省

---

① 殷泓、王逸吟：《民主立法，为民监督——2011 年全国人大常委会工作回眸》，2012 年 3 月 2 日《光明日报》。

② 吴林红：《2011 年安徽省人大常委会工作综述》，2012 年 2 月 10 日《安徽日报》。

③ 《人大监督创新方法务求实效，上海人大 2011 年依法加强监督掠影》，http：//www. shanghai. gov. cn/shanghai/node2314/node2315/node4411/u21ai572218. html，访问时间：2012 年 11 月 7 日。

④ 《赵启正：2011 年全国政协履职工作取得新进展》，http：//news. xinhuanet. com/politics/2012 - 03/02/c_ 111595688. htm，访问时间：2012 年 11 月 7 日。

⑤ 徐继昌、刘春林：《南京市将提案办理列为“一把手工程”》，2012 年 4 月 5 日《人民政协报》。

青岛市以提案建议为载体，通过提案中的批评和意见、办理中的督促落实和办理后的跟踪视察调研等，实现政协的经常性监督。北京市政协由常委会直接领导的各民主监督小组就财政预算执行、新闻舆论导向、社会治安综合治理等工作提出意见建议，推荐157名委员在21个单位和部门担任特约监督员，并先后3次向市委、市政府有关部门推荐委员，参与“公开选拔副局级领导干部”等重大事项的协商与监督共计60多人次，促进了首都政风行风和勤政廉政建设。①

纪检监察机关创新监督体制机制。2011年以来，四川、广东、北京、广西、安徽、宁夏、河南、新疆、辽宁、海南、内蒙古、江苏等省（市、区）相继成立预防腐败局。一些地方探索了“整合力量、归口设置、分块派驻、直接管理”的监督机构改革。江苏省南京市白下区设立3个由区纪委直管的纪检监察工作室，其人员和经费等由区纪委、监察局统管，分片监督7个街道和45个部门单位，一年多来纠正了7家单位违规用人行为，叫停2名干部任命。② 安徽省合肥市包河区组建了9个派驻组，对街道实行分片派驻，对区直部门、单位及系统实行归口派驻，对区人民法院、区人民检察院等实行单独派驻。北京市纪委组建覆盖市总工会、市科协、市残联、市红十字会的联合派驻纪检组，将派驻监督扩大到群团组织。2008年以来，浙江省绍兴市90多家民营骨干企业建立了纪检监察组织。③ 2011年，中央纪委出台《关于加强乡镇纪检组织建设的指导意见》，各地结合实际贯彻落实。吉林全省乡镇（街道）均设立纪（工）委，配备专职纪检监察干部1784名。新疆明确“乡镇纪委书记由同级党委副书记担任，设专职纪委副书记，条件具备的可配副科级”。山东全省1872个乡镇

① 王玲：《加强政协民主监督》，2012年3月22日《团结报》。

② 何广阔、林林：《南京市白下区“派驻直管”开辟监督新局》，2012年4月23日《中国纪检监察报》。

③ 《绍兴有效发挥民企纪检监察组织职能作用》，2012年5月2日《中国纪检监察报》。

全部设立纪委，经费列乡镇年度财政预算予以保障。[①] 武汉市在1178个社区设置了纪检监督小组，对低保、廉租房、经济适用住房、临时救助等各项惠民政策在社区落实情况实施全程监督。[②]

审计机关更加有力地发挥监督作用。2011年，全国各级审计机关完成对2.6万名领导干部的经济责任审计，比2010年增加1300多名，其中省部级领导干部35名，共查出领导干部负有直接责任的违规问题金额34亿元，有36名被审计领导干部和214名相关人员的问题移送司法、纪检监察机关处理。2011年1~11月，全国共审计12万多个单位，促进财政增收节支1000多亿元，挽回损失和节省投资1000多亿元，提交报告和信息12万多篇，推动建立健全规章制度4500多项，发布审计结果公告2200多期，向司法、纪检监察等部门移送案件线索1100多件，涉及1300多人。[③] 2009~2011年，湖北省共对2988名领导干部进行经济责任审计，查出各类违纪违规、浪费问题资金近百亿元，上缴财政27.7亿元，追回被挤占挪用和借用的财政资金36.8亿元。[④] 浙江省绍兴市出台《县级党政主要领导干部经济责任审计量化评价办法及指标体系》，明确了落实科学发展观、权力运行公开化、资源配置市场化、行为操作规范化和廉洁从政等五方面共计89个量化评价指标，开展了县委书记、县长经济责任量化评价创新试点工作。[⑤]

人民法院通过审理行政案件，对政府具体行政行为的合法性进行审查。2011年各级法院共审结一审行政案件13.6万件，同比上升5.1%。最高人民法院制定审理政府信息公开、农村集体土地等行政

① 郭惠芳：《为反腐倡廉建设提供坚强组织保证》，《中国监察》2011年第24期。

② 《武汉：社区都有了纪检组》，2012年1月17日《人民日报》党建周刊。

③ 《审计加强监督权力运行》，2012年1月9日《人民日报》。

④ 陈子贵：《湖北加强领导干部经济责任审计》，2012年2月14日《中国纪检监察报》。

⑤ 《浙江省绍兴市探索县级党政领导经济责任“5432”量化评价模式》，2011年10月14日《中国纪检监察报》。

案件司法解释，就案件受理范围、举证责任及合法性审查标准等问题作出明确规定；重视立案信访窗口建设，全面推行诉讼引导、立案审查、咨询解答、诉前调解等“一站式”便民服务，全国有90%以上的法院建成立案信访大厅；推行涉诉信访评估预防、约期接谈、责任通报、多元化解、案件终结“五项制度”，推进“诉访分离”工作，开展涉诉信访积案清理工作，派出由院领导带队的检查组到17个省（自治区、直辖市）带案下访、督导检查。各级法院共接待群众信访79万人（件）次，同比下降25.9%。加强审判监督工作，最高人民法院建立发回重审、指令再审案件信息反馈机制，规范民事再审审查工作，完善审判监督工作评价体系，指导各级法院提升一审、二审案件审判质量，各级法院审结申诉和申请再审案件10.4万件，同比下降14.4%；依法提起再审4.2万件，同比下降7.3%；对原判确有错误的案件或因其他法定事由改判1.1万件，占当年生效裁判的0.14%。[①]

人民检察院强化对诉讼活动全过程的法律监督，持续加大查办与预防职务犯罪的力度。各级检察机关通过查办贪污贿赂、渎职侵权等职务犯罪案件，对国家工作人员职务行为进行监督。2011年共立案侦查各类职务犯罪案件32567件44506人，人数同比增加1%，其中贪污贿赂大案18464件，涉嫌犯罪的县处级以上国家工作人员2524人。严肃查办利用执法权、司法权谋取私利、贪赃枉法案件，立案侦查涉嫌职务犯罪的行政执法人员7366人、司法工作人员2395人。加大惩治和预防渎职侵权违法犯罪工作力度，立案侦查渎职侵权犯罪案件7355件10585人，人数同比增加3.5%。2011年，全国检察机关对应当立案而不立案的，督促侦查机关立案19786件；对不应当立案而立案的，督促撤案11867件；对应当逮捕而未提请逮捕、

① 王胜俊：《2012年最高人民法院工作报告》，2012年3月20日《人民日报》。

应当起诉而未移送起诉的，决定追加逮捕 36976 人、追加起诉 31868 人。开展民事执行活动法律监督试点工作，对确有错误的刑事裁判提出抗诉 5346 件，对刑事审判中的违法情况提出纠正意见 8655 件次，对确实有错误的民事行政裁判提出抗诉 10332 件。规范和加强派驻监管场所检察室建设，推进与监管场所的执法信息联网和监控联网，对刑罚执行和监管活动中的违法情况提出纠正意见 24075 件次。结合办案剖析职务犯罪发案原因，向有关单位提出预防建议 41864 件；实现行贿犯罪档案查询系统全国联网，向社会提供查询 68 万余次；建立预防职务犯罪年度报告制度，1872 个检察院向党委、人大、政府及有关部门提交了本地区职务犯罪发案态势和预防对策的综合报告。①

新闻媒体的舆论监督进一步规范化。各地区各部门重视并依法保护新闻媒体的舆论监督权，支持新闻媒体披露各种不正之风和党政机关及其工作人员中存在的违法违纪问题。党委新闻发言人制度进一步完善。目前 13 个党中央部门和单位、31 个省（区、市）和新疆生产建设兵团党委及主要工作部门、地市党委普遍设立了新闻发言人。政府有关部门高度关注新闻媒体反映的问题，积极回应社会关切，湖北巡视组天价公款花费、中石化天价酒、昆明官员艳照门、河北毒胶囊等一系列热点事件被媒体披露后，涉案当事人被立案查处，受到了党纪政纪乃至司法的处分。2011 年以来，广东省出台《关于做好新形势下群众工作的意见》，提出发挥舆论在维护群众利益中的监督作用；山西省环保厅制定《环境保护舆论监督制度》，保障新闻媒体对山西环保方面存在的问题进行揭露批评的权利；国家食品药品监管局发布《加强和创新餐饮服务食品安全社会监督指导意见》，明确支持新闻媒体参与餐饮服务食品安全社会监

① 曹建明：《最高人民检察院工作报告》，2012 年 3 月 20 日《人民日报》。

督。山东省济南市公选领导干部邀请媒体记者监督，并对考试过程进行全程录像。

## 三　务实规制公共权力

通过完善用权制度，构筑立体廉政风险防控体系，强化对决策权的制约，用科技手段规范自由裁量权，科学评估执行效能，提高权力行使水平。

### （一）以防止利益冲突为重点完善用权制度

加强防止利益冲突法规制度建设。公职人员同时作为公共权力和个体权利的行使者，必然面临着不同利益混淆和冲突的可能，防止利益冲突就是要防止利用公权谋取私利。随着《中国共产党党员领导干部廉洁从政若干准则》及实施办法的贯彻执行，2011 年 4 ~ 12 月，中央纪委组织中央和国家机关各单位开展了以完善防止利益冲突制度为重点的法规清理专项工作，共清理相关法规或规范性文件 1668 件，废止 104 件，修订整合 102 件，新起草 70 件，初步形成以《廉政准则》为基础，以专门的防止利益冲突制度为支撑，以相关法规文件为补充的防止利益冲突制度规范。

各地区各部门以《廉政准则》为依据，结合实际健全落实准则的配套制度和具体举措。最高人民法院出台了《关于人民法院落实廉政准则防止利益冲突的若干规定》，对照《廉政准则》提出的要求，全面增补了相关禁止性规定，将《廉政准则》适用范围扩至编制内全体人员，并对违反每一项禁止性要求的行为规定了明确的处罚方式。① 2011 年 11 月，北京市颁布施行《贯彻落实〈中国共产党党

① 《最高法院出台新规落实廉政准则防止利益冲突》，2012 年 4 月 5 日《人民法院报》。

员领导干部廉洁从政若干准则〉暂行规定》，规定各级党委（党组）及其党员领导干部组织实施《廉政准则》不力，致使管辖范围内发生违反《廉政准则》行为，造成损失或者不良影响的，应当承担相应的领导责任，依照有关规定给予组织处理或者纪律处分。2011 年 7 月，中共中央办公厅、国务院办公厅印发了《农村基层干部廉洁履行职责若干规定（试行）》，对农村干部拉票贿选、滥用职权、弄虚作假等行为进行了明确的禁止性规定，明确了责任追究方法。根据规定，各地加强了对农村基层党员干部的行为规范，对乡镇、基层站所、村等不同层面的党员干部在廉洁自律方面提出具体要求。

人力资源和社会保障部、教育部、交通运输部、卫生部、国家工商总局、新闻出版总署、中国证监会、国家海洋局等单位制定了防止利益冲突专项规定。国家核电技术有限公司制定收受礼金礼品和兼职取酬管理办法等制度 49 项、措施 53 项。北京市探索推进防止利益冲突试点工作，针对利益回避和离职后从业行为限制、礼品礼金、财产申报等关键问题建立配套制度。浙江省出台了《党员领导干部防止利益冲突暂行办法》，细化了对领导干部个人行为、家属行为的廉洁自律规范。

重点规范公职人员兼职行为和离职后从业行为。商务部、审计署、福建省等对公职人员在企业兼职任职问题进行了专项清理。福建省对公职人员违规兼职问题进行了纠正处理，免去职务 29 人，67 人按要求辞去兼任职务。[①] 上海市开展了规范公职人员离职后从业行为的专项工作，公务员在办理离职手续时，组织人事部门要对其进行离职谈话，明确告知《关于规范本市公务员离职后从业行为的若干规定》的内容，要求申请辞去公职或提前退休的公务员说明离职理由和去向，作出有关从业的书面承诺。对于公务员离职后从事经商办企业活动的，要求及时向原单位纪检监察组织和组织人事部门进行登记

① 《福建认真实施〈廉政准则〉促进科学跨越发展》，2011 年 6 月 7 日《中国纪检监察报》。

备案。[①] 2012 年 3 月，深圳市发布了《关于廉洁城市创建中诚信建设若干问题的决定》（征求意见稿），公务行为将实行责任到人、记录在案、问题倒查的公务行为终身负责制。

加强制度廉洁性评估，着力铲除利益冲突的制度土壤。湖北省聘请大专院校、科研机构、律师事务所的 161 名专家学者和律师为首批制度廉洁性评估专家，对已颁行和起草中的法规、政府规章、规范性文件进行“体检”。[②] 海南省以廉洁性评估为抓手，对违规扩权免责、可能导致利益冲突的制度提出修改和废止建议，并明确规定制度未经“廉评”不得重新“上岗运行”，废止、修订涉及利益冲突的制度决定 216 件。[③] 2012 年 5 月，上海市针对一些评估评审范围过广、内容重复等“变相审批”的情况，以行政审批过程中要求提供“第三方”出具的证明材料或批准文件为对象，启动了行政审批专项评估评审清理工作，进一步铲除滋生腐败的土壤。[④] 四川、湖南、安徽、江西、海南、山东、广东等地结合实际，以制度廉洁性评估为抓手，推进规范权力运行制度建设。

### （二）构筑立体风险防控体系保障廉洁用权

将风险管理理论和现代质量管理方法引入反腐倡廉建设，对廉政风险划分不同等级并分类管理，注重对廉政高风险领域和环节的防治，是近年来我国源头治理腐败的重要实践成果。2011 年 12 月，在各地区各部门积极探索的基础上，中央纪委监察部下发了《关于加强廉政风险防控的指导意见》，70 个中央国家机关和 31 个省（区、

---

① 《离职公务员该怎样“发挥余热”》，http://www.shzgh.org/node2/2005jcw/node27/node1529/node1537/u1a24376.html，访问时间：2012 年 11 月 7 日。

② 《湖北省建立制度廉洁性评估专家库》，http://www.people.com.cn/h/2011/1028/c25408-3302538235.html，访问时间：2012 年 5 月 11 日。

③ 《海南省以廉洁性评估为抓手从制度源头防治和铲除利益冲突》，http://politics.people.com.cn/h/2011/1130/c226651-876712610.html，访问时间：2012 年 5 月 12 日。

④ 徐炳文等：《上海启动“第三方”行政审批专项评估评审清理》，2012 年 5 月 4 日《中国纪检监察报》。

市）针对腐败重灾领域、关键岗位和重点环节全面系统地开展了廉政风险防控工作。教育部围绕高校领导班子决策、科研经费使用、校办企业经营、大宗物资采购、招生录取等风险较高的部位和环节，研究制定廉政风险防控的规范流程和实施办法。农业部抓住大额资金分配使用、强农惠农政策落实等重点权力，构建符合农业系统实际的科学防控体系。交通运输部初步形成覆盖工程建设、行政执法、行政管理三个重点领域的廉政风险防控体系。文化部对权力相对集中、涉及评奖评审的重点岗位和部门认真排查风险。天津市专门制定了《工程建设廉政风险防控手册》。[①] 黑龙江省选择林业和煤炭两个资源型行业作为重点领域，成立加强林业和煤炭系统廉政风险防控机制建设工作指导组。辽宁省发布了《2012 年廉政风险防控工作计划》和《廉政风险工作指导规程》，在全省各级党的机关、人大和政协机关、法院、检察院、群众团体以及事业单位，全面推进廉政风险防控工作。浙江省宁波市镇海区探索非公企业廉政风险防控机制建设，将廉政风险防控融入企业生产经营管理的各个环节。[②]

## （三）从内容和程序上强化对决策权的制约

决策权因其“含金量高”和难以制约的特点，是最容易被滥用而滋生腐败的公共权力，有效制约和制衡决策权，是规范公共权力行使、遏制腐败的重要内容。

规范“三重一大”事项决策程序。除严格执行“三重一大”[③] 事项须经集体讨论作出决定外，各地还探索了完善决策程序的有效途径。湖南郴州对“三重一大”事项实行集体决策备案制，确定事项

① 《〈2011·回眸〉政府绩效管理工作实现良好开局》，2012 年 1 月 4 日《中国纪检监察报》。

② 《浙江省宁波市镇海区探索非公企业廉政风险防控机制建设》，www. nbcp. gov. cn/artcle/shlyfzfb/201204/20120400016907. shtml，访问时间：2012 年 5 月 10 日。

③ 即“重大事项决策、重要干部任免、重大项目安排和大额度资金使用”。

须作为该年度党风廉政建设责任制内容的一部分，报市纪委和组织部备案。上海市长宁区要求各部门对重大投资和工程建设项目须组织专家充分论证和公民听证，向所在党政部门提出书面议题，经适当讨论和酝酿，为班子集体决策做好铺垫。[①] 云南省昆明市五华区对干部任免采用初始提名、差额考核与票决程序，健全和完善了领导干部署名推荐提名、各部门行政或党组织推荐提名、区委组织部推荐提名和竞争上岗推荐提名等多元化的初始推荐提名机制。[②] 江西省推行重大事项决策社会稳定风险评估和合法性审查，规定凡未经风险评估或经评估认为风险不可控的、未经合法性审查或者经审查不合法的、对群众抵触情绪大的事项不能或暂缓进入决策程序。[③] 国资委在中央企业实施外部董事制度，占董事会成员半数以上的外部董事代表出资人利益，有效平衡了董事会决策力量，有助于提高决策的民主化、科学化水平。

约束“一把手”用权行为。针对“一把手”权力过于集中、对其制约乏力等问题，各地纷纷进行改革尝试。江西、浙江、湖南、内蒙古、重庆、山西、新疆等地以“若干不直接分管”约束“一把手”，探索推行党政正职不得直接分管人事、财经（务）、工程项目建设、大宗物品采购、行政审批、行政执法等事项，使“一把手”负好监督和协调总责。为了让“一把手”不直接分管财务的规定落实不走样，湖南怀化把单位“一把手”的名单，贴在市国库集中支付核算局报账大厅的墙上，要求凡是只有“一把手”直接签字的票据，市国库集中支付核算局一律不予受理。湖南长沙、黑龙江鸡西等地推行党政正职“末位表态”制度，领导

① 《河北省磁县把握“四个环节”确保“三重一大”制度落实》，http：//www. mos. gov. cn/mos/cms/html/3/46/201204/15409. html，访问时间：2012 年 6 月 28 日。

② 《五华区创先争优　完善选拔链深推干部人事制度改革》，http：//www. km. gov. cn/structure/xwpdlm/zwdtxx_ 129835_ 1. htm，访问时间：2012 年 6 月 28 日。

③ 《江西重大事项决策实行社会稳定风险评估和合法性审查》，http：//www. legaldaily. com. cn/index_ article/content/2011 -08/04/content_ 2843726. htm？ node =5955，访问时间：2012 年 6 月 28 日。

班子讨论“三重一大”事项时，党政正职必须在听取领导班子成员和其他参会人员意见后再归纳总结并表态，不对重大决策议题事先定调或作引导性发言；对意见分歧较大的，应暂缓决策，防治党政正职以集体决策之名规避责任。四川省泸州市、河北省宽城县还探索建立了“一把手”重大事项报告、定期公示和接受质询制度，在一定程度上改变了一把手“办事一挥手、花钱一支笔、用人一句话”的状况。

### （四）以科技手段规范司法和行政自由裁量权

电子科技的运用使自由裁量更加精准、客观和公正，成为各地各部门近年来规范司法和行政自由裁量权的重要手段。北京市覆盖22个法院和57个派出庭的法院电子政务系统，自动共享全市法院的立案信息，在立案法官的个人终端上显示出统一的立案标准。[①] 浙江省嵊州市开发了行政处罚业务电子系统，将处罚职权、标准、规则和执法人员等要素输入电子系统，由计算机根据案件情节、性质等要素自动判定处罚档次；对案件流转过程中出现的案件超时办结、处罚金额或结果被人为修改等异常情况自动报警。[②] 河北省平泉县将1800多项有自由裁量权的行政处罚事项全部纳入电子监察系统，使用掌上电脑和身份认证系统，进行现场录音、拍照或录像，当场填写案由并调取自由裁量权处罚标准查询，打印生成二维条形码罚款单，防止执法单位网上处罚与实际处罚不一致现象发生。[③] 山东省济南市将38个行政执法部门的所有行政处罚事项，全部纳入行政执法业务和电子监察系统，将全市正在实施的4326类行政处罚事项进行全面梳理，合并压减到2864类，并建立数据库实行统一编码管理，初步实现“执

① 袁婷：《北京法院进入电子政务时代》，2010年7月10日《民主与法制时报》。

② 竹冠坚：《嵊州：用信息化规范自由裁量权》，《中国监察》2011年第10期。

③ 《河北省平泉县“四个三”建设电子监察系统　提升反腐倡廉科技化水平》，http：//www.nbcp.gov.cn/article/jsyf/201206/20120600017746.shtml，访问时间：2012年6月28日。

法信息网上录入、执法流程网上运行、执法活动网上监督”。[①] 福建、四川、云南、重庆、内蒙古等地均开始运用科技手段规范自由裁量权，通过电子平台固定裁量环节和细化裁量基准，极大地压缩了裁量空间，防治“同案不同理”和“同案不同罚”。

### （五）以绩效问责提升权力运行效能

绩效管理突出民生指标。2012 年，中央鼓励和支持各地区各部门围绕文化改革发展、强农惠农、扶贫工作、医药卫生体制改革、水资源管理、质量安全等重大问题，继续探索展开专项绩效管理工作。国家发展改革委、国土资源部、环境保护部、国家质检总局制定完善了绩效管理办法和实施细则。财政部对 149 个中央部门的 242 个项目试行了预算支出绩效评价，涉及资金 70 亿元。杭州、南京等地组织群众评议评价政府绩效，推动建立科学完善的绩效考评体系和办法。湖南、广西等地设置“为民办实事”指标，引导各级各部门着力保障和改善民生。[②]

以从严问责治理“慵懒散”。截至 2011 年底，全国有 20 个省（区、市）的监察机关建立了行政投诉中心或行政效能投诉中心，部分地区形成省、市、县、乡四级联动的行政效能投诉网络。四川省组织实施“庸懒散”专项治理、城乡环境综合治理效能监察，调查处理效能投诉 2614 件，责任追究 1413 个单位 1549 人。[③] 黑龙江省哈尔滨市颁行《行政问责规定》，增强了问责的可操作性。江西省井冈山市将有关问责的 18 个规范性文件汇编成册发给各单位。[④] 湖北省加大治庸问责力度，2011

---

① 《济南打造“电子警察”规范行政执法自由裁量权》，http：//www. nbcp. gov. cn/article/xxzh/201110/20111000014632. shtml，访问时间：2012 年 6 月 28 日。

② 《扎实推进政府绩效管理工作，着力促进政府管理创新和效能建设——监察部有关负责人就 2011 年绩效管理监察工作答记者问》，http：//www. nbcp. gov. cn/article/rdzz/201203/20120300016379. shtml，访问时间：2012 年 11 月 6 日。

③ 陈松：《四川省 2011 年党风廉政建设和反腐败工作综述》，2012 年 1 月 16 日《四川日报》。

④ 《江西井冈山：“四抓并举”推进党政领导干部问责制》，www. dflzjs. com. cn/nhtml/20120424/11510. html，访问时间：2012 年 11 月 6 日。

年以来因行政不作为、乱作为、慢作为以及作风飘浮、推诿扯皮、效率低下等问题对1594名干部实施了问责。云南省以问责为抓手推动重大决策部署落实，根据《昆明新机场外部配套工程问责工作规定》，对新机场建设中执行不力的8人进行了问责。[①] 2007~2012年，浙江全省推进政府绩效管理，受理效能投诉49865件次，责任追究15407人次。[②]

## 四　对公共资金资源资产加强监管

公共资金、资源、资产领域腐败高发多发。各级党委和政府不断加大“三公”领域制度建设和监管，大力推进改革，防止“三资”实际掌控者消极管理、滥用权力、徇私舞弊，造成公共资金浪费、公共资源流失及公共资产效益损失，从源头上切断腐败的机会。

### （一）强化公共资金监管

大力推进“三公”预算公开。党的十七大以来，预算改革进程“提速”：完善了预算编制、推进了中央预算和部门预算、细化了预算科目、修订了《预算法》，预算公开力度逐年加大，范围逐年扩大，内容逐年细化。“十二五”规划提出了“完善预算编制和执行管理制度，强化预算支出约束和预算执行监督，健全预算公开机制，增强预算透明度”。2011年，92个中央单位[③]公开了部门预算，90个中央单位公开了部门决算。31个省（区、市）和5个计划单列市都公开了公共财政预算，24个省公开了政府性基金预算，5个省公开了国有资本经营预算。[④] 全国审计

---

① 《云南省以问责工作为抓手推动新机场建设等重大决策部署落实》，http：//jxgl. mos. gov. cn/mos/cms/html/162/526/201203/14394. html，访问时间：2012年11月6日。

② 颜新文：《清风徐徐润江南》，2012年6月1日《中国纪检监察报》。

③ 中央单位包括中央行政单位（含参照公务员法管理的事业单位）、事业单位和其他单位。

④ 《让“阳光”照亮行政权力——2011年全国政务公开与政务服务工作综述》，http：//news. xinhuanet. com/2012 -02/29/c_ 111586454. htm，访问时间：2012年11月6日

机关发布预算执行及财政收支等方面审计结果公告8000多篇。①

继续压缩“三公”支出经费。2011年3月，国务院总理温家宝主持召开国务院常务会议，要求中央部门继续压缩“三公”经费预算，向全国人大常委会报告“三公”经费支出情况并向社会公开，接受社会监督。3月，国务院召开第五次廉政工作会议，温家宝总理要求“三公”经费继续实行零增长，禁止用公款购买香烟、高档酒和礼品。2011年11月21日，国务院法制办公室公布《机关事务管理条例（征求意见稿）》，要求严格控制“三公”经费规模和比例，政府各部门不得挪用其他预算资金，不得摊派、转嫁相关费用。2011年中央单位“三公”经费财政预算94.28亿元，比2010年决算数减少0.42亿元。2011年中央单位“三公”实际支出93.64亿元②，比预算减少0.64万元，出国（境）经费、车辆购置及运行费、公务接待费支出均出现了下降（见表1）。很多地方和单位积极探索“三公”改革新路子，寻找压缩“三公”支出的好办法，如广东省规定会议禁止宴请，由桌餐改吃自助餐，陕西省乡镇基层推行“廉政灶”，福建等地取消村级招待费等。

**表1　2010～2011年“三公”经费财政拨款构成**

单位：亿元

| 项目 | 2010年“三公”经费财政拨款 | | | | 2011年“三公”经费财政拨款 | | | |
|---|---|---|---|---|---|---|---|---|
| | 合计 | 因公出国（境）费 | 公务用车购置及运行费 | 公务接待费 | 合计 | 因公出国（境）费 | 公务用车购置及运行费 | 公务接待费 |
| 预算数 | — | — | — | — | 94.28 | 19.9 | 59.19 | 15.19 |
| 决算数 | 94.7 | 17.73 | 61.69 | 15.28 | 93.64 | 19.77 | 59.15 | 14.72 |

资料来源：财政部网站。

① 温家宝：《让权力在阳光下运行》，《求是》2012年第8期。

② 《2011年中央行政单位三公经费支出合计93.64亿元》，http：//politics.people.com.cn/n/2012/0627/c1001-18391578.html，访问时间：2012年11月6日。

加大对公共资金的监管。2012 年 1 月 12 日，国资委发布《关于加强中央企业特殊资金（资产）管理的通知》，要求中央企业建立健全内控制度，负责特殊资金（资产）管理的业务部门应认真履行业务管理责任，其他相关部门应当各负其责，加强对特殊资产账户和资金流的监控，依法对特殊资金（资产）进行审计监督，防范资产损失风险，确保特殊资金（资产）安全和保值增值。2011 年，财政部对 285 个市县的 3359 个中央公共投资项目进行检查，涉及项目投资总额 468 亿元，发现各类违规问题共 483 个，涉及资金近 20 亿元。[①] 同时，着力建立健全规章制度，提高公共资金使用绩效，防止公务消费中的铺张浪费、经费不透明等问题，如财政部 2012 年 3 月 2 日发布了《财政部门监督办法》，规范了财政部门监督行为，保障财政资金安全规范有效使用。各地结合实际加强了公共资金监管。2011 年 7 月，湖南省湘西自治州制定了《专项资金纪检组长监督责任制暂行办法》，截至 2012 年 6 月底，全州各级纪检组长共参与监督项目 330 个，解决问题 39 个，为财政减少损失 5800 万元。[②]

加强非税收入监管。2011 年，财政部选取部分省市专员办开展了中央基层预算单位综合财政监管试点工作。2012 年，财政部下发了《关于调整完善专员办日常监管工作的通知》，将非税收入就地监缴由日常监管事项调整为事后抽查事项。各地创新非税收入监管模式，稳步推进综合财政监管试点，不断压缩腐败空间。江苏深化非税收入监管工作，仅 2011 年上半年，就征收监缴中央非税收入 56 亿元，同比增长 18%。海南省构建了收入分析、收入监控、收入评估、收入稽查“四位一体”的非税收入征管体系。宁夏从征收和监缴两个环节入手，加强中央非税收入监管。山西以制度化推动非税征收工作，建立了分

① 《服务大局关注民生——近年来财政监督成绩斐然》，2012 年 3 月 24 日《中国财经报》。

② 申晚香等：《让纪检组长紧盯专项资金》，2012 年 6 月 25 日《中国纪检监察报》。

级审核制度、AB 角制度、重大事项报告制度以及对外沟通联系制度。

加强对社会慈善资金的监管。2011 年连续发生的郭美美事件、卢美美事件、尚德诈捐门、宋基会投资风波等事件将慈善机构推向风口浪尖。截至 2011 年底，全国 2500 多家基金会的总资产已经超过 600 亿元人民币，2011 年度捐赠总收入 337 亿元，年度公益总支出 256 亿元。[①] 为了加强对“善款”的监管，有关部委密集出台了管理制度。2011 年 7 月 15 日，民政部发布了《中国慈善事业发展指导纲要（2011 ~2015 年）》，提出将加强对公益慈善组织的年检和评估工作，重点加强对信息披露、财务报表和重大活动的监管，推动形成法律监督、行政监管、财务和审计监督、舆论监督、公众监督、行业自律相结合的公益慈善组织监督管理机制。8 月 23 日，民政部又发布了《公益慈善捐助信息披露指引（征求意见稿）》。12 月 26 日，财政部、民政部联合下发《关于进一步加强和完善基金会注册会计师审计制度的通知》，规定从 2012 年 1 月 1 日起，在民政部门登记注册的基金会、境外基金会代表机构和其他具有公益性捐赠税前扣除资格的公益性社会团体，必须聘用会计师事务所对本单位的财务会计报告及相关信息进行审计，并依法披露财务会计报告和审计报告，接受社会公众的监督。

加大对科研经费使用的管理。中国社会科学院大力推进哲学社会科学创新工程，严格控制市内交通、办公用品、餐饮费、劳务费支出比例，坚决打掉虚假报销。教育部下发《关于加强中央高校基本科研业务费管理工作的通知》，要求将基本科研业务费纳入校内预算统一管理，严格规范基本科研业务费的开支范围，定期开展对各高校基本科研业务费使用管理情况的专项检查或评估。审计署加大审计监督力度，2011 年审计发现中科院所属九个单位扩大科研经费等预算支出 11595.59 万元，提出了整改要求。

---

① 《基金会拟定期晒募捐收支明细》，http：//gongyi. people. com. cn/GB/151650/152516/17741348. html? prolongation =1，访问时间：2012 年 11 月 7 日。

## （二）推进公共资源市场交易统一规范

党的十七届四中全会提出，要按照加快形成统一开放竞争有序现代市场要求推进相关改革，完善公共资源配置、公共资产交易、公共产品生产领域市场运行机制。十七届中央纪委第七次全会提出，要建设统一规范的公共资源交易市场，推动政府投资和使用国有资金的工程项目、土地使用权和矿业权进场交易。国务院第五次廉政工作会议提出，要整合各部门分散建立的招标投标市场，加快建立健全规范的招标投标和公共资源交易市场。2012 年 6 月，召开了全国公共资源交易市场建设推进会，研究部署了公共资源市场建设工作任务。

全国普遍建立统一规范的公共资源交易市场。目前，全国县级（含县级）以上已建成集中统一的公共资源交易市场共 730 个，其中省级市场 8 个，地级市场 159 个，县级市场 563 个。江西、浙江、湖北基本建立起覆盖省、市、县各级的公共资源市场体系。江西省建立南昌公共资源交易中心，省属公共资源交易项目全部进入该中心交易。浙江 11 个地市、84 个县和湖北 13 个地市、41 个县分别整合建立和市级、县级公共资源交易市场。云南 16 个市州全部建成公共资源交易中心。河南、江苏、重庆等在地市普遍建立统一规范的公共资源交易市场。进场交易项目不断增多。目前工程建设、政府采购、土地使用权和矿业权出让、国有产权交易、医药采购五类基本交易项目中，两类项目进场的达到 172 个，三类进场交易的有 117 个，四类进场交易的是 374 个，全部进场交易的有 67 个。有的地方还将知识产权、林业权、碳排放权、罚没物品拍卖、国有文艺品拍卖等纳入公共资源交易，努力实现公共资源场外无交易。中央国家机关带头示范，推动专业工程进入地方工程资源交易市场招投标。铁道部取消了原有的部建设交易一级市场和 18 个铁路局（公司）管理的二级交易市场。2012 年 4 月 1 日起，广西南宁铁路局工程项目已进入广西区公

共资源招投标服务中心试点交易，截至6月中旬，已进场完成交易的项目24个、交易额达3.16亿元。[①] 交通运输部公路和水运工程全部进入地方公共资源交易市场招投标，并鼓励各地交通运输项目统一进场集中交易。水利部规定自2012年7月1日启动水利工程进场工作，至2013年7月实现水利工程项目全部进入地方公共资源交易市场招投标。2011年4月1日起，矿业权出让转让实行五公开，即：以招标拍卖挂牌方式出让矿业权、以申请在先方式出让探矿权、探矿权转采矿权、以协议方式出让矿业权以及矿业权转让等五种情形相关信息一律要求通过矿业权市场、互联网等媒体对社会公开。同时在部门户网站上开通了矿业权市场网，对五公开信息实现了全国集中统一发布，对矿业权登记结果信息实行滚动公告，还实现了矿业权登记信息的网上查验。2011年4月1日～2012年4月1日全国共发布矿业权招拍挂、探矿权申请在先、矿业权协议出让、探矿权转采矿权及矿业权转让信息1.9万项次，其中招拍挂出让公告7781项，招拍挂出让结果公示5642项，转让信息公示2510项，申请受理公开3165项。

运用电子信息手段加强监察管理。“十二五”规划提出，完善国有金融资产、行政事业单位资产和自然资源资产监管体制。各地积极改革创新，建立健全公共资源交易市场管理体制和监督体制。全国403个市场建立了“一委一办一中心”[②] 模式，有302个市场设立了监察机关驻场监察室，344个市场实现了电子监察，实施同步监督。湖北、湖南、安徽、广西、青海、宁夏等省区成立了招标投标监督管理局，南京市通过“e路阳光”网上电子招标。天津实现了经营性土地全市集中统一公开出让，启动了土地利用动态“一张图”综合监管平台。国资委开发并试运行“产权登记管理信息系统”和“资产

① 赵歧阳：《南宁铁路局工程项目入场》，2012年6月16日《中国纪检监察报》。

② “一委一办一中心”指公共资源交易工作管理委员会及办公室、公共资源交易中心。

评估备案监测系统”。招商局集团、中国五矿、兵器装备集团、华润集团、中国海油、中铝公司等探索建立了产权管理信息系统。

资源配置质量和效益得到提升。建设统一规范的公共资源交易市场，减少了编制人员，降低了行政成本，提高了交易效益。据对558个公共资源交易市场的调查，整合后编制总数为7530人，相比此前部门分散建立的各类交易市场减少379人。2011年进入730个市场交易的项目为35.7万个，交易总金额3.44万亿元。其中，工程建设项目2.09万亿元，政府采购项目1949.3亿元，土地使用权和矿业权出让项目9397.5亿元，产权交易1462.4亿元，医药采购533.3亿元，其他类项目交易171亿元。通过工程招投标、政府采购等方式节约投资金额1694亿元，通过土地招拍挂、产权出让等使资产增值950亿元。①

### （三）提升公共资产监管绩效

公共资产具有公益性和非经营性，容易出现“内部人控制”现象，公众很难进行有效监督，近年来我国着重加强了以下几方面的工作。

力促保障性住房规范操作。为防止保障房建设、分配和使用等环节的腐败，财政部组织专员办重点检查了21户承担保障性住房建设的大型房地产企业，检查发现保障性住房建设在会计核算、土地出让、融资、分配管理等环节存在的大量问题，责令整改并保障房地产市场调控和安居工程建设的顺利实施。成都市将监管贯穿于保障性住房的建设、分配和后期管理，2011年中心城区共配租（售）廉租住房2173套，经济适用住房2169套，限价商品住房1726套，未收到一起投诉。② 北京市深入推进保障性住房廉政风险防范管理工作，通过严格资格审核及分配政策、分配程序、摇号房源、配租

① 郝明金同志2012年6月5日在全国公共资源交易市场建设工作推进会上的总结讲话。

② 李影等：《无缝监管为“安居梦想”护航》，2012年7月9日《中国纪检监察报》。

配售对象、摇号过程、摇号结果“六公开”制度确保房源分配阳光透明。[①] 此外，还公布了《北京市人民政府关于加强保障性住房使用监督管理的意见（试行）》，明确了保障性住房家庭入住后的房屋使用监督管理职责，防止违规出租、出售、转租、转借、闲置以及违规代理保障性住房的出租（转租）、出售业务。深圳市出台《保障性住房条例（修正草案）》，并对涉嫌受贿的建设管理部门工作人员立案侦查。

加大对国有企业资产的监管力度。2011 年国务院国资委制定出台了《中央企业境外国有产权管理暂行办法》《关于规范中央企业选聘评估机构工作的指导意见》《关于加强上市公司国有股东内幕信息管理有关问题的通知》等国资委令和规范性文件，进一步完善了产权管理制度体系；出台了《中央企业境外国有资产监督管理暂行办法》和《中央企业境外国有产权管理暂行办法》，适应“走出去”需要的监管体系初步建立。各地境外国有产权管理工作进一步加强，走出去步伐进一步加快。湖北、四川等地制定出台了境外产权管理制度。陕西、安徽对监管企业境外产权状况进行了摸底调查，建立了监管企业对外投资数据库。各地积极推进信息化建设，不断完善管理流程，进一步推动产权管理工作由事后监管向事前、事中、事后相结合的动态监管转变。山东着力推动产权管理信息系统建设，建立了覆盖省、市、县三级机构的产权动态监督管理体系。深圳以开展“产权登记管理信息系统”试点为契机，全面推进监管企业产权管理信息化建设，构筑一站式信息平台，对产权登记、资产评估、产权交易和风险管控等国有产权流转的全过程实施闭环式监管，实现管理方式的变革与创新。2011 年陕西、宁夏、广东、新疆 4 省区国资委与国务院国资委实现企业国有产权交易信息监测系统对接。全国 31 个省区市国资委及其选择确定的产

---

① 《北京市深入推进保障性住房廉政风险防范管理工作》，国家预防腐败局，http://www.nbcp.gov.cn/article/xxzh/201111/20111100014986.shtml，访问时间：2012 年 11 月 7 日。

权交易机构接入监测系统，全国统一的产权转让动态监管格局已经形成。2011 年纳入企业国有产权交易监测系统范围的产权交易机构共完成企业国有产权转让 1849 宗，交易金额 821 亿元。财政部组织专员办选取 43 户境内外上市公司进行了检查，发现故意粉饰报表、违规使用募集资金、私设“小金库”等违规问题，进一步强化了资本市场会计监管。强化对垄断企业的监管，财政部对 15 户煤炭、石化、电力企业开展了检查，发现收入成本不实、违规发放奖金、主辅业分离不彻底等行业性问题，重点查处了部分能源企业典型案例，确保国家资源能源安全，并对 55 户中央和地方金融企业开展了会计信息质量检查，对金融企业资产财务管理、会计准则及风险内控执行情况进行了关注。

加强高校公共资产管理。近几年来，教育等行政主管部门加强对高校的监管，积极推进校务公开，大部分高校建立和完善了资产管理与预算管理相结合、资产管理与财务管理相结合、实物管理与价值管理相结合的国有资产管理机制。在国有资产的管理上，实行专人负责并建立岗位责任制，从资产的购置、使用、保管到转让、报废，规定了严格的审批程序，确保了国有资产的安全完整和保值增值。2011 年，教育部下发《关于进一步清理规范教育部直属高校、事业单位国有资产对外投资、出租出借等国有资产使用事项的通知》。审计署加大审计力度，发现 10 所教育部所属高校未按规定上缴各项收入共 58677.74 万元。所属部分单位执行政府采购制度不规范。中国农业大学 2008 年和 2010 年金额共 1111 万元的采购存在未在指定媒体发布公告或化整为零规避公开招标的问题；中央音乐学院附小等 3 个单位 2011 年购置设备未实施政府采购，涉及金额 1179.21 万元。[①] 很多地方教育主管部门根据中央规定加强高校国有资产管理。如 2011 年 7

① 《审计署：中科院以项目名义发近亿元福利》，http://news.eastday.com/c/20120628/u1a6658841.html，访问日期：2012 年 11 月 7 日。

月12日，山东省教育厅印发《山东省高等学校国有资产管理办法》。11月，江苏省修订了《省属高等学校国有资产管理暂行办法》，对省教育厅管理的省直属高校和中专校国有资产管理工作进行专项检查。

政府固定资产采购制度进一步完善。2011年我国政府采购规模首次突破1万亿元，约占全国财政支出的10%和GDP的2%，为国家节约资金1500多亿元。财政部印发《关于进一步推进中央单位批量集中采购试点工作的通知》，正式启动中央单位批量集中采购试点工作，有效降低了采购价格。我国向WTO提交了加入WTO《政府采购协议》（GPA）出价清单，接受国际监督。从2012年起开展为期两年的政府采购信用担保试点工作，专业担保机构将对供应商的资信及诚信状况进行综合评价，并引入第三方市场监管，延伸政府采购监管链条。国务院公布《招标投标法实施条例》，财政部门介入工程采购监督，禁止国家工作人员以任何方式非法干涉招标投标活动。重庆、青岛等地出台了《政府采购供应商质疑投诉处理暂行规定》《政府采购网上竞价采购办法》等制度，进一步提高了政府采购透明度。

以公开招标拍卖提升公共资产处置质量。通过公开招标拍卖方式处置公共资产已经成为全国通行做法。浙江义乌市公共资产管理中心定期发布罚没物资和报废资产公开处置的公告，并在约定时间和地点，以公开招标的方式处置公共资产。广东省韶关市武江区通过《武江区公共资产管理暂行办法》，要求公共资产处置执行申报、审批、评估、处置、备案等程序，并针对无偿调出、出售、报废、报损等不同情形给予分别规定。其中，出售单位价值（原价）3万元以上（含3万元）的公共资产，必须按照公正、公开、公平的原则实施招投标。黑龙江省齐齐哈尔市实施公务用车改革后，共有1038辆公务用车进入拍卖程序，拍卖成交952辆，拍卖底价6422.12万元，成交额共9449.51万元，高出3027.39万元，高出评估底价47%。

## 五　强化公职人员道德诚信和行为规范

通过制度规范约束公职人员的日常言行，避免失德失信行为，提高公职人员廉洁自律意识和能力，促进党风政风不断好转。

### （一）以落实《廉政准则》为重点促进领导干部廉洁自律

2011年6月，中央纪委下发了《关于开展〈中国共产党党员领导干部廉洁从政若干准则〉贯彻执行情况专项检查工作的通知》，在全国部署开展了《廉政准则》贯彻执行情况专项检查工作。从11月至12月，中央纪委派出6个督导检查组，分别对教育部、工业和信息化部、国家体育总局、环境保护部、海关总署、中国证监会等6个中央部委和贵州、湖南、浙江、安徽、甘肃、广西、河南、海南等8个省区贯彻执行《廉政准则》情况开展专项检查，通过督导检查，指出存在问题，提出改进意见，督促整改落实。

各地区各部门采取多种措施强化对《廉政准则》的宣传教育。中央纪委会同中央组织部、中央宣传部、中央党校、国家行政学院组织编写了《领导干部廉洁从政教育读本》。天津市在全市范围内对《廉政准则》贯彻执行情况满意度和党员领导干部对《廉政准则》的知晓度进行了问卷调查。[①] 公安部、福建省将《廉政准则》规定编成信息向全体干部发送。环境保护部要求在新任职干部培训、公务员上岗培训、挂职干部上岗培训等各种培训班，原则上都必须安排以《廉政准则》为主要内容的党风廉政教育课程。农业部、国家税务总局、国家民委等部门结合近年来单位或系统内发生的违反《廉政准则》典型案件，编制了案例选编和警示教育片，组织以案说纪活动。

---

① 周英峰：《各地各部门落实〈廉政准则〉综述》，http://news.xinhuanet.com/lianzheng/2011-12/27/c_122488799.htm，访问时间：2012年11月7日。

## （二）以“报告个人有关事项”为重点强化公职人员诚信

2011 年，中央组织部会同中央纪委对中管干部首次报告材料进行了综合汇总。2011 年 12 月，中央纪委、中央组织部联合下发了《关于做好2012 年领导干部报告个人有关事项工作的意见》，要求各省（区、市）组织专门力量，结合首次集中报告的报告材料，进行省管干部报告材料的综合汇总，从宏观上掌握本地区领导干部个人有关事项的基础数据和总体情况，查找带有普遍性和倾向性的问题。2011 年以来，中央企业集团领导班子成员全部向国资委报告个人事项。一些地区和部门就个人有关事项报告制度的信息收集、分析处理、核查以及结果运用等方面进行了探索。北京市规定包括党政“一把手”在内的党员领导干部，在参加民主生活会和述职述廉时，要向党组织如实报告住房、投资及配偶、子女从业情况等有关事项。浙江省建立党员领导干部个人重大事项信息库，定期更新和补充相关信息；实行省管干部提拔申报制度，要求省管干部考察人选在考察预告发出之日起 1 ~2 天内，向考察组申报个人有关事项，提供相关凭证材料并向组织书面作出真实性承诺。对有多套房产的进行重点核查分析，对购房资金数额较大的，除必须提供家庭近 10 年收入情况外，对其他经济来源也要作出书面说明。股票、基金或期货等投资账户中金额超过 50 万元的，须提供本人任现职以来该账户交易清单复印件。[①] 广东省颁布《中共广东省委关于加强领导班子建设若干问题的决定》规定，配偶子女均已移居国（境）外的领导干部，不得担任党政正职和重要敏感岗位领导职务。[②] 安徽庐江县和青阳县、辽宁锦州市古塔区、江苏无锡市北塘区、江西黎川县、广西桂林市全州县等地试行了领导干部任前家庭财产申报公示。2011 年全国共 178 万名党员领导干部首

---

① 《浙江 44 名干部“德考”不过关被取消提名资格》，http：//zjnews. zjol. com. cn/05zjnews/system/2012/02/02/018171017. shtml，访问时间：2012 年 11 月 7 日。

② 《广东通过〈决定〉“裸官”不能担任党政正职》，2012 年 1 月 6 日《人民日报》。

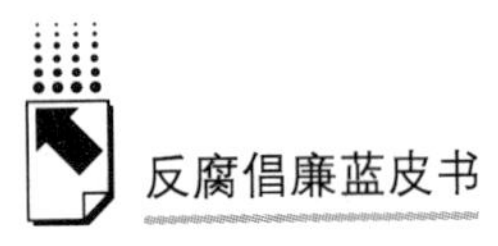



次集中报告了个人有关事项，8592 名干部的相关问题被纠正。[①]

各地探索建立公职人员诚信档案，客观记录公职人员思想、工作、生活、经济、遵守法纪等方面的诚信表现，并将其个人信用与其个人评价结合起来，通过激励和约束手段，规制和强化公职人员诚信意识。佳木斯市 45 家市直属机构负责人均签订公职人员诚信承诺书，并向社会公布以接受监督。[②] 湖南省郴州市苏仙区出台了领导干部思想品德考评暂行办法、干部诚信教育实施意见和考评暂行办法等，建立了基于工商、税务、审计、质监、财政、司法等资料和金融信用的诚信信息资源共享联动机制，定期收集干部诚信行为信息，以此作为干部选拔任用的重要依据。[③] 广东连南县 2011 年 7 月 1 日开始实施《领导干部诚信等级评价暂行办法》，结合党员领导干部在信用评价体系积分情况，对党员领导干部实施星级管理，并根据星级不同分别给予信贷优惠政策、荣誉激励，并在干部考核、任用与提拔时参考信用等级予以倾斜。[④] 深圳市龙岗区探索建立党政机关公职人员个人诚信记录制度，与评优评先、提拔任用、人员管理等挂钩，并在教育工作者、医务工作者、注册企业高管、社区干部中普遍建立个人诚信档案。

### （三）以岗位教育为重点强化公职人员从业行为规范

各部门及公共服务机构结合行业实际和特点，有针对性地培养公职人员服务意识和职业道德，通过加强职业伦理教育、治理行业不正之风等手段，强化公职人员行为规范。

开展岗位化、行为化的职业伦理规范教育。公安部把《手莫

---

① 马駁：《认真履行行政监察职能　深入推进政府机关廉政勤政建设》，《中国监察》2012 年第 8 期。

② 《佳木斯建立公职人员诚信档案推进诚信建设》，http：//heilongjiang. dbw. cn/system/2011/12/12/053576687. shtml，访问时间：2012 年 11 月 7 日。

③ 《湖南省郴州市苏仙区：力促干部讲诚信》，2012 年 2 月 17 日《湖南日报》。

④ 《广东连南试行群众评定党员领导干部信用等级》，2011 年 8 月 4 日《南方日报》。

伸——公安机关反腐倡廉警示教育片》作为教材，组织干部观看、讨论。[①] 环境保护部、农业部、国家税务总局、国家民委等部门结合近年来单位或系统内发生的典型案件，编制了案例选编和警示教育片，组织以案说纪活动。[②] 2011 年天津率先出台了《关于进一步深化岗位廉政教育的意见》，全市上下结合该《意见》开展立足各个岗位实际的教育活动，使受教育者做到“四个明确”：明确岗位职责、明确岗位廉政风险点、明确岗位廉政要求、明确违反廉政行为规范的严重后果，增强自觉防控岗位廉政风险的意识。[③] 上海市组织工程建设、土地出让等 12 个重点领域和行业的相关单位，开展岗位廉政风险警示教育。针对权力行使高风险的时间节点和重点环节，明确在领导干部职务发生变化时、分管范围和对象出现问题时、群众有集中反映时、个人遇到重大挫折时等 6 种情形下应及时进行提醒教育，增强了党员干部防范岗位廉政风险的意识。[④]

卫生系统加强医德医风建设。2012 年 6 月 26 日，卫生部在面向全行业全社会公开征求意见的基础上，出台了《医疗机构从业人员行为规范》。2012 年 4 月 24 日，纠正医药购销和医疗服务中不正之风部际联席会议召开第十五次会议，通过了《2012 年纠正医药购销和医疗服务中不正之风专项治理工作实施意见》，部署了 2012 年专项治理工作重点，试点推广“阳光用药”电子监察等工作方法，通过网络技术手段对医疗机构和医务人员进行实时监督。[⑤] 湖北省在 2011 年 4 ~ 10 月集中开展了医药购销和医疗服务中突出问题专项整治行

---

① 《让“廉洁是福、腐败是祸”意识深入人心公安部机关以〈手莫伸〉为教材开展警示教育》，2012 年 4 月 13 日《中国纪检监察报》。

② 《各地各部门贯彻执行〈廉政准则〉情况综述》，2012 年 2 月 28 日《中国纪检监察报》。

③ 《天津市反腐倡廉教育有效管用》，2011 年 12 月 12 日《中国纪检监察报》。

④ 《上海反腐倡廉教育工作一览》，2012 年 1 月 16 日《中国纪检监察报》。

⑤ 《马馼在纠正医药购销和医疗服务中不正之风部际联席会议上的讲话》，2012 年 4 月 15 日《中国纪检监察报》。

动。[1] 太原市卫生局新修订了《太原市医德医风建设责任追究办法》，明确规定对收红包、过度检查、拿回扣、收受或变相接收商业贿赂等违法违规行为，一经查实，将依法依规对当事人吊销执业证书、开除公职，清理出卫生系统，并对所在科室主要负责人、分管领导、主要领导给予免职处理。[2]

教育和科研单位对行为不端严格问责。长沙市从2012年5月起开展为期一年的“师德师风”建设年活动，针对学生和家长反映强烈的突出问题，市教育局专门制定了《长沙市中小学教师从业行为“十不准”》，严格治理有偿家教，教师为培训机构拉生源，教师收受学生和学生家长礼金，请吃请喝等违纪行为。[3] 针对科研领域抄袭剽窃及学术不端行为，教育部出台了《关于切实加强和改进高等学校学风建设的实施意见》，要求高校为教师建立科研诚信档案，学术不端的教师将受到从“取消申报项目资格”直至“追究法律责任”的处罚。[4] 2012年4月，中国科学技术协会所属全国学会主办的1050家科技期刊发出联合声明，对抄袭、剽窃、弄虚作假的学术文章永不刊用，将建立科研诚信档案和学术不端惩处联动机制，对出现学术不端问题的作者、利用职权剽窃他人成果等行为的审稿人及频繁出现学术不端行为的单位，记入“黑名单”。[5]

### （四）以“为民服务”的理念教育促进勤廉作风养成

开展理想信念、党的优良传统和作风教育，打牢廉洁从政的思想政

---

① 《医生收红包拿回扣将严惩》，2012年4月3日《湖北日报》。

② 《太原：医生收红包拿回扣将被开除公职》，http://www.sx.xinhuanet.com/newscenter/2012-02/21/content_24748292.htm，访问时间：2012年11月7日。

③ 《长沙出台教师从业行为“十不准”严查公办教师拉生源》，2012年6月4日《长沙晚报》。

④ 《教育部要求建立高校教师科研诚信档案》，2012年3月15日《京华时报》。

⑤ 《中科协将严惩学术不端行为改善科研诚信状况》，2012年4月12日《北京日报》。

治基础，践行以人为本、执政为民理念。江西在省直各单位、地市领导班子成员中开展以“保持党的纯洁性”为主题的谈心谈话活动。[①] 中央和国家机关司局级干部选学活动全面铺开，选学活动将“中国特色社会主义道路的探索与发展”“新形势下党的群众工作”等作为必修课。[②] 2011～2012年，各地各部门掀起新一轮的“下基层”热潮，干部大批量地沉到社区，下到厂矿，住到农家。农业部开展了机关干部“百乡万户调查”活动和青年干部“接地气、察民情”实践锻炼活动；从2012年起，宁夏区、市、县、乡四级机关3.9万名干部“包户到人”，开展为期5年的“下基层、解民忧、帮发展、促和谐”活动。[③] 内蒙古将利用3年时间深入开展党员干部“下基层、办实事、转作风”活动；西藏自治区党委选派2万余名干部组成5451个工作队，进驻西藏所有行政村和居委会，连续3年开展驻村工作；湖南对各级党政干部每年的调研时间作了硬性规定，省级领导干部不少于30天，省直各单位领导干部不少于45天。[④] 河北省部署开展了基层建设年活动，组织党员干部组成驻村工作组，带着帮扶项目和任务到基层，实打实地为群众解难题、办实事，重点解决保障饮水安全、硬化村街道路、建设标准化村卫生室等“十方面实事”。[⑤] 江苏省把促民生、顺民意、谋民利作为惩防体系建设的重要价值取向，2011年印发《关于实施社会管理创新工程切实加强群众工作的意见》，部署开展领导干部下基层“三解三促”活动，省、市、县三级2000多名党政领导干部深入各地村组、社区和基层单位驻点调研，召开普通党员群众座谈会3757次，走访群众20354户，

---

① 《江西在省管干部中开展以“保持党的纯洁性”为主题的谈心谈话活动》，2012年4月10日《中国纪检监察报》。

② 《中央和国家机关司局级干部选学走向制度化常态化》，2012年3月25日《光明日报》。

③ 《宁夏3.9万名干部下基层》，2012年5月3日《中国纪检监察报》。

④ 《从中央到地方全国广泛开展党员干部下基层活动》，http：//www.gov.cn/jrzg/2012－04/08/content_2108714.htm，访问时间：2012年11月7日。

⑤ 《河北省加强基层建设年活动“解难题、办实事”综述》，http：//politics.people.com.cn/n/2012/0712/c70731－18501350.html，访问时间：2012年11月7日。

撰写民情日记3550篇，了解了群众所思所忧所盼，掌握了基层第一手情况，为制定更加符合群众利益的政策举措提供了依据。

### （五）以强化考核规范提升公职人员社会公德和家庭美德

探索公职人员道德考核与管理。浙江省出台了《浙江省领导干部德的考核考察评价办法（试行）》，杭州市把干部家庭美德纳入“德”的考核范围，在班子成员的届末考核中，对干部家庭关系是否融洽、家风是否良好，邻里是否和睦等方面，通过多种途径了解情况，作出重点评价。① 河南省汤阴县把家庭美德细化为三大项十小项评价指标，内容涵盖是否经常看望老人、夫妻关系是否平等、是否关爱教育子女等方面，通过来人来访、维权热线、书面材料反映等渠道，采集全县副科级以上领导干部在履行赡（抚）养义务方面不良“失德”信息，并作为干部提拔任用的重要依据。② 江苏省南通市不仅对党员干部道德操守方面作出细化规定，同时还制定了相应的问责办法，针对党员干部缺乏爱心，不见义勇为，欺骗组织和群众，存在婚外情等违背婚姻、家庭伦理道德不良行为等10种需要问责的情形，根据程度不同，可采取诫勉谈话、责令公开检查、通报批评、调整岗位、停职检查，免职、责令辞职（辞退）等问责方式。③ 江西省于都县将依法履行纳税义务、依法履行赡（抚）养家庭义务等作为党员干部诚信评定的重要标准，对评级低者给予取消年度评先评优资格、当年不得提拔重用等处理。④

把婚丧嫁娶、休闲娱乐等纳入公职人员道德管理。山西省严格执行禁止借婚丧喜庆事宜大操大办的规定，严肃查处62起顶风违纪典

---

① 《杭州考核干部家庭美德》，2012年3月12日《浙江日报》。

② 《汤阴县将孝亲敬老等家庭美德纳入干部考核内容》，2012年3月6日《安阳日报》。

③ 《南通市明确党员干部道德行为规范——道德操守违规将受到问责》，http：//www.ntlz.gov.cn/gdxw/View.aspx？id=30464，访问时间：2012年11月7日。

④ 《于都县出台〈关于建立领导干部信用体系的实施意见〉》，http：//jjjc.jxcn.cn/new/sxdt/2011/11/98313.html，访问时间：2012年11月7日。

型案件。新疆出台规定严禁领导干部操办婚丧喜庆事宜邀请管理和服务对象等7类行为，要求领导干部在操办婚礼、葬礼时要向纪检监察机关和组织人事部门报告。[①] 陕西省延安市规定领导干部婚丧嫁娶需严格控制规模，原则上控制在20桌以内，最多不得超过30桌，迎送车辆不得超过8辆。[②] 2012年4月，江西省出台了《关于进一步加强党政领导班子建设的意见》，实行严禁领导干部从事不健康的娱乐活动，严禁领导干部参加任何形式的赌博活动等“八严禁”，违者一经查实，先免职后处理。[③] 自2011年11月起，山西省纪委、监察厅多次组织各级纪检监察、公安民警对全省茶馆、洗浴、健身娱乐、歌厅等休闲娱乐场所进行明察暗访，查处了46名工作时间在茶馆、洗浴场所、健身娱乐馆、歌厅休闲或打麻将的党员干部，其中乡科级以上13人，包括2名县处级干部。不仅对这些领导干部处以党内严重警告处分，被免职或建议免职，同时对上述违规违纪人员所在单位领导班子和领导干部进行了责任追究。[④]

## 六　在繁荣发展社会主义文化中推进社会廉洁文化建设

各地区各部门按照《中共中央关于深化文化体制改革推动社会主义文化大发展大繁荣若干重大问题的决定》要求，把反腐倡廉建设与社会建设、文化建设结合起来，努力营造风清气正的社会环境。

---

① 《新疆自治区要求领导干部操办婚丧喜庆事宜严禁七类行为》，http://fanfu.people.com.cn/GB/17712324.html，访问时间：2012年11月7日。

② 《延安：领导干部婚丧嫁娶严格控制规模》，http://news.xinhuanet.com/2012-04/09/c_111754118.htm，访问时间：2012年11月7日。

③ 《江西规范领导干部行为：禁止超标装修办公用房》，http://news.sina.com.cn/c/2012-04-23/122924315751.shtml，访问时间：2012年11月7日。

④ 《山西整饬作风查处干部同时对单位追责》，http://news.163.com/12/0102/17/7MPHDI5B00014JB5.html，访问时间：2012年11月7日。

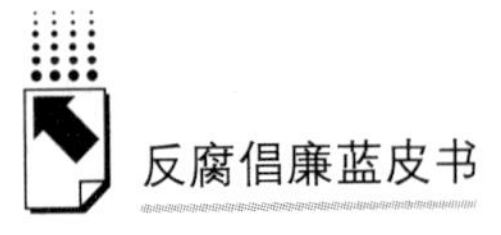


## （一）扩大社会廉洁文化覆盖面

适应社区居民文化需要，整合利用社区文化资源，开展以廉洁为主题的群众性文化艺术活动，传播廉荣贪耻理念。北京西城区金融街街道组建廉政文化活动团体、街道廉政刺绣社，使社区居民在活动参与中接受廉政文化熏陶。四川泸州市合江县南滩乡两河社区成立廉政文化工作站，设置廉政文化角，建立廉政文化一条街，融廉政文化于居民生活环境。内蒙古准格尔旗创建廉政文化宣传街道 6 条、廉政文化主题公园 4 个、廉政文化小广场 5 个、廉政文化志愿者宣传队 16 支、廉政文化长廊 3 个、廉政文化大院 8 个。河北唐山市建立了一支 2 万余人的“廉政使者”队伍，承担传播廉政文化、宣传廉政知识、开展廉政教育、反馈廉政动态的使命。黑龙江林口县以“感恩、孝道、和谐”为主题，开设德孝文化大讲堂，举办“清风颂”专场文艺演出，推举“德孝之星”，引导群众德孝做人、廉洁做事。浙江杭州市余杭区通过举办廉政漫画展览、廉政提示语进楼道、设立社区廉政图书角，推进廉政文化进社区。

把青少年廉洁教育作为实施素质教育的重要内容，纳入国民教育体系。宁夏在高校、职业院校、中小学开展“清风校园”建设活动，抓好师德师风教育和学生敬廉崇洁教育。江苏省无锡市将廉洁文化建设与大学教学、生活密切结合，通过设立“廉政书架”、制作校园廉洁格言警句牌匾、廉洁教育内容进课堂、观看教育片、案例讨论和参观警示教育基地等方式在大学生中开展廉洁教育。[①] 全国高校廉政研究与教育学会、清华大学廉政与治理研究中心主办全国大学生廉洁社团夏令营活动，来自 18 所高校的大学生参加了此次夏令营活动。

结合农村传统文化活动，采用农民易于接受、乐于参加、丰富多彩的形式开展教育活动，营造文明乡风。江苏省海安县在试点村悬挂

① 《无锡廉洁教育进大学》，2012 年 2 月 13 日《中国纪检监察报》。

反腐倡廉格言警句标语，举办格言警句书画展，开展廉洁歌曲大家唱、廉洁文化演出和说书等活动。贵州松桃苗族自治县把勤政廉洁文化内容编排进花灯节目，群众在欣赏花灯艺术的同时，接受勤政廉政文化教育。广西灵山县通过建设廉政书屋、举办廉政文化汇演活动、设立廉政文化宣传牌、聘请廉政监督员，促进廉洁文化融入农村。

企业和“两新组织”廉洁文化建设取得显著成效。2011 年，中央企业开展廉洁从业宣传教育 5 万多场次。[①] 中国建材集团把廉洁从业教育与培养廉洁文化理念相结合，把廉洁文化建设与创建文明企业相结合，把企业文化建设与职业经理人管理制度相结合，针对各级领导人员和关键岗位工作人员，开展职业道德和廉洁从业教育。中国民生银行针对年轻员工和高学历员工比例高、思想活跃的特点，通过主题巡回宣讲、知识竞赛等方式加强廉洁从业教育。晋江市围绕培育、弘扬企业精神和价值观，以廉洁文化建设为非公企业文化建设把好方向，进而为提高企业的核心竞争力提供保证。上海市在“两新”组织中深入开展党的纪律教育、理想信念教育和社会主义核心价值体系教育，维护“两新”组织党员思想纯洁、队伍纯洁、作风纯洁和清正廉洁。[②]

结合创建文明家庭，积极开展家庭助廉教育，倡导清廉家风。云南省凤庆县安监局开展“廉洁的你，幸福的家”廉政文化进家庭活动，发放家庭助廉倡议书，强化家属家庭助廉意识。江西省崇义县加强家庭廉洁教育，教育夫妻相互当好“廉内助”。湖南桂东县向全县领导干部家庭发出“廉政文化进家庭”倡议书 5000 多份，召开“领导干部配偶话廉政”座谈会，观看警示片，制定《廉洁家庭公约》，签订《家庭助廉承诺书》。云南省芒市举办廉政文化进家庭专题讲座，300 余名党员领导干部家属聆听讲座。

---

① 参见中央纪委监察部第一纪检监察室、中国纪检监察报社主办的《国有企业廉洁文化巡礼》，2012 年 4 月 8 日《中国纪检监察报》。

② 《上海“两新”组织反腐倡廉再加力》，2012 年 4 月 30 日《中国纪检监察报》。

## （二）大众媒体引导形成廉荣贪耻舆论氛围

各地充分发挥电视、报刊、网络等媒体受众广、覆盖全、传播快的优势，传播廉洁文化理念，营造廉荣贪耻的社会舆论氛围。各种媒体全面报道纪检监察机关、司法机关查处的国家公职人员违法违纪案件，向社会传递“莫伸手，伸手必被抓”的高压惩腐理念；大力宣传勤廉双优、见义勇为先进典型，促进公众形成抵制贪腐的行为自觉，整体提升公众道德水平；跟踪报道社会焦点事件，深挖背后腐败因素，形成对违法违纪行为的强大公共舆论压力。

中央电视台及地方各级电视台在黄金时段播放廉政公益广告、反腐败专题节目。江苏卫视开设“廉政时空”栏目，在黄金时段播出。北京市纪委监察局与北京广播电视台合办反腐倡廉周播节目《廉政北京》。绥化市纪委和市电视台联合开办了《百家讲廉》栏目，讲述廉政典故、廉政格言、廉政警句、廉政事迹、廉政条规、典型案例、廉政成果。人民网、新华网等各大主流网站均开通专门的反腐频道。

报刊开设廉政专栏，追踪报道反腐倡廉建设最新进展。《中国纪检监察报》设置“廉政文化”专版，发表廉政文化研究文章及优秀廉政文化作品；《检察日报》专设“廉政周刊”，刊发领导、专家的廉政声音，追踪全国各地开展反腐倡廉工作动态，介绍各检察院开展职务犯罪预防工作的创新做法和好的经验。《新华日报》每月制作一期廉政专版，每期一个专题，及时追踪反腐倡廉最新工作。

各省纪检监察机关建立完善官方网站，向社会提供最新权威反腐倡廉信息。一批高质量的反腐倡廉专题网站陆续上线，[①] 集严肃性和权威性、思想性和艺术性、知识性和趣味性于一体，以灵活多样的形

① 例如，2012 年 2 月，由中央纪委监察部主管、中国监察杂志社主办的国家风尚网正式上线。该网作为反腐倡廉资讯门户网站和综合性网络媒体，致力于传播社会主义先进文化，传承中华传统美德，推进社会主义核心价值体系建设。

式宣传展示廉洁文化。大批优秀反腐倡廉文艺作品通过视频网站、微博得以传播，增加了教育受众数量。一些网站增强廉政信息的互动性，充分调动广大网民参与反腐倡廉建设兴趣。

### （三）提高廉洁文化产品供给能力

各地深挖廉政文化本土资源，利用本地优势艺术形式，将廉洁文化理念融入社会文化建设。各地创作了大量有地方特色的廉政戏曲，如秦剧《百合花开》《黎季芳》、沪剧《红叶魂》、龙江剧《村官陈二哥》、莱芜梆子剧《儿行千里》、豫剧《七品青莲》《歧路冷雨》《天职》、吕剧《钟声》等，让人们在感受艺术魅力的同时接受廉洁文化熏陶。新疆生产建设兵团围绕弘扬“兵团精神”，创作屯垦文艺作品，创建具有兵团特色的廉政文化品牌。① 湖南永州市依托本土资源，利用舜帝、柳宗元、周敦颐等历史人文资源，开发廉洁文化产品，传播廉洁理念。贵州省松桃苗族自治县利用苗歌这一民族特色艺术形式，宣传廉洁文化，通过一批廉政苗歌弘扬正气。江苏无锡将廉政元素与当地景观、人物、文化有机结合起来，打造五条廉政教育旅游专线。

一些廉洁文化活动形成品牌效应。2011 年 12 月，国际反贪局联合会国际廉政宣传短片比赛活动在香港举行。② 由中央纪委宣教室、国家预防腐败局办公室联合举办的全国廉政公益广告创意征集活动于 2011 年 5 月在北京启动。由中纪委电教中心、中国电视艺术家协会、浙江省纪委主办的全国首次优秀廉政视频短片展播活动评选结果在浙江省宁波市揭晓。安徽省合肥市纪委和中国曲艺家协会共同主办了“第二届‘包公杯’全国反腐倡廉曲艺作品征集活动”。中国电影博物馆举办的“风清气正扬宗旨——北京市反腐倡廉教育影像展览”，

① 《大力推进兵团特色的廉政文化建设》，2012 年 6 月 1 日《中国纪检监察报》。

② 《2011 年廉政文化事件》，2011 年 12 月 27 日《检察日报》。

每天公益放映两部红色经典影片，影迷可以观看到77部从1959年到2010年拍摄的反腐倡廉题材优秀国产电影。

各地积极拓展廉洁文化传播载体。湖北省拍摄重大革命历史题材电影《忠诚与背叛》，再现中央纪委前身“中央监察委员会”在中共五大上选举产生的历史事件。[①] 河北省重点打造以弘扬“两个务必”精神为主旨的电视连续剧《新中国从这里走来》，围绕弘扬西柏坡精神组织创作长篇报告文学《赶考》和《图文西柏坡精神》等系列作品。[②] 中央抗震救灾资金物资监督检查领导小组办公室、中央纪委宣教室和四川省纪委在北京举行“廉洁救灾·阳光重建——汶川地震抗震救灾和灾后重建监督检查图片展”全国巡展启动仪式。北京市组织专家学者撰写《中国古今官德研究》丛书，对“官德”思想开展系统研究，具有较强的理论价值。

## 七　反腐倡廉社会评价与热点问题

为了解党员干部和社会公众对反腐倡廉建设的看法，2012年中国社会科学院课题组开展了“反腐倡廉建设成效社会评价”城乡居民入户问卷调查和对专业人员、企业管理人员、机关干部等专门人群的问卷调查。两类问卷相互印证，相互补充，以期获得对反腐倡廉建设全面客观的社会评价。

调查结果显示，近60%的城乡居民对今后5～10年我国反腐败工作取得明显成效有信心，与2011年相比大体持平，略有上升。受访者对党和国家惩治预防腐败的努力程度和总体效果给予肯定，77%的企业管理人员和76.3%的专业人员认为党和政府惩防腐败“非常努力”或“比较努

① 《湖北反腐倡廉宣教工作亮点纷呈》，2012年3月22日《中国纪检监察报》。

② 《河北确定廉政文化建设重点工作》，2012年4月9日《中国纪检监察报》。

力”；72.2%的普通干部认为所在地区或部门损害群众利益的突出问题解决得“好”或“比较好”。专业人员认为“学校乱收费、高收费”等问题经治理已经“明显好转”和“有所好转”的比例为62.9%。但城乡居民的调查问卷显示，人们在看病就医、子女入学、就业求职、工作调动、打官司遇到问题时，仍有相当数量的人倾向于请托送礼。当前我国反腐败斗争形势依然严峻。认为我国当前腐败现象“严重”或“比较严重”的城乡居民虽然较2011年有所下降，但比例仍然较高。

调查显示，公众对深化反腐倡廉建设有很高的期待，91.7%的受访者认为，加大反腐败力度能促进经济健康发展，88.1%的人认为能促进社会稳定。公众的具体主张有：第一，加强对领导干部尤其是“一把手”的监督，50%以上的普通干部认为应加强对“‘三重一大’问题”的监督，40.5%的专业人员认为加强对领导干部“个人和家庭财产情况”的监督。第二，对干部任用失误应严肃追责，50%的受访者认为，用人失察失误应“追究主要领导和组织部门的责任”。第三，对公职人员应该有更高要求。超过半数的被调查者认为，公职人员不廉洁应该“清出队伍”。第四，规范公务接待，48.2%的受访者主张“严格控制公务接待预算”，61.2%的受访者认为应“严格执行公务接待标准”，57.6%的受访者主张“实行公务接待餐费和人员公示制度”。第五，加大力度治理公务用车问题，51.1%的受访者认为公务用车应“使用专门牌照，严禁出入娱乐、餐饮、购物场所”，主张“使用GPS定位系统监管公车使用”，“实行用车里程记录与工作日志对照”。第六，提高反腐倡廉法规制度的执行力，72.8%的受访者主张“必须加强对执行制度的监督检查”，71.9%的受访者主张“对制度执行不力实行问责”，66.7%的受访者主张“领导重视并带头执行制度”。第七，提高群众参与反腐败的积极性，71.9%的城乡居民强调要“保护举报人”。

一年来，社会上普遍关注或呈现的与反腐败密切相关的热点问题是：

社会热烈回应十八大“反腐宣示”。十八大关于“反对腐败、建设廉洁政治”，做到“干部清正、政府清廉、政治清明”的鲜明提法在社会上引起热议。各大门户网站、社区网站及新浪微博、腾讯微博等新媒体在十八大召开后几天内仅对“建设廉洁政治”的跟帖数以百万计。公众普遍认为，这些是十八大作出的“反腐宣示”，表明中国共产党清醒认识到腐败对执政根基的损害，也可以解读出中国共产党打击腐败的决心和勇气，这些宣示能否成功付诸现实，直接关涉民众幸福。大家热切期盼，党和政府亮出反腐利剑，为人民清污，为发展清障。许多有识之士为落实十八大反腐决策建言献策，主张通过促进党内民主、推动法治进程、加强官员问责、推进政府信息公开和领导干部财产公开等方式，有效遏制腐败突出问题；应主动利用网络资源，引导群众理性、有序参与和运用网络监督；要防止腐败从公共权力机构向社会领域扩散，防止潜规则成为一些干部的为官文化和社会“见怪不怪”的不良风气；反腐倡廉建设不仅要强化党和政府的监管，还须更加依靠人民群众，因为反腐败是全社会的事业，民众是惩治腐败的基础力量。

社会对中央政治局改进工作作风的“八项规定”反响强烈。十八大刚过不久，中央政治局就迅速作出改进工作作风、密切联系群众的“八项规定”，在社会上引起强烈反响，网民一片喝彩。社会舆论评论，规定“玩真格的”，本身就是改进作风的范本，“轻车简从”，“不安排群众迎送”，“不铺设迎宾地毯”，“不出席各类剪彩、奠基活动”，“严格控制出访随行人员”等规定具体坦率，具有可操作性，让老百姓监督有了具体依据；“从中央政治局做起”，“要求别人做到的自己先要做到”的规定真诚坚定，令人耳目一新，人们对党风的改进充满期待。新一届中央领导集体正以身体力行的方式，为端正党风政风率先垂范，践行“实干兴邦”的理念；“八项规定”是中央领导人向公众作出的庄严承诺，也为全党改进作风树立了标准，深得民心。

出现治理腐败“或缓或急”两种声音。一些媒体相继发出治理

腐败“宜缓不宜急”和“宜速不宜迟”两种论点：前者认为，腐败高发是与各国工业化伴生的共性问题，其解决有待社会全面进步和公民素质提升，全社会应有耐心，不能急于求成；后者主张，防治腐败的根本之策是当机立断，通过强力推进改革、加快发展民主来遏制腐败，不能贻误时机。从社会舆论看，尽管人们对腐败的严重程度和治理路径评价不一，但对腐败蔓延的危害性、腐败多发的可感性、腐败治理的重要性并无实质分歧。

大要案频出引发对“一把手”权力过大的热议。薄熙来、王立军、刘志军、黄胜等高级干部因收受巨额贿赂被移送司法；原中国农业银行执行董事、副行长杨琨、原中国邮政储蓄银行行长陶礼明等金融机构重要负责人因贪腐落马，备受社会关注。这些位高权重的领导干部有长期担任“一把手”的履历，且主要腐败问题也是在任“一把手”期间发生，引起舆论热议。不少干部群众对“一把手”监督难、个人凌驾于法律之上、领导干部与不法企业主之间的巨额利益输送问题感到忧虑。许多人表示，“一把手”权力“过载”，既决策又执行，自由裁量权过大，其中一些人不受约束、不按规矩和程序办事，恣意妄为，难以避免腐败风险，需尽快从体制机制上加以有效规制。

利益关联度增大了对腐败的容忍度。公众对郭美美风波、足坛打黑风暴和校车事故等社会热点事件口诛笔伐，对其背后所暴露出的诚信缺失、行业腐败和不良风气极度愤慨，表现出强烈的“零容忍”态度。问卷调查结果也显示，人们在求职找工作、子女教育和看病就医时请托率较高且办成率也较高。在关涉自身利益的情况下，人们又对消极腐败现象表现出一定的“容忍度”和“参与度”，这也会助长贪腐之风。

社会民生问题加剧了腐败泛化心理。近年来，媒体频频曝光的毒奶粉、瘦肉精、染色馒头、毒胶囊等社会不诚信问题，与腐败泛化心理叠加。问卷调查显示，物价上涨、看病难和看病贵、收入差距过大被列为“当前最突出的社会问题”前 3 位，不少人认为“社会不公

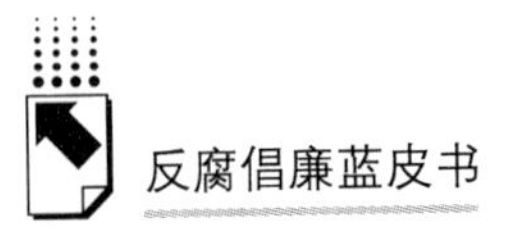


是更大的腐败”。调研中还发现，一些地方政府在民生问题上不作为或慢作为，也被群众认为是腐败从中作祟。

网络既成为反腐新平台也出现非理性表达。党政机关和领导干部纷纷开通官方或个人博客回应群众关切，效果良好。各级纪检监察机关重视网络舆情，推动案件查办，保护群众参与反腐败的积极性。不少网民在互联网发布“表叔”、“房叔”等官员贪腐信息或证据，使一些腐败分子被曝光查办。但碎片化、表象化甚至情绪化的网络信息也容易引发社会舆情的非理性振荡，越来越多的人呼吁规范“网络反腐”，建立健康的网络举报、网络维权、网络监督秩序。

## 八　课题组专家学者的思考与主张

为了加强反腐倡廉建设，课题组专家学者提出如下主张。

第一，科学规制“一把手”权力。按照决策科学民主、执行规范透明、监督独立有效的基本思路，扩大党代会和全委会的决策权，涉及全局性、战略性的重大决策以及重要干部任免提交全委会票决，发挥全委会对重大问题的决策功能，防止“一把手”决策失误、用权失范。切实加强对权力集中部门和资金密集领域的监督。进一步发挥巡视制度对各级“一把手”的监督作用。党政机关、国有企业和金融机构主要负责人不直接分管资金配置、干部任免等具体事务，实行下级党政主要负责人向上级纪委全委会公开述职述廉，并接受质询。

第二，加强制度的有效供给。在提高制度执行力的同时，对现有制度进行清理和配套。以《中国共产党党员领导干部廉洁从政若干准则》为基础，强化岗位行为约束制度，完善个人有关事项报告制度，明确礼贿界限，对党员干部收受礼品礼金行为实行有效治理，加强制度廉洁性评估审查，防止制度设计者把部门利益、地方利益、“小集团”利益合法化。

第三，用“刚性”制度推动领导干部为群众服务。建立党员干

部直接联系和服务群众的考核办法，务实制定干部服务群众的指标，每年安排机关党员干部到农村、社区及有关其他单位参加社会公益劳动。领导干部每年保证到基层及联系点工作一段时间。鼓励优秀年轻党员到基层一线工作，领导机关新入职公务员须从基层表现优秀的公务员中公开择优选用。加强对基层党员干部的管理和监督，严格规范基层执法行为，下力气治理发生在群众身边的不正之风和腐败问题。

第四，建立遏制“三公”奢侈浪费现象的长效机制。开展联合督察行动，及时发现和纠正不规范的“三公”奢侈浪费行为。细化“三公”预算和执行并持续公开，进一步发挥群众监督和舆论监察的作用。将公车使用、公务接待、公款出国境情况作为年度考核、述职述纪、干部考察、经济责任审计等的重要内容，在一定范围内予以公示，实行领导干部“三公”支出终身责任制。

第五，用力防治社会领域的腐败。着力整治社会领域的消极腐败现象和不正之风，加快推进社会诚信体系建设。深入推进事业单位改革，铲除滋生腐败的土壤。完善考核评价机制，将廉洁因素和社会满意度调查作为教育、文化、医疗卫生、新闻、体育等领域考核评价的主要依据，推进公共服务均等化和收入分配改革。着力解决食品药品质量、安全生产、征地拆迁、环境保护等方面损害群众利益的问题，严厉打击中介机构的腐败行为。完善相关职业规范和监督制约机制，积极探索非公有制经济组织和社会组织防治腐败的有效办法。

# 专 项 报 告

Special Reports

# B.2

# 党政机关公务用车问题专项治理取得阶段性进展*

中国社会科学院反腐倡廉建设课题组**

公务用车问题一直是社会关注的热点问题。改革开放以来，我国先后出台了一系列规范公务用车配备使用管理的规章制度，不断强化监督管理，严厉惩处违规违纪问题，取得了积极的成效。随着经济社会的快速发展，现行的公务用车管理制度的缺陷也越来越明显，每年公务用车购置费上涨势头难以遏制，公车私用、超编超标配车等问题日益突出，并逐渐成为公共财政的包袱、滋生腐败的温床，尤其是与

---

* 本文部分材料由中央公务用车问题专项治理工作领导小组办公室提供。

** 课题组组长：吴海星（中国社会科学院中国廉政研究中心常务理事）；执笔人：吴海星、高波、范三国。

之伴生的特权意识和奢侈浪费之风引起了人民群众的强烈不满，影响了党群干群关系，损害了党和政府的威信。

2010 年 12 月 28 日，中央政治局在研究部署 2011 年党风廉政建设和反腐败工作时明确提出，深入开展公务用车问题专项治理。随后召开的第十七届中央纪委第六次全会进一步提出要认真开展公务用车专项治理，积极推进公务用车制度改革。2011 年 4 月，党中央、国务院作出了开展全国党政机关公务用车问题专项治理工作（以下简称“公车治理”）的重要部署。

一年来，各地区各部门完成了动员部署、登记自查、审查核实等阶段的任务，专项治理工作取得了阶段性成效。截至 2012 年 6 月，全国党政机关共清理出违规公务用车 19.96 万辆；中央和国家机关实有公务用车减幅达 35%；受理查处群众信访举报和媒体披露的案件 949 件，给予党纪政纪处分 170 人；[①] 制定出台了一系列规范公务用车配备使用的管理制度，促进了公务用车管理的科学化、制度化和规范化，初步实现了“总量减少、费用下降、管理规范”的治理目标。

## 一　多措并举，形成公车治理的整体合力

为确保专项治理工作取得实效，党中央、国务院以及各地区各部门采取了一系列政策措施。

### （一）在决策部署上，注重统筹设计、强力推进，整体实施专项治理工作

2011 年初，中共中央办公厅、国务院办公厅印发《党政机关公

① 《全国党政机关公务用车处置工作会议在京召开》，2012 年 6 月 15 日《中国纪检监察报》。

务用车配备使用管理办法》《省部级干部公务用车配备使用管理办法》，从降低配备标准、压缩编制数量、强化经费预算管理和审批购置、使用、保险、维修及加油等方面，对公务用车管理工作提出了更严更高要求，如规定“一般公务用车配备排气量1.8升（含）以下、价格18万元以内的轿车，公务用车使用年限超过8年的方可更新，党政机关原则上不得配备越野车”。

为落实两个《办法》，2011年1月和3月，第十七届中央纪委第六次全会和国务院第四次廉政工作会议先后对开展公车治理作出全面部署。中共中央办公厅、国务院办公厅印发了《关于开展党政机关公务用车问题专项治理工作的实施意见》（以下简称《实施意见》），明确这次专项治理的任务和总体要求是落实党政机关和领导干部公务用车配备使用管理规定，着力解决突出问题、加强规范管理、建立健全制度，进一步提高公务用车配备使用管理规范化、制度化水平。

2011年以来，中央专门召开全国电视电话会议对全国公车治理工作进行动员部署；中央公务用车问题专项治理工作领导小组办公室召开了全国专项治理工作部署培训会；中央公务用车问题专项治理工作领导小组先后召开多次会议，总结部署各个阶段工作，讨论党政机关执法执勤用车、中央和国家机关公务用车配备使用管理有关制度办法，审议通过《党政机关违规公务用车处理办法》等文件，推动公车治理各项工作顺利实施。

2012年6月，时任中共中央政治局常委、中央纪委书记贺国强，中央书记处书记、中央纪委副书记何勇，国务委员兼国务院秘书长马凯对公车治理进展情况作出批示，提出明确要求。随即，中央公车治理领导小组召开全国党政机关违规公务用车处置工作会议，对加大违规车辆处置力度、健全规范公车管理长效机制进行再动员再部署，进一步推动专项治理工作深入开展。

各地区各部门按照中央的统一部署和要求，制订工作方案，采取有力措施，抓好任务落实，全国公车治理工作稳步有序推进。

**专栏1 《党政机关公务用车配备使用管理办法》对公务用车配置管理使用作出严格规定**

在公务用车配备方面：对于一般公务用车，中央和国家机关每20人不超过一辆，汽车排气量在1.8升（含）以下、价格在18万元以内，其中机要通信用车配备要求排气量1.6升（含）以下、价格12万元以内，并且规定党政机关原则上不得配备越野车。与1999年中办、国办印发的《关于调整党政机关汽车配备使用标准的通知》中排气量和价格两个指标分别为2.0升（含2.0升）以下和25万元以内相比，标准再度收紧。对于汽车使用年限，规定超过8年可以更新，且不得因领导干部提职、调任等原因提前更新。《党政机关公务用车配备使用管理办法》（以下简称《办法》）严格限制高档配置和豪华内饰。

在公务用车购置方面：《办法》要求党政机关应配备使用国产汽车，对自主品牌和自主创新的新能源汽车，实行政府优先采购。

在公务用车管理方面：《办法》要求加强公车的集中管理和调度，并且严格登记和公示制度，严格登记和公示用车时间、事由、地点、里程、油耗、费用等信息，并规定回单位停放和节假日除特殊工作需要外封存停驶。

在公务用车使用方面：《办法》要求尽量减少公务用车长途行驶，对于外事接待、会议和集体活动用车应当主要通过社会租赁方式解决。

在公务用车维护方面：《办法》要求实行公务用车保险、维修、加油政府集中采购和定点保险、定点维修、定点加油制度。

在公车制度改革方面：《办法》对于试点公车改革的地区和单位予以支持，要求对改革情况进行总结和完善，并鼓励有条件的地区和部门结合自身实际，加快推进公车制度改革。

## （二）在组织结构上，坚持分级负责、齐抓共管，形成专项治理整体合力

中央成立了公务用车问题专项治理工作领导小组，成员单位包括中央纪委、中央办公厅、国务院办公厅、监察部、财政部、国管局、中直管理局、中央组织部、中央宣传部、中央编办、国家发展改革委、公安部、审计署、国资委等多个部门，领导小组办公室设在国管局。按照中央的统一部署要求，全国31个省（区、市）和新疆生产建设兵团、31个中直机关、97个中央国家机关均成立了专项治理领导小组，建立工作机构，形成了上下联动、齐抓共管、一级抓一级、层层抓落实的工作格局。各地区各部门结合实际制订了实施方案，通过召开电视电话会、工作部署会、业务培训会等，明确了任务目标，细化了工作步骤，提出了措施要求。普遍实行信息报送、工作报告、情况通报、督办查办等制度。中央公车治理领导小组办公室通过《人民日报》《光明日报》、新华社、中央电视台等主流媒体，及时宣传报道各地区各部门好的经验做法，回应了社会关切，产生了积极反响。各地区各部门通过新闻报道、答记者问、新闻发布会等形式，及时宣传专项治理政策、工作进展及成效，相关报道主题鲜明、内容具体、角度各异，营造了良好的舆论氛围。[①]

## （三）在治理对象上，实现全面覆盖、突出重点，明确界定六类违规问题

此次专项治理范围主要针对各级党政机关及其所属行政单位、各级党委和政府直属事业单位、人民团体、各级人大机关、政协机关、

① 尚晓汀：《全国党政机关公务用车问题专项治理工作情况通报》，《中国机关后勤》2012年第5期。

人民法院、人民检察院等，涵盖用于履行公务的所有机动车辆，包括省部级干部专车、一般公务用车和执法执勤用车。在治理内容上，重点解决超编制公务用车配备使用等六方面的突出问题。各地区各部门还结合实际，把本地区本部门公务用车存在的其他方面的突出问题纳入专项治理范围，如广东、贵州等地对违规使用军警等特殊号牌问题进行集中整治，拓展工作领域，扩大工作成果。

**专栏2 公务用车问题专项治理重点解决6个突出问题**

一是超编制配备使用公务用车，即违反中央或地方、部门公务用车编制规定，超额配备使用、未经审批配备使用、不在编制内配备使用公务用车。

二是超标准配备使用公务用车，即超出中央或地方、部门公务用车排气量或价格等标准配备使用公务用车。

三是违反规定换车、借车，即擅自采取折旧变卖、转送下属单位、提前报废等方式处理能够正常使用的公务用车，利用职权以各种名义借用、调用、换用下属单位、企事业单位或其他服务管理对象的车辆。

四是摊派款项购车，即向下属单位、企事业单位或其他服务管理对象摊派款项购买车辆，或擅自接受下属单位、企事业单位或其他服务管理对象赠送的车辆，以及摊派、转嫁车辆运行费用。

五是豪华装饰公务用车，即增加公务用车高档配置或豪华内饰。

六是公车私用，即将公务用车用于婚丧喜庆、探亲访友、度假休闲、接送亲友、学习驾驶等非公务活动。

## 二 分步实施，确保公车治理有序有效

2011年4月启动的公车治理主要分动员部署、清理纠正、重点

检查、建章立制四个阶段。一年多来，各地区各部门本着“分级负责、齐抓共管，总量控制、规范管理，积极稳妥、注重实效，标本兼治、纠建并举”的原则，有序推进公务用车登记自查、审查核实、纠正处理、建章立制等工作，取得了阶段性成效。

## （一）党政机关公务用车实行编制管理

针对一些地区和部门特别是市、县车辆编制管理不够规范，中央公车治理工作领导小组制定印发了《关于做好地方党政机关公务用车编制核定工作的通知》，31 个省（区、市）和新疆生产建设兵团、中央和国家机关都已制定印发新的公务用车配备使用管理办法，将各级党政机关一般公务用车纳入编制管理，明确公务用车新的编制、配备标准；财政部制定了《党政机关执法执勤用车配备使用管理办法》，并会同公安部、海关总署等部门出台了 14 个分系统办法，规范执法执勤用车管理；国资委制定《中央企业负责人公务用车管理暂行规定》，对中央企业负责人配备公务用车作出明确规定。一些地区和部门研究制定了公务用车集中使用管理办法、越野车配备使用管理办法、党政机关公务用车管理机构及工作职责的意见等一批专门管理办法，逐步形成全面覆盖、管理规范的公务用车制度体系，促进了公务用车配备使用管理的科学化、制度化、规范化。

## （二）压缩全国党政机关公务用车总量

各地区各部门按照“总量减少”要求，重新核定公车编制，将全部类型和用途的车辆纳入车辆编制，控制压缩了公务用车总量。各省（区、市）已完成一般公务用车编制测算，新核定编制数与实有车辆数相比有所压减，有的省市压减近 20%。国管局和中直管理局按照新编制数比原编制数及实有车辆数“双减压”的原则，对中央和国家机关本级公务用车新编制方案进行逐一审核，实现了新编制标

准由原来的每14人1辆调减为每20人1辆，车辆编制减幅达20%；实有公务用车压减达35%。全国人大机关重新核定了行政单位公务用车编制，新核定车辆编制比原上报编制减少36.84%，比行政单位公务用车实有数减少24.64%。审计署、国家税务总局、银监会、保监会、国家测绘局、国家物资储备局等中央部门完成了下属单位公务用车新编制核定工作。

由于这次专项治理工作期间正值地方换届，各地区各部门认真执行专项治理政策要求，严控新购新配公务用车，有的地方实行新购车辆零审批，遏制了换届后容易出现的领导干部换车风。内蒙古自治区出台了《关于严禁在公务用车专项治理工作期间新购置公务用车的通知》，凡提拔、交流的干部用车一律由任职单位从现有公务用车中给予调剂使用。广东省开展换届期间“车随人走”清理工作，规定干部调动、提升离开原单位或挂职锻炼结束后，必须在1个月内将车辆退回所属单位；领导干部在办理退休手续2个月后，原配备车辆必须由单位收回，共纠正“车随人走”问题106个。

### （三）清理认定及纠正处理违规车辆

根据《实施意见》自查自纠要求，各地区各部门重点抓好登记自查、审查核实、纠正处理三项任务。通过对党政机关公务用车进行全面登记自查，对党政机关所属事业单位车辆进行登记摸底，登记入册以及将自查情况公示，基本摸清了全国公务用车底数，系统掌握了公务用车的基本状况、配备水平、类型分布、主要问题等。各地区各部门专项治理工作机构组织力量对所辖地区、部门和单位登记上报的车辆情况进行了审核甄别，并按照有关政策认定违规问题。通过前期登记自查和审查核实，全国清理违规公务用车19.96万辆。

各地区各部门依据《党政机关违规公务用车处理办法》，采取退回、报废或拍卖等方式处置违规车辆，截至2012年7月已累计处置

6.6万辆，拍卖所得资金超过1亿元。国管局和中直管理局将违规车辆全部通过中央行政事业单位国有资产处置平台公开处置，在相关网站和报刊等媒体上及时发布公车处置信息，探索单车和批量相结合的竞价模式，建立资产动态竞价监管系统，对车辆处置进度、竞价过程、成交情况、结算统计等全过程进行实时监督，实现违规车辆阳光处置。安徽省委托机动车拍卖公司，对超过使用年限的旧公务用车进行公开拍卖，共拍出48辆旧公务用车，成交价112.77万元，超出评估价52.21万元，拍卖所得款全部上交省财政。[①] 江苏省开展党政机关和企事业单位借用军警号牌专项治理，共清退军车号牌38副，武警号牌164副，清理违规使用警灯、警报器1951具，全省12438副公安民用专段号牌（“苏O”号牌）全部取消。[②]

### （四）督导检查并严肃查处违规违纪问题

中央公车治理领导小组及办公室先后派出31个督导组，通过召开各级座谈会、公安交管部门信息比对、随机抽取单位实地实车查验、财务资产账目核查等方式，对100个中央部门和16个省（区、市）进行了重点督导，查找存在问题，督促整改落实。采取发函督办、电话督办、直接查办等形式，对群众举报、媒体反映的云南楚雄州“农业执法车现身老挝”、山东潍坊市人民检察院违规配备进口越野车、湖北省广水市“车随人走”等一批违规问题进行了核查处理。各级专项治理工作机构受理领导批办、群众信访举报和媒体披露的案件949件，给予党纪政纪处分170人，回应社会关切，保证了专项治理工作顺利进行。

各省（区、市）组织专门力量，通过编印政策文件、实地培训

---

① 朱彬南、陈静：《安徽省直机关公开拍卖旧公务用车》，《中国机关后勤》2012年第3期。

② 郑晋鸣：《公车治理：江苏扎实开展借用军警号牌治理工作》，2011年12月19日《光明日报》。

指导、开发审核模板、交流工作信息、组织明察暗访等方式对所辖地区、部门和单位进行重点检查。北京市将专项治理工作作为贯彻落实党风廉政建设责任制和《党员领导干部廉洁从政若干准则》的一项重要内容，市委、市政府主要领导带队对部分单位进行检查考核。辽宁、湖南、福建、甘肃、新疆、西藏等地成立专门督察组，发现问题，督促纠正。陕西省对媒体披露的榆林公务用车超标问题进行核查，对超标公务用车进行了公开拍卖。海南省对个别地方漏报、错报及违规审批车辆问题进行了严肃处理，并在全省进行通报，较好地发挥了警示教育作用。河南省组织纪检监察、公安、工商、税务、银行、新闻等机关或部门，于各大节日期间对旅游景点、消费娱乐场所进行集中检查，查处公车私用问题。广西将党政机关所属事业单位和公车登记到私人名下等问题纳入专项治理范围，组织督查组，在节假日期间赴风景旅游区、高速公路出口等地，对公车私用等问题进行明察暗访。重庆市对违规审批配置、拨款购买、豪华装饰、擅自驾驶公务用车的，领导干部一律先予免职，一般干部除按有关规定严肃处理外，当年年终考核一律评定为不称职并且不得晋升职务。江西省南康市加大公务“特权车”治理力度，对党政机关公务用车交通违法情况在全市通报，并通过报纸、电视台、手机报等形式予以曝光。

**专栏3　公务用车问题专项治理工作相关政策规定*[*]***

一是对违规车辆的处理，本着厉行节约、避免浪费的原则，按照调剂使用、公开拍卖、经批准继续使用和换回、退回等方式进行。严禁擅自处理违规车辆，避免国有资产流失。

二是对越野车的治理，两个《办法》下发后，党政机关原则上

* 周英峰：《切实解决公车管理中的突出问题——专访中央公务用车问题专项治理工作领导小组负责人》，http://www.gov.cn/jrzg/2011-05/31/content_1874230.htm，访问时间：2012年11月7日。

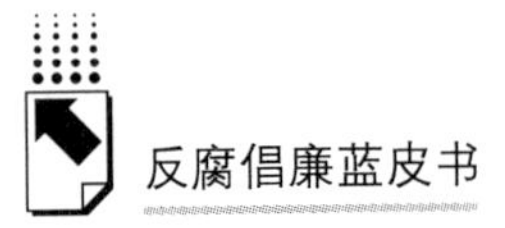



不配备越野车（含SUV车型）。确因地理环境和工作性质特殊的，可以适当配备国产越野车，但须严格审批程序，纳入车辆编制，实行集中管理，不得作为领导干部固定用车。

三是对责任人的处理，区别情况、体现政策。对主动自查、及时纠正的，依据有关规定从宽从轻处理；对隐瞒不报、不及时纠正的，严肃处理；对两个《办法》下发之后的违纪违规行为，从严从重处理。

四是严禁借机更换公务用车。凡是提拔、交流的干部，必须优先使用单位现有车辆，严禁占用其他单位车辆，严禁违规新购置车辆。在《实施意见》下发之日起至各地区和有关部门重新核定编制和配备标准前，原则上暂停新购置车辆。

### （五）建立规范管理公车长效机制

公车治理开展以来，始终坚持清理与规范并重，在清理纠正突出问题的同时，着眼规范管理、纠建并举，建立健全长效机制，相继制定完善了一批制度规定，促进了公务用车管理的科学化、制度化和规范化。2012年7月，国务院出台了《机关事务管理条例》，首次将机关事务管理纳入法制化轨道，对公务用车的配备原则、县级以上政府推进公务用车改革的责任、公务用车油耗、维修保养费用的考核以及公务用车相关管理的罚则等都具有高度针对性。

加强配置审批管理。江苏省宿迁市建立公务用车购置审批联席会议制度，市财政局、市机关事务管理局审核购车资金来源、车辆编制和配备标准，市纪委监督配置审核工作，全市公务用车实行市长审批、市机关事务管理局购车专户集中采购，防止超标、超编、违规购置公务用车。湖北省荆州市制定公务用车更新审核备案制度，将县市区党委、人大、政府、政协四大领导班子更新公务用车由各县市区审

批备案变为由市公务用车主管部门审核、市纪委备案。四川省制定了《关于加强党政机关公务用车注册登记管理的通知》，要求全省公安车管部门办理党政机关公务用车注册登记时，必须审核公务用车主管部门批文，把住了公务用车入口关。吉林省制定了《关于各地区明确公务用车管理部门及工作职责的意见》，实行领导干部用车和编制总控“下管一级”制度，从源头上防止超编车、超标车等违规问题纠而复生。

规范经费管理。《党政机关公务用车配备使用管理办法》规定，财政部门根据年度公务用车配备更新计划，统筹安排购置经费，并会同公务用车主管部门测定公务用车运行费用定额标准，据以核定公务用车运行费用，列入部门预算，进一步规范和加强了党政机关公务用车预算决算管理。广西将公车购置运行费用纳入财政预决算管理，实行公车“定编证”年审制度，根据年审情况核定公车运行费用。国家发改委对公车实行定额指标管理，按照《中央和国家机关公务用车耗油定额标准（试行)》，核定单车耗油定额标准，并将维修费、保险费、过路过桥费、停车费和其他相关支出一并列入单车核算定额指标考核管理范围，每月对车辆定额指标执行情况进行审核。国家税务总局实行单车核算制度及公务用车油耗、运行费用支出统计报告和公示制度。银监会实行“节约奖励、超标罚款”的办法，按照中央国家机关公务用车耗油定额标准，每百公里油耗节约1公升，奖励驾驶员3.5元；每百公里油耗超过定额1公升，罚款2元。2010年，全年节油约1.2万升，价值9万余元，节约财政资金5万余元。[①]

集中统一管理。通过统一管理、统一标准、统一采购、统一配备、统一处置，省部级干部专车和中央部门本级一般公务用车在控制

---

① 《银监会进一步降低公务用车运行经费》，http：//www.ggj.gov.cn/qgjggzxx/201107/t20110727_ 275262.htm，访问时间：2012年11月7日。

车辆规模、降低行政成本、实现均衡配置等方面取得了显著成效。许多地区也将这种模式作为经验加以推广应用。如上海市制定《党政机关公务用车集中使用管理办法》，明确由各级公务用车主管部门对各单位公务用车实行统一调度、统一保洁、统一维修、统一加油。济南市建立公务用车“五统三定”管理模式，即统一编制、统一购置、统一牌照、统一调配、统一处置，定点加油、定点保险、定点维修。洛阳市制定《市直机关及直属事业单位公务用车管理办法》，实行公务用车所有权与使用权分离。河北省制定《党政机关越野车配备使用管理暂行办法》，实行集中管理，严格控制使用。国土资源部下属单位成都地质矿产研究所和成都矿产综合利用研究所实行了“五个一”管理模式，即一辆车一个档案、一名驾驶员一个档案、一个项目用车一个档案、一天一次安全检车、一次用车一张记录卡。浙江、四川、海南等地均实现了集中统一管理模式的制度化、常态化。

公车标识管理。青海省印发了《关于省级机关单位实行公务用车标识管理的通知》，明确公车使用“五不准”，即不准用公车接送孩子、不准用公车参加婚嫁事宜、不准私自用公车学习驾驶、不准公车停放营业性娱乐场所、不准损毁公务公车标志，全省 85 个省直机关单位 3200 多辆公车张贴统一标识上路行驶，亮明身份接受公众监督。宁夏对全区 7000 余辆党政机关公车粘贴“公务车”标识。山东、广东、云南等地部分市县对公车统一贴挂外观标识和监督投诉电话，主动接受社会监督。江苏、安徽等地建立了公车专用号牌管理制度。浙江平阳县将全县机关单位 995 辆公车全部换上统一的公车牌照，并建立公众监督制度，公车私用现象大为收敛。

科技手段监管。一些地区通过安装 GPS 等科技化规制方式加强监控规范，防止公车私用。如广州市试点公务用车信息化监管系统，将 1 万多辆公车全部安装 GPS 定位系统，并与纪检监察机关的电子监察平台联网，实现对所有公车行驶记录、实时位置、违章情况等全

方位全过程监控。山西省运用高速公路信息管理系统和公安交警违章信息管理平台，检索封存车辆上路信息，发现违规车辆385辆次。重庆市建立集管理、统计、分析、查询等功能于一体的公务用车电子信息管理系统，与公安交管部门联网，及时掌握和了解市管行政事业单位公车配置、登记和使用情况，实现对公务用车的动态监管，全市公务用车购置及运行费用同比下降31%。[①]

### 专栏4　广州市黄埔区运用GPS+RFID强化公车监管

广州市黄埔区形成了以卫星定位+RFID设备为手段，以全球卫星定位系统为依托，在公务用车上安装车载GPS车载终端，以RFID身份识别技术为基础，建立公务用车使用档案，工作人员使用公车必须插入工作证，掌握用车人的身份信息，做到既管车又管人。以计算机网络和数据库技术为手段，建立公车管理信息系统，以数据实时统计技术为抓手，系统自动统计各种数据。建立公务用车里程和油耗等台账记录，对公务用车使用情况进行定期分析评估，强化公务用车监管力度。据测算，2011年每辆公务车的月行驶里程比上年同期减少24.23%，油耗同期下降18.28%，路桥费和停车费同期下降9.1%。

### 专栏5　国外公务车管理与使用状况

瑞典：电子监控公车私用。该国财政部请专家设计了一套由电脑控制的“公务汽车监控系统”，即在每辆公车上安装了带双按钮的计程器和代码发射器，一个按钮上刻着“公务”，另一个按钮上刻着“私用”。任何人用车时，必须先按下两个按钮中的一个，车才能起动。按钮按下后，代码器就将该车的特定代码发往监控卫星，卫星再

---

① 《重庆公务用车清理：超编车741辆免职7人处分11人》，2011年12月18日《重庆晚报》。

把代码及汽车所在的方位信息传向中央监控台。如中央监控人员发现按下“公务”按钮的汽车驶向别墅区、钓鱼区、百货区、菜市区或娱乐场所时，便用无线电话询问开车者“为何用公车办私事”，令私用公车者无机可乘。每隔一段时间，监控人员就会将收到的资料进行核实，据此对开车者收费或罚款。

博茨瓦纳：公务车有显著标识。在博茨瓦纳繁忙的公路上，民用车挂的是白底或黄底黑字车牌，而公务车则挂“红底白字”车牌。每逢星期六、星期日，公路上只有民用车行驶，见不到公车行驶，因为博政府严格实行只准在工作时间因公务需要才能使用公车的规定。另外，政府所设的公车加油站，加的汽油也与众不同，呈粉红色。一到节假日，这种加油站都休息，不给公车加油。人们把公车叫做“廉政车”。

芬兰：公务车使用人极少。在芬兰，政府（总统除外）中只有总理、外交部长、内务部长、国防部长四人享受配备固定车辆和固定驾驶员的待遇。而在首都赫尔辛基市，只有市长一人享受这一待遇。

德国：租赁公车。联邦政府只为联邦级的领导人和各部部长、国务秘书配备公务用专车。司局长级的官员只保证公务用车，不配备专车。国防部和各州主管部门为节省开支，都尽量减少公车数量，公车中还有相当数量是租赁的，连接待来访外国元首用的车有时也是临时从汽车公司租赁的。

日本：严格限制公车数量。各部门内部用车主要分为两类：一类是领导专用车，另一类是公用车。严格限制专用车数量，如总务省2000多名工作人员，拥有52辆公务车，其中24辆是领导专车，另外28辆是公用车。通常，包车和租车占公务用车较大的比例。政府机构也不开班车接送工作人员上下班，鼓励职工乘坐公共交通工具，并给予一定的交通补贴。

俄罗斯：削减“特权车”。俄罗斯对公务用车实行集中统一管

理。俄总统事务局有4个大的车辆保障部门，是俄罗斯最大的公务用车服务管理机构。普京先后两次下令开展整治“特权车”的行动。2006年的整治行动使配备警灯和警报器的车辆从7000多辆减至968辆。2012年5月19日，普京总统签署名为《对交通工具上使用的警灯和警报器进行规范管理》的总统令，俄罗斯全境允许配备警灯和警报器的国家机关车辆将从968辆削减为569辆。非法在车辆上配备警灯和警报器的人员将被处以2500卢布的罚款，非法乘坐上述车辆的官员将被处以1.5万至2万卢布的罚款。

美国：公车接受卫星定位，违规使用或丢饭碗。《美国联邦管理条例》规定，总统、副总统和各部首长可以使用公车上下班。副部级以下的官员，开自己的车上下班。很多公车安装了全球卫星定位系统，用以监视车辆的行驶路线、停泊地点，杜绝公车私用现象。联邦政府设有专门的电子邮箱，供公众举报公车租赁和使用过程中的违规、欺诈行为。《美国法典》规定，联邦官员违规使用或批准使用公车，将受到停职一个月直至开除的处罚。

## 三　紧贴实际，探索公务用车管理创新机制

推进公务用车制度改革，可以巩固和扩大专项治理成果，从源头上解决存在的问题。公车改革的试点工作源于20世纪90年代初期。1997年5月，中纪委、监察部部署在全国开展治理奢侈浪费工作。1998年9月，国家体改委制订《中央党政机关公务用车制度改革方案》，启动部分中央机关的车改试点，同时在浙江、江苏、北京、黑龙江、重庆等省市的部分地区试点。此后特别是2011年的专项治理，部分省市区县和国家有关部委不间断地对公务用车的管理与改革工作进行了积极探索。

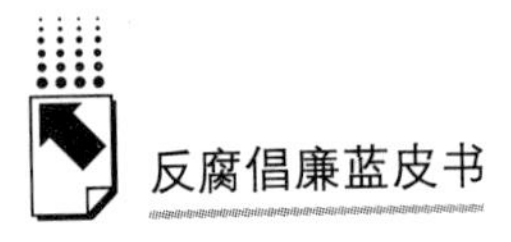



### （一）上海：警务车辆社会化集中管理

上海市公安机关在完成警务车辆“改牌、定编、定标”的基础上，积极探索警务车辆社会化集中管理新模式，制定了《警务车辆社会化集中管理模式及标准》，推出全日制、常日班制、弹性制三种车辆集中管理模式，在基层所队全面推广，实现了警务车辆集中管理“全覆盖”。一是全日制管理模式。主要适用于车辆较多且较为集中，数量在30辆及以上的单位。委托管理企业负责警务车辆使用调度、日常维护保养、加油保洁、年度检验和车辆送修以及车辆使用信息录入等工作，并设车辆调度室，管理人员提供24小时管理与服务。二是常日班制管理模式。主要适用于车辆数在15辆及以上30辆以下，夜间用车不多的单位。委托管理企业对警务车辆进行管理，其工作职责与全日制管理模式相同，并设车辆调度室，管理人员提供8～12小时管理与服务。三是弹性制管理模式。主要适用于车辆数在15辆以下，且不具备以上两种管理服务条件的单位。委托管理企业采取巡回上门服务的形式，对车辆进行保养、清洁和检查，并采集车辆使用的各类信息。为保证合理用车、高效用车，上海市公安局对警务车辆的调度使用明确了“一车一卡一单”派车、审批用车、特殊情况审批备案“三项规定”，保证警务车辆统一调度“全天候”。针对警务车辆社会化集中管理过程中部分民警反映“车辆调派透明度不高，存在人情车、挑车、囤车”等问题，上海市公安局及时建立车辆使用动态管理、对委托管理企业的监督检查、车辆管理运行评估“三项机制”，确保警务车辆规范管理“无缝隙”。实行社会化集中管理以来，上海市警务车辆使用率由原来的平均50%提高到70%以上，单车行驶里程由原来的年均不足1.2万公里提高到1.8万公里；车辆油耗费用降低了20%，维修费用降低了27%。[①]

① 《上海市积极探索警务车辆集中管理新模式》，http：//www.shanghai.gov.cn/shanghai/node2314/node2315/node4411/u21ai586232.html，访问时间：2012年11月7日。

### （二）杭州：公务用车市民卡补贴＋公务车队

2004 年杭州市开始在区县（市）的乡镇、街道推行车改。在基层改革的基础上，2009 年启动市级机关公车改革，主要做法是：除公检法系统和市政府三个驻外办事处暂不实施车改外，全市 87 家市级机关共有 800 辆公车参加改革，所有市管干部不再配备公车，按级别将“车贴”打入“市民卡”中。卡内的车贴不能取现，只能用于乘坐公交车、出租车，或者在公务用车服务中心、加油站使用，不能在商场、超市等地方消费。车改后，单位原有公车经过清理由新成立的杭州市机关公务用车服务中心收管，中心挑选不多于车改单位 50% 的车辆作为中心工作用车，主要保障车改单位大型公务活动接待、重大应急突发事件处置、重要执法公务活动、特殊机要文件专递等专项集体公务活动用车以及为个人公务活动提供一定的用车服务，其余车辆全部向社会公开拍卖，拍卖所得上缴市财政。单位公务用车可向中心提前预约租用。通过车改，杭州市政府节约了财政支出。根据第一批车改试点单位 2008 年公务交通开支统计与 2009 年用车补贴计算，车改试点单位用车补贴比车改前公车开支下降了 32%。[①]

### （三）佛山：现金补贴＋公助私买＋公务车队

2004 年，佛山市按照“统一车改模式、统一车改范围、统一补贴标准、统一购车优惠和统一车辆处置”的原则，在顺德、禅城、南海、三水、高明五区进行了公车改革，具体做法是：每月以现金形式发放交通补贴，补贴标准按行政级别确定。鼓励购买私车，凡购私车的车改人员，可以凭购车发票预支不超过 3 年（含）的车改交通

① 《开展公务用车专项治理，推进公务用车制度改革》，http：//www. people. com. cn/h/2011/0613/c25408－43354350. html，访问时间：2012 年 11 月 7 日。

补贴。取消各部门的公务用车，在各区分别成立集中统一管理的公务车队，市辖区内（含五区）的一般公务活动出行，由个人自行解决并承担交通费用；特殊公务活动经批准可向公务车队租用，有关费用由单位进行内部核算；市辖区外的公务活动，可向政府采购的定点汽车租赁公司或区公务车队租赁，费用从差旅费中列支；如使用私车，按照出行距离给予适当补偿。

### （四）昆明：公务用车专用卡定额包干 + 公务车队

2010 年 1 月，昆明市在盘龙、五华、官渡、西山四区启动车改，主要做法是：根据各单位车改人数，根据各区近三年车辆购置及运行费支出平均数计算标准，由区财政核拨至车改单位的公务用车专用卡，其中 10% ~30% 由单位统筹使用，其余由各单位根据行政级别、工作量等因素核定到人，作为每人每月公务出行的定额包干费用，可用于打车、乘坐公交、购买公交卡，私车公用时加油、维修等方面的补偿，不能兑现、超支，采取实报实销冲抵包干额度。同时，在各区分别成立集中统一管理的公务车队，负责抢险救灾、应急处置、重要活动、重大接待保障。市辖区外的公务活动，以乘用公共交通工具、向区公务车队租车、私车公用方式保障，费用从差旅费列支。昆明公车改革做法，有利于遏制领导干部公务用车“专车化”和公车私用等不正之风，降低行政成本。实施车改近三年来，昆明主城四区公务用车购置及运行费用年均支出降幅达 35% 。

### （五）齐齐哈尔：公务用车货币化补贴

黑龙江省齐齐哈尔市 2004 年实行公务用车货币化改革，主要做法是：参加车改的单位，不分公车来源，统一清理上缴市政府进行登记造册，委托中介机构评估后，带原牌照实行市场公开竞价拍卖。拍卖资金全额上缴财政，专项用于交通补贴费发放。在 83 个市直单位

中，保留了20余辆特种车和食堂用车；市接待办车辆保留，每个县（市）区保留2～3辆车，用于完成重点接待任务和处理紧急突发事件。公车取消后，把补贴发放到个人手中，通过个人购车、市场化租车等方式解决公务活动用车。齐齐哈尔市通过车改减轻了财政负担，车改当年全市公务用车实际支出降幅达58.3%。

### （六）泰安：公车集中管理＋代币券支付

山东泰安市成立了市直机关车辆管理服务中心，将53个党政机关的100多辆公车全部上缴、集中管理、统一调配、管用分离，部门按每车每年8000元的标准领取用车代币券，超支不补，节余归己。通过严格管理，及时调度，实现机关车辆集中管理，使资源流通起来，车管中心成了车辆"蓄水池"，通存通用能力增强，单车日均出车达5次以上，车辆利用率提高40%，保障能力达到95%以上。①

从我国各地公车改革试点积累的经验和实际效果看，压减公务用车总量，实行公务用车货币化改革和集中化管理效果较好，但也存在一些不足。

货币化改革模式解决了公车管理问题，且符合国际通则，但各地车贴缺乏统一合理的标准，补贴数额大多是按行政级别划分，没有与岗位特点和工作量挂钩，职位越高车补越高，在机关内部造成不公，扭曲了公车性质；有的工作量大的不够用，工作量小的有结余。货币化改革模式容易产生的问题有：一是在交通补贴额度内节省归己，有的人员公务出行能省则省，产生不作为现象，影响正常工作开展；二是变相加工资，交通补贴可能演化为福利收入，使一些原本不合理的职务消费合法化，有的甚至利用改革谋取不当利益；三是如果车贴标

① 《开展公务用车专项治理，推进公务用车制度改革》，http://www.people.com.cn/h/2011/0613/c25408-43354350.html，访问时间：2012年11月7日。

准过高，机关交通费用支出可能不降反升，易于变成“变相福利”。有的地方甚至出现“钱也拿、车照坐”的情况，偏离了改革的方向。

集中化改革模式虽提高了效率，减少了开支，但一般需要以政府各机关集中办公为前提条件，适用范围受到一定的限制，且监管成本高，容易出现既领乘车卡又保留专车的“双轨制”现象；在实际运行中，一些地方出现了各机关间公车使用矛盾增加，叫车手续比较繁杂，使用不方便，公车服务中心服务意识不强等问题。

所以，公车改革各地虽多有尝试，但情况复杂，难题不少。在这种情况下，2011 年启动的专项治理，在探索公车管理模式的根本变革方面迈出了坚实的步伐。

## 四　深入推进公车治理的思路与措施

公车治理在反腐倡廉建设全局中具有特殊功能：①可“小中见大”。人民群众把公务用车与评价党风政风行风直接挂钩，不能掉以轻心。②能“事半功倍”。公车管得严管得好，可减少党政机关公职人员的消极腐败和不正之风，还具有节约财政资金、降低行政成本、提高行政效率等作用。③不“伤筋动骨”。公车治理与改革，并不涉及政治体制改革、公共权力配置等深层次问题，推进难度小，见效比较快，改革风险可控。因此，课题组建议，在专项治理基础上，坚定不移地把公务用车管理和改革推向深入、抓出实效。

第一，以减少浪费和腐败为目标，在全社会宣传公车治理意义。在深入治理和遏制超编车、超标车，减少公务用车低效浪费和公车私用现象的同时，积极回应群众和舆论关切，加大正面宣传教育力度，营造有利于公车治理的舆论氛围。

第二，利用有效监督手段防治公务用车违规违纪问题。研发全国性公务用车信息管理平台，对公务用车采购、配备、使用、处置等实

行电子化监控。全面推行公车标识管理，公务用车统一张贴醒目标识。采用 GPS 定位系统等科技手段对公车运行实时监控。对公车维修、保险、加油等实行“一卡通”，从源头上堵塞日常管理漏洞。建立公车使用监督机制，向社会公布公车数量和使用经费。发挥社会舆论监督作用，对公众和媒体反映的公务用车突出问题及时督办查办。发挥审计监督作用，对公车配备使用和费用支出情况开展专项审计。

第三，形成公车规范管理的体制和制度闭环。按照统一政策、分级管理的原则，明确各级公车管理主体，廓清职责权限，规范车辆购置经费渠道，杜绝多头管理、多家审批、推诿扯皮、争权夺利等现象。推行公车集中统一管理，规范公车购置审批程序，强化从入口到出口的全程管理，实现配备更新均衡化和处置收益最大化。全面实行公车编制管理，彻底清理和纠正超编超标车辆，逐步核减公务用车编制和总量。加快推进公车财政预算规范管理，实现公车费用在财务上单独列支，完善单车费用定额核算制度。加快推进执法执勤用车制度标准体系建设，严格控制编制标准，加强日常使用管理。全面实行公务用车政府集中采购制度，促进公务用车配置的透明化，倡导党政机关优先采购自主品牌和自主创新的新能源汽车。建立公车管理部门与公安交管部门的信息共享机制，增强车辆配备更新的刚性约束。

第四，探索集约化管理与社会化服务相结合的公车管理机制。优化现有公车资源配置，实行公车集约管理、统一调配、资源共享、管用分离、严格审批，提高公车使用效率，降低行政运行成本，减少各机关分散管理容易产生的公车私用等问题。探索通过公交车、出租车、公车服务中心、私车公用等途径保障公务用车，推动公务用车社会化、市场化、阳光化。对通勤、调研、会议、接待等公车使用情况进行定量动态评估，减少不合理的用车行为。严格限定一般公务用车使用范围，仅限于应急处置、抢险救灾、机要通信等用途，并通过网络、视频、电讯等手段减少不必要的外出办公，建构资源节约型、环

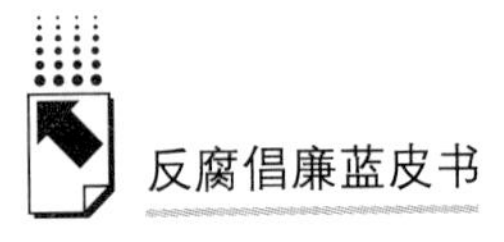


境友好型公车管理模式。

第五，健全科学配置公车资源长效机制。抓紧完善相关制度规定，对违规使用公车进行责任追究。从实际出发，逐步形成结构合理、使用规范、阳光公开、科学有效的公车资源配置系统和监控平台。建立健全与公务员绩效考核相配套的制度。对合理的公务用车充分保障，对不合理的公务用车实行“零容忍”，对自然条件艰苦、道路条件恶劣的地区充分保障，使公车资源更好地服务社会，把公车真正用到为基层群众服务的一线。

第六，积极推进公务用车制度改革。坚持运用市场机制与规范管理并重，专项治理与深化改革并行，保障公务与转变作风并举，制定全国公车改革指导意见，为各地公车改革提供政策和法律依据。鼓励各地因地制宜制订改革方案，不搞“一刀切”。对改革的制度设计、推进路径和实际效果进行后评估，防止制度失效，杜绝“补贴照拿，公车照坐”现象，从源头上解决公车管理中存在的突出问题。

B.3

# 以司法公正为目标推进法院系统惩防体系建设

最高人民法院反腐倡廉建设课题组*

推进法院系统惩防体系建设，努力实现司法公正，是做好人民法院工作的关键。近年来，全国各级人民法院以审判工作为中心，以“为大局服务、为人民司法”为主题，针对审判权力大、社会关注度高的特点，加强司法廉洁教育，规范审判机制，加强对司法权力的制约与监督，深入开展专项治理工作，积极查办违纪违法案件，推进司法体制改革和反腐倡廉制度创新，实现了人民法院工作的新发展。

## 一　加强司法廉洁教育

教育是反腐倡廉建设的基础性工作，是法院工作人员拒腐防变的思想保证。随着经济社会的不断发展，人们的思想观念呈现出多元化特征，各种腐朽的思想文化和生活方式对法院工作人员的影响和侵蚀也随之加剧，面对社会的多元观念和各种诱惑，个别法官理想信念动摇、职业道德沦丧，将司法权力异化为满足一己私欲的工具，最终陷入违法犯罪的泥潭。因此，必须坚持不懈地强化对法官的司法公正廉洁教育，使广大法官牢固树立“公正、廉洁、为民”的司法核心价值观。

---

* 课题组组长：南英；副组长：裴显鼎、胡云腾、任卫华；课题组成员：苗有水、逄锦温、刘为波、李晓、喻海松、董炜。

### （一）以“人民法官为人民”为主题进行理想信念教育

在认真开展中央统一部署的创先争优活动和中央政法委开展的“发扬传统、坚定信念、执法为民”活动的基础上，法院系统又开展了“人民法官为人民”主题教育实践活动，针对少数法官不能自觉抵制腐朽思想文化的侵蚀、面对物质生活诱惑容易陷入拜金主义泥潭的实际状况，全国各级法院组织开展了理想信念教育和革命传统教育活动，通过重温入党誓词、重读红色经典、瞻仰革命旧址、走访革命前辈和召开报告会、座谈会、研讨会等形式，帮助广大法官牢记党的宗旨，在思想深处解决为什么当法官、为谁执法的问题，使广大法官牢固树立社会主义法治理念，始终保持崇高的精神追求、健康的生活情趣，努力做一名中国特色社会主义事业的建设者和捍卫者。

### （二）以维护社会公平正义为己任进行职业道德教育

紧密结合贯彻执行新修订的《法官职业道德基本准则》和《法官行为规范》，针对少数法官不能正确把握人生价值取向，面对利益格局的变化容易产生心理失衡的实际状况，全国各级法院组织开展了职业道德教育活动，教育广大法官坚持和维护中国特色社会主义司法制度，认真贯彻落实依法治国基本方略，尊崇和信仰法律，模范遵守法律，严格执行法律，自觉维护法律权威；热爱司法事业，珍惜法官荣誉，坚持职业操守，恪守法官良知，牢固树立司法核心价值观，以维护社会公平正义为己任，认真履行法官职责，在本职工作和业外活动中严格要求自己，维护人民法院形象和司法公信力。

### （三）以专门法规为教材进行模范遵纪守法教育

最高人民法院针对少数法官自认为熟悉法律规定、面对纪律约束容易产生侥幸心理的思想实际，结合学习新颁布的《〈中国共产党党

员领导干部廉洁从政若干准则〉实施办法》和《人民法院工作人员处分条例》，在全国法院组织开展了为期6个月的职业纪律教育活动，促进广大法官增强纪律观念，熟知纪律规定，看清违纪违法行为带来的严重危害，懂得“天网恢恢、疏而不漏”的道理，不断强化广大法官的廉洁自律意识。

### （四）以法院系统典型案例为资源进行警示教育

2009年以来，最高人民法院每年都要组织地方各级法院开展集中警示教育活动，力求通过正面典型示范和反面典型警示，引导广大法院工作人员牢固树立“公正、廉洁、为民”的司法核心价值观，进一步筑牢拒腐防变的思想防线。2010年1月，最高人民法院以原副院长黄松有受贿案一审宣判为契机，在全国法院领导干部范围内组织开展了一次党性党风党纪教育活动。为增强警示教育的针对性和感染力，最高人民法院还先后向全国法院印发了《人民法院工作人员违法犯罪典型案例选编》以及《人民法院警示教育案例选编》第一辑、第二辑，用法官身边发生的典型案例来警示广大法院工作人员，认真总结吸取其中的沉痛教训。许多地方法院也在最高人民法院的带动下，积极采取选编本地法院工作人员违纪违法典型案例、组织观看警示教育影视片、让监狱服刑人员现身说法等形式，深入开展司法廉洁教育，使广大法院工作人员真正受到震撼、触及灵魂，把他人的教训变成自己的鉴戒，进而加强思想改造，避免重蹈覆辙，真正发挥好警示教育对加强法院队伍廉政建设的重要作用。

### （五）以丰富多样的方式进行法治文化教育

紧密结合人民法院廉政文化建设，地方各级法院通过举办展览、文艺表演、理论征文、开设论坛等方式，积极推进人民法院的法治文化教育活动，深入宣扬法治精神、审判理念，广泛宣传依法办案、廉洁勤政典型，大力弘扬“公正、廉洁、为民”的司法核心价值观，为人民法院公正、高效、廉洁司法营造良好的环境氛围。

## 二　构筑防止与审判权和执行权发生利益冲突的“廉政隔离墙”

最高人民法院按照党的十七届四中全会提出的“建立健全防止利益冲突制度”的要求，紧密围绕群众最关注、权力最集中、工作最薄弱的领域和环节，以建立完善防范和化解利益冲突的相关制度为重点，努力从制度层面规范和监督司法权力的运行过程，着力解决人民法院反腐倡廉建设中监控制度不全、过程监督偏弱及责任追究不力等问题，避免私人利益对审判、执行的干扰，最大限度地减少法院工作人员以权谋私的机会和空间。

### （一）颁布实施“五个严禁”规定

2009 年 1 月，最高人民法院针对审判执行活动中最容易产生利益冲突的五种行为公布了禁止性规定，即：“严禁接受案件当事人及相关人员的请客送礼；严禁违反规定与律师进行不正当交往；严禁插手过问他人办理的案件；严禁在委托评估、拍卖等活动中徇私舞弊；严禁泄露审判工作秘密”，同时对违反“五个严禁”规定的行为制定了刚性的责罚措施。为了切实增强“五个严禁”规定的执行力，最高人民法院还着力抓了三方面的工作：一是面向社会公布了具有 24 小时自动接听功能的举报受理电话，开通了具有举报信息处置情况反馈功能的举报投诉网站，主动接受广大群众的监督；二是组成督导小组，分赴全国各地对地方法院执行“五个严禁”的情况进行检查督导；三是建立了查处违反“五个严禁”规定案件的逐月统计通报制度，督促地方各级法院对违反规定的行为进行严肃查处。

经过努力，各级法院贯彻落实“五个严禁”规定的工作取得了初步成效：一是通过建立健全贯彻落实“五个严禁”的工作机制，推动了人民法院党风廉政建设责任制的进一步落实；二是通过深入的思想发动，使广大法院工作人员加深了对执行“五个严禁”规定重要性、紧迫性的认识；三是通过结合执行“五个严禁”规定开展纪律教育，使广大法院工作人员严格约束司法行为和业外活动的自觉性明显增强；四是通过向社会公布“五个严禁”规定的内容、公开相关举报电话，进一步拓宽了人民法院接受群众监督的渠道，也使广大法院工作人员增强了自觉接受监督的意识；五是通过积极查处违反“五个严禁”规定的“害群之马”，使广大法院工作人员受到了深刻的警示教育，同时也使人民群众看到了人民法院惩治司法领域腐败现象的坚定决心。

### （二）建立法院领导干部和审判执行部门法官任职回避制度

为了防止法官私人利益与公共利益发生冲突，消除案件当事人及社会公众对法官与律师关系的合理怀疑，最高人民法院在广泛调研和征求意见的基础上，于2011年2月颁布了《关于对配偶子女从事律师职业的法院领导干部和审判执行岗位法官实行任职回避的规定（试行）》，要求凡配偶子女在其任职法院辖区内开办律师事务所、以律师身份为案件当事人提供诉讼代理或其他有偿法律服务的法院领导干部和审判执行部门法官，必须辞去现任职务或调离审判执行岗位。同时，各级法院不得将具有任职回避条件的人员作为法院领导干部和审判执行岗位法官的拟任人选，也不得将具有任职回避条件的人员补入审判执行部门，从而在法官与律师最容易形成利益共同体的关键部位构筑起防止利益冲突的“廉政隔离墙”。为了确保这一制度落到实处，最高人民法院还制定了关于落实任职回避制度的实施方案和指导手册，引导各级法院本着“刚性规定、柔性操作”的原则，分六个步骤有序推进此项工作。在最高人民法院和地方各级法院的共同努力下，目前全国已有995名法院领导干部和审判执行岗位法官实行了任职回避，顺利实现了应回避人员在一年内全部实行回避的既定目标。

## （三）出台防止人情关系干扰的过问案件“全程留痕”制度

为了解决人情关系幌子下存在的利益冲突问题，特别是为防止法院内部人员因人情关系在司法活动中产生的以权谋私等腐败行为，从源头上解决人民群众反映强烈的“人情案、关系案、金钱案”问题，最高人民法院于2011年2月出台了《关于在审判工作中防止法院内部人员干扰办案的若干规定》，进一步完善了办案法官不得私下接触案件当事人的相关制度，明确规定法院工作人员及退休人员不得在职责范围之外为案件当事人转递涉案材料，不得违反规定打听正在办理的案件，不得为案件当事人说情打招呼，同时还对法院领导干部和上级法院工作人员过问案件的权力边界及相关程序进行了严格规范，建立了法院领导干部和上级法院工作人员过问案件的“全程留痕”制度和案件承办人员在遭遇人情干扰时的廉情报告制度，力图为法院工作人员提供既能抵御请托说情之风又能保护自己的“护身符”。为了确保这一制度落到实处，许多高级法院结合本地实际，研究制定了贯彻落实的实施意见，进一步细化了防止人情干扰的措施要求，并使这一制度更具针对性和可操作性。

## （四）制定《关于人民法院落实廉政准则防止利益冲突的若干规定》

为进一步规范人民法院工作人员的职务行为，防止人民法院工作人员个人利益与公共利益发生冲突，最高人民法院根据中央纪委关于以完善防止利益冲突制度为重点，进一步贯彻落实《廉政准则》的工作部署，于2012年3月颁布了《关于人民法院落实廉政准则防止

利益冲突的若干规定》。该项规定具有内容覆盖面大、适用范围广、执行保障力强三个特点。具体包括八方面的内容。

一是关于禁止利用职权和职务上的影响谋取不正当利益的有关条文，进一步细化了人民法院工作人员不得接受可能影响公正执行公务的礼金、礼品、宴请以及旅游、健身、娱乐等活动安排的禁止性要求。二是关于禁止私自从事营利性活动的有关条文，除明确要求人民法院工作人员不得以个人独资或者与他人合资、合股经商办企业外，还明确规定，人民法院工作人员不得以本人或他人名义从事以营利为目的的民事借贷或其他可能与公共利益发生冲突的营利性活动。三是关于禁止为他人的经济活动提供担保的有关条文，要求人民法院工作人员不得为他人的经济活动提供担保。四是关于禁止违反规定买卖股票或者进行其他证券投资的有关条文，明确要求人民法院工作人员不得利用在办案工作中获取的内幕信息，直接或间接买卖股票和证券投资基金。以本人或者他人名义持有本人所审理案件相关的上市公司股票的，应当主动申请回避。五是关于禁止违反规定在经济实体、社会团体兼职或者兼职取酬的有关条文，要求人民法院工作人员不得违反规定在律师事务所、执行中介机构及其他经济实体、社会团体中兼职。六是关于禁止利用职权和职务上的影响为特定关系人谋取利益的有关条文，要求人民法院工作人员不得利用职权和职务上的影响，为特定关系人支付报销学习、培训、旅游等费用，为特定关系人经商办企业提供便利条件或者放任特定关系人以本人名义谋取私利。七是关于禁止放任配偶子女在本人管辖地区和业务范围内从事可能发生利益冲突活动的有关条文，不仅规定了法院领导干部和审判执行岗位法官不得违反规定放任配偶、子女在其任职法院辖区内开办律师事务所，为案件当事人提供诉讼代理和其他有偿法律服务的要求，同时规定法院领导干部和综合行政岗位人员不得放任配偶、子女在其职权和业务范围内从事可能与公共利益发生冲突的经商办企业及有偿社会中介服务。八是关于禁止违反规定干预和插手市场经济活动的有关条文，要求人民法院工作人员不得违反规定干预和插手市场经济活动，不得违反规定干扰有关机关对建设工程招投标、经营性土地使用权出让、房地产开发与经营等市场经济活动进行正常监督和案件查处。

## 三　推进司法体制改革与制度创新

用发展的思路和改革的办法解决人民法院反腐败工作中不断出现的新情况新问题，是推进人民法院反腐倡廉建设的不竭动力。最高人民法院坚持以规范司法权行使为核心内容，以司法权行使的重要领域和关键环节为突破口，积极推动人民法院反腐倡廉体制机制创新，着力从源头上防止司法腐败现象的滋生。

### （一）司法公开

先后颁布了《关于司法公开的六项规定》《关于人民法院在互联网公布裁判文书的规定》《关于人民法院直播录播庭审活动的规定》等制度，推动各级法院普遍建立了裁判理由释明、裁判文书上网、再审立案听证、诉讼信息查询、庭审录音录像等制度，并确定了100个司法公开示范法院，制定了《司法公开示范法院标准》。最高人民法院还颁布了《关于人民法院接受新闻媒体舆论监督的若干规定》，明确要求各级法院对社会关注的案件和法院工作的重大举措等信息，应当通过新闻发布会、记者招待会、新闻通稿、法院公报、互联网站等形式向新闻媒体及时发布，对新闻媒体旁听案件庭审、采访报道法院工作、要求提供相关材料的，应当根据具体情况提供便利，确保审判活动的公开透明，更好地接受人民群众对审判工作的监督。

### （二）规范法官自由裁量权

最高人民法院在全国法院全面推行了量刑规范化改革，并对民商事审判活动中如何规范法官自由裁量权的问题进行了深入调研，在此基础上先后出台了《人民法院量刑指导意见（试行）》《最高人民法院关于案例指导工作的规定》等规范性文件，进一步健全了刑事案件、民商事案件、行政案件的法律适用标准和办案程序规定。

### （三）完善执行工作机制

最高人民法院制定下发了《关于执行权合理配置和科学运行的若干意见》，全面废除“一人包案到底”的传统执行模式，推动各级法院普遍建立了执行裁决权和执行实施权相分离的分权制约机制。最高人民法院还制定下发了《关于人民法院委托评估、拍卖工作的若干规定》，在全国法院统一建立了分权运行的执行工作机制，规范了委托评估拍卖工作流程，促进了执行权的公正、高效、规范、廉洁运行。2012 年 2 月，最高人民法院在重庆召开全国法院深化司法拍卖改革工作会议，积极探索通过完善制度设计，强化科技支撑，构建起科学、规范的司法拍卖运行机制；通过划分人民法院、交易服务平台以及评估、拍卖等中介机构在司法拍卖活动中的职能职责，优化职权配置，强化监督制约；通过引入第三方交易平台，实行电子竞价拍卖、互联网交易等方式，构建更加科学、规范、公开、透明的司法拍卖机制。

### （四）健全制度执行保障机制

最高人民法院颁布了《人民法院审务督察工作暂行规定》，推动各级法院采取明察暗访等方式对本院各部门和下级法院及其工作人员履行职责、行使职权、遵章守纪、改进作风等方面情况开展实地督察，对损害群众利益和伤害群众感情的行为进行现场查纠。截至2011年底，全国已有12个高级法院、142个中级法院和637个基层法院建立了审务督察机构，并配备了专职督察人员1066名、兼职督察人员3153名。

### （五）加强廉政风险防范管理

最高人民法院在北京组织召开了全国法院加强廉政风险防控、规范司法权力运行现场会，通过现场观摩、大会发言和书面交流等方式，总结交流了北京、四川、吉林、福建等地方法院探索建立廉政风险防控机制的经验，并对人民法院全面推行廉政风险防控机制建设的工作作出部署，为全面提升人民法院预防腐败的科学化水平奠定了坚实的基础。

## 四　切实加强对司法权力的监督制约

加强对人民法院权力运行的监督制约，是有效预防司法腐败的关键。腐败现象的发生源于权力不受约束，在没有监督的条件下，任何有权力的人都具有滥用权力的潜在可能性。为了防止权力的蜕变和腐败，确保“来之于民”的公权力始终“用之于民”，必须强化对权力行使的制约和监督。对人民法院权力运行的制约和监督，要遵循人民法院权力运行的规律和特点，重点加强对人民法院领导干部和审判执行等重点岗位的制约和监督，同时，要通过有效的制约和监督，切实解决人民群众反映强烈的突出问题，以公正、高效、廉洁、文明司法的实际行动提升人民法院的司法公信力，树立人民法院在人民群众心目中的威信。

### （一）对人民法院权力行使进行流程监督

最高人民法院制定了《关于全面加强接受监督工作的若干意

见》，要求各级法院加强组织领导，建立健全定向联络、提案办理、庭审旁听、事项通报和信息报送等制度，自觉接受人大监督、政协民主监督、检察机关监督和社会各界的监督。与此同时，最高人民法院针对人民法院权力运行“专业属性强、流程节点多、法官权力大”等特定规律，将监督工作与“审判流程控制、案件质量评查、法官绩效评估、执法过错问责”等审判管理工作紧密结合起来，注意将容易产生腐败现象的办案环节作为监督工作的重点；在对法院领导干部监督中，注意将案件审批权、审判监督权、干部任用权、资金管理权、工程发包权等作为监督工作的重点；在民商事审判和行政审判活动中，重点加强对立案审查、财产保全、合议裁决、调解和解等环节的监督；在民事执行活动中，重点加强对委托评估、拍卖、变卖等环节的监督；在刑事审判活动中，重点加强对缓刑、减刑、假释、暂予监外执行裁决环节的监督。为确保监督工作取得实效，最高人民法院在全国法院系统创建了在审判、执行等核心职权部门设立廉政监察员的制度，同时规定廉政监察员由部门副职领导或具有同级非领导职务的资深法官担任，接受本院纪检监察部门和本部门主要负责人的双重领导，从而将监督触角直接延伸到办案一线的每一个工作环节。截至目前，最高人民法院已在本机关选任了专职廉政监察员 15 名，全国有 2392 个地方法院相继选任了专职廉政监察员 1822 名、兼职廉政监察员 22699 名。

### （二）对地方法院进行关键权力岗位的内部监督

最高人民法院制定了《人民法院司法巡查工作暂行规定》，通过上级法院派出巡查组对下级法院领导班子建设、司法业务建设和司法队伍建设情况进行巡回检查的方式，不断加大对下级法院领导班子及其领导成员的协管监督力度以及对下级法院司法业务建设和司法队伍建设的指导监督力度。2008 年以来，最高人民法院共派出 26 个巡查组，先后对全国25个高级法院和新疆生产建设兵团分院进行了巡查。巡查组通过听取汇报、民主测评、走访地方有关部门、召开座谈会、个别谈话、接受来信来访、调阅有关资料、案件剖析以及突击抽查、实地暗访等方式，认真查找被巡查法院及辖区法院工作中存在的问题，进而推动被巡查法院不断改进审判执行工作，切实做到公正司法、廉洁司法、文明司法。最高人民法院还积极推动尚未开展司法巡查工作的高、中级法院抓紧建立司法巡查制度并开展司法巡查工作，截至2011年底，全国已有31个高级法院、313个中级法院和740个基层法院建立了司法巡查制度，并对1084个下级法院及派出法庭开展了司法巡查工作。

### （三）对司法权力运行进行系统监督

地方各级法院在加强对司法权力运行进行监督方面，创造了许多卓有成效的做法和经验。吉林高院在全省法院构建了“四位一体”的内部监督体系，对上下级法院之间的审级监督、院（庭）长对执法过程的管理监督、内部各职能部门之间的工作监督和纪检监察部门的纪律监督进行了有机整合，充分发挥了内部监督的整体效能；天津高院在全市法院系统推行“八个公开”的廉政监督机制，全方位接受案件当事人及社会各界的监督；黑龙江高院在全省法院部署开展了“廉政监督创新年”活动，以建立“内部监督无缝隙、外部监督全覆盖”的监督体系为目标，着力解决监督意识薄弱、监督责任虚置、监督时机滞后、监督制度落实不力等问题；福建高院注意加强对执行权运行的监督，细化了廉政监察员对执行权实施监督的具体办法；山西高院为了加强对制度执行情况的监督，对每一项制度，甚至每项制度中的每一个条款都明确了执行主体、监督主体和责任主体，力求做到制度有人执行、执行有人监督、违反有人追责；广东高院研制开发了“干警廉政档案信息管理系统”，使廉政监管工作实现了手段信息

化、监管动态化、覆盖全面化、管理规范化。各级法院还认真落实党内监督的各项措施，仅 2011 年，就开展诫勉谈话 2334 人次，函询 2249 人次，领导干部报告个人有关事项 42609 人次，领导干部述职述廉 28824 人次。各级法院注意加大对基建、采购、大额度资金使用等工作的监督检查力度，2011 年共开展各类财务检查 6504 次，发现问题 177 个，目前已纠正问题 125 个。

## 五 开展专项治理和查办案件

### （一）针对社会广泛关注的突出问题深入开展专项治理

社会广泛关注、群众反映强烈的问题始终是人民法院深入开展专项治理的突出重点。近年来，一些地方法院对审判公开、审判回避、审判期限、审判管辖、审判流程管理等制度的执行情况进行了专项检查治理，切实维护了当事人的诉讼权利；一些地方法院通过开展办案质量评查等活动，对办案质量不高等问题进行了专项治理，有效提高了办案质量。

2009 年 8 月，最高人民法院统一部署，在全国法院系统开展了为期 3 个月的司法作风大检查。活动期间，各级法院认真分析查找在司法作风方面存在的突出问题和薄弱环节，并以群众观念、纪律意识、庭审规范、司法礼仪为重点，组织开展各种专项治理活动共计 2613 次。为确保司法作风大检查活动扎实推进并取得实效，最高人民法院还先后对个别地方法院发生的不当使用司法强制措施、利用审判职权违规收费等事件在全国法院系统进行通报，要求各级法院从这些事件中认真吸取教训，坚决纠正漠视群众诉求、损害群众利益的不正之风。各级法院纪检监察部门还普遍采取明察暗访、突击检查、督促整改等方式，重点对立案、庭审及信访接待工作中是否存在“冷硬横推”现象进行了经常性的监督检查，有力推动了人民法院司法作风建设。

2010 年，全国各级法院将司法作风建设作为“人民法官为人民”主题实践活动的重点内容，着力健全与人民群众的联系沟通机制，落实审判执行活动中的便民利民措施，坚决纠正损害群众利益的不正之风，积极回应人民群众对法院工作的关切与诉求。3～11 月，最高人民法院针对一些地方法院存在的违规管理使用警用车辆的问题，组织全国各级法院集中开展了对警车违规问题的专项治理活动，纠正了一批警车私用、警车外借、警车标志及牌证不规范，以及开“霸王车”“特权车”等违规行为。4～8 月，最高人民法院针对一些地方法院滥用强制措施、执法作风粗暴、安全事故频发等问题，组织各级法院集中开展了以加强办案安全防范、纠正违规执法为主要内容的专项治理活动，组织相关部门采取明察暗访等方式，深入 12 个高级法院、33 个中级法院、60 个基层法院、26 个人民法庭进行实地督查，共发现并纠正各类问题 108 个。2010 年 6～11 月，最高人民法院针对一些地方法院利用司法职权乱收费、乱拉赞助和坐支挪用涉案款物等问题，组织各级法院集中开展了对违规收费及违规管理涉案款物情况的专项检查活动。通过此次专项检查，各级法院普遍提高了对严格执行诉讼收费制度和严格规范涉案款物管理工作重要意义的认识，许多地方法院还在深入分析问题原因的基础上，有针对性地建立完善了相关制度。

为巩固 2010 年在全国法院系统开展的违规收费及违规管理涉案款物专项检查活动的积极成果，2011 年 9 月，最高人民法院印发了《关于组织开展违规收费及违规管理涉案款物专项检查“回头看”活动的通知》，要求各级法院把 2010 年专项检查中的“零问题”单位作为检查的重点，把 2010 年专项检查中没有上报自查报告和统计表的单位作为上级抽查的必查对象。该《通知》下发后，各级法院高

度重视，江苏、湖北等高院组成专项检查小组，对辖区法院“回头看”活动的开展情况进行了实地检查和明察暗访，并着力建设防止发生违规收费及违规管理涉案款物问题的长效机制。除完成该《通知》要求的规定内容之外，广东高院从 4 月起在全省法院部署开展了执行款管理专项整治活动，云南高院则对毒品案件罚金收取及涉案款物管理情况进行了一次集中检查。为确保“回头看”活动取得实效，最高人民法院有关部门组成联合检查组，分赴部分地方法院对“回头看”活动的开展情况进行了检查。

### （二）保持查办违纪违法案件的强劲势头

严肃查处发生在法院队伍中的违纪违法案件，是防止人民法院权力滥用的重要手段，也是强化对司法权力监督的有效措施。只有严格依纪依法查处法院工作人员违纪违法案件，才能增强监督的权威性和威慑力。

最高人民法院按照“从严治院”的要求，近年来始终坚持把查处法院工作人员违纪违法案件的工作放在重要位置来抓。第一，在对原有的纪律惩戒规定进行全面清理的基础上，对 2003 年以前出台的四个惩戒性制度的内容进行了整合，并结合新时期人民法院反腐倡廉建设的客观需要，制定了《人民法院工作人员处分条例》，进一步细化了法院工作人员在司法活动中的政策界限，为法院系统确认、处理违纪违法行为提供了统一、全面的实体性规范。第二，根据人民法院纪检监察部门查处违纪违法案件的工作需要，最高人民法院制定了《人民法院有关部门配合监察部门核查违纪违法线索暂行办法》，不仅进一步明确了人民法院各内设部门在查处违纪违法案件中的职责、权限，确保了案件查处工作规范有序地进行，而且健全了法院系统查处违纪违法案件的协调配合机制，在人民法院内部形成了查处违纪违法案件的工作合力。第三，最高人民法院在率先开通举报中心网站的基础上，推动各高级法院统一建立了具有查询、回复功能的举报受理网站，并实现了与最高人民法院举报中心网站的联网对接，以保证最高人民法院举报中心网站的工作人员能够在网上对各高级法院受理核查群众举报的工作实时进行监督指导。最高人民法院还对本院的举报中心网站进行了改造升级，研发了对纸质举报、电话举报、网络举报实行统一管理以及对各高级法院受理、核查群众举报的工作进行实时监督的信息管理软件，并对各高级法院举报网站的管理人员进行了统一培训，以确保最高人民法院举报中心网站与各高级法院举报网站之间的联系顺畅。

与此同时，最高人民法院还指导地方各级法院认真落实周永康同志在全国政法工作会议上提出的“四个一律”要求（接受当事人及其委托律师吃请、娱乐、财物的，一律停止执行职务；利用职权插手案件办理影响公正执法、滥用职权侵犯当事人合法权益的，一律调离执法岗位；徇私枉法、贪赃枉法的，一律清除出政法队伍；构成犯罪的，一律依法追究刑事责任），以铁的决心和“零容忍”的态度，严肃查处领导干部利用司法管理权和法官利用审判权、执行权谋取私利的违纪违法案件。在坚决惩治腐败分子的同时，各级法院还注意针对案件中暴露出来的问题，认真总结经验教训，积极采取堵漏措施，较好地发挥了查办案件的治本功能。

## 六　建立法院系统反腐倡廉长效机制

法院系统在防治腐败工作中虽然实行了一些新的举措，积累了一定经验，取得了一定成效，但必须清醒地看到，人民法院反腐倡廉建设面临的形势依然严峻，任务依然艰巨。少数法院领导干部和法院工作人员理想信念滑坡，极端个人主义和享乐主义恶性膨胀，法院领导干部违纪违法问题依然突出，司法腐败现象在一些部门和岗位依然易

发多发；少数法院工作人员宗旨意识缺失、群众观念淡薄，利用司法权“吃拿卡要”，对群众的诉求“冷硬横推”，损害群众利益和伤害群众感情的问题仍然时有发生；少数法院至今没有把反腐倡廉建设放到应有位置来抓，致使这些法院的廉政教育流于形式，廉政制度执行不力，查处案件失之于软，队伍管理放任自流。此外，人民法院反腐倡廉建设还面临许多新的情况和新的问题，防治腐败发生的体制机制还不尽完善，建立科学严密、完备管用的反腐倡廉制度体系还任重道远等等。为此，必须在深刻认识人民法院反腐倡廉建设长期性、复杂性、艰巨性的基础上，统筹教育、制度、监督、改革、纠风、惩治等各项工作，突出重点、突破难点，进一步加大人民法院惩治和预防腐败体系的建设力度，不断提高人民法院反腐倡廉建设的科学化水平。

在当前和今后一个时期的工作中，全国法院系统将继续深入贯彻落实科学发展观，坚持“标本兼治、综合治理、惩防并举、注重预防”的方针，紧密围绕社会矛盾化解、社会管理创新、公正廉洁执法三项重点工作，进一步加强以完善人民法院惩治和预防腐败体系为重点的反腐倡廉建设和以保持与人民群众血肉联系为重点的司法作风建设，为人民法院公正、高效、廉洁司法提供坚强的政治保障。

### （一）建立健全司法廉洁教育的长效机制

为了进一步抵御腐朽思想文化和生活方式对法官队伍的侵蚀，最高人民法院将结合开展“发扬传统、坚定信念、执法为民”主题教育实践活动，在全国法院系统全面构建开展司法廉洁教育的长效机制。一是把司法廉洁教育真正纳入党组中心组学习计划、法官教育培训大纲和对法院工作人员的日常管理之中；二是重点针对少数法院工作人员不能正确把握人生价值取向，面对利益格局的变化极易产生心理失衡的思想实际，继续大力组织开展党的宗旨教育和法官职业道德教育活动；三是重点针对少数法院工作人员自恃熟悉法律规定、面对

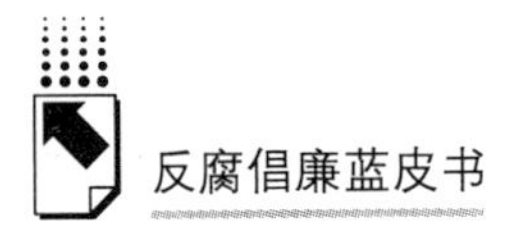


纪律约束极易产生侥幸心理的思想实际，将组织开展集中警示教育活动常态化。

### （二）继续完善人民法院反腐倡廉制度体系

根据修订后的《关于实行党风廉政教育责任制的规定》，最高人民法院将对《最高人民法院关于贯彻落实党风廉政教育责任制的规定》的实施办法进行修订，进一步完善人民法院的党风廉政责任机制。同时要积极回应人民群众的关切，抓紧制定《人民法院执法过错责任追究暂行规定》和《关于在各级法院建立廉政档案制度的指导意见》。要建立健全确保中央政令畅通和上级法院决策部署落实到位的定期检查制度、专项检查制度和纪律保障机制，完善制度执行的保障机制和问责机制，加强制度的宣传力度。

### （三）全面构建人民法院廉政风险防控机制

最高人民法院将制定下发《关于在人民法院全面开展廉政风险防控机制建设的指导意见》，要求各级法院通过组织开展清理职权项目、排查廉政风险、确定风险等级、制定防控措施等方式，坚持以权力运行为核心，以“制度＋科技”为手段，将廉政风险防控机制建设与审判和行政管理工作相结合，对每一个办案节点和每一个工作环节实行全方位监控，全面构建人民法院廉政风险防控机制，为公正高效廉洁司法提供有力保障。

### （四）进一步加强对法院领导干部和审判执行部门的监督

最高人民法院将进一步健全完善司法巡查工作的方式方法及成果运用机制，积极推动尚未建立此项制度的高、中级人民法院尽快建立此项制度，并把司法巡查对象逐步延伸到基层法院及其派驻法庭。同时督促各级法院采取积极有效的措施尽快将廉政监察员配备到位，加

强对廉政监察员的业务指导工作，注意总结廉政监察员工作的成功经验，逐步丰富廉政监察员的履职方式，规范廉政监察员的履职权限，完善廉政监察员的履职保障。

### （五）深入推进司法体制和工作机制改革

全国法院系统要在社会主义法治社会的框架下，建立并完善更加公开透明的司法工作机制，全面公开司法依据、办案流程及裁判结果等案件信息，让案件当事人更加明白地参与诉讼，让人民群众更加方便地了解司法、参与司法、监督司法。最高人民法院要进一步深入推进量刑规范化改革，适时出台量刑指导意见，最大限度实现量刑公开和均衡，制定专门规范法院立案标准和再审申诉审查裁判尺度的办案规则，出台《在审判工作中进一步规范行使自由裁量权的若干意见》，并以不同案件类型为基础，分别出台相应的裁判指引，指导广大法官正确行使自由裁量权，防止个别法官利用自由裁量权为个人谋取不正当利益。

### （六）继续加大查办违纪违法案件的力度

最高人民法院将进一步采取随机抽查、跟踪督办、定期通报等方式，督促地方各级法院严肃查处违反“五个严禁”规定的行为，坚决纠正个别地方法院存在的“铁规不铁”“禁令不禁”现象。要进一步健全对群众举报受理、违纪线索核查、重大案件督办的案件管理机制，进一步完善网络举报和其他实名举报线索处理情况的信息回馈制度，确保每一条有价值的举报线索都能及时得到核查，每一条举报信息都能在规定期限内得到认真回复。要按照“四个一律”要求，把查办案件工作放在更加重要的位置抓紧抓好，要把个别法院领导干部和少数法院干警利用审判权、执行权贪赃枉法、徇私舞弊的案件和为黑恶势力充当“保护伞”的案件作为查案工作的重点，做到发现一起就坚决查处一起，决不手软，决不姑息。要建立健全对法院干警违纪违法案件及时揭露、及时查处的工作机制，进一步完善人民法院内部监督部门之间的联系协作机制，通过审判监督、案件评查、司法巡查、审务督察等内部监督工作发现违纪违法线索。要完善人民法院纪检监察部门的案件管理机制，提高上级法院对下级法院查案工作的监督指导水平，在督促下级法院有案必查的同时，还要督促下级法院依纪依法办案、安全文明办案。要通过研发案件信息管理软件，对下级法院的办案工作进行实时指导。对下级法院定性不准、处理不当的案件，上级法院要责其纠正，必要时还可派员领办或提级查办。

# B.4

# 在深化医改中推进卫生领域反腐倡廉建设[*]

中国社会科学院反腐倡廉建设课题组[**]

卫生事业关系亿万人民健康，关系千家万户幸福，关系经济发展与社会和谐，关系国家前途与民族未来，是一个重大的民生问题。针对卫生领域存在的突出问题，2009 年以来我国下大力气实施以“五项改革”为重点的新一轮医药卫生体制改革，与此同时，卫生部牵头推进了以卫生系统惩治和预防腐败体系为重点的反腐倡廉建设。卫生系统的反腐倡廉建设与新医改相互促进、协同构建，新医改有力促进了反腐倡廉建设，反腐倡廉建设也为新医改发挥了保驾护航作用。

## 一 在新医改中推进卫生系统惩防体系建设的战略部署

我国卫生事业的快速发展，为保障人民健康发挥了重要作用。但是，一个时期以来医药卫生领域的过度市场化，体制机制改革和监管不到位，“看病难、看病贵”成为一个突出的社会问题。2005 年国务院发展研究中心医改课题组提出“中国医改不成功”的判断，引发

* 本文部分材料由中央纪委驻卫生部纪检组提供。

** 课题组组长：王延中；执笔人：王延中、高波、范三国、单大圣（教育部教育发展研究中心助理研究员）、侯建林（北京大学医学部讲师）、柯洋华（中国社会科学院研究生院社会学系博士生）。

社会的广泛关注。如何在科学发展观指导下开展新一轮医改，建立与社会主义市场经济体制和社会主义和谐社会相适应的医药卫生体制，成为党和政府关注的一项重点任务。经过广泛酝酿和反复论证，2009年3月中央作出深化医改的重大决策部署，新一轮医改全面启动。

经过三年多的努力，中国新一轮医改取得了重大阶段性成果，新医改方案确定的近期五项重点任务基本完成。一是全民医保体系基本建立，各项医疗保障制度的覆盖面达到95%以上，政府医疗补助标准不断提高。二是基本药物制度在基层实现全覆盖，基层医疗卫生机构基本药物价格比改革前下降30%。三是基层卫生服务体系显著加强。中央投资630多亿元资金，支持2200多所县级医院和33000多所基层医疗机构建设，加大基层全科医生培养，覆盖城乡的基层医疗卫生服务网络基本形成。四是政府加大基本公共卫生服务的财政投入，公共卫生服务项目范围扩大，基本公共卫生服务水平明显提高。五是国家和各省在54个试点城市和2000多家医院推行了公立医院改革试点，为下一步深化公立医院改革积累了经验。上述五项重点改革在提高中国卫生服务的公平性、解决13亿人医保问题和基本卫生服务体系的基础建设等方面得到国内外相关机构的高度评价。能够在短短3年内取得比较明显的成效，说明党和政府对这项改革的高度重视，也反映出相关部门的共同努力，尤其是卫生部门的辛勤工作。

同时也要看到，医改毕竟是一个世界性难题，当前医改取得的成绩还是初步的、阶段性的，随着改革的不断深入，一些深层次的矛盾和问题正在集中暴露，医药卫生领域呈现出“卫生改革发展取得明显成效与诸多现实问题并存，加大纠治力度与违纪违规案件时有发生并存，群众期望值高与问题短期内难以根治并存”的态势。在医改取得阶段性成果并向纵深全面推进的时候，需要特别关注各种显性或隐性的医药卫生领域的腐败问题。在推进医改过程中，医疗卫生系统加快惩治和预防腐败体系建设，卫生行风有了明显好转。但与医改的

新要求、人民群众的新期待和卫生腐败的新特点相比，当前医疗卫生系统反腐倡廉形势仍然严峻，任务仍然繁重，还存在一些不容忽视的问题。主要是：医药购销领域商业贿赂的形势依然严峻；少数单位医疗安全管理不到位，有些医务人员责任心不强，导致发生严重的医疗质量安全事故；收受红包、大处方、滥检查、乱收费等现象在一些地方和医院还不同程度地存在，加重患者负担，损害群众利益等。由于医药购销和医疗服务中的各种腐败问题大都发生在群众身边，切身感受强，传播速度快，直接影响人民群众对医改的评价和信心。尽管医疗卫生行业的消极腐败现象和不正之风问题是由多方面因素造成的，但是体制机制弊端是根本性的原因，出路只能靠继续深化医药卫生体制改革。这是完成医改目标的需要，更是推进卫生领域反腐倡廉建设的需要。

卫生系统尤其是卫生部党政领导班子清醒地认识到上述问题的严重性和危害性，基于对全党不断推进反腐倡廉建设和国家大力深化医药卫生体制改革大局的清醒认识，按照《建立健全惩治和预防腐败体系 2008 ~2012 年工作规划》的总体要求，把反腐败与深化医改有机结合起来，全面推进反腐倡廉建设各项工作。卫生部党组书记张茅作为卫生部党风廉政建设的第一责任人，提出要将惩防体系建设与卫生业务工作“同部署、同落实、同检查、同考核”。卫生部部长陈竺作为卫生系统行风建设的第一责任人，每次都在全国卫生工作会议和全国卫生系统纪检监察暨纠风工作会议上就纠风问题发表重要讲话。他在 2011 年的讲话中指出，卫生纠风工作与卫生改革、发展、管理密切相关，是保障改革顺利进行、促进行业健康发展、加强卫生行业管理的重要手段，也是卫生系统贯彻落实科学发展观、维护人民健康权益的具体体现。中央纪委委员、中央纪委驻卫生部纪检组组长李熙根据中央精神和卫生系统实际，具体部署卫生系统党风廉政建设和纠风工作的总体要求和重点任务。

卫生部近年来从卫生领域实际出发，围绕全党反腐倡廉建设总体部署和深化医药卫生体制改革总体部署两个大局，积极稳妥开展卫生领域的惩治和预防腐败体系建设，确保了中央关于反腐倡廉建设重大方针政策的贯彻落实，有力促进了医药卫生体制的改革和卫生事业的健康发展，使反腐倡廉建设和医药卫生体制改革有机结合、相互促进、协同配合。特别是在部署全年工作时，坚持长期抓一些关系全局的基本问题，如党风廉政建设责任制落实、纠风与行风建设等，又根据形势任务要求明确当年和近期工作重点，集中力量抓好一些专项工作，如药品集中采购、小金库和工程建设专项治理。同时，既抓已经确定任务的具体工作落实，更在不断总结经验教训的基础上注重通过改革进行源头治理，力争使出台的举措符合卫生事业发展规律，有较强的针对性和可操作性，不断提高卫生领域反腐倡廉建设的实际效果。

## 二　落实“两个责任制”，形成反腐倡廉建设整体合力

针对卫生部机关和多数医疗卫生单位党政领导分设的实际，卫生部先后制定了《党风廉政建设责任制实施办法》和《关于进一步加强和完善卫生纠风工作责任制的意见》，形成了比较完善的反腐倡廉建设领导体制和工作机制，即党组对党风廉政建设负全面领导责任，党组书记是党风廉政建设的“第一责任人”；行政领导班子对职责范围内的行风建设负全面领导责任，部长是行风建设的“第一责任人”；成立了惩防体系建设领导小组和纠风工作领导小组，部党组书记和部长分别担任组长，对重要工作亲自部署、重大问题亲自过问、重点环节亲自协调、重要案件亲自督办。领导班子其他成员按照分工抓好职责范围内的党风廉政建设和纠风工作；各司局紧密结合业务工作具体落实；驻部纪检组、监察局协助党政领导班子抓好任务分工、

组织协调和监督检查。

卫生部机关和各级卫生部门抓住责任分解、责任监督、责任考核、责任追究等关键环节，以责任制落实推动反腐倡廉任务的落实。年初，卫生部党组制定反腐倡廉任务分解表，将任务细化分解到部领导和各司局，明确牵头单位和协办单位；各司局和有关直属单位结合业务工作把承担的反腐倡廉任务分解到司局领导和处室，层层落实责任，一级抓一级。年中，卫生部党组召开会议听取各司局和重要直属单位工作进展情况汇报，加强督促检查和工作指导，发现并解决存在的问题。年底，由部领导和司局级干部带队，组成若干检查组，每年检查50%的机关司局、直属单位和地方卫生系统，开展考核评估，实施责任追究。各级卫生部门参照卫生部的做法，完善反腐倡廉建设领导体制和工作机制，形成全国卫生系统整体合力，推动反腐倡廉建设扎实开展。

## 三　针对群众关切，大力加强医德医风教育

医德医风教育是筑牢广大医务人员职业道德防线的基础工程，关系重大。受各种因素的影响，一个时期以来，我国医疗卫生机构较为普遍地存在重经济效益和医疗技术、轻医德医风的现象，部分医务人员医德差、收受红包回扣、过度检查治疗，不但严重影响卫生行业形象，而且导致医患关系紧张，成为人民群众广泛关注的突出社会矛盾之一。这些问题充分说明加强医德医风教育已刻不容缓，迫在眉睫。近年来，各级卫生部门把医德医风教育作为一项重要工作，不断创新教育形式、组织实施与监督考评，取得了一定成效。

### （一）把医德医风教育贯穿医务人员职业生涯

面向广大卫生从业人员，卫生部门双管齐下，坚持开展医德医风、

职业道德和纪律法制教育，从职前教育、上岗培训到继续教育、机构内培训、职业资格考试、职称晋升测评，医德医风教育贯穿医务人员职业生涯。在卫生领域治理商业贿赂工作中，将纪律法制教育作为重要内容，教育从业人员划清是非界限、增强法律意识、牢记行为规范。与此同时，医德医风成为医务人员执业门槛准入和职业水平衡量的首要考察要素。2007 年，卫生部出台了实行医德考评制度的指导意见，把廉洁行医、规范诊疗服务行为、构建和谐医患关系等 7 个方面作为考核的主要内容，考评结果与医务人员晋职晋级、岗位聘用、评先评优直接挂钩。到 2011 年底，全国 29 个省（区、市）已制定了实施细则，83.9% 的公立医疗机构开展了考评工作，普遍建立了医德考评档案。

### （二）贴近实际丰富医德医风教育形式

卫生部在 2006 年就启动了“全国健康卫士楷模先进事迹巡回报告”活动，在全国 31 个省（区、市）开展了 60 多场报告。自 2011 年起，连续开展健康卫士评选活动。乡村医生周月华等一批包括医学专家和基层医疗从业者在内的优秀卫生从业人员通过网络等新渠道被群众推选为“我最喜爱的健康卫士”。近期热播的电视剧《医者仁心》《心术》等一批贴近医护人员和老百姓生活的文艺作品走入寻常百姓家，赢得较高的收视率并引发广泛的社会讨论。这些活动和文艺作品，不但引起了社会对医护工作的广泛认同和对医德医风的深刻讨论，而且成为医德医风教育的重要助推器，发挥了很强的示范作用，对于引导医务人员树立为人民健康服务的意识发挥了很大作用。各地医疗卫生机构也纷纷采用医务人员喜闻乐见的形式开展有形的载体教育、借助先进人物与事迹开展典型教育、针对关键问题与环节进行防范性的超前教育，在日常医疗行为中引导医护人员以“构筑医魂”为主题讨论和凝练职业精神，形成医疗卫生行业独有的核心价值观，引导和规范从业人员行为。与此同时，卫生系统还以“创先争优”

“三好一满意”“医院管理年”等系列活动为载体，对医务人员进行集中教育，建立健全医德医风教育长效机制，营造医德医风建设良好环境，促进了我国医德医风教育的健康发展。

以典型案件全系统通报制度为载体，发挥查办案件的警示教育作用，是医疗卫生系统行风建设的重要举措。为此，卫生部专门组织摄制了警示教育片《警钟长鸣》和法制宣传片《防患未然》，各地区各单位积极组织学习观看，强化职业道德、纪律法制和警示教育，积极倡导风清气正的行业氛围。

## 四　强化行业监管，严格规范诊疗服务和收费行为

围绕群众反映强烈的大处方、滥检查、乱收费等问题，卫生部门坚持把纠风工作与加强医院管理紧密结合起来共同推进，着力加强医疗卫生服务监管，严格规范诊疗服务和收费行为。

### （一）加强对医疗机构的常态化督查

卫生部从 2005 年起连续 3 年在全国范围内组织开展“医院管理年”活动，围绕质量、安全、服务、费用四方面，严格规范诊疗服务和收费行为，并由部领导和司局级干部带队，加强督导检查。2009 年在全国范围内开展了“医疗质量万里行”活动，以公立医院为重点，组织 500 多名医院管理和业务专家，对 28 个省（区、市）的 280 家医疗机构进行实地检查，改进医疗质量，保障医疗安全。2011 年又开展了抗菌药物临床应用专项整治工作，促进合理使用抗菌药物。卫生行政部门积极推进对大型医院的巡查工作，2010 ~ 2011 年，卫生部对 30 多家部管医院开展了巡查，各省（区、市）卫生厅（局）也积极开展巡查工作，2010 年有 19 个省（区、市）对 325 所大型医院开展了巡查，切实加大对医疗机构的行业监管力度。

### （二）进一步完善医院管理制度规范

各地按照卫生部要求积极探索强化医院管理，医疗机构普遍实行了不当处方院内公示点评、医学检查检验结果区域内互认共享等制度，有力促进了合理检查、合理用药。全国各级各类医疗机构普遍以服务价格和费用为重点全面实行医院院务公开，严格医疗机构财务管理，医疗机构乱收费问题得到有效遏制。卫生行政部门认真落实执业医师定期考核制度，严格大型医用设备配置和使用管理。

### （三）发挥患者和群众的监督主体作用

各地卫生系统还在地方政府纠风办的组织领导下，普遍开展了各具特色的民主评议行风活动，认真落实医患沟通制度，聘请医德医风监督员，天津、福建等地还积极探索委托第三方开展患者满意度调查，主动接受社会和群众监督。全国已成立医疗纠纷人民调解专门组织1358家，实现地市级全覆盖，县级覆盖面达到73.8%，2011年1～10月调处医疗纠纷14000多起，成功率达81.6%，达成调解协议的患方满意度超过95%。通过各方共同努力，许多地方卫生系统在行风评议中的名次都有不同程度上升，有近1/3的省（区、市）评议名次位居本省前列。比如：山东省卫生厅连续多年深入开展“两好一满意”活动，在全省民主评议政风行风中名列前茅，2009年在全省18个公共服务类单位中列第3名，2010年在22个部门中排名第4；江西省卫生厅2011年获全省发展提升年活动先进单位，评分并列省直单位第1名。

## 五　规范权力运行，构建“权、钱、人、项目”廉政风险防控机制

在深化新医改和推进卫生领域惩防体系建设过程中，各级卫生部

门和医疗卫生机构围绕“权、钱、人、项目”等重点部位和关键环节，加大监管和改革力度，推进制度创新，规范权力运行，源头预防腐败。

### （一）规范“三重一大”集体决策制度

以健全完善“三重一大”集体决策制度为重点，各级卫生部门制定完善领导班子议事规则和工作规则，防止决策失误、权力失控和行为失范。卫生部修订了《卫生部领导班子工作规则》《卫生部工作规则》，卫生部各司局、直属单位以及各级卫生部门普遍建立了“三重一大”事项领导班子集体讨论决定等制度，明确凡属“三重一大”事项须经领导班子集体讨论决定；健全会议制度，探索实行“一把手”末位发言等制度；领导班子会议讨论决定事项，做到有会议记录、形成会议纪要。各级卫生部门纪检监察组织通过参加党组（党委）会议和行政领导班子会议，监督领导班子执行议事规则和工作规则、科学民主决策情况。有的地方和单位实行“一把手”不直接分管财务、人事、基建工程、招投标、药品采购等工作，强化对“一把手”的监督制约。

### （二）加强对权力运行的监督制约

在卫生系统，利用卫生行政审批权、执法权等以权谋私、损害群众利益的腐败现象仍时有发生。各级卫生行政主管部门进一步深化政务公开，加大行政审批制度改革力度，精简或下放行政审批项目。卫生部在前期取消 23 项的基础上，2009 年取消行政许可项目 4 项、下放 5 项，2011 年又取消和调整行政审批项目 13 项。对保留的项目，制定了《卫生行政许可管理办法》和《卫生行政许可过错责任追究办法》，从审批的环节、人员、流程上进一步明确责任、依据、程序和条件，强化内部管理，加强对行政许可行为的规范和制约。进一步完善了行政执法规则，坚持依法行政，建立有权必有责、用权受监督、违法受追究的工作机制。落实《卫生行政执法责任制若干规定》，出台了《卫生部关于打击非法行医专项行动责任追究的意见》，完善卫生行政处罚工作程序，强化内部制约监督机制，规范卫生执法行为，从源头上预防腐败问题的发生。

2007 年，河北省卫生厅探索以促进正确行使权力为目标的行政权力运行监控机制建设。2009 年，卫生部在河北省召开现场会，在全国省级卫生行政部门推行了行政权力运行监控机制建设。2010 年，卫生部在 6 个司局和 6 个直属单位开展权力运行监控机制建设试点，12 家单位依法清理和明确权力 253 项。卫生部党组印发了《权力明晰表》，明确各项权力的规范名称、行使依据、责任部门、收费依据和标准等；开展权力运行廉政风险评估，明确廉政风险较大的 A 级权力 84 项、B 级权力 115 项；以 A、B 级权力为重点优化权力运行流程，编制了权力运行流程图，实行权力全程监控。目前，这项工作已在卫生部机关各司局和各直属单位全面推行。各省（区、市）卫生系统普遍推行行政权力运行监控机制建设，有效规范了权力运行。河北省卫生厅建立了行政权力运行网上监控和考核系统，将 32 项行政许可全部纳入网上审批范围，实现了全省的网上在线审批和三级监控，减少了人为因素的干扰，规避了发证中的廉政风险。甘肃省研发并利用“医疗卫生系统廉政风险预警防范与监控”软件，对诊疗行为、药品购销、招标采购等进行风险分析和实时监控，形成覆盖权力运行全过程的电子监控制约系统，让医院的各项权力在阳光下运作。全国 15 个省（区、市）开展了公立医院廉洁风险防控试点工作，收到了良好效果。

### （三）规范干部选拔任用机制

各级卫生部门制定了干部提拔前人事部门书面征求纪委意见的办

法，提拔干部都要书面征求纪委意见。2010 年以来，驻卫生部纪检组、监察局先后对 3 名局处级干部提出不予任用或暂缓任用的建议，均被部党组采纳，防止了干部带病提拔和带病上岗。制定干部任职廉政谈话制度，由纪检组组长、监察局局长、副局长分别对新任正、副司局级和处级干部进行廉政谈话。推进领导干部竞争上岗，2011 年对 26 个司局级职位开展了竞争上岗。制定《卫生部机关干部交流工作办法》，对在权、钱、人、项目等重点岗位工作达到一定年限的干部进行轮岗交流，2011 年对 19 位司局级干部进行了轮岗交流。

### （四）加强对资金和项目的监管

近年来政府不断加大卫生投入，卫生部健全了规范资金拨付和使用管理机制，确保资金使用安全、高效；成立由党组书记任主任的预算工作委员会，对年度预算经费安排进行集体审议；成立了项目资金监管中心，加强对项目资金的经常性管理监督。在北京医院、北京协和医院、中日友好医院开展审计师委派试点工作，在中国疾病预防控制中心系统内开展审计委派试点，探索不同类型单位审计委派工作模式，加强审计监督。卫生部制定了委托办事经费管理暂行办法等规定，各级卫生部门参照此做法，建立健全资金监管制度，加强对公共卫生、重大科技专项、疾病防控、社区和农村卫生资金拨付、使用管理情况的监督检查，加强对新农合基金的监管，严肃查处贪污、挤占、挪用、骗取基金等问题，确保了资金安全。卫生系统项目是与资金紧密联系在一起的，项目多，涉及资金量大。各级卫生行政部门建立健全覆盖项目审批、资金拨付、项目实施、项目评估、考核验收以及专家管理等全过程监督制约机制，各级纪检监察组织找准加强项目监督的介入点，抓住项目审批、资金拨付等关键环节，通过重点关注、及时过问、听取汇报、督导检查等形式，构筑严密的监管体系，确保项目安全、资金安全、人员安全。

## 六　加强卫生领域专项治理和案件查处，维护人民群众切身利益

近年来，卫生系统抓住医药购销商业贿赂、医院乱收费等问题，以职业道德和法制纪律教育为基础，以专项治理和查办案件为手段，以健全机制和完善制度为根本，着力构建医药卫生领域突出问题防控与治理长效机制。

### （一）持续开展医药购销领域商业贿赂专项治理，规范医药购销秩序

从2006年开始，全国卫生系统开展了治理医药购销领域商业贿赂专项工作，在实践中不断探索治理商业贿赂的有效措施，有力打击了商业贿赂行为。卫生系统采取多种方式，深入开展职业道德、法制纪律和正反两方面典型教育，增强医务人员的纪律法制观念。结合近年来发现和惩处的医药卫生领域商业贿赂腐败案件，卫生部组织拍摄警示教育片，强化职业道德、法制纪律观念，抵制商业贿赂行为。

各地区各单位拓宽案源发现渠道，整合办案力量，加强与纪检监察、公安、检察、工商等执纪执法机关的协调配合，建立信息共享和联查联审办案工作机制，严肃查办商业贿赂案件，有效震慑违纪违法行为。截至2010年3月，卫生系统共查处医药购销领域商业贿赂案件2900余件；2011年查处商业贿赂案件169起，涉及金额4231.76万元，289人受到党纪政纪处分和其他处理，75人被追究刑事责任。部分省（区、市）还集中时间开展了医药回扣专项整治工作，收到明显效果。

近年来，卫生部围绕专项治理工作制定出台了23个长效机制文件，内容涉及药品和器械采购、基建工程、财务管理、院务公开、不

良行为记录等，各地区各单位也新制定或修订了一批规章制度。全国各省（区、市）和新疆生产建设兵团建立了医药购销领域商业贿赂不良记录制度，打击和震慑医药购销领域的行贿行为；出台了《医疗机构接受社会捐赠资助管理暂行办法》，一些地方和单位研究制定了具体操作规范，明确医疗机构接受捐赠资助规定，防治捐赠资助过程中行贿受贿行为。各地普遍加强医疗机构统方管理，不少医疗机构安装了防统方软件，收到明显效果。

### （二）坚决惩治腐败问题，发挥查办案件治本功能

坚决查办违纪违法案件，是惩治腐败最直接最有效的手段。近年来，卫生部坚持以在医药购销、卫生基建工程中发生的商业贿赂案件和医疗卫生系统发生的严重损害群众利益的行风案件为重点，不断加大查办案件工作力度，会同有关部门先后查处了哈尔滨医科大学附属第二医院乱收费案件、深圳市人民医院违反规定乱收费问题、温州市第二人民医院违规配置伽玛刀问题、天津医科大学附属肿瘤医院等4家医疗机构违规配置射波刀问题、江西抚州和华中科技大学附属同济医院部分医务人员顶风违纪违法收受回扣问题等案件，严肃惩处违纪违法人员，严明行业纪律。各级卫生纪检监察机构高度重视办案工作，会同有关执纪执法机关加大办案工作力度。据不完全统计，2005～2011年，全国卫生系统共查处案件10500多件，有力地震慑了违纪违法行为。利用典型案件开展警示教育，针对案件暴露出的问题建章立制，发挥了查办案件的治本功能。

## 七　强化源头防治，深入推进卫生领域改革与制度建设

医药卫生领域存在的腐败现象，在很大程度上是医药卫生管理体

制机制存在漏洞造成的。因此，深化医药卫生体制改革，既是促进卫生事业健康发展的体制保障，也是构建医药卫生领域惩防体系的关键环节。近年来，为了深入治理医药卫生领域腐败问题，卫生部门结合深化医药卫生体制改革，完善反腐倡廉制度体系，不断扩展从源头上防治腐败的工作领域。在推进新医改的过程中，卫生部配合政府有关部门逐步取消“以药养医”，大力推进支付方式改革，从体制机制上铲除医药购销和医疗卫生服务中滋生腐败的土壤。

## （一）加强制度建设，逐步取消“以药养医”机制

长期以来，我国医疗卫生机构采取的“以药养医”做法，助长了药品流通与使用领域药品回扣、大处方等腐败问题，繁衍出体制性医疗腐败。为解决这些问题，在深化医药卫生体制改革中，我国提出了建立药品集中采购制度和国家基本药物制度的战略目标，通过制度建设从根本上取消“以药养医”机制。

药品集中采购是深化医药卫生体制改革的重要内容。通过集中采购，不仅有利于保证医院用药质量，也有利于控制药品价格，遏制医药费用不合理上涨，源头治理医药购销领域商业贿赂，缓解群众“看病贵”问题。2005 年以来，卫生部会同国务院纠风办，全力推行以政府为主导、以省（区、市）为单位的网上药品集中采购办法。2009 年启动新医改后，连续两年召开全国药品集中采购工作会议，印发了《医疗机构药品集中采购工作规范》《药品集中采购监督管理办法》等 4 个规范性文件，并采取举办培训班、召开研讨会、开展专题督导检查等方式加强指导和检查。在全国各省（区、市）建立了政府主导的药品采购平台，开展了以省为单位的集中采购。

经过艰苦努力，全国药品集中采购工作取得了突破性进展，领导体制、工作机制和平台逐步健全，收到了明显成效。几年来，通过药品集中采购共让利患者 672.7 亿元。2010 年各地非基本药物集中采

购总金额为2100.74亿元，中标价格与2009年当地采购价格相比平均下降10.09%，降价总金额达232.03亿元。2011年网上集中采购药品总金额3013.73亿元，降价总金额287.97亿元。

建立国家基本药物制度的核心内容是：按照必需、适宜、安全、廉价的原则，确定国家基本药物目录；目录内的基本药物，由政府组织招标定点生产、集中采购和统一配送，减少中间环节；取消基本药物加成政策，实行零差率销售，逐步改变“以药养医”的状况。为了有力推动该项制度的建立与完善，卫生部等部门印发了国家基本药物制度实施意见、基本药物目录（基层部分）及相关配套文件，从2009年起在乡镇卫生院、社区卫生服务机构等政府办的基层医疗卫生机构开展试点工作。目前，所有政府办的基层医疗卫生机构已实施基本药物制度。自2012年开始，卫生部选择300家县级公立医院试点基本药物制度，破除“以药养医”机制，理顺公立医院补偿机制，降低公立医院对药品收入的依赖程度，为防治药品购销与使用中的腐败问题提供了良好的体制机制环境。基本药物制度的实施，保障了群众所需基本药物的生产供应和有效安全，控制了药品价格和医疗费用的过快上涨，对遏制医药购销中的商业贿赂行为发挥了积极的作用。

### （二）逐步推行医疗费用支付方式改革

我国医疗服务实行落后的按项目付费制。在经济利益的刺激下，医务人员与医疗卫生机构存在过度提供医疗服务以获得更多收入的倾向，不但导致卫生费用高涨和卫生资源的浪费，而且加重了患者的经济负担，损害了群众利益。为了解决上述问题，卫生部门总结各地近年来的试点经验，不断创新体制机制，努力探索治本之策。特别是2009年以来，卫生部结合深化医改工作，协调医保、价格主管部门，积极探索使用总额预付、按服务单元、按人头等支付方式替代按项目付费制度，扎实推进临床路径管理和按病种付费制度改革，产生了积极的效果。

“临床路径”是指针对某一疾病建立一套标准化的治疗模式与治疗程序，以循证医学证据和指南为指导来促进治疗组织和疾病管理的方法，最终起到规范医疗行为、减少变异、降低成本、提高质量的作用。“临床路径”的实施不仅有利于保证医疗质量、控制医疗费用，而且有利于规范服务行为，减少红包、过度检查等问题的发生。近年来，卫生系统以推行“临床路径”、促进诊疗行为标准化和探索单病种费用制度为重点，加强医疗机构管理，严格规范诊疗服务行为，减轻患者医药费用负担。2010 年，卫生部首次组织制定了 22 个专业 112 个病种的“临床路径”，在 14 个省 73 家医院启动试点工作，会同国家发改委印发了《关于开展按病种收费方式改革试点有关问题的通知》，选择 104 个病种作为按病种付费方式改革试点。2011 年又制定了 109 个病种的“临床路径”，总数达到 22 个专业 331 个病种，目前 3467 家医院已开展了“临床路径”管理，并遴选 104 个病种实行按病种付费方式改革试点，为规范诊疗行为、控制医疗费用奠定了科学扎实的基础。

## 八　进一步推进卫生领域反腐倡廉建设的思考

卫生系统惩防体系建设取得了明显的成效，但仍面临着诸多挑战、困难和问题。尽管我国为解决医改这个世界性难题进行了卓有成效的探索，但是医疗资源总量不足、医疗服务水平不高、“以药养医”的局面尚未根本改变，医改进入“深水区”之后面临的深层次矛盾日益显现、调整利益格局的改革难点和难度加大，医改的任务更重、更艰巨。卫生系统腐败问题成因复杂，涉及多个部门。进一步加强卫生系统惩防体系建设，必须坚持标本兼治、综合治理的方针，紧密结合卫生事业发展和深化医药卫生体制改革，加强部门协调与合

作，综合运用发展、改革、管理的办法，着力构建和谐医患关系，从源头上铲除腐败问题滋生蔓延的土壤。

第一，进一步加强行风建设，下大力气扭转卫生领域不正之风。行风建设的重要性无论怎样强调都不过分。问题的关键是如何针对社会和群众反映强烈的问题，提高行风建设的实际效果，践行职业道德，以此引导医患关系走向和谐。坚持把医德医风、职业道德和纪律法制教育作为医务人员上岗培训、继续教育、毕业后教育、执业资格考试、职称晋升考试的必要内容。加强对纠风举措实际效果的评估，坚决遏制追求不当甚至非法利益的趋利之风，深化改革尤其是收入分配制度的改革，加大财政投入，提高医务人员的待遇，保证医务人员的收入正当、水平适当。加强医药购销领域商业贿赂和行业不正之风治理力度，对行贿人加大打击力度，净化医疗卫生事业的发展环境。研究制定医药生产企业诚信管理体系，探索建立企业诚信档案和安全数据库，对有不良记录的企业和从业人员实行动态评价，对严重违规和失信的企业和从业人员实行行业禁入。

第二，结合“十二五”医改重点工作，深度推进卫生领域惩防体系建设。深化医药卫生体制改革，这是提升卫生系统反腐倡廉建设水平的重要条件。国家已明确了“十二五”时期深化医改的基本思路和“三个重点”，提出了改革的具体任务和关键举措。要结合深化医药卫生体制改革，坚持以改革创新的精神，采取综合治理措施，加快发展、深化改革、加强管理，努力解决卫生行业反腐倡廉建设中存在的深层次问题。进一步提高反腐倡廉教育、制度、监督、改革、纠风、惩处各项措施的针对性和有效性，确保反腐倡廉建设围绕“四个更加注重”不断向前推进。将以惩防体系建设为重点的反腐倡廉建设和卫生改革发展紧密结合起来，综合运用发展、改革、管理的办法强化源头治理，逐步铲除腐败现象滋生蔓延的土壤。

第三，强化医疗服务全流程监管，用惠民便民的实际成效取信于民。健全医院内部质量控制和安全管理制度，不断改进服务流程，优化就医环境。扎实推进临床路径管理和按病种付费制度改革，认真落实按药品通用名开具处方、不当处方院内公示和点评、药品用量动态监测和超常预警，深化医院院务公开，实行阳光用药制度。大力推进大型医疗机构巡查工作，认真落实医疗机构校验管理办法，严格大型医疗设备配置和使用管理，切实加强对医疗机构的行业监管。进一步完善医疗纠纷处理机制，逐步推行医疗纠纷第三方调解机制和医疗责任保险制度，使医疗纠纷从医院处理为主逐步转变为第三方调解为主。量化医疗服务指标，不断提升服务水平，切实保障医疗质量，努力提供群众满意的医疗卫生服务。

第四，深入推进公立医院体制机制改革，完善医疗卫生行业薪酬制度。加快公立医院改革试点步伐，探索有利于维护公益性的管理体制、补偿机制、人事制度和分配制度。医务人员薪酬制度改革是关键，要承认医务人员的劳动价值，按照贡献和人力资本状况建立符合医务人员劳动价值的合理的分配制度。加大政府投入，按照国际惯例，努力使广大医务人员的收入达到同等资历公办教师工资的1.5～2倍，使医生获得来源合理的较高收入。同时，严格医疗机构收支监管，规范收入秩序，挤压灰色收入空间，打击和取缔非法收入。

# 地 区 报 告

Regional Reports

# B.5 宁夏以党风廉政建设责任制正风气促发展

中国社会科学院反腐倡廉建设课题组*

宁夏回族自治区地处我国西北地区东部，兼具老少边穷诸多地方特征。伴随着国家西部大开发战略的实施，一系列有效提升西部省区经济、社会发展水平的政策陆续出台，特别是 2008 年国务院出台了《关于进一步促进宁夏经济社会发展的若干意见》后，宁夏紧密结合自治区发展实际和廉政状况，发挥党风廉政建设责任制在推进惩治和预防腐败体系建设中的“龙头”作用，促进了全区政治、经济、文化和社会的全面发展进步。宁夏干部群众说，近几年宁夏经济社会发

* 课题组组长：吴海星；执笔人：吴海星、王继锋、周少来（中国社会科学院政治学所研究员）。

展最快，人民群众得到实惠最多，城乡面貌变化最大，是反腐倡廉建设发挥了保障作用。民意调查显示：人民群众对反腐败工作的满意度达81.2%，比5年前提高6.5个百分点。

## 一 舞动党风廉政建设责任制的“龙头”

自1998年党中央、国务院颁布实施《关于实行党风廉政建设责任制的规定》以来，自治区党委、政府始终把落实党风建设责任制作为一项经常性、长期性的工作来抓，建立健全了“领导有力度、组织有保障、制度有约束、考核有重点、结果有效用”的落实党风廉政建设责任制领导体制和工作机制，通过责任制落实和考核不断推动惩防体系建设取得重大进展。

### （一）让“一把手”真正负总责

多年来，宁夏回族自治区党委、政府坚持实行“一把手”亲自抓、带头做，推动责任制落实的领导体制。2001年成立由自治区党委书记任组长，政府主席和党委常委、纪委书记任副组长的自治区落实党风廉政建设责任制领导小组。2005年，又将落实党风廉政建设责任制领导小组与惩治和预防腐败体系建设领导小组合二为一，成立了自治区惩治和预防腐败体系建设和落实党风廉政建设责任制领导小组。自治区党政“一把手”履行“第一责任人”的职责，自觉担负起反腐倡廉工作的领导责任。领导班子其他成员“一岗双责”，按分工抓好职责范围内的反腐倡廉建设。连续11年，自治区党委、政府主要领导同志带队深入地市、部门通过听、阅、看、谈、查、访、评等方式，了解考核责任制落实情况，督促各地、各部门落实责任制。2012年初，自治区党委书记张毅、自治区政府主席王正伟等领导分别带领17个考核组，对5个地级市和29个区直部门、单位2011年

度推进惩防体系建设和落实党风廉政建设责任制情况进行检查考核。张毅同志在带队检查考核时指出，要着力加强对中央和自治区重大决策部署贯彻落实情况的监督检查，突出建设和谐富裕新宁夏、与全国同步进入全面建设小康社会这个主题，围绕推进发展、改善民生、维护稳定的各项任务，加大监督检查力度，确保各项政策措施落到实处。

### （二）将党风廉政建设责任制“分田到户”

十多年来，自治区各级纪检监察机关作为落实责任制领导小组日常办事机构，发挥协助党委、政府抓党风廉政建设的组织协调作用，坚持将反腐倡廉责任“分田到户”。每年年初将当年的任务细化分解，每项重要任务都确定一名自治区党委、政府领导负责实施、牵头部门和协办单位具体落实，通过“三书两报告”制度，督促任务落实。即年初向自治区党委、政府领导报送“责任分工报告书”，向各牵头部门和协办单位发送“责任分工函告书”，年中向工作进展缓慢、任务落实不力的部门和单位发送“落实任务建议书”，年底自治区党委、政府领导班子成员将分管范围内的党风廉政建设情况，向领导小组做书面报告，各牵头部门向自治区纪委监察厅书面报告任务完成情况。

在组织完善的基础上，宁夏回族自治区党委、政府先后制定实施了《党风廉政建设和反腐败工作牵头部门参与单位履行职责暂行办法》《党风廉政建设和反腐败工作牵头部门协办单位联席会议制度（试行）》，对各牵头部门、协办单位及其“一把手”应该抓什么、怎么抓、抓不好负什么责任做了明确规定。形成了“一把手”抓、抓“一把手”，逐级细化明确任务，层层督查抓好落实的区、市、县、乡四级责任网络。同时，各地、各部门也成立了由主要领导任组长的落实党风廉政建设责任制领导小组，承担起组织指导本地、本部门党

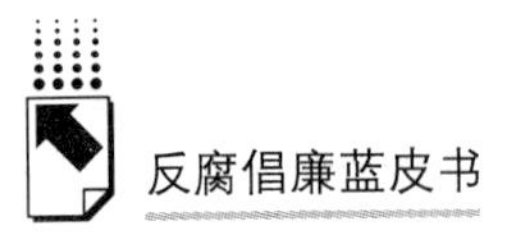


风廉政建设和反腐败工作的领导责任，保证了惩防体系建设各项任务的顺利开展。

### （三）把考核奖惩做细做实

自治区党委把责任制督查考核作为责任制落实的重要手段。制定了《宁夏回族自治区党风廉政建设责任制考核办法》，在十多年的考核实践中，坚持把党风廉政建设责任制考核与领导班子、领导干部考核、工作目标考核、述职述廉相结合，在考核内容上，结合宁夏特点设计“考题”，除突出考核党政“一把手”负总责，班子其他成员履行“一岗双责”情况外，注意根据不同时期，不同部门和单位的实际，制定不同的考核内容、量化标准和考核细则，做到什么问题突出，哪些方面问题反映比较多，存在的问题比较严重，就着重检查考核哪些方面。2007 年，将农村基层党风廉政建设任务纳入考核。2008 年，把效能建设纳入考核。2009 年，将《工作规划》部署惩防体系建设任务作为考核重点。2010 年，强调分类指导，针对不同考核对象，制定了地市、区属部门、高校、企业四类《领导班子考核量化标准》，共 10 个方面 30 多项量化目标和 50 多项扣分标准。

自 2007 年起，宁夏注重改进考核方式，扩大群众参与度，增加了党委委员、纪委委员、人大代表、政协委员、特邀监察员和行风评议员测评；2008 年度，增加了社会问卷调查环节，委托统计部门在 7800 人中进行问卷调查；2010 年度，又增加了特邀监察员明察暗访考核，并随机抽取被考核单位干部群众谈话，了解干部群众对被考核单位落实责任制的真实评价，进一步增强了考核工作的广泛性、针对性和实效性。

每年考核结束后，自治区惩治和预防腐败体系建设和落实党风廉政建设责任制领导小组办公室向自治区纪委常委会、自治区党委常委会专题汇报，及时向全区进行通报；同时，对考核中发现的问题和群

众提出的意见建议认真梳理，及时向被考核单位反馈，要求 30 个工作日内报告整改意见，并督促抓好整改落实。

在宁夏，落实党风廉政建设责任制情况已经成为检验各地、各单位工作成效的重要指标之一。考核结果直接影响到一个地区或单位领导班子和干部的业绩评定、奖励惩处、选拔任用。近年来，自治区先后表彰了 11 个落实党风廉政建设责任制先进单位，调整了落实责任制不力的 3 个部门领导班子，全区追究了 282 名领导干部的责任。

目前，在全区各级领导班子和领导干部中形成了重视党风廉政建设和反腐败工作，认真贯彻落实党风廉政建设责任制的良好氛围。

## 二　保障“生态移民”工程廉洁高效惠民

“十二五”期间，中央和自治区计划投资 105.8 亿元，对宁夏中南部地区 7.88 万户 34.6 万人实施移民搬迁。这是党中央、国务院和自治区党委、政府作出的一项重大决策，是一项重大的惠民工程、民心工程。2011 年 3 月，生态移民工程启动后，自治区纪委监察厅秉持“生态移民项目实施到哪里，监督检查就跟进到哪里；移民群众的利益在哪里，纪检监察机关就坚决维护到哪里”的理念，建机构，定制度，抓重点，明纪律，促整改，确保中央和自治区党委重大决策部署的贯彻落实。

### （一）监管网络“横到边、纵到底”

自治区党政主要领导多次对建设生态移民廉洁工程提出要求，加强对监督检查工作的领导，把生态移民监督检查列入党风廉政建设责任制和效能目标管理考核体系中。专门成立了以党委书记为组长、政府主席及 6 位副省级领导干部为副组长、35 个厅局长和市长为成员的中南部地区生态移民领导小组；组建了以自治区纪委书记为组长、两

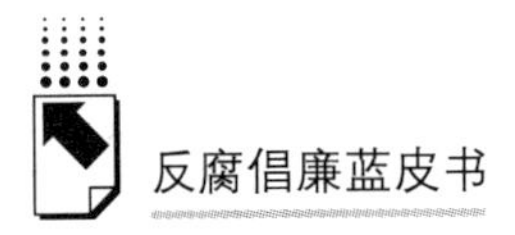


名副主席为副组长，组织、宣传、公检法、发改、财政、审计等22个部门“一把手”为成员的生态移民监督检查领导小组，在自治区纪委、监察厅下设监督检查领导小组办公室，负责组织协调、监督检查、违纪违法案件查处等工作。各地、各级移民局（办）及有关部门均成立相应的领导小组或监督检查组织，在移民村内也成立了移民监督小组，负责对搬迁移民事项的全程监督。保证了审批程序、工程质量、项目资金、户籍确认、住房分配等关键环节规范、安全、廉洁、高效。

### （二）确责、履责、问责机制“1+4+X”

自治区党委制定印发了《关于加强对生态移民工程监督检查的意见》，对职责任务、工作程序、监管体制、责任追究等作出规定，明确“凡是涉及群众切身利益的事项必须公开信息，凡是涉及项目建设的各项工程必须公开招投标，凡是涉及重大项目安排及大额度资金使用事项必须集体决策”。出台了《自治区生态移民监督检查任务分工》《关于加强生态移民工程审计监督的意见》《自治区生态移民目标责任考核办法》和《宁夏回族自治区生态移民资金管理暂行办法》。自治区及市县分别建立了关于加强生态移民工程的《监督检查台账制度》《资金监督检查制度》《工程质量管理工作实施办法》《工程建设责任追究制度》《新闻发言人制度》《信息公开制度》《廉政风险防范管理实施方案》《关于严禁党员干部和国家机关工作人员挤占、出租、倒卖生态移民安置房的规定》等多项制度。通过构建“一个意见、四个相关办法、若干项配套制度”的制度体系，使生态移民工程建设各项工作更为规范透明。

### （三）综合监督“多平台、多渠道”

生态移民工程启动后，自治区纪委监察厅及时跟进，结合工程建设领域突出问题专项治理，督促推进公共资源交易平台建设，并主动

牵头开展这项工作，成立了自治区公共资源交易中心筹建办公室，整合公共资源交易监督管理职能，将生态移民涉及的政府投资项目及公开招标的政府采购项目全部纳入公共交易平台，对招投标活动实施全程监管，较好地解决了部门各自为政、行业垄断、规则各异等问题。建立了全区统一的信用信息共享平台，围绕政府、企业、个人三大主体，分批先行建立企业信用管理体系，规范企业在政府采购、重大项目招投标活动中信用等级准入门槛，通过共享机制，惩戒失信企业，强化市场诚信制约，为生态移民住房建设和基础设施建设提供保障。生态移民资金使用严格执行“专户管理、分账核算、专款专用、直接拨付”制度和财务总监、责任追究、资金项目绩效评价等制度，提高项目管理水平和资金使用效率。将生态移民审计监督贯穿于工程实施的每个环节，覆盖到所有涉及生态移民工程的地区、部门和单位。对资金、工程项目、资源环境进行跟踪审计，对领导干部进行经济责任审计，防止各类违规违纪问题的发生。在移民安置点设置公示栏，将项目实施单位、监督机构、监理单位工作人员的相关信息予以公开，主动接受移民群众的监督。把生态移民工程建设的项目立项、审批、实施、质量安全和资金管理使用等移民群众关注的信息通过新闻媒体和网络及时向社会公开，防止暗箱操作和以权谋私情况的发生；在《宁夏日报》、宁夏广播电台、宁夏电视台、宁夏新闻网、宁夏廉政网等新闻媒体，开办了《大移民》专栏，以专访、专题节目、新闻报道等形式广泛宣传移民政策和工程进度，使生态移民工程家喻户晓；以自治区和市（县）主流媒体为载体，将区、市、县、乡四级生态移民监督举报和政策咨询电话1051部延伸公布到移民迁入（出）村，畅通方便群众咨询、知情、参与、监督的渠道。

### （四）查出问题“四个不放过”

认真开展监督检查的同时，自治区把问题整改作为监督检查的落脚点，做到“四个分类指导、四个不放过”，保证问题整改到位。一是对普遍存在且能够立即整改的共性问题，由本级监督检查机构和项目主管部门进行指导，制定整改措施，完善相关监督制约机制，问题不整改不放过。二是对情节较轻且暂时不能整改的个性问题，由上一级监督检查机构进行指导，建立销号制度，提出整改时间表，在规定时间内问题整改不到位不销号不放过。三是对弄虚作假、欺上瞒下、贪污受贿等严重违纪违法问题，由自治区监督检查机构进行指导，提出处理意见，案件不查处、人员不处理不放过。四是对检查中发现的重大政策措施方面的问题，由自治区纪委和自治区政府共同商讨解决，政策不制定、措施不得力不放过。2011 年，自治区及各地、各项目监管部门共开展监督检查 150 多次，拆除重建不合格移民房屋 264 栋，清退信誉不良施工单位 8 家，并处以 5000 元经济处罚，下发整改建议书 162 份，对相关人员实施问责。召开工程建设质量和监督检查情况通报会 3 次，及时通报了生态移民工程进展中存在的突出问题，把中央对民族地区的各项扶贫政策落到实处。

## 三　多项举措狠抓机关作风、校风和村风

### （一）在机关，主抓干部勤廉务实作风

自治区党委、政府相继出台了《关于进一步加强宁夏国家公务员队伍作风建设的若干措施》《行政责任追究办法》《效能建设投诉中心工作暂行规定》等，结合《廉政准则》的实施，修订和完善党员干部执行廉洁自律规定的 7 项制度。对国家公务员无正当理由不坚守岗位；态度冷淡、生硬、蛮横、粗暴；对群众提出的正当要求和意见置之不理；不按规定程序公开办事；无正当理由未按规定时限办结；办事推诿扯皮、敷衍塞责、不负责任；执行公务语言、行为不文

明等行为，经查实后予以追究。在各级党政机关、事业单位全面开展效能建设和效能监察，先后组织5次较大规模的明察暗访和督促检查，受理投诉3886件，问责3031人（次）。为了解决影响经济发展方面的突出问题，自治区从2011年11月开始，开展为期一年的进一步营造风清气正的发展环境活动，自治区纪委监察厅全力协助党委、政府抓好进一步营造风清气正发展环境活动，出台了《关于对损害投资发展环境行为实行问责的暂行办法》《关于对“庸懒散软”行为实行问责的暂行办法》《关于对损害群众利益行为实行问责的暂行办法》《关于进一步规范自由裁量权的管理办法》和《宁夏回族自治区生态移民工程监督检查责任追究办法》，形成了以党政领导干部问责暂行办法为基准的1+5系列问责机制。为治理干部作风方面存在的“庸懒散软”问题，自治区共组织明察暗访2023次，解决群众反映的问题8193件，问责687人，督促5个地级市、56个区直部门及中央驻宁单位在《宁夏日报》上公开承诺改进工作的措施。党员干部勤政干事、为民服务意识明显增强，进一步优化了全区政务环境、法制环境、人文环境、市场环境、金融环境、用人环境和中小企业发展环境。银川市制定实施了《党和国家机关及其工作人员不当行为问责办法》，明确对公职人员小到举止不端、言行失德，大到执行不力、决策失误、滥用职权等18个方面100种行为进行问责。近年来，自治区坚持不懈抓干部作风教育，每年在全区开展一次主题教育活动。2008年开展了“转变作风，干干净净干事”主题教育活动，重点解决党员干部在思想和工作作风方面存在的问题，受教育人数达6000多人次；2009年开展了“加强党性修养，树立和弘扬优良作风”主题教育活动，教育和引导党员干部树立良好的工作作风，教育覆盖面达到1万多人次；2010年开展了“学《廉政准则》，促廉洁从政”主题教育活动，推动领导干部学习贯彻《廉政准则》，规范从政行为，参加人数达到了7万多人；2011年又向全区安排部署了

“以人为本，执政为民”主题教育活动，要求广大党员干部特别是领导干部强化宗旨意识，着力解决发生在群众身边的腐败问题。2012年，宁夏回族自治区部署开展了为期五年的“下基层，解民忧，帮发展，促和谐”活动，全区共3.9万名机关干部参加了本次“大下访”活动，让机关干部“一竿子插到底”，直接联系基层单位和群众，要求机关干部在所联系的村和社区走访群众每年不少于50户，通过与群众面对面交流，接地气、转作风、提能力，及时发现并帮助群众解决实际问题。

通过连续几年的努力，全区党政机关和党员干部廉政勤政意识不断增强。先后树立了18名各条战线上的勤政廉洁先进典型，在《宁夏日报》和宁夏电视台等媒体开辟专栏，进行宣传，在全区营造学习先进、立足岗位作贡献的良好氛围。2011年结合评选全国纪检监察系统先进工作者，在新闻媒体上对评选出的先进典型进行宣传报道，在党员干部中引起较好反响。利用近年来查处的违纪违法案件，拍摄了《天平岂容失衡》《阳光下的罪恶》《一个政坛新星的坠落》等警示教育片，编写了《企业违纪违法案例教育读本》《宁夏近年来查处的违纪违法案件通报汇编》《全区农村基层组织人员违纪违法典型案例》等，组织全区上万人次参观监狱等警示教育基地，用身边事教育身边人。自治区建设并命名了8个廉政教育基地，举办“塞上清风”廉政诗词大赛和“清凉宁夏”广场廉政文艺晚会、“塞上清风”廉政文艺巡回演出以及回族廉洁文化理论研讨会、廉政文化“六进”活动，进一步营造了弘扬新风正气的廉洁文化氛围。

### （二）在高校，着力培育尊廉崇洁的校园清风

为贯彻落实《中央纪委、教育部、监察部关于加强高等学校反腐倡廉建设的意见》，自治区纪委、教育工委、教育厅、监察厅联合下发了《关于在全区高校开展“清风校园”建设的意见》，2011年

自治区教育工委、教育厅先后5次召开全区教育系统党风廉政建设工作会议，专门对高校党风廉政建设特别是“清风校园”建设进行安排部署，印发了《关于落实〈自治区党委、政府在2011年自治区党风廉政建设和反腐败主要任务分工〉的通知》，对领导班子、党政领导干部、重点岗位人员、教师和学生提出不同要求，加强监督、教育和管理。通过开展“党员教师承诺”“党员教师责任岗”“双培双带”等活动，将廉洁从教、爱岗敬业、无私奉献贯穿于师德师风建设始终。宁夏财经职业技术学院、宁夏大学新华学院等组织开展“清风校园、尊廉崇洁”知识竞赛活动；宁夏工业职业学院开展读书思廉“三个一”活动；宁夏医科大学、宁夏理工学院等高校举办“廉政书画摄影展”，营造学为人师、行为世范的优良学风。将“廉洁清风进校园”教育活动纳入高校德育体系，使诚信立人、遵纪守法、廉洁奉公等良好的道德意识成为学生道德行为的基本准则，营造风清气正、阳光向上的校园氛围。宁夏医科大学、宁夏大学新华学院、中国矿业大学银川学院等通过开设诚信教育讲座、形势政策课、党（团）课及各类主题教育活动，举办“廉洁从我做起”主题演讲活动，使廉政文化在各项活动中得到体现，廉政知识在各项活动中得到传播，有效增强了廉洁诚信教育的吸引力和感染力。

为防范校园工程建设领域、设备物资采购、招生索贿受贿等腐败案件的发生，各高校坚持完善校党委会议事规则，凡重大事项决策、重要人事任免、重大项目安排和大额资金使用都通过集体讨论、民主决策的方式议决。实施招生“阳光工程”，做到“五公开”（招生政策公开、学校招生资格及有关考生资格公开、招生计划公开、考生咨询及申诉渠道公开），规范招生行为，主动接受监督，切实维护广大考生的合法利益。完善贫困家庭学生资助体系，保证奖助学金、助学贷款、特殊困难补助和学费减免等工作中的公开、公平、公正。为提升“清风校园”建设水平，各高校扎实推进校园管理廉政风险防控工作。宁夏工商职业技术学院统一制作了单位和个人《廉政风险点防范承诺书》，通过上墙、上桌、上网等多种形式进行公示，自觉接受各方面的监督。宁夏司法警官职业学院实现廉政风险点全部上网，实行网上实时监测，并严格实行岗位廉政风险定期检查制。宁夏建设职业技术学院连续两年对各部门廉政风险防范措施执行情况进行检查督导，查漏补缺，促进党风廉政建设工作深入开展。目前，各高校未发生违纪违法案件。

### （三）在农村，以“勤廉为民”工程营造和谐村风

为推进基层党风廉政建设，2009 年，自治区纪委会同有关部门精心筹划，结合宁夏实际，研究提出在全区农村实施“勤廉为民”工程，将农村党风廉政建设工作高度概括归纳为“落实廉政责任、执行方针政策、建设基层民主、改进干部作风、服务人民群众”等五方面。自治区纪委牵头制定印发了《关于在全区农村实施“勤廉为民”工程的意见》，召开全区农村党风廉政建设工作会议进行动员部署。各地按照“县委是关键、乡镇是基础”的要求，将“勤廉为民”纳入社会主义新农村建设的总体规划，与经济社会发展、基层党建、精神文明、综合治理等工作结合起来，借助墙报、宣传栏、电子屏、广播等载体，采取逐级培训、张贴宣传标语、公示“勤廉为民”工程目标要求和考评细则等形式，广泛宣传实施“勤廉为民”工程的意义、目的和要求，着力营造“勤廉为民”的浓厚氛围。自治区制定了《关于加强农村集体资金资产资源管理的意见》，不断强化农村集体“三资”管理。2010～2011 年，全区共有 2299 个村进行了清产核资，涉及资金达 23.9 亿元。自治区先后出台了《关于在全区农村建立村民监督委员会的指导意见》《宁夏回族自治区村民监督委员会工作规程（试行）》，在全区农村探索建立村民监督委员会，2295 个行政村有 1719 个行政村建立了村民监督委员会，组建率达到

74.9%。建立健全了县、乡、村、组四级便民为民服务网络，全区政府系统32个部门8843个行政审批和服务项目进入自治区政务服务中心，实现了行政审批和公共服务“一站式”办结、财政补贴农民资金“一卡通”发放、行政事业性收费“一票制”收取。

各地区创造性地实施“勤廉为民”工程，探索优化农村治理模式。利通区搭建了“民生之声”平台，盐池县开展了“民情夜谈”活动，同心县开通了“民情直通车”，红寺堡区推行了“阳光村务”，金凤区、平罗县等实行“点题公开”，青铜峡市开设了“勤廉为民热线”。固原市深入开展以“听民意、评村务、解民忧、办实事、建和谐、促发展”为主题的“民情村务评促会”活动，通过征集问题、选定议题、解决难题，做了许多为民利民的好事，得到了广大群众的认可。

## 四　扭住重点领域深化公共资源交易管理制度改革

近年来，宁夏处于经济快速发展的关键时期，一批事关经济发展、社会转型、民生民利的重点项目陆续实施，大量的公共资源、资金投入需要组织交易。为保证重大项目的安全实施，宁夏回族自治区把优化公共资源配置、营造公平有序竞争的市场环境作为一项重点工作来抓，从源头上深化公共资源交易管理制度改革，为提高政府的公共资源使用效益，实现各类公共资源交易活动的合法化、规范化、科学化等方面做了积极的探索。

### （一）搭建“五统一”公共资源交易平台

2011年，自治区研究制订了《宁夏区公共资源交易平台建设方案》，按照“统一交易平台、统一操作规程、统一信息发布、统一进场交易、统一监督管理”的思路，对原自治区建设交易中心、土地和矿业权交易中心、招投标交易服务中心进行了优化整合，成立了自治区公共资源交易服务中心，负责本级和全区工程项目招投标、政府采购、药品采购、国有产权交易、土地和矿业权出让等公共资源交易活动。相应地，各地市级也成立了二级公共资源交易服务中心，同时撤销县级各类交易管理和服务机构。按照“管办分离、统一管理、依法监督、行政监察”的原则，自治区组建了宁夏公共资源交易管理委员会，成立了自治区公共资源交易管理局，制定了统一的进场交易规则、交易流程，公开信息发布、交易过程和交易结果，合并了分散在各个部门的专家库，建立了自治区公共资源交易综合专家库，并实施统一管理和使用。各交易中心配置了先进的网络及电子监控系统，对进场交易活动进行全过程监控，所有开标厅均配置了投影仪、电脑、声像监控器等，对开标、评标活动进行全程录音录像，刻录保存每天的音视频现场资料。纪检监察机关向公共资源交易管理局派驻纪检组监察室实施监察，有关行政监管部门进驻中心进行监督，初步建立起统一、规范、高效、廉洁的公共资源交易监督管理服务机制。

### （二）构建宁夏特色的公共资源交易制度群

自治区结合《招投标法实施条例》的颁布实施，对已有的规章制度和规范性文件进行全面梳理，重新修订了《公共资源交易监督管理办法（暂行）》《公共资源交易综合专家库和评标专家管理暂行办法》《公共资源服务中心运行管理规定（暂行）》等相关制度。为进一步强化对公共资源交易行为的制度约束，自治区制定了《房屋建筑和市政基础设施工程串通投标和投标人弄虚作假行为认定和处理办法》，明确界定了44种串标行为和12种弄虚作假行为，为及时认定、制止和查处串通投标行为提供了依据。此外，还建立了不良行为信誉公告制度。由10部门联合印发了《招标投标违法行为记录公告

实施办法》，由招标投标管理服务局负责在其主办的“宁夏政府采购与招标网”不定期地发布招标投标违法行为记录公告。实行项目全程跟踪，对进场备案手续、公告及文件、开标评标现场程序、评标报告及中标结果等方面是否符合法律规定进行核验。针对项目派专人进行现场见证工作，如实记录开评标现场发现的问题，对违规现象不但记入信誉档案，还及时同有关行政监督部门沟通协调，使之得到及时发现和纠正。

此外，自治区还针对不同领域，制定了专门的制度。在工程建设领域，制定了《房屋建筑和市政基础设施施工工程货物招投标评标办法（试行）》《建设工程量清单招标控制价管理办法》《房屋建筑和市政基础设施施工工程量清单招投标暂行办法》等，建立健全工程质量负责制度、建设领域违纪违法行为举报制度、投资规模控制和审计监督制度、房地产企业信用等级制度、招投标代理管理制度和专家库使用管理制度、评标结果统一公示制度，使操作更加透明。在政府投资领域，制定了《非经营性政府投资项目代建制管理办法》《政府投资项目管理暂行办法》《咨询论证、公示和决策过错责任追究办法（试行）》等，完善政府投资项目的审批程序、决策规则，对一些重大建设项目实行专家评议制度。在土地出让领域，制定了《协议出让国有土地最低价标准》《工业用地和经营性用地招标拍卖挂牌出让底价确定程序规定》等，严格实行经营性用地一律以招拍挂方式出让供地，出让底价一律由各级政府决定，招拍挂出让一律由监察部门全程监督，出让金及代征税款一律进入财政专户，出让金及税费没有交清的用地单位一律不予办理土地登记手续，有效防止“暗箱操作”等问题。

### （三）运用科技手段强化过程管控

实行网上招标和电子化评标。各类交易中心配备了先进网络及电子监控系统，对进场交易活动进行全过程监控。配置了房屋建筑工程及药品等电子辅助评标系统软件，全区大部分房屋建设工程、药品招标、汽车采购都采取网上招标和电子化评标，对进场的所有评审专家采取计算机软件随机抽取、语音通知及专家指纹进入，不仅节省了招标成本，还减少人为操作因素和违纪违法问题的发生。目前，共录入评标专家75个专业，按涉及专业类别划分专家库人数达4000多人次。对专家库实行动态化管理，定期对专家评委进行培训，年终进行考核评价，及时清退不合格专家，补充专家专业分类人员。

加强对标后履约情况的监督检查。自治区纪委会同有关部门对总承包企业和各类投资企业资质管理情况开展了专项整治，防止违法分包挂靠等行为发生。督促有关部门对进场招标代理机构、评委、公证人员、招标人、投标人等招投标活动当事人分别建立信誉档案，发现违规现象及时上报有关行政监督部门。建立了进场招标代理机构工作情况显示牌，对其是否遵守进场规定和违反有关法律法规情况进行公示。自治区建立了由发改、监察、财政、交通、水利、卫生等部门的公共资源交易联席会议工作机制，定期对有关公共资源交易重大事项、交易制度、交易活动发现的问题等，及时与各行政监督部门沟通协调，解决问题。

### （四）重点实施药品“三统一”改革

2006年，针对群众反映强烈的药价虚高、“看病贵”及医药领域不正之风等问题，宁夏在全国率先开展了覆盖全区的药品“统一招标、统一价格、统一配送”改革，为国家制定基本药物制度提供了参考，2008年国务院纠风办在全国推广，29个省市先后来自治区考察。2009年国家基本药物制度实施以来，宁夏回族自治区进一步深化改革，着力做好药品“三统一”政策和国家基本药物制度的科

学衔接，缓解群众看病难、看病贵问题。一是制定了符合自治区实际的贯彻国家基本药物制度实施方案和管理办法。编制了369个品种776个品规的《宁夏基本药物目录（基层部分）》，比307种国家基本药物增加了20.8%。二是及时成立了自治区药品采购中心，提供免费的招投标服务。基本药物中标价格连年下降，2010年比2009年平均降低了6.94%，如纳洛酮0.4毫克针剂，由每支6.75元降为4.72元，降幅达30.07%；主要医用耗材中标价格平均下降45.77%。三是中标基本药物由公开招聘的配送企业统一配送。一级公立医疗机构全部选择使用基本药物；二级、三级公立医疗机构优先选择申购使用基本药物，采购比例分别达到基本药物品种的90%和80%以上，采购金额分别不低于医院总药费的25%和15%。四是强化监督管理。纠风办派人常驻药招办全程监督，全面落实基本药物电子监管工作的各项规定，坚持每月自查、季度督查，检查医疗机构使用基本药物情况，确保药品足量配送和规范使用。对恶意中标后不供货的10家药品生产企业，禁止两年内参加宁夏药品集中采购活动；对以各种借口停止供货或者供货不正常的44家生产企业的72个品规药品按照废标处理，扣除履约保证金，并记入企业不履约行为记录。五是实施政策补偿。出台了《进一步深化基层医疗卫生机构综合改革的实施意见》等文件，完善了基本药物招标采购新机制和零差率销售基本药物综合补偿机制，基本药物全部纳入医保报销范围。经过两年多工作，提前实现了国家基本药物制度全覆盖，基本药物零差率销售，实行药招“一品一规一厂家”，有效预防了药商对医院的二次公关，规范了基层医务人员的用药行为，降低了医药费用，门诊次均药费和住院次均药费合理下降，基层诊疗人次明显上升。2010年基层诊疗人次比上年增加11.2%，五年累计减少群众药费支出近20亿元，推进了“小病不出乡，大病不出县”目标的实现。

## 五　构筑“抓大不放小”的惩治“高压线”

宁夏把惩治腐败放在反腐倡廉的重要位置，坚持“抓大不放小”的办案理念，有案必查，违纪必究，严肃查处违纪违法案件。

### （一）查处损害群众利益的“小官、小事、小案”

近年来，一些基层干部自律意识不强，群众观念淡薄，利用手中权力“吃拿卡要”，谋取私利，虽然官小事不大，案小钱不多，但直接损害群众切身利益，严重损害党和政府形象，引起人民群众的强烈不满。2007 年以来，自治区纪委坚决查处“小官、小事、小案”等“三小”案件，着力维护人民群众利益。一是不因“官小”而不查，严厉查处职级不高但影响较大的“小官”。2009 年，清理了 170 名“高考移民”，对基层公安、教育、学校等单位 112 名涉案人员追究了刑事责任或给予党政纪处分。西吉县查处了硝河乡硝河村党支部原书记马某、村原会计苏某多次以他人名字分别虚报冒领国家退耕还林补助粮、款 3.9 万余元、1.8 万余元的案件，马某被司法机关依法判处有期徒刑 1 年 6 个月，苏某被司法机关依法判处有期徒刑一年。二是不因“事小”而忽视，严厉查处事情不大但群众反映强烈的“小事”。永宁县查处了县公安局杨和镇派出所原指导员苗某利用职务便利为其父母谋取私利、非法占有低保金 1.45 万元的案件，给予苗某党内严重警告和行政记大过处分。银川市查处了某医政专干利用职务之便，让管理对象为其购买化妆品等生活用品，并要吃要喝要娱乐，管理对象反映强烈，给予当事人开处公职处分。三是不因“小案”而放弃，严厉查处涉案金额不多但性质恶劣的“小案”。兴庆区查处了大兴镇民政专干李某利用职务之便，收受服务对象 1390 元财物的案件，给予李某行政记大过处分。2007 年以来，严厉查处强农惠农

资金、社保基金、扶贫资金、救灾救济资金、公路“三乱”、征地拆迁等方面损害群众利益的“小官、小事、小案”，先后纠正问题资金3亿多元，查处和纠正问题4700多个，查处违规违纪人员1200多人。

### （二）查处影响力大的大案要案

宁夏回族自治区始终把查办违纪违法案件作为惩治腐败最直接、最有效的手段，重视查办县处级以上领导干部贪污受贿、以权谋私等违纪违法案件。从2007年1月至2011年12月，全区各级纪检监察机关共受理信访举报26656件，初核违纪线索5302件，立案1736件，给予党政纪处分1515人，其中厅级干部32人，县处级干部110人。[①] 加大商业贿赂治理力度，查处商业贿赂案件272起；通过查办案件挽回经济损失2.84亿元。自治区纪委严肃查处了区团委原书记曹刚案、区保健局原局长李寿芬案、区高级法院原副院长马彦生案、宁夏银行原副行长陈宝案等一批有影响的大案要案。在严肃惩治腐败的同时，对2572件举报失实的问题予以澄清，保护了党员干部干事创业的积极性。此外，自治区还深入开展矛盾纠纷排查和“信访积案化解年”活动，充分发挥查办案件的治本作用，实行“一案三报告”制度，对典型案件进行通报，以案明纪、吸取教训、完善制度、堵塞漏洞。

## 六　宁夏反腐倡廉建设的成效与经验

十一年来，宁夏回族自治区党委、政府坚持不懈地贯彻落实党风

① 《宁夏全区倾力将各项工作放在“阳光”下运行》，http：//www.gov.cn/gzdt/2012－05/22/content_2142660.htm，访问时间：2012年5月22日。

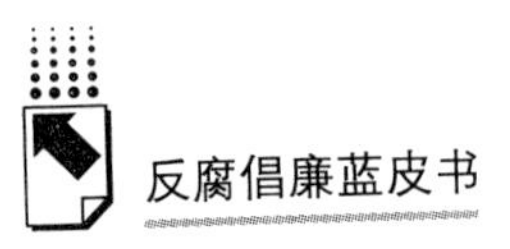


廉政建设责任制，以责任考核推动惩防体系建设任务落实，初步构建起具有宁夏特色的惩防体系基本框架，腐败现象和不正之风得到进一步遏制，党风政风和社会风气明显好转，为进一步营造风清气正发展环境，建设社会和谐、民族团结、人民富裕的新宁夏发挥了重要保障和促进作用。

## （一）保障了经济较快增长

与2006年相比，宁夏回族自治区2011年主要经济指标均实现翻番。全区地区生产总值达到2060.8亿元，增长1.8倍，增速连续四年高于全国平均水平；完成财政一般预算总收入371.4亿元，增长2.4倍，其中地方财政一般预算收入220亿元，增长2.6倍；全社会固定资产投资1648.5亿元，增长2.7倍。2011年城镇居民人均可支配收入达到17579元，农民人均纯收入达到5410元，年均分别增长13.9%和14.4%。这些成绩的取得，离不开反腐倡廉工作的有力保障。人民群众认为贯彻落实党风廉政建设责任制在促进自治区社会稳定、经济发展，增强领导干部廉洁从政意识，转变干部作风等方面，“作用明显”的占到86%。

## （二）促进民生改善、社会和谐稳定和民族团结

自治区紧紧围绕重大民生和社会稳定问题开展监督检查，重点解决征地拆迁、住房保障、食品安全等方面损害群众利益的问题。在实施生态移民攻坚工程，加大招“善”引资力度兴建慈善产业家园，努力帮助贫困群众脱贫致富中，加强对社保基金、住房公积金和扶贫救济资金的管理和监督，全区共催缴收回被挪用侵占的社保基金和住房公积金5075.37万元，全面检查强农惠农资金管理使用情况，查处违纪违规案件498起，保障了强农惠农政策和资金的落实。全面贯彻党的民族政策和宗教工作基本方针，促进了民族团结进步事业的发

展。群众利益诉求表达、社会矛盾调处、社会稳定风险评估机制逐步完善，信访工作进一步加强。

### （三）人民群众满意度不断提高

自2007年以来，自治区纪委会监察厅同有关部门清理兑现农民征地补偿款16.58亿元，清欠偿还农民工工资4.97亿元。严肃查处各种乱收费行为，全区规范教育收费示范县（区）达80.9%。在全国率先实施医疗机构药品采购“三统一”，中标药品价格平均降幅40.71%。实施医改三年来，基本药物制度在基层实现全覆盖，累计救助城乡困难群众312.6万人，人均基本公共卫生服务经费补助标准从2009年的15元提高到2011年的25元，得到了基层群众的好评。[①]从调查问卷情况看，人民群众对自治区反腐倡廉建设给予了较高评价。2011年，人民群众对反腐败工作的满意度达81.2%，比5年前提高6.5个百分点。对本地区、部门、系统、行业落实党风廉政建设责任制情况总体评价，选择“满意或比较满意”的占93%。

### （四）党政机关和党员干部廉政勤政意识不断增强

深入开展民主评议政风行风工作，评议范围实现了党政机关、司法机关、事业单位、群团组织和基层站所全覆盖。自治区“政风行风热线”共受理群众投诉和咨询2400多件，90%以上得到解决或回复。通过治理干部作风方面“庸懒散”问题，促使全区各级党政领导班子和领导干部廉政勤政意识不断增强，机关和干部作风不断转变。全区有282名领导干部主动上交收受的现金、购物卡、礼品等折合人民币310多万元。人民群众对自治区政风行风满意度由2006年的87.89分提高到2011年的91.32分。

---

① 《宁夏三年医改普惠城乡民众》，2012年5月6日《中国纪检监察报》。

五年来，自治区各级纪检监察机关和广大纪检监察干部解放思想，开拓进取，探索积累了一些具有宁夏特色的反腐倡廉工作经验。第一，坚持把纪检监察工作寓于党委、政府工作全局之中，强化监督检查，确保政令畅通。把服务和保障宁夏科学发展、跨越发展、建设和谐富裕新宁夏这个主题和加快转变经济发展方式这条主线，作为纪检监察机关的首要任务，做到党委、政府重大决策部署到哪里，纪检监察机关就监督检查到哪里；广大人民群众的根本利益在哪里，纪检监察机关就坚决维护到哪里，始终坚持围绕中心不偏离、服务大局不动摇、促进发展不懈怠。第二，坚持把实现好、维护好、发展好最广大人民的根本利益作为纪检监察工作的出发点和落脚点。针对群众反映强烈的突出问题，扎实开展专项治理，严肃查处发生在群众身边的腐败案件，坚决纠正损害群众利益的不正之风，使反腐倡廉建设赢得最广泛的群众支持和认可，实现最大的社会价值。第三，坚持发挥纪检监察机关执纪办案的优势，严惩腐败分子，维护党的纯洁。始终把查办案件作为基本职责、放在重要位置，有案必查，违纪必究，决不姑息，决不手软，通过严肃查办违纪违法案件，震慑腐败分子，教育党员干部，维护群众利益，纯洁党的队伍。第四，坚持以廉政风险防控为着力点，推进源头预防腐败。针对权力运行的“关节点”、内部管理的“薄弱点”、问题易发的“风险点”，大力开展廉政风险防控工作，健全防控机制，全面推进教育、制度、监督、改革等预防腐败各项工作。第五，坚持方针、构建体系、落实责任，进一步形成全党抓党风局面。坚持反腐倡廉战略方针，以党风廉政建设责任制为抓手，大力加强惩防体系建设，巩固和发展全区上下齐抓共管党风廉政建设和反腐败工作的良好局面。第六，坚持把改革创新作为推进反腐倡廉建设的动力源泉。在坚持和继承以往行之有效做法的同时，以超前的意识、改革的精神，积极推进反腐倡廉理念思路、方式方法、体制机制和制度创新。自治区药招“三统一”、建立自治区统一的公共

资源交易平台、全面推进效能建设、构建政务服务体系等亮点和创新工作走在全国前列，体现出时代特色和宁夏特点。

建设和谐富裕新宁夏、与全国同步进入全面小康社会，是自治区第十一次党代会提出的今后五年的奋斗目标。确保这一奋斗目标的实现，纪检监察机关肩负着重要职责。自治区纪检监察机关围绕“十二五”规划确定的各项目标任务，围绕中央和自治区各项工作安排，及时跟进、主动服务、加强监督、推动落实，着力营造风清气正的发展环境。重点做好对转变经济发展方式监督检查，强化对实施沿黄经济区发展战略和中南部地区百万贫困人口扶贫攻坚战略的监督检查，加强对中央关于民族地区各项政策落实情况的监督检查，加强对生态移民工程、“黄河善谷”等重点建设项目进展情况的监督检查，确保中央和自治区重大决策部署得到不折不扣的贯彻落实。通过加强教育、完善制度、强化监督，大力保持党员干部思想、队伍、作风纯洁和清正廉洁，以优良的党风促政风带民风。教育引导各级领导干部加强党性修养，弘扬良好作风。督促党员干部下基层、解民忧、帮发展、促和谐，坚决纠正漠视群众利益、作风霸道、耍特权、官僚主义、形式主义、弄虚作假、心浮气躁等不良风气，严禁搞劳民伤财的“形象工程”和沽名钓誉的“政绩工程”。从人民群众最盼望的事情做起，切实维护群众利益。认真解决征地拆迁、就业、卫生、教育、环保、社会保障、食品药品安全等领域侵害群众利益问题。进一步清理基层执法项目，规范行政裁量权，健全执法信息公开、时限承诺、结果查询等制度，坚决纠正在执法中滥用职权、办事不公、假公济私、态度粗暴、方法简单等问题。进一步畅通群众诉求渠道，完善政风行风热线与媒体联动机制，健全群众诉求事项办理督查制度。坚持“惩防并举，注重预防”的方针，一方面把查办案件摆在更加突出的位置，对腐败案件发现一起坚决查处一起，以查办案件的实际成效取信于民。另一方面要有效预防腐败，努力消除腐败现象滋生蔓延的土

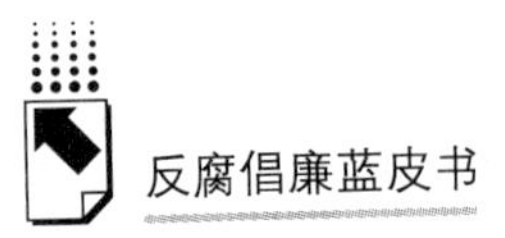



壤和条件。完善具有宁夏特色的“构建一个框架、突出四个重点、健全五项机制”的惩防体系。深化廉政风险防控，建立健全制度执行的监督机制和问责机制，强化制度执行力。推进社会诚信体系建设，扎实开展非公经济领域和社会组织防治腐败工作。充分发挥“制度+科技”在防治腐败中的重要作用，不断提高反腐倡廉建设科学化水平。以反腐倡廉建设的实际成效，为建设和谐富裕新宁夏作出更大贡献。

# B.6
# 天津以“四化”工作方法构建惩防体系推动跨越发展

天津市反腐倡廉建设课题组*

近代开埠以来，天津迅速成为中国北方的经济中心，形成了南有上海，北有天津，南北呼应，比翼齐飞，长期引领中国城市发展的局面。新中国成立后，在计划经济体制下，天津成为单一的工业城市，经济中心地位有所削弱。改革开放使天津重新焕发了生机与活力，特别是进入新世纪，党中央、国务院高度重视天津发展，国务院批准实施《天津城市总体规划（2005～2020）》，明确了把天津建设成为“国际港口城市”“北方经济中心”和“生态城市”的发展定位。天津市委、市政府充分认识天津所处的地位作用，充分认识面临的重大机遇和严峻挑战，确定了新时期发展目标和发展战略，探索了一条符合科学发展观要求、具有天津特点的发展路子。2007 年以来，天津经济总量平均每年跨越一个千亿元台阶，城乡面貌发生了显著变化，民计民生进一步改善，社会保持和谐稳定，经济社会呈现出又好又快发展良好态势。

在大开发、大建设、大发展的新时期，天津市高度重视反腐倡廉建设，时任天津市委书记张高丽逢会必讲“安全、稳定、廉政”问题，反复强调：“党的事业越发展，改革开放越深入，党风廉政建设

---

* 课题组成员：梁宝明、徐军、苏金波、王来华（天津市社科院舆情所所长、研究员）、张宝义（天津市社科院社会学所所长、研究员）、宋国磊、武兴华。

和反腐败工作就越要抓得紧而又紧；发展的任务越重，越要重视作风建设，要以良好的党风和政风保证经济社会又好又快发展”。近年来，天津市反腐倡廉建设不断创新工作思路，明确工作定位，在开展“三个层面”[①] 防治腐败工作、全市纪检监察系统“百项创新工作”[②]的基础上，进行了以“板块化、系统化、网络化、信息化”为内涵的实践探索，推动形成了具有天津特色的惩治和预防腐败体系基本框架，走出了一条符合中央要求、体现天津特点的反腐倡廉建设新路子。

## 一　板块化布局，实现反腐倡廉建设全覆盖

板块化，就是根据不同领域、不同系统、不同单位的特点和需要解决的重点问题，对党政机关、农村、国有企业、城市社区、高等院校、公共事业单位、重点领域和关键部位、滨海新区“八个板块”实施分类指导，使反腐倡廉工作有机融入天津市经济、政治、文化、社会发展和管理工作之中。

党政机关板块。着力加强对党委和行政司法权力的监督和制约，构建廉政风险防控机制，形成了“教育 + 制度 + 科技”的预防腐败机制，全市 74 个市级党政机关排查出 17307 个廉政风险点，制定防

① 2008 年 1 月 18 日，天津市委常委、市纪委书记臧献甫同志在中共天津市第九届纪律检查委员会第四次全体会议上所作的《工作报告》中提出，结合天津实际，做好反腐倡廉工作要把握“一条主线”，突出“两个重点”，抓好“三个层面”。把握“一条主线”，就是坚持以党的执政能力建设和先进性建设为主线。突出“两个重点”，就是加强作风建设和反腐倡廉建设。抓好“三个层面”，就是从领导机关和领导干部，农村、企业和城市社区，重点领域和关键部位三个层面上，有针对性地提出要求，健全制度，推动反腐倡廉建设深入开展。

② 2010 年 5 月，中央纪委在南京召开了全国反腐倡廉建设创新经验交流会。为贯彻这次会议精神，天津市纪委、市监察局要求全市纪检监察机关，针对工作中存在的突出问题确立创新项目，开展创新工作，经市纪委常委会逐一研究，最后确定了 100 项创新项目。

控措施21226条，建立完善制度1485项，100%建立了廉政风险防控机制，推进党务、政务、司法公开，公开各类信息63039条。天津市第二中级人民法院创新10项机制保障公正廉洁司法，即：微机自动分案机制、合议共同责任机制、异地司法鉴定机制、两级法院沟通机制、财产网上拍卖机制、减刑假释听证机制、案件审理调控机制、内部层级监督机制、案件评查倒查机制和公正办案激励机制，有效解决了审判工作中的难点问题，切断了各环节利益链条的关联，堵塞了廉政漏洞。

农村板块。以推进农村基层党风廉政建设和民主政治建设为重点，加强村级自治组织建设，深化村务公开，推行村级重大事项全民表决，乡镇（街）村重大事务“六步决策法”[①]，村民会议、户代表会议和村民代表会议，以及乡镇街“一站四中心”[②]行政服务工作模式，强化农村“三资”[③]网络管理，形成了一套具有天津农村特点的基层党风廉政建设和民主政治建设新模式。特别是创新乡镇街道纪检监察组织结构，在涉农区县全部设立了乡镇纪检监察工作室，严肃查处群众身边的腐败案件、切实解决群众反映强烈的突出问题，取得了群众满意度不断上升、涉农信访持续下降“一升一降”的效果。

国企板块。围绕企业决策和经营管理各个环节，着力加强企业内部控制和风险管理机制建设，在全市国有大型企业集团中推广建立ERP（企业资源管理计划）信息系统，将企业运营中的物资、人力、财务、信息等资源管理工作输入计算机网络系统，利用管理软件指

---

① “六步决策法”：村党组织召开全体党员会和村民代表会征求意见形成议案；村“两委”联席会议讨论通过；乡镇党委、政府对议案内容及过程进行审查；村民会议或村民代表会议讨论表决通过；限时在村务公开栏公开；整个决策过程由村民代表负责监督，在村党支部领导下由村委会组织实施。

② “一站”即在各村建立综合服务站，“四中心”是在各乡镇街建立经济发展服务中心、社会事务服务中心、综治信访服务中心和党建服务中心。

③ 即农村集体资金、资产、资源管理。

挥、操控采购计划、物资验收与入库、销售订单、支付与结算等业务活动，降低廉洁风险。天津市物产集团整合纪检、监察、审计、财务、法务等监督资源，建立了信息化风险控制平台，植入廉洁风险预警指标三大类（职务行为规范指标、效能监察跟踪指标、廉洁从业行为指标）32 项，通过系统的自动预警功能，实现了风险信息收集的超前性、系统性，做到实时监控，使监督更具有针对性。

城市社区板块。着力强化社区民主管理、民主监督，推动了和谐型、廉洁型社区建设，市内六区形成了区、街、社区三级联动的反腐倡廉建设组织体系，所辖 769 个社区普遍建立了社区事务监督委员会，成立了区维护群众利益督办中心、街道诉求调处中心、社区为民服务中心，形成了党委统一领导，党政齐抓共管，纪检监察机关协调推动，组织、宣传、民政、人社等部门主动履行职责，各街道党工委、各社区党组织积极配合，广大社区群众共同参与的社区反腐倡廉建设新局面。河东区唐家口街道六段社区构建了群众利益诉求调处三级组织网络，在街道办事处成立了唐家口社区群众诉求调处中心，街道所属 13 个社区建立诉求接待分中心，各社区楼栋设立社情民意接待岗和接待员，已有社情民意接待岗 986 个，接待员 1273 名，仅 2011 年就接待社区居民的各类诉求 3929 件，解决 3803 件，在一定程度化解了基层矛盾纠纷。

高等院校板块。紧紧抓住高校基建项目、大宗物资采购、科研经费、招生、内部财务、教育收费、后勤服务中心和校办企业等重点部位和关键环节加强监管，促进教育事业健康发展。天津财经大学结合学校工作实际，将物资采购、教育收费工作制度和程序软件固化作为重点创新项目，设计研发了管理信息系统，将流程环节中的审签作为关键节点，为各节点设定了触发条件，保证了节点之间相对固定的执行顺序，使每个环节都留有痕迹，形成了封闭的网络工作流程。

公共事业单位板块。天津在全国省区市层面率先推行了服务标准

化建设，积极探索解决规章制度缺乏、执行力缺失、监督管理缺位等导致一些损害群众利益的不正之风屡禁不止、纠而复生等问题，形成纠风治乱的长效机制。在与群众利益密切相关的23个重点部门和行业全面推行了公共服务标准化建设，制定并发布了统一规范的服务标准体系，确定服务标准化试点单位504个，选树服务标准化示范单位70多个，用标准加强管理、用标准规范服务、用标准落实监督，推行“一站式”办公、“一条龙”服务、“一次性”告知和政务（办事）公开、首问负责、社会承诺等制度，为民服务的质量和水平全面提升，促进了公共服务的均等化。

重点领域和关键部位板块。针对工程建设、房地产、土地出让、行政审批、产权交易、政府采购、金融等重点领域，健全廉政风险防控机制，提高防治腐败能力。在工程建设领域启动了建筑市场网控工程，建立了项目信息公开和诚信体系平台、大额资金监管平台、质量安全综合监控平台；金融系统构建了金融风险“五大管控体系”①；政法系统进一步健全了司法公开、公正廉洁执法、执法过错责任追究等制度机制。

滨海新区板块。针对集中上马的项目多、集中建设的工程多、集中投入的资金多、廉政风险节点多的实际，开展“筑堤行动计划”，大力推进公共资源中心建设，解决土地出让、资金监管、国有企业廉政风险防控方面存在的问题。坚持以制度创新为核心，着力构建土地交易管理、财政资金监管、公共资源配置、国企廉政建设、党风廉政宣传教育“五大机制”，先后建立了17项基本制度，200多项相关制度，探索形成了与滨海新区开发开放和深化综合配套改革相适应的纪检监察管理体制和反腐倡廉工作模式。

---

① “五大管控体系”：信贷决策和资产处置、保险和信托营销、证券交易、资金和物资采购风险、网络科技。

## 二　系统化构建，全面落实惩防体系建设重点任务

系统化，就是围绕落实惩防体系建设六项任务，强化六大体系构建，分级组织实施，切实发挥教育的说服力、制度的约束力、监督的制衡力、改革的推动力、纠风的矫正力和惩治的威慑力。

一是构建因地制宜、因岗施教的反腐倡廉宣传教育体系。天津在全国省区市层面率先制定了《关于进一步深化岗位廉政教育的意见》，把“因岗分责，查找廉政风险”作为开展岗位廉政教育的前提，把“因岗分类，把握教育规律”作为提高岗位廉政教育有效性的关键，把“因岗施教，丰富教育手段”作为突出岗位廉政教育针对性的载体，把“因岗考核，检验教育效果”作为确保岗位廉政教育取得实效的途径，促进了岗位廉政教育系统化、多样化、个性化、具体化、经常化。为深化《廉政准则》的学习教育，天津市纪委、市监察局会同天津北方电影集团，历时半年拍摄了八集电视系列剧《不可逾越》，用影视手段对《廉政准则》8 个方面“禁止”、52 个“不准”进行了生动的情景展示和解读，以形象、直观的艺术形式对党员领导干部进行教育，成为党员领导干部廉洁自律、依法从政的有益教材。

二是构建科学有效、配套完备的反腐倡廉制度建设体系。天津市纪委印发了《关于进一步加强反腐倡廉制度建设的意见》，重点抓制度规划、建立、执行、评估等环节，推进党务、政务和社会层面反腐倡廉法规制度建设，注重基本法规制度和具体实施细则之间、实体性制度和程序性制度之间的相互衔接。市委、市政府和市纪委在加强党内民主和监督、规范领导干部廉洁从政行为、违纪行为惩处等方面，先后制定了《关于进一步推进重点领域、关键部位反腐倡廉建设的意见》等160 余项制度规定，加强制度运行保障机制建设，加强宣传

教育，强化监督检查，积极推进立法后评估和制度廉洁性审查工作，及时修正执行中发现的漏洞，使反腐倡廉各项工作有章可循。

三是构建立体全面、运行顺畅的监督制约体系。天津紧紧抓住制约和监督权力这个核心，设定权力边界、优化配置、规范流程，防范权力失控、决策失误、行为失范，促进权力运行程序化和公开透明。天津认真贯彻党内监督条例，严格落实民主集中制，健全完善领导班子内部议事规则，推进重大事项集体决策、重要人事任免集体票决制度，严格执行领导干部述职述廉、诫勉谈话、函询等制度，积极推进党政主要领导干部问责工作。提升党务公开、政务公开、厂务公开、村（居）务公开和公共企事业单位办事公开等“五个公开”工作的规范化、制度化水平。围绕权力运行关键环节，查找风险点，加强预警分析，建立前期预防、中期监控、后期处置的防控机制。建立完善了巡视情况报告、意见反馈、整改落实和巡视成果运用等制度，形成了强化监督预防、及时发现问题、严肃纠正问题的机制，发挥了巡视对各级领导班子的监督约束和激励作用。注重发挥人大、政协、新闻媒体和人民群众等监督主体作用。

四是构建综合配套、协调运行的改革推动体系。天津坚持用改革的思路和办法解决反腐倡廉建设中的深层次矛盾和问题，通过推进行政审批制度改革、干部人事制度改革、财税体制改革、投融资体制改革和加强国有资产监管，减少滋生腐败的土壤和条件。实行了行政审批“一站式”集中现场服务，市级审批事项由1033项减少至495项，减少率达52.1%，整体审批服务效率提高了80%。完善干部管理监督机制，在局处级职位公开选拔工作中，设立专用举报电话、网站、信箱邮箱，加强监督检查，确保了公选工作公开、公平、公正。各级政府、政府各部门、政府性基金和国有资产经营等方面的预算向社会公开，全市825家市级单位纳入单一账户体系，实现了非税系统“收支两条线”管理全覆盖。推进投融资平台项目资源整合，建立了政

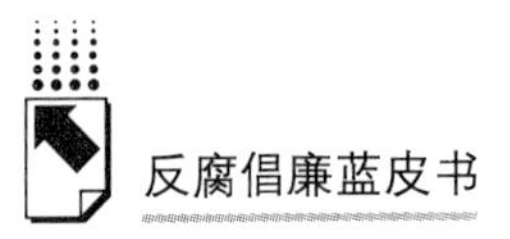



府投融资平台财务监管制度体系。制定了企业国有资产监督管理、委托监管、资产评估管理及产权转让管理等暂行办法，保证了国有资产产权变动等重大资产处置的规范操作。

五是构建处置及时、纠建并举的纠风治理体系。天津通过专项举报、热线受理、行风评议、媒体联动等形式，拓宽社情民意表达渠道，建立及时发现问题机制，解决损害群众利益的突出问题。不断拓宽监督渠道，邀请人大代表、政协委员、特邀监察员和新闻媒体，通过专项检查、明察暗访等多种形式，加强对行政执法、经济管理、公共服务部门和公共服务行业作风建设情况的日常监督，并建立了市、区（县）、街道（乡镇）、社区四级联动的常态运行机制，健全政风行风评价指标体系，实行政风行风动态监测，每年参与评议的社会各界代表达到 10 万人以上。深入开展工程建设领域突出问题专项治理，对排查出的 7148 个问题进行督促整改，整改率达 98.9%，立案 291 件，给予党纪政纪处分 144 人，追缴土地出让金、配套费 23.43 亿元，构建了工程项目建设廉政风险防控长效机制。深入开展“小金库”专项治理，查处小金库 645 个，涉及资金 4.99 亿元。集中开展食品药品安全专项整治行动，对问题乳粉案件的 14 名责任人员进行了严肃追究。严厉查处环境保护违法违规案件，对 35 个环境污染问题进行了挂牌督办。对 18 起较大和重特大安全生产事故进行了调查处理，给予 84 名责任人党纪政纪处分。规范教育收费，纠正医药购销和医疗服务中的不正之风，药物价格平均下降 25% 以上，基层医疗卫生服务机构基本药物零差率销售实现城乡全覆盖。规范农村征地、城镇房屋拆迁安置和征地补偿费使用分配管理办法，实行保障性住房公开分配制度，建立了对社保基金、住房公积金、救灾救济资金、强农惠农资金、商品房预售资金等专项资金网络监管系统和全国首个医保结算实时监控监管系统，减少了资金运行风险。

六是构建查处有力、惩防结合的惩治腐败体系。天津探索建立了

“六位一体”的办案工作机制，即以加强和规范案件线索管理为核心的源头控制机制；以整合办案资源，形成办案合力为目标的整体联动机制；以“六个统一管理”为内容的监督管理机制；以安全责任制与人性化感召举措有机结合为要求的安全防范机制；以服务经济发展、突出办案综合效果为目标的治本保障机制；以业务培训考评为平台的队伍专业化建设机制，将办案工作全过程纳入到了程序化的管理之中，注重发挥办案的治本功能，努力实现政治、社会和法纪效果的统一。2007 年 1 月 ~2012 年 5 月，天津市各级纪检监察机关共受理信访举报 44671 件（次）；初查核实违纪线索 3030 件；立案 1598 件，结案 1637 件；处分党员干部 1905 人，其中局级干部 20 人，处级干部 217 人，为国家挽回巨额经济损失。天津市纪委会同有关部门严肃查处了市物产集团原副总经理陈克勇，河东区原人大副主任杨景林，市人防办原副主任杨海，地铁集团原总经理高怀志、原党委书记王春清，津滨发展股份有限公司原董事长唐建宇，滨江集团原董事长岳增世等一批大案要案。配合中央纪委查处了李宝金、宋平顺、皮黔生案件，妥善处理了案件的善后工作，协助中央纪委完成了其他重要案件的调查工作。

## 三　网络化联动，增强反腐倡廉建设的执行力

网络化，就是把“八个板块”反腐倡廉建设的任务分解落实到具体部门和岗位，鼓励推动“点”上实践创新，并将成功经验及时在本地区、本系统推广应用，进而形成制度指导推动全市“面”上的工作。通过建立健全组织领导、督查推动、互比互看、考核激励等机制，将各板块、各系统有机联系起来，形成上下联动、左右联动、全面联动的网络体系。

完善组织保障。天津结合“八个板块”建设工作，明确市委、

市政府分管领导和各区县、各部门主要负责同志的领导责任，规范牵头部门和协办单位的工作职责，市、区县各级领导班子都逐级签订廉政建设责任书，切实把反腐倡廉各项任务与各部门的业务管理工作有机结合起来，推动形成党政齐抓、上下联动、共同参与、齐心协力推进反腐倡廉建设的良好局面。

细化任务分解。每年年初，天津市委、市政府都下发《关于贯彻落实反腐倡廉工作任务的分工意见》，主要领导认真履行第一责任人的政治责任，各级党委、政府坚持一岗双责，将工作任务逐项细化分解，明确各级党委、政府和有关职能部门的目标责任、落实措施、具体时限及保障措施，同时在各级纪检监察机关内部也进行任务分解，切实形成一级抓一级、层层抓落实的责任体系。

创新工作机制。天津坚持以改革创新精神推进反腐倡廉建设，把创新工作作为各级纪检监察机关的“一把手”工程，以“点”上创新为基础，以“点”与“面”的有机结合为手段，通过抓“点”上创新、“面”上推广，努力形成崇尚创新精神、支持创新活动、奖励创新成果的氛围和工作机制。仅 2010 年，在全市纪检监察系统开展的创新项目就有 100 多项。

推动任务落实。天津注重加强目标管理和过程管理，建立健全工作联席会议、联合检查、目标责任、观摩交流、考核激励、情况汇报和排查等制度，及时发现和解决工作中遇到的困难和问题。加大责任追究力度，2008 年以来，已先后追究了 44 名领导干部，其中，处级干部 25 人，给予党纪政纪处分 41 人，给予通报批评 3 人。

实施考核激励。天津按照建立健全决策目标、执行责任、考核监督的要求，建立业绩档案管理制度。从 2008 年开始，每年年底由市委书记、副书记、常委以及党员副市长分别带队，对各区县、各单位进行重点检查，并坚持向人大代表、政协委员和各民主党派、工商联以及无党派人士通报反腐倡廉工作情况。定期组织全市纪检监察机关

通过互查互看、观摩交流，在实践中检查工作，考核实绩，督促各单位在看中学习，在看中思考，在看中总结，在看中评比，在看中查找不足，在看中深化提升，并把考核结果作为“创先争优”和干部选拔任用的重要依据。

## 四　信息化支撑，提高惩防体系建设的科技含量

信息化，即采取“制度+科技”“人控+机控”的模式，通过搭建“四个平台”，把防治腐败的对象、内容、方式等纳入电子信息管理系统，着力突破传统监督手段的局限性，将各项制度转化为权力运行的流程，在网上固化、网上公开、网上预警、网上监督，以信息化促进公开化，以程序化保证规范化，增强制度的执行力，提高科学管理水平和监督实效。

一是搭建行政权力公开透明运行平台。天津实施权力清单和办事流程上网工程，编制权力目录，建立“行政权力数据库”，并按照“一权一图”的要求科学绘制每项权力的运行流程图，形成集约化、规范化权力公开透明运行平台。南开区专门开通了集看（权力内容）、查（法规依据）、搜（办事流程）、评（权力部门）、诉（暗箱操作）、督（工作绩效）于一体的行政权力公开透明运行网，编制了区行政权力公开透明运行网数据库，涵盖了区属和驻区66个行政部门（单位）可公开的外部权力5730项。

二是搭建公共资源交易监督管理平台。天津打造“5+1”公共资源交易监管平台，将工程招投标、土地交易、产权交易、政府采购和药品采购市场的计算机系统与市行政许可服务中心的监管系统对接，实现监管一体化。目前，天津市有形建筑市场在全国同行业中率先实现了“一个市场、统一监管、整体运行”的格局，土地交易市场实现了经营性土地全市集中统一公开出让，启动了土地利用动态

“一张图”综合监管平台。产权交易品种从单一的产权交易发展到债券、物权、排放权和知识产权等多项交易，并实现了实时监测，防止了国有资产流失。政府采购市场实现了全程网上电子招投标和政府采购“全阳光、全透明”运行。全市各级非营利性医疗机构药品采购全部纳入集中采购，实现了统一药品目录、统一价格、统一网上采购、统一配送。

三是搭建廉政风险防控平台。天津将信息技术与业务工作紧密结合，优化权力运行流程，查找权力风险点，以信息技术加以预警防控，着力构建程序严密、运行科学、监督有效的廉政风险防控平台。在各级党政机关，加强对权力运行过程中廉政风险点的排查，探索建立集防范预警机制、纠错机制、监督检查机制、考核评估机制和责任追究机制为一体的网络监督管理平台；在金融机构，突出资金运营、信贷审批、资产处置、经纪业务、核保理赔、风险管控等环节，实行了岗位廉洁风险动态监控；在国有企业，围绕企业投资决策、国企改制、产权交易、资本运营、财务管理、营销采购等环节，健全完善“三重一大”决策程序、国有企业财务监管、企业领导人员职务消费等方面的制度，并把业务流程、审批程序、监控管理与信息网络融合起来，构筑了科技监控防线。

四是搭建民意诉求反馈平台。天津把网络作为了解民情、汇集民智的重要窗口，充分运用网络信息技术搜集社情民意，建立督查督办、通报处理平台。以行政许可服务中心的社会服务平台为载体，采用“政府搭台、企业唱戏、市民受益”的运行机制，建立“8890”家庭服务网络，为市民提供24小时免费信息帮助，自2005年5月开通以来，服务范围覆盖全市16个区县，帮助市民和企业办理求助服务事项732万件，市民登陆8890网站自助查询服务达550多万人次，市民满意率为99.83%。依托《行风坐标》节目，开通短信信息平台和24小时民生热线，与政府服务、消费者维权、城建服务、电力行

业服务等33条热线建立了联系，形成了覆盖全市、涉及各行业各领域的监督服务网络。2007年以来，先后有101位局级领导走进直播间，为群众解决实际问题4300多件，群众满意率为98%。开通“正气清风”网站，既及时为基层、企业和群众排忧解难，又拓宽和畅通了监督渠道，成为关注民计民生、弘扬新风正气、服务天津发展的一个重要窗口。

此外，天津市纪委、监察局出台了《关于推进反腐倡廉建设信息化工作的意见》，着力搭建“四大网络平台”。一是依托市政务外网，搭建覆盖全市各级党政机关、满足公共权力网上运行和政务信息公开要求的网络平台；二是依托市政务内网，搭建满足各级党务政务部门内部办公、管理、协调、监督和决策需要，承载涉密业务信息资源的网络平台；三是依托互联网，搭建满足社会公众服务需求的网络平台；四是依托市纪检监察专网，搭建覆盖全市纪检监察系统、满足纪检监察业务信息交换需求的网络平台。努力在三年内基本建成信息畅通、反应快捷、上下联动、覆盖全市的科技防腐应用系统，实现政务运行电子化、权力监督实时化、风险防控网络化、业务处理自动化，推进公共权力公开、规范、高效运行。

## 五　理性化思考，明确反腐倡廉建设新的着力点

今后五年是为实现中央对天津的定位奠定更加坚实基础的关键时期。在看到天津反腐倡廉建设取得的成绩的同时，也要清醒地看到，当前党风廉政建设仍面临不少新情况新问题。从天津市近年来查处的腐败案件看，仍然存在以下几个问题：随着天津项目建设不断增多和大量资金的投入、流转，权力寻租空间和发生权钱交易的腐败风险在增加；市场配置资源的体制机制还不够完善，存在着滋生腐败现象的土壤和条件；腐败问题与多种社会矛盾相互交织，治理难度加大，一

些损害群众利益的突出问题没有从根本上解决；有的地方和单位管理失之于软、失之于宽，教育不够扎实，制度不够健全，监督不够得力，预防不够有效，少数领导干部违纪违法问题时有发生，形式主义、官僚主义现象仍然存在。这些问题的存在严重损害了人民群众的利益，影响着天津反腐倡廉建设的进程与实效。

根据形势需要，必须抓住反腐倡廉建设新的着力点，创新工作思路，采取有效措施加以解决：

一是健全完善体制机制制度，推进权力运行程序化和公开透明。把反腐败与建立权力高效、干净、公开运行机制建设结合起来，健全决策权、执行权、监督权既相互制约又相互协调的权力结构和运行机制，进一步落实民主集中制，着力加强对“一把手”的监督，发展社会主义民主政治，加强民主法制建设，深入推进政务公开，增加权力运行的透明度，保证人民参政议政权利。处理好“维稳”与舆论监督的关系，充分发挥舆论包括网络舆情监督的作用。

二是大力弘扬党的优良作风，进一步密切党同人民群众的血肉联系。把反腐败与反官僚主义、形式主义的机制建设结合起来，把解决民生问题、理顺群众情绪与提高群众反腐败满意度机制建设结合起来，积极推进服务型政府建设，改进机关作风，加大作风整顿力度，提高行政效能，进一步优化发展环境。在公共服务部门大力推进公共服务标准化，促进公共服务均等化，满足群众对公共服务日益增长的需要。

三是增强群众的参与度，深入开展专项治理防止利益冲突。反腐败必须走群众路线，相信群众，依靠群众，积极引导群众依法有序参与反腐败工作，在群众参与中强化专项治理，切实解决社会存在的深层次矛盾。深入开展腐败易发多发领域突出问题专项治理，切实发挥市场在资源配置中的基础性作用，着力防止利益冲突。

# 结　语

经济社会跨越发展给反腐倡廉建设提出了诸多新的课题。天津市按照板块化布局、系统化推进、网络化联动、信息化支撑的思路开展工作，对于如何推动经济社会发展与反腐倡廉建设的相互促进，相互保障，提供了有价值的参考。天津反腐倡廉体系的实践探索，得益于天津市委、市政府高度重视和党风廉政建设责任制的有效落实，得益于天津经济社会发展的良好环境和实践机遇，得益于天津各级干部群众的实干创新和积极参与。调查表明，社会公众对天津市党风廉政建设和反腐败工作认可度逐年提高，2011 年达到 88%，也从一个侧面反映出这一体系建设的实际成效。当然，任何体系创新，从提出、落实到逐步完善，需要方向、路径、举措、保障等有机统一、协调推进，需要在实践中逐步走向成熟。有理由相信，随着具有天津特色的反腐倡廉建设格局不断深化，反腐倡廉工作一定会伴随天津的各项事业发展迈上新的台阶。

# B.7

# 黑龙江工程式推进反腐倡廉建设

黑龙江省反腐倡廉建设课题组*

近年来，黑龙江省致力于反腐倡廉工作创新，着眼于提高反腐倡廉建设科学化水平，形成了工程式推进反腐倡廉建设的总体思路，积极实施反腐倡廉建设“八项工程”，探索具有黑龙江特色的反腐倡廉有效举措，努力营造风清气正、政通人和、真抓实干、共谋发展的良好局面，促进全省经济社会发展实现历史性新跨越。

## 一　在大发展的历史机遇中提出政治和纪律保障思路

黑龙江的经济社会发展有过辉煌的历史，作为国家的重工业基地、煤炭石油木材等能源和原材料基地、商品粮生产基地，为国家建设和国计民生作出过重大贡献。改革开放后一段时间，黑龙江没有能够及时跟上时代发展的步伐，改革滞后、市场经济发育缓慢，计划经济退出迟，行政权力介入微观经济活动过多，反腐倡廉工作面临的环境比较复杂，任务十分艰巨。2004 年底，发生了田凤山、韩桂芝、马德等重大腐败案件，给全省带来极大的震动和负面影响，严重损害

---

* 课题组顾问：艾书琴，黑龙江省社会科学院党委书记；李广智，黑龙江省纪检监察学会副会长。课题组组长：陈静，黑龙江省社会科学院政治学研究所研究员；马文同，黑龙江省纪检监察学会秘书长。课题组成员：马存新，黑龙江省纪检监察学会副秘书长；栾树森，黑龙江省纪检监察学会研究员；李辉，黑龙江省纪检监察学会研究员；郭逸红，黑龙江省纪检监察学会副研究员；马立智，黑龙江省社会科学院政治学研究所副研究员；陈晓辉，黑龙江省社会科学院政治学研究所副研究员；高洪贵，黑龙江省社会科学院政治学研究所副研究员；宋婷，黑龙江省社会科学院政治学研究所研究实习员。

了黑龙江的形象，群众意见大，干部积极性不高，经济社会发展也受到影响。2008 年，新一届省委领导班子组建后，针对黑龙江以农业林业为主的传统经济模式和市场经济发展相对滞后的现状，作出了推进“八大经济区”和“十大工程”建设的重大战略决策部署。

越是大发展大建设，发生腐败问题的风险就越大，就越要加强反腐倡廉建设。2008 年 6 月，到任不久的黑龙江省委书记吉炳轩到省纪委调研指导工作时明确提出，黑龙江要突破僵局，实现经济大发展、快发展，就必须紧紧抓住反腐倡廉建设这个重要的政治和纪律保障。要“紧紧围绕全省经济社会发展大局，不断创新反腐倡廉工作方式和工作方法，坚持以改革创新的精神状态、思想作风、工作方法来认识和把握工作的特点和规律，创新工作思路，完善工作机制，破解工作难题，使反腐倡廉工作更加适应世情、国情、党情、省情和民情的发展变化，更加富有实际成效，服务、促进和保证全省经济社会又好又快发展”。

根据加快经济社会大发展的现实需要，时任黑龙江省委常委、省纪委书记李延芝率领一班人深入开展调查研究，大胆探索创新，提出了工程式推进反腐倡廉建设的总体思路，坚持以邓小平理论和“三个代表”重要思想为指导，以科学发展观为统领，以服务保障工作大局为根本，以构建惩治和预防腐败体系为重点，以党风廉政建设责任制为牵动，以创新反腐倡廉体制机制为手段，以加强纪检监察机关自身建设为保证，以统筹协调的方法深入扎实推进反腐倡廉建设“八项工程”，努力提高反腐倡廉建设科学化水平，不断取得党风廉政建设和反腐败工作的新进展新成效。

## 二　构筑反腐倡廉“一条主线、八项工程”战略布局

在科学整合反腐倡廉建设资源、科学谋划反腐倡廉建设战略布局

上，黑龙江进行了积极探索和有益尝试。反腐倡廉建设的主线为：围绕发展推进反腐倡廉建设，为全省经济社会实现更好更快更大发展提供服务和保障。结合黑龙江实际，以系统论的方法实行统筹协调，以工程式的方法全面推进，把反腐倡廉建设任务整合为政令保畅、作风建设、纠风护民、惩治腐败、促廉从政、源头治理、基层建设、能力建设“八项工程”，全面提升反腐倡廉建设的系统性、整体性、协调性和针对性。

### （一）“政令保畅工程”

保障政令畅通，是党和政府一切重大决策得以落实的关键，也是纪检监察机关的重要职责。纪检监察机关围绕党的工作大局和中心任务，通过加强监督检查、健全纪律保障机制、严肃党的政治纪律等工作，切实保证中央和省委重大决策部署和政策措施的有效落实，服务、保障、促进经济社会发展。

### （二）“作风建设工程”

以保持党同人民群众的血肉联系为重点，加强作风建设，是新时期党的建设的重要内容。通过加强作风建设、环境建设和效能建设，树立和弘扬党的优良作风，解决作风方面存在的“庸懒散”等突出问题，提高党政机关绩效管理水平和服务质量，优化经济发展环境，为经济社会发展提供作风保障。

### （三）“纠风护民工程”

维护广大群众的根本利益和合法权益，是纪检监察机关践行“以人为本、执纪为民”理念，做好反腐倡廉工作的根本出发点和落脚点。“纠风护民工程”以维护群众权益和公平正义、促进社会和谐稳定为目标，通过系统开展损害群众利益问题专项治理，加强政风行

风建设，创新纠风工作载体机制，着力解决群众反映强烈的突出问题，建立健全责任落实、问题防处和监督制约的纠风护民长效机制。

### （四）“惩治腐败工程”

坚决惩治腐败是我们党重要的执政理念、执政方针和执政任务。“惩治腐败工程”，是指纪检监察机关贯彻从严治党方针、维护社会公平正义、保障发展大局而实施的重要工程。通过明确查办案件重点、健全查办案件机制制度、发挥查办案件治本功能，取得良好的政治、法纪和社会效果。

### （五）“促廉从政工程”

纪检监察机关通过整合教育、管理、监督资源，促进党员领导干部廉洁自律、廉洁从政，通过加强反腐倡廉教育和廉政文化建设、强化党员领导干部监督管理，引导和督促党员领导干部坚定理想信念，严格约束从政行为，切实做到廉洁从政。

### （六）“源头治理工程”

坚持从源头上防治腐败，是反腐倡廉战略方针的内在要求，是有效解决腐败问题的根本途径。纪检监察机关针对腐败现象的表现特征和衍生规律，立足从源头上、根本上解决滋生腐败的深层次问题。通过深化重要领域和关键环节改革、推进制度和机制创新、实施科技防腐、拓展各项公开等工作，增强对权力运行的民主监督和权力运行的透明度，对不廉洁和腐败问题切实做到防范在先，从而逐步消除滋生腐败的土壤和条件。

### （七）“基层建设工程”

加强基层反腐倡廉建设，是推动反腐倡廉建设向纵深发展的重要

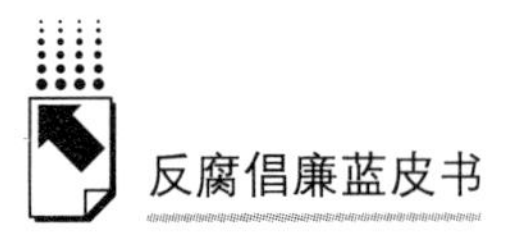


基础、有效途径和有力保障。纪检监察机关着眼于不断拓宽反腐倡廉工作领域，健全基层党员干部约束机制。通过加强农村、国有企业、城市社区、高等学校、文化领域和“两新”组织反腐倡廉建设，着力解决基层党员干部办事不廉、与民争利、以权谋私等突出问题，有效解决群众身边的腐败问题。

### （八）“能力建设工程”

加强纪检监察机关自身建设，提高纪检监察干部队伍的能力和水平，是深入推进反腐倡廉建设的重要前提和保障。纪检监察机关坚持加强自身建设、提高素质能力、推进工作创新创优。通过深入开展“双创一争”（创新创优、争做党的忠诚卫士和群众贴心人）主题实践活动，加强以学习型机关建设为载体的思想政治建设、以提升干部素质为目标的能力建设、以领导班子建设为重点的组织建设、以务实创新为取向的作风建设等工作，不断提高纪检监察干部队伍的整体素质和能力水平，充分履行好教育、监督、检查、处理、保障工作职能，为深入推进反腐倡廉建设提供坚强的组织保证。

## 三　全面推进反腐倡廉“八项工程”建设的实践举措

黑龙江持续实施反腐倡廉建设“八项工程”，努力提高反腐倡廉建设科学化水平，有力地推进了以惩防腐败体系为重点的反腐倡廉建设的深化发展。

### （一）以“政令保畅工程”服务经济社会发展大局

#### 1. 监督检查重大决策部署和政策措施贯彻落实情况

2008 年以来，黑龙江各级纪检监察机关围绕扩大内需、转变经济发展方式、加强和改善宏观调控、经济结构战略性调整、发展现代

产业、做好“三农”工作、资源节约和环境保护、保障和改善民生、救灾援建等重要政策措施的落实，加强监督检查。2008年扩大内需政策实施后，为确保项目阳光运行、资金合理使用，黑龙江省纪委提出监督检查不留死角，紧紧围绕“查开工、查投向、查程序、查内容、查资金、查管理”六方面开展专项检查。全省共检查扩大内需项目6796个，整改问题247个，并查处了一批违规违纪问题。绥化市大力实施“创廉工程”，对7.62亿元扩大内需新增投资项目建设进行监督检查，纠正问题42个，并运用重大资金监督管理软件系统，对6300多万元建设资金进行有效监管，保障了重大决策部署的贯彻落实。①

**2. 监督检查重大工程建设情况**

2008年，黑龙江省委十届七次全会作出了推进“八大经济区”和“十大工程”建设、推动龙江更好更快发展的重大决策，黑龙江省纪委随即制定出台了《关于认真贯彻省委十届七次全会精神、服务保障“八大经济区”规划落实的意见》，开展对重点工程建设项目的监督检查。早在中央扩大内需监督检查前，黑龙江就成立了重点工程监督检查组，重点对公路建设“三年决战”项目立项审批、招标投标、工程建设、资金使用、材料采购、检查验收等情况进行跟踪检查，共开展各种检查28次，发现整改问题96项，提出工作建议103条，为把工程项目建设成为优质工程、廉政工程、民心工程提供了有力保障。2011年，黑龙江省承担了84.54万套的保障性安居工程建设任务，占全国总量的8.45%。为了保证安居工程的优质廉洁实施，省里成立了保障性住房建设监督检查组，开展对拆迁补偿、房屋分配、质量安全等环节的监督检查。截至2011年末，全省保障性安居

---

① 黑龙江省纪委资料：《“八项工程”给力龙江惩防并举助推发展——黑龙江省工程式推进反腐倡廉建设综述》。

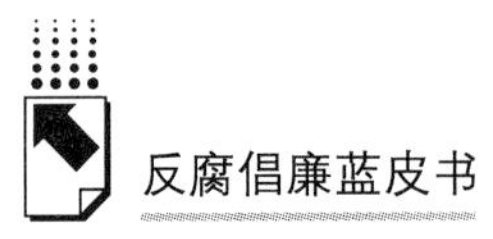


工程完成投资911.3亿元，开工86.87万套，竣工40万套。2011年，黑龙江针对水利工程建设项目多、资金投入大等实际，成立了水利工程建设监督检查组，结合深入推进工程建设领域突出问题专项治理，认真开展国土资源、水利等重点领域和关键环节的监督检查，全省共排查建设项目5877个，纠正问题1672个，立案225件，给予党纪政纪处分203人。黑龙江还在全国率先成立了安全生产巡视监督组，协助有关部门认真抓好安全生产巡视检查、执法监察和事故背后腐败问题的查处工作，整改各类安全隐患114项，查处各类安全生产责任事故497起，给予党纪政纪处分1357人。

**3. 建立健全保障措施落实工作机制**

黑龙江各级纪检监察机关立足服务、保障发展，积极探索建立重大决策部署贯彻落实纪律保障机制，相继组建了3个重点工程监督检查组和21个专项工作督查推进组，研究制定了推进新型工业化建设、“八大经济区”建设、非公有制经济发展、加强和改善民生、加强和创新社会管理、“十二五”规划落实等8个服务保障的《工作意见》，增强了监督检查的保障力和有效性。哈尔滨市结合重大项目的实施，突出抓好跟进监督保障机制建设，先后向市棚改办、哈西客站建设办、地铁总公司等5个政府投资的大项目建设单位派驻了直管纪检组，从项目征地拆迁环节就提前介入监督，及时查处阻碍大项目建设的违纪违法行为。该市纪委还增设了大项目跟进监督办公室、大项目服务保障督导组、派驻机构管理办公室和征地拆迁案件检查室，建立了政府投资项目跟进监督服务保障新机制，坚决查处清河湾、地铁车辆段、江北水城等征地拆迁中的违纪违法问题，避免和挽回经济损失12.59亿元，有力地保证了大项目建设的顺利实施。

## （二）以“作风建设工程”转变党政机关和干部作风

黑龙江把加强领导机关和领导干部作风建设作为执政为民的重要

切入点，坚持作风建设、环境建设和效能建设有机统一、协调发展，促进了党风政风的不断好转。

**1. 开展主题作风建设活动**

黑龙江省委下发了《关于加强作风建设的意见》，连续4年在全省深入开展以“讲党性、树新风、优环境、促发展”为主题的作风建设活动，积极探索弘扬优良作风、防治不良风气的有效办法，努力促进党风政风好转。大庆市深入加强作风建设，先后开展了“破满、破难、破旧、破靠”大讨论活动，“弘扬‘三个超越’，追求卓越、勇创一流”主题实践活动，“比速度、比成果、比贡献，拼干劲、拼热情、拼意志”为主要内容的劳动竞赛等活动，全市9个县（区）、29个党群机关、67个市政府工作部门及直属单位、14个企（事）业单位、50个重点建设项目指挥部的主要领导亲自担任第一责任人，带头强作风、抓工作，在“百湖”大地上掀起了阵阵浩荡强劲的清风。[①] 此外，黑龙江认真贯彻执行党政机关厉行节约、反对铺张浪费各项规定，全省共清理“小金库”1884个，涉及资金4.65亿元；党政机关因公出国（境）经费、公务车辆购置及运行经费、公务接待经费分别比2008年前三年平均数下降了20%、15%和10%。

**2. 推出系列优化环境举措**

黑龙江抓环境建设较早，近几年，抓环境建设的力度不断加大，一系列优化环境举措相继实施：积极推进市（地）至村（社区）四级行政和便民服务体系建设，在省纪委监察厅建立了行政权力运行和公共资源交易电子监察平台，对52个行政审批事项、6个公共资源交易要素市场以及公共资金使用等进行实时廉政预警监察，监察行政权力项目21617项，发现并处理违规问题1408个。2010年，为了保

① 黑龙江省纪委资料：《“八项工程”给力龙江惩防并举助推发展——黑龙江省工程式推进反腐倡廉建设综述》。

证省委、省政府关于加快推进非公有制经济发展的决策部署的落实，黑龙江省纪委在深入开展调研的基础上，召开了全省优化非公有制经济发展环境工作会议，制定了《关于进一步优化非公有制经济发展环境的意见》。

**3. 整治问责“庸懒散”**

黑龙江在推动党政机关作风建设上频出重拳，省纪委成立了行政效能监察室和省行政效能投诉中心，开通了行政效能投诉电话和网站，认真开展行政监察和效能投诉，不断加大对“庸懒散”等问题的整治和问责力度，共受理效能投诉1656件（次），问责和处分党员干部1975人。在省直部门全面开展行政绩效管理与评估工作，开发应用了省直部门和市（地）行政绩效评估指标体系，面向社会开展了省直部门绩效满意度问卷测评，梳理出意见和建议960条，对省直48个部门行政绩效情况进行了量化考核，促进了廉洁高效机关建设。哈尔滨市深入开展“政风建设年”活动，以铁的决心、铁的制度、铁的纪律、铁的措施，强力推进行政问责工作，制定下发了《哈尔滨市行政问责规定》，将领导干部和一般工作人员纳入行政问责范围，明确了决策违规、执行不力、管理不善、行为失范等4个方面36项问责情形及道歉、通报、调离、辞职等11种问责方式，并对问责结果运用作出了明确规定。同时，加强明察暗访，2012年2月实施问责以来，全市各级纪检监察机关已查处行政问责案件30起89人。把群众评价、基层评价、企业评价、服务对象评价、社会评价作为检验问责成效的重要标准，真正做到“效果好不好、群众说了算”。

### （三）以“纠风护民工程”解决损害群众利益的突出问题

黑龙江各级纪检监察机关始终坚持把维护群众利益作为重要职责，认真践行以人为本、执政为民要求，坚持反腐倡廉和服务民生相

统一、专项治理和长效预防相结合，在服务群众、维护群众利益、治理群众反映强烈的突出问题上下工夫、抓落实，取得了良好的效果。

**1. 专项治理损害民生问题**

黑龙江各级纪检监察机关不断强化服务保障民生任务和措施落实，实行纠风护民工作专项推进，组织协调有关部门深入开展惠农资金、征地拆迁、农机补贴、环境保护、保障性住房分配、群众“看病贵”、中小学乱收费、食品药品安全、城乡低保金发放、公路执法十方面涉及民生问题的专项治理。2011 年，省纠风部门查办督办了 12 起违规强拆案，通报了 11 起不正之风典型案例，在全省上下引起了很大震动。哈尔滨市多次召开专题会议研究解决大顶子山航电枢纽建设涉及的农户搬迁补偿问题，最终使 14.7 亿元补偿款如数发放到搬迁农民手中，并出台了保障民生的 21 条扶持政策。

**2. 持续评议行风**

黑龙江在毫不放松对不正之风加强治理的同时，又将行风评议向基层下移、向群众延伸，持续开展“关注民生、服务发展”群众满意医院、学校、基层站所和服务窗口单位评议活动，各级参评部门共出台优惠政策和服务措施 128142 条，为企业和群众办实事 274520 件。在不正之风易发多发的重点领域设立行风监测点，组建了省至村五级共 5000 多人的行风监督员队伍，形成了纵横交错的立体监督网络。卫生系统在全省二级以上公立医院开展创建“群众满意医院”活动，医疗卫生单位普遍实行了“双处方”“明白卡”和“一日清单”等制度，全系统推出了多项“卫生惠民实事”和“医疗便民措施”。

**3. 创新纠风载体**

黑龙江加强民意反映、群众利益诉求和发现问题、解决问题服务平台建设，不断完善省、市（地）、县（市、区）三级“行风热线”“黑龙江纠风网”和“龙江政府收费公示网”等纠风载体，几年来，通过“行风热线”解决群众反映的问题25102件。一些市（地）推进维护群众利益载体创新，探索建立了社情民意联系站、开通“网上直通车”和“民情在线”系统。如黑河市探索能够充分反映社情民意的新机制新办法，在全市64个社区建立纠风社情民意联系站，搭建了诉求、服务、信息、监督“四大平台”，实行来访接待、投诉记录、举报受理、处理反馈“四个百分百”和不解决问题不结案、群众不满意不结案“两不结案”，努力为群众办实事、做好事、解难事。

**4. 修订维护群众利益的制度**

黑龙江针对损害群众利益问题屡禁不止、纠而复生的状况，着眼于从源头上防治损害群众利益的不正之风，修订完善了规范落实房地产交易服务和收费制度、严格禁止医生收受红包和回扣行为的规定，以及公办中小学教师有偿补课责任追究办法等19项制度规定；制定了纠风工作责任制实施办法，明确各级党委领导责任、各级政府主抓责任和牵头部门主体责任，每年对任务目标、工作绩效进行考核评比，促进工作责任落实；出台了防治不正之风长效机制指导意见，建立完善了以强化保障为重点的责任落实机制、以疏堵结合为重点的预防问题机制、以畅通诉求为重点的发现问题机制、以纠查并举为重点的解决问题机制、以各方协作为重点的监督制约机制等维护群众利益的“五大机制”。如七台河市建立群众工作部和群众诉求服务中心，健全完善群众诉求机制，实现由单一接访、分散调处向整体型、协调型解决矛盾转变，拓宽了群众诉求领域和渠道，使群众诉求得到“一揽子”解决。

### （四）以“惩治腐败工程”查办违纪违法案件

近几年来，黑龙江把查办违纪违法案件作为推进反腐倡廉建设、服务保障经济社会发展的重要举措，始终保持惩治腐败的强劲态势，

加大查办案件力度。2011 年度全省党风廉政建设民意调查显示，认为查处领导干部违纪违法案件很有力度和力度较大的占 68.9%，比 2007 年提高 10.4 个百分点。

**1. 突出查办重点案件**

黑龙江注重从腐败易发多发的领域和环节入手，重点查办发生在领导机关和领导干部中贪污贿赂、失职渎职案件；严重侵害民生民权民利的案件；严重危害经济建设、改革发展、社会和谐稳定的案件，发生在工程建设、房地产开发、土地管理和矿产资源开发等领域的案件；违反政治纪律和组织人事纪律的案件，司法领域贪赃枉法、徇私舞弊的案件以及商业贿赂案件。2007 年以来，全省各级纪检监察机关共受理信访举报 144912 件（次），查办违纪违法案件 21799 件，给予党纪政纪处分 24417 人，其中县（处）级以上干部 1121 人。查办商业贿赂案件 1152 件，涉案金额 2.2 亿元。通过查办案件为国家和集体挽回经济损失 6.58 亿元。重点查办了七台河市原市长孙升昌、原政协主席郑玉辉和原副市长赵恒太、省森工总局原局长刘忠敏、省旅游集团公司原董事长郑志起、哈尔滨学院原院长葛文君、省安监局原副局长张荣吉、省农村信用联社原副主任于延年、省国资委监事会原主席乔洪涛、大兴安岭林管局原副局长王天辉、鹤岗市中级人民法院原院长滕延才、鸡西市中级人民法院原院长邢国威等一批重大违纪违法案件。

**2. 完善查办案件机制**

黑龙江着力健全完善规范办案工作的机制制度，制定了加强和改进案件检查和案件监督管理工作的意见、案件查办工作考评办法，建立和严格执行查办案件岗位责任制和办案程序、办案回访、办案工作考评、办案人员执证上岗等 19 项规范办案的制度规定，健全了腐败问题揭露、发现和查处案件协调机制、激励机制及内部监督制约机制。积极推进案件审理工作质量标准化、审理案件程序化、审理工作

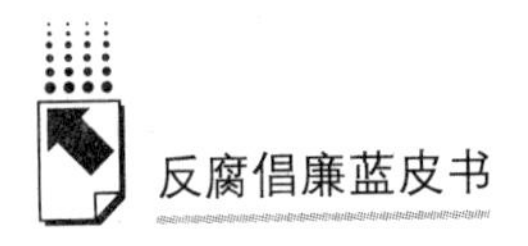


制度化、文书档案规格化建设，认真开展申诉复查工作，有效保障当事人的合法权益。实行办案人员执证上岗，加强办案业务、办案安全培训和办案场所规范化建设，加强对办案程序、办案措施使用的监督检查。齐齐哈尔市全面加强案件监督管理、案件审理、申诉复查复议工作，实行案件“审理助辩”和“证据公开”，开展案件审理“四化”规范性建设试点，注重保障被调查人的合法权益。伊春市认真开展典型案件“一议两访”工作，跟踪发案单位整改问题、堵塞漏洞、健全制度，促进依纪依法文明办案。

**3. 发挥查办案件的治本功能**

黑龙江在查办案件上坚持治标和治本、惩治和预防有机统一，实行“一案双报告”制度，健全完善案件剖析、总结教训、警示教育、健全制度、督促整改等办案延伸机制，督促发案部门和单位堵塞漏洞，注重防范重点领域、薄弱环节发生腐败，有效发挥查办案件的警示作用和治本功能。注重惩处和保护相统一，严格区分一般性错误和严重违纪违法的界限，严格区分改革中因缺乏经验出现的失误和违纪违法的界限，旗帜鲜明地支持干事者、保护改革者、挽救失误者、惩处腐败者、追究诬告者，切实增强查办案件的政治、社会和法纪效果。2007 年以来，全省共开展警示教育活动 526 次，放映警示教育片 860 多场，受教育党员干部 40 余万人。鸡西市加强对重大典型案件的剖析研究，建立完善了以案促教、以案促查、以案促建、以案促改查办案件治本联动机制，做到查处一起案件、教育一批干部、完善一套制度、建立一个机制，取得了查办案件的综合效果。

## （五）以“促廉从政工程”管理和监督约束党员干部

黑龙江在推进反腐倡廉建设中，围绕加强对党员干部的严格要求、严格教育、严格管理、严格监督，健全教育、管理、监督协调推

进机制，不断强化对党员干部的廉洁从政约束，促进了党员干部队伍纯洁。

**1. 分层分岗施行反腐倡廉教育**

黑龙江坚持把加强反腐倡廉教育作为惩防腐败的重要基础和党员干部拒腐防变的重要防线，注重在把握教育规律、丰富完善教育内容、探索创新教育载体上下工夫，努力构建有效管用的反腐倡廉教育长效机制。大力推进反腐倡廉教育体系建设，制定出台了《黑龙江省关于加强领导干部反腐倡廉教育的意见》《关于在全省党员干部中分层分岗开展反腐倡廉教育活动的意见》《关于进一步加强党员领导干部和公务员廉政知识教育培训工作的意见》《黑龙江省关于廉政文化建设的意见》等8项制度规定，完善党政主要领导干部、新提职领导干部、后备干部、关键岗位人员廉政教育长效机制。在开展经常性的党性党风党纪教育、示范警示教育和岗位廉政风险教育的同时，又针对不同教育对象的思想政治状况、岗位职责特点、权力资源分布等差异，在7个层面开展分层分岗施教：在党政主要领导干部中开展“廉洁从政、执政为民”教育；在省管干部中开展“每季一案”警示教育；在重点部门重点岗位领导干部中开展“明确岗位职责、依法行使职权”教育；在国有企业领导人员中开展“廉洁从业、依法经营”教育；在农村党员干部中开展“心系群众、廉政为民”教育；在新提职领导干部和新招录公务员中开展“增强廉政意识、正确行使权力”教育；在重大项目和重大工程组织参与人员中开展“做勤廉干部、建廉洁工程”教育。致力于推进反腐倡廉教育载体创新，研发应用了党员干部积分制廉政教育网络系统，制作和组织全省党员干部观看了警示教育片《贪欲之害》、廉政影片《北极雪》，以电视故事的形式解读《廉政准则》，拍摄了“52个不准”系列情景短剧，创作和在全省巡回演出了廉政纪实龙江剧《村官陈二哥》，反腐倡廉教育作用得到较为充分的发挥。

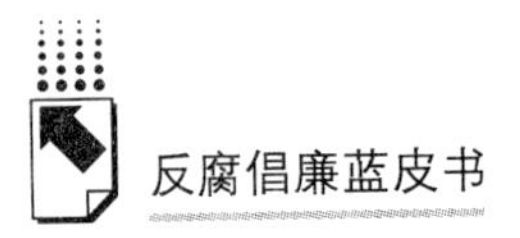


**2. 推进特色廉政文化创建活动**

广泛开展廉政文化“六进六上”活动，深入推进廉政文化进机关示范点建设，命名了一批廉政教育基地、廉政文化建设示范点和廉政文化建设带头人。在省社会科学院、省委党校和黑龙江大学建立了反腐倡廉理论研究基地，形成了一批高质量的廉政研究成果。哈尔滨市道里区廉政文化建设一条街及江沿小学廉政文化进校园工作得到了中央和中央纪委领导的充分肯定。实施廉政文化精品工程和廉政文化建设“一县一品”发展战略，评选出廉政文化“十大精品”和“百名廉政文化创作人才”，全省特色廉政文化品牌项目发展到61个，创作廉政文化精品1万余件。全省各市（地）踊跃开展特色廉政文化创建活动，鸡西市编辑出版了《北大荒书法长廊廉政作品集》和《鸡西廉政版画作品集》；牡丹江市建设了1800平方米的廉政主题公园——“清风园”，被省纪委命名为“全省首批廉政文化精品工程”，廉政文化氛围日益浓厚，反腐倡廉教育的渗透力、辐射力和影响力不断增强。

**3. 专题和常态化推进《廉政准则》的落实**

实行学习贯彻《廉政准则》专题推进和常态化管理，把学习贯彻《廉政准则》纳入党风廉政建设责任制、党员干部日常监督和各级党校干校干部培训计划。在全省深入开展“对照准则找差距、遵守准则做楷模”主题实践活动，在13个市（地）、67个省直部门、132个县（市、区）组织开展对《廉政准则》贯彻落实情况专项检查，全省2.9万名党员领导干部自查自纠报告在纪委备案；向省市领导和省直部门主要负责同志印发贯彻执行《廉政准则》重要提示，全面开展狠刹送礼送钱、收受礼金不正之风专项治理，查处违反规定收受现金、有价证券、支付凭证涉及金额136.7万元。富裕县发挥“全国漫画艺术之乡”的资源优势，印制了《漫画解读〈廉政准则〉》，把“52个不准”用诙谐幽默的漫画形式展现出来，创作的

《廉政准则》系列漫画挂图在全国发行。

**4. 严格执行党内监督十项制度**

黑龙江省着眼于加强对重要权力和关键环节的监督，认真贯彻执行《党内监督条例》等监督制度，制定并严格执行《黑龙江省党内监督十项制度实施办法》。五年来，全省县以上纪委负责人同下级党政主要负责人谈话24160人（次），对领导干部进行任前廉政谈话53945人（次）、诫勉谈话7386人（次）、函询2879人（次），58511名领导干部报告了个人有关事项，167344名领导干部进行了述职述廉。创新党风廉政建设责任制落实的载体和措施，制定了《关于对党风廉政建设责任制实行“四个一”监督检查的暂行办法》，对县以上党政班子正职实行年初印发一份《反腐倡廉建设岗位责任书》、年中进行一次督促检查、对存在问题的进行一次履职谈话、年底向上一级纪委作一次书面报告，共对14107个党政班子实施了“四个一”监督检查，对1815名不认真履行党风廉政建设责任制规定的领导干部进行了责任追究。省委巡视组对12个市、28个省直单位和52个县（市、区）进行了巡视和回访督查，对全省市（地）、县（市、区）、乡（镇）严肃换届纪律情况进行了全程督导检查，对煤矿等重点企业安全生产情况开展专项巡视。2011年度全省党风廉政建设情况民意调查显示，认为对领导干部行使权力的监督非常有效和比较有效的，比2007年提升12.9个百分点。鹤岗市提出落实责任制和实施监督“三到位”：即责任主体到位，领导干部填报《反腐倡廉建设岗位承诺书》，制定履行党风廉政建设工作的具体措施；责任分解到位，对反腐倡廉建设主要工作任务进行细化分解，层层抓工作落实；责任检查到位，每年都由市委、市政府领导带队，对落实责任制情况进行监督检查，对出现问题和不认真执行责任制甚至不抓不管的，严肃追究相关人员的责任。

## (六) 以“源头治理工程”深化改革和制度创新

近几年来，黑龙江着眼于源头治腐防腐，积极推进规范权力运行制度建设，健全重点领域廉政风险防控机制，综合发挥制度机制和各项改革的防腐功效，预防腐败的质量和效果明显提升。

**1. 围绕重点领域和关键环节加大改革力度**

行政审批制度改革整体推进，精简行政审批（许可）事项508项，占清理前行政审批事项总数的37.8%，行政审批（许可）办理时限平均压缩41%，行政效率有了很大提高。逐步推进财政管理制度和投资、金融体制改革，完成了所有市县国库集中支付转轨，在省直1103个预算单位和8个市（地）推行了公务卡制度改革，省直收费项目全部纳入非税收入收缴制度改革范围。制定了国有企业经营管理者薪酬和国有企业管理层投资持股管理办法，公司法人治理结构得到完善。政府投资项目决策机制不断完善，建立了企业投资项目核准制、备案制。现代市场体系建设及相关改革深入推进，完善了公共资源配置、公共资产交易、公共产品生产领域市场运行机制，资源性产品价格、要素市场改革和公共资源交易实现统一规范管理。完善市（地）行政服务中心功能，推进县（市、区）及街道社区、乡（镇）等基层便民服务中心建设，规范各级行政服务中心的职责、权限和服务标准，严格实行限时办结、失职追究、否定报备、无偿代办、一次性告知等制度，做到一门受理、并联审批、“一条龙”服务。大庆市2007年在全省率先建立了行政服务中心，目前共纳入560项行政许可审批和服务事项，削减了2088个审批环节。同时在县区建立行政服务中心，集中办理法人登记、土地管理、房产交易、建设项目审批等行政许可审批和服务事项，让办事的群众“只跑一次路、只进一道门、只找一个人”；成立乡镇和街道服务中心，下放计生、民政、土地、农业等审批事项，使群众知道“有事要问谁、

办事要靠谁、难事要找谁”，避免了“多头跑、跑多回”；在农村和社区设立了便民服务室，实行代办和预约服务，做到“群众动嘴、干部跑腿”。

**2. 实行一项权力建立一项制度**

黑龙江从2008年开始，针对一些部门权力运行不规范、不透明，一些公职人员滥用职权谋私等群众反映强烈的问题，通过深入调研，选择省直22个重点部门开展“规范权力运行制度建设”试点，把公共资源配置、重要权力行使和处长岗位作为制度规范的重要部位，实行一项权力建立一项制度，并在2009年把这项工作拓展到省直所有部门、各市（地）、县（市、区）和国有企业。延寿县健全完善涵盖规范权力运行各个方面的县级配套制度86项，部门配套制度1000余项，2011年该县针对党政“一把手”的举报历史性地降为零。目前，黑龙江的省直部门和市（地）直属部门共建立规范权力运行制度和配套制度18561项，基本构建起了科学严密、可行管用的规范权力运行制度体系，推进了源头治腐从解决共性问题向解决个性问题深化。同时在“制度+科技”预防腐败上进行积极探索，推进制度向机制转化，把规范权力运行的各项制度融入政务公开和电子政务建设之中，固化为计算机流程。扩大政府采购“管采分离”范围和规模，加快电子化政府采购系统建设，积极推行网上采购。建立黑龙江综合评标专家库，启用了黑龙江省招投标网，推进产权交易、政府采购、工程建设、经营性土地出让网上招投标，加大权力行使透明度，减少人为对权力规范运行的干预。

**3. 清理检查和推动执行廉政法规制度**

2010年，围绕认真贯彻落实胡锦涛总书记在十七届中央纪委四次全会上关于加强反腐倡廉制度建设的重要讲话要求，黑龙江省纪委把2010年确定为反腐倡廉“制度建设年”，扎实推进反腐倡廉教育、监督、预防和惩治制度建设，全省共清理近30年来制定出台的法规制度19910件，废止3244件，建立完善5821件。为深化“制度建设年”活动，围绕提升反腐倡廉制度的执行力，2011年又在全省组织开展了反腐倡廉“制度执行年”活动，开展制度贯彻落实情况监督检查，全面实行制度落实责任制，建立完善违反制度追究惩戒机制，探索建立提高制度执行力长效机制，基本形成了以反腐倡廉教育、权力运行监控、纠风匡正、惩治警戒为主线的反腐倡廉制度体系。组织市（地）和省直部门结合推动制度执行工作，对涉及权力运行、干部选拔任用、行政审批、领导干部问责、重大事项决策、纪检监察工作等方面的94项制度实行了立法后评估，促进了反腐倡廉法规制度建设水平的提升。七台河市抓住制度清理、健全完善、宣传教育、检查落实等重点环节，制定了规范行政审批、行政执法、公共资源配置权、国有资产管理4个方面制度629项，形成了按制度办事、靠制度管人管权的制度体系。省农垦总局宝泉岭分局结合实际制定针对性和操作性强的防腐制度，探索建立的惠农政策发放卡、工程建设捆绑式招投标、“5人互动监督”“一案两报告一通报”等项制度贴近实际工作，易于操作执行，在省农垦总局得到推广。

**4. 预警防范重点领域廉政风险**

黑龙江针对一些重点领域案件多发的实际，在全省林业、煤炭等重点领域开展廉政风险防控机制建设，通过岗位职权界定、业务流程梳理、制度建设评估、工作方式分析、相同岗位类比、典型案例分析等方法，共排查出廉政风险点442990个，制定风险防控措施475483个，优化权力运行流程19869个，实施项目管理9119项，健全完善防控制度87368项，初步建立了林业、煤炭等重点领域廉政风险防控制度体系和监督机制。同时在大庆市和绥芬河市抓了“廉政保证金”试点，绥芬河市已对24名违纪违规公职人员的廉政基金进行扣罚，5人因退休或工作调动提取了廉政基金；在绥化市和肇东市抓了“廉洁指数测评”试点，在伊春市国土资源局抓了廉政风险预警机制建

设试点，推动了监督防范工作向精细化、科学化迈进，促进了党员干部廉洁意识和自我净化能力的提升。

## （七）以“基层建设工程”拓展反腐倡廉建设领域和内容

近几年来，黑龙江坚持以健全基层纪检组织和党员干部约束机制为重点，全面抓好农村、国有企业、高等学校、城市社区党风廉政建设，着力解决发生在群众身边的腐败问题，不断深化和拓展反腐倡廉工作领域。

**1. 权力运行五公开**

黑龙江充分发挥各项公开的防腐功能，不断加大党务、政务、村务、厂务和公共企事业单位办事公开力度，制定了党的基层组织实行党务公开的《实施意见》，全省 112722 个基层党组织全部实行了党务公开，政务公开进一步拓展深化，村务公开规范化率达到 90% 以上，创建厂务公开民主管理示范单位 360 个。鹤岗市实行 8 项公开内容、5 个公开平台、5 道公开程序、8 项公开制度和 8 条基本要求，形成“85588”党务公开标准化建设模式，不仅公开结果，还要公开过程，对群众关注的热点问题实行全程“透明化”，让群众在决策前知晓、决策中参与、决策后监督。

**2. 解决农村党风廉政建设力量和方法问题**

黑龙江积极创新农村党风廉政建设途径和措施。首先，围绕解决工作有人抓的问题，2008 年在全省县（市、区）纪委组建了 265 个派驻中心乡（镇）纪检工作室，统一配备了“一车五机”，派驻中心乡（镇）纪检工作室参与乡村重大决策会议 8000 多次，参与监督新农村建设项目 8298 项。其次，围绕解决工作重点抓什么的问题，创建农村集体“三资”委托代理服务制，建立省至村五级“三资”信息管理系统和农村党风廉政建设县、乡、村三级监督体系，清理不合理承（发）包合同 10266 份，委托代理“三资”7.6 万笔，减少不合

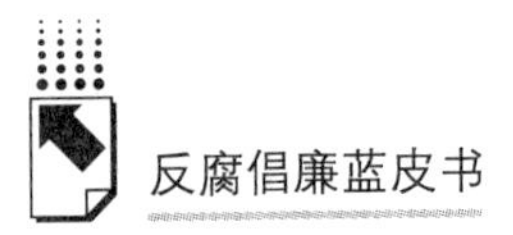


理支出7709万元，防止集体资产流失2.8亿元。胡锦涛总书记在肇东市听取“三资”代理情况汇报后高兴地说：“这件事做得好。”再次，围绕解决工作怎么抓的问题，在农村基层党员干部中开展“双述双评”和“四进农家”活动，全省有884个乡（镇）的领导干部、7733个行政村的“两委”班子成员进行了“双述双评”，解决实际问题13.8万个。2010年中央纪委在黑龙江召开全国农村党风廉政建设工作座谈会，总结推广了加强农村党风廉政建设的经验。

**3. 促进企业领导人员廉洁从业**

黑龙江利用国有企业发生的重大腐败案件开展形式多样的党性党风党纪教育和示范警示教育，不断增强企业领导人员廉洁从业意识；加强对省属国有企业执行《黑龙江省贯彻落实〈国有企业领导人员廉洁从业若干规定〉的实施办法》和厂务公开等情况的监督检查，严肃查处了一批国有企业领导人员腐败案件；加强对重要经营领域和关键管理环节的效能监察，完成效能监察立项3174项，下达监察建议1684条，挽回及避免经济损失5.9亿元；健全完善“三重一大”决策制度，实施企业内部“三项制度”改革和企务公开“阳光工程”，扎实推进企业权力公开透明运行。如龙煤集团鸡西分公司结合实际，总结了案例警示、正面引导、强力灌输、廉情预警、科技促建、集中培训、风险评估、寓教于乐、制度约束、行为规范为主要内容的反腐倡廉工作“十法”，在全省国有企业进行推广。

**4. 强化高校党风廉政建设**

黑龙江认真落实《关于加强高等学校反腐倡廉建设的意见》，每年召开高校“领导干部预防职务犯罪报告会”，组织校园廉政文化宣传巡演，营造校园廉洁文化；健全完善高校权力运行制度体系，出台了《关于在省属高校开展规范权力运行制度建设的实施意见》，开展高校党务公开试点工作，加强对招生、基建、采购、科研经费、校办企业、后勤保障等方面的监督。哈工大围绕高校腐败问题易发多发的

岗位、环节和重点，积极开展反腐倡廉预警机制建设，在全校 65 个处级单位集中进行了廉政风险点排查，形成了“廉政风险网络图”，有针对性地建立了廉政建设绩效、廉洁自律、群众满意度、惩治腐败“四项指标”体系，定期开展量化廉政评价，对评价较低的单位和个人下发《廉情预警通知书》，前移关口，防止小毛病演变为大问题。

**5. 靠服务和监督做实社区党风廉政建设**

黑龙江省出台了《关于加强全省社区党风廉政建设的实施意见》，加强对城市社区公共资源营业性收入、公共建设投入等资金使用情况的监督检查，健全完善社区党风政风监督员、信息员网络体系和便民服务中心，全省 3050 个城市社区全部建立了纪检组织或配备了纪检员，构建起社区纪检监察工作格局。同时积极探索在非公有制经济组织、新社会组织建立纪检组织，扩大反腐倡廉建设的覆盖面。哈尔滨市完善了社区议事、社区办事公开、流动人口管理和对党员干部“八小时以外”监督等一整套操作性强的规章制度，深入开展“万名党员结对帮扶”和“党员先锋岗”活动，把“一名党员一面旗，党员作用在社区”要求落到实处。该市南岗区建立了 71 个社区纪委，制定了 18 项社区党风廉政建设制度规定，超过一半的社区成立了廉政文化宣传队，逐渐形成教育促廉、文化育廉、家庭助廉、人人崇廉的良好风尚。

## （八）以“能力建设工程”加强纪检监察机关自身建设

“打铁还得自身硬”。黑龙江坚持把加强纪检监察机关自身建设作为履行职责的重要保障，连续四年在全省纪检监察系统开展“创新创优、争做党的忠诚卫士和群众贴心人”主题实践活动，每年评比表彰一批先进单位、先进个人和创新创优工作成果。全省各级纪检监察机关以忠诚可靠、服务人民、刚正不阿、秉公执纪为目标，注重加强以学习型机关为载体的思想政治建设，制定了《关于加强学习型机关建设的意见》，健全学习型干部的激励约束机制，扎实开展“七个一”学习活动，通过集中学习、专家辅导、交流研讨等多种形式加强政治理论学习，教育引导纪检监察干部强化学习理念和习惯，提高自身的政治理论素养和党性修养。注重加强以领导班子和基层队伍建设为重点的组织建设，各级纪委领导班子得到加强，一些党性好、作风正、能力强、威信高以及年轻的优秀干部被选拔进纪检监察机关领导班子，班子的年龄、知识和专业结构不断优化，履职能力不断提高。健全完善干部凡进必考、竞争上岗、择优选调、资格准入和交流轮岗等制度。注重加强以强化内部监督管理为保障的作风建设，在全省各级纪检监察机关深入开展大兴“三风”、争做“五个表率”、严格执行“十条禁令”活动，健全完善周工作情况通报、季度例会推进、工作调研务虚等项制度，推动干部作风转变和各项工作落实。制定了加强和改进纪检监察干部队伍建设意见及内部监督暂行办法，强化对纪检监察队伍的监督约束。

## 四　工程式推进反腐倡廉建设取得的主要成效

实践证明，通过工程式推进反腐倡廉建设，是一个行之有效的思路和工作方法，有力推进了反腐倡廉建设，为“八大经济区”和“十大工程”建设提供了有力保障，推动了全省经济社会好发展、快发展、大发展。2010 年初秋，贺国强同志来黑龙江考察时曾深有感触地说：“黑龙江的党风廉政建设和反腐败工作做得是好的，近年来创造和积累了不少好做法好经验，以创新的精神推进工作，广大党员干部心齐、气顺、风正、劲足，到处呈现出欣欣向荣、蓬勃发展的喜人景象，所见所闻令人振奋和鼓舞。”吉炳轩同志最近在评价纪检监察工作时也说：“全省纪检监察工作做得是很好的，为黑龙江的经济社会发展、政治局面安定、干部健康成长作出了杰出贡献，功不可

没”。2011 年，中央纪委检查组对黑龙江惩防腐败体系建设工作给予充分肯定，认为黑龙江真正做到了领导重视、措施有力、注重创新、扎实推进，既认真贯彻中央和中央纪委的要求，又紧密结合本地实际，突出重点、体现特点、创造亮点，取得了积极成效，已经摆脱了“田韩案件”的负面影响，正在形成风清气正、和谐向上、共谋发展的良好局面。

### （一）优化了经济发展条件

有利于经济社会发展的政策进一步完善，行政效能进一步提高，经济发展环境进一步优化。据 2011 年度全省反腐倡廉建设民意调查统计，认为到政府机关办事非常方便或比较方便的，比 2007 年提高 12.9 个百分点。通过优化经济发展条件，有力地推动了黑龙江经济社会又好又快、更好更快发展。2011 年全省地区生产总值达到 12503.8 亿元，比 2006 年翻了一番，年均增长 12%；地方财政收入达到 1620.3 亿元，是 2006 年的 3.4 倍，年均增长 27.6%；固定资产投资总额达到 7206.3 亿元，是 2006 年的 3.2 倍，年均增长 32%；外贸进出口总值达到 385 亿美元，是 2006 年的 3 倍；粮食总产量达到 1114.1 亿斤，总量、增量、商品量、调出量均居全国第一位。城乡居民收入实现较快增长，2011 年城镇居民人均可支配收入 15696 元，比 2006 年增长 71%；农村居民人均纯收入 7591 元，比 2006 年增长 1.1 倍，进入全国前 10 名行列。

### （二）改善了政治生态环境

始终保持惩治腐败的高压态势，通过规范权力运行、防控重点领域廉政风险、健全查办案件机制制度等举措，有效地遏制了腐败问题发生。据统计，2011 年，全省各级纪检监察机关受理信访举报 24141 件，比 2007 年减少 9296 件，下降 27.8%；查办违纪违法案件 3710

件，比2007年减少847件，下降18.6%；群众对有效遏制腐败现象的认同感进一步提升，达到78.4%，比2007年提高4.6个百分点。2011年以来，对全省市（地）、县（市、区）、乡（镇）严肃换届纪律情况进行了全程巡回督导检查，切实增强党员干部的廉政意识、纪律意识，保证了换届工作的顺利完成。坚持作风、效能、环境建设整体推进，全省共组成6849个工作组开展为企业、为“三农”、为民生、为重点工程和项目建设服务活动，组织各种监督检查4000余次，发现和纠正问题5565个，立案处理党员干部745人，促进了党政机关和党员干部作风的转变。

### （三）提升了社会管理水平

坚持以人为本、执政为民，着力服务和保障民生，城乡统筹发展发生巨大变化，高速公路总里程由1000多公里增加到3800多公里，铁路完成新建扩能改造里程近600公里，机场由5个增加到9个，现代化立体交通网络基本形成；新城区开发和旧城改造速度加快，“三供两治”及道路、桥梁等公共服务设施全面加强，城乡经济发展一体化建设整体推进。社会事业长足进步，各级各类教育水平普遍提高，医疗服务水平进一步提高，文化产业日益壮大，“平安龙江”建设不断深化，社会管理水平提高，经济社会发展的协调性明显增强。人民生活显著改善，就业规模不断扩大，城乡多层次社会保障体系逐步健全，“三棚一草”改造和保障性住房建设规模居全国首位，深入开展城市“一帮一”和农村扶贫开发工作，大幅度减少城乡特困群体，促进了社会矛盾的有效化解。通过开展涉及民生问题专项治理，查处损害群众利益问题14908件，处理违规违纪人员562人，人民群众反映强烈的突出问题和发生在群众身边的腐败问题得到及时有效解决，群众切身利益和合法权益得到维护。调查显示，2011年，各级党政组织对反腐倡廉建设重视度比2007年提高11.8个百分点；群众

对反腐倡廉建设的满意度比2007年提高13.2个百分点；群众对反腐败斗争的信心度比2007年提高了5.4个百分点。

## 五 黑龙江未来五年反腐倡廉建设的思路与重点

2012年4月召开的黑龙江省第十一次党代会，确定了黑龙江未来五年经济社会发展的新目标，提出全面提高党的建设科学化水平的新要求，黑龙江反腐倡廉建设也将进入一个新的阶段。

### （一）紧紧抓住服务发展这条主线进行监督检查

进一步提高反腐倡廉建设的融入度和保障力，以推进“八大经济区”和“十大工程”建设为重点，为实现“富强、文明、和谐、大美、幸福龙江”的建设目标开展监督检查工作，探索建立监督检查的及时跟进机制、组织领导机制、科学运作机制、惩戒问责机制、成果运用机制，切实增强监督检查的科学性和服务保障大局的有效性。

### （二）着力在维护群众根本利益上作出实绩

深入开展损害群众利益问题专项治理，畅通群众诉求渠道，认真解决与群众利益密切相关的劳动就业、收入分配、社会保障、教育医疗和征地拆迁、强农惠农富农政策落实等方面的突出问题。积极推进基层便民服务，严格规范基层执法行为，坚决纠正吃拿卡要、办事不公、以权谋私、与民争利等行为，严肃查处侵害群众合法权益的腐败问题。建立领导干部作风状况考核评价、行政绩效管理评估及问责机制，形成有利于弘扬优良作风的制度环境。

### （三）推进反腐倡廉建设系统协调发展

推进反腐倡廉建设由着眼于领导干部个体廉洁向更加注重依靠体

制机制制度防腐保廉拓展，积极推进政治体制、行政管理体制和腐败易发多发领域的改革，努力做到政治清明、政府廉洁、干部清廉。健全完善惩防腐败体系建设任务分解、责任落实、检查考核、激励约束机制，不断提升反腐倡廉建设的质量和成效。

### （四）提高反腐倡廉建设科学化水平

把握反腐倡廉规律，实现工作思路与方式的创新，正确处理惩治和预防、廉政和勤政、廉洁和纯洁的关系。促进内部协同、外部协调、整体协作的有机结合，既注重综合运用法律、纪律、经济、组织等手段惩治腐败，又注重综合运用改革、民主、市场、电子信息等手段预防腐败。

# B.8 在法治湖南建设中推进制度反腐

湖南省反腐倡廉建设课题组*

近年来，湖南在法治建设中推进制度反腐，坚持“六个率先”，大胆探索制度反腐新路，给权力运行套上“紧箍咒”，给社会肌体注入“防腐剂”，给腐败行为设置“惩防网”，取得了新进展和新成效，获得了新经验和新启示，为促进科学发展、富民强省提供了有力保障。

## 一 法治湖南建设中推进制度反腐的时空背景

湖南省委、省政府作出建设“法治湖南”的战略决策，出台了《法治湖南建设实施纲要》。在法治湖南建设中推进制度反腐是湖南省把握时代发展脉搏，根据反腐倡廉实际需要，基于廉政建设的文化自觉而推出的重要举措，推动了反腐倡廉制度创新，体现了在坚决惩治腐败的同时，更加注重治本，更加注重预防，更加注重制度建设。

### （一）经济健康发展的强烈呼唤

湖南省正处于加快科学发展、全面建设小康社会的关键时期和深

* 课题组组长：朱有志，湖南省社会科学院院长、教授。副组长：刘大放，湖南省监察学会副会长。成员：刘云波；湖南省社会科学院研究员；潘小刚，湖南省社会科学院政治与公共管理研究所常务副所长、副研究员；黄海，湖南省社会科学院研究员；肖汉学，湖南省纪委调研法规室副处长；文革军，湖南省纪委办公厅综合信息处处长；周湘智，湖南省社会科学院政治与公共管理研究所所长助理、助理研究员；陶庆先，湖南省社会科学院省情与决策咨询研究基地助理研究员；卿洪春，湖南省纪委宣教室。执笔人：刘大放、刘云波、潘小刚、黄海、肖汉学、文革军、周湘智、陶庆先、卿洪春。

化改革开放、加快转变经济发展方式的攻坚时期。到2011年，全省GDP接近2万亿元，连续4年居全国前10位，人均GDP已达到29828元，规模工业累计实现增加值8122.7亿元，城镇化率达45.1%。湖南省委、省政府在实施“四化两型”战略的引领下，发出了在中部地区率先实现全面小康，加快建设两型社会，在全国率先闯出一条两型社会建设新路子的“两个加快”“两个率先”的富民强省“动员令”。在信息化、全球化的背景下，湖南省要赢得发展优势，必须通过法治建设营造良好的发展环境，通过加强反腐倡廉制度建设来遏制腐败。从一定意义上说，抓法治建设、抓制度反腐，就是抓发展，对后发赶超的湖南意义重大。

### （二）民主政治建设的内在要求

在改革开放和社会主义市场经济条件下，各级各部门坚持科学执政、民主执政、依法执政，自觉做到依法行政，自觉回应人民的关切，维护人民根本利益，才能真正提高拒腐防变能力和抵御风险能力，增强执政能力。从湖南省实际来看，人民群众政治参与的积极性和主动性不断提高，对反腐倡廉工作有效性的要求越来越迫切，对政府依法行政、公正司法、规范权力的呼声越来越高。在法治湖南建设中推进制度反腐，通过完善法治，依法保障和落实人民群众的知情权、参与权、表达权、监督权，在法治的轨道上规范权力运行和推进制度反腐，才能充分调动全省人民的积极性、创造性，将社会主义民主政治建设与经济社会发展有机统一起来。

### （三）社会和谐有序的基本保障

推进法治和遏制腐败是社会和谐有序的基本保障。国际经验表明，人均GDP超过3000美元以后，各种社会矛盾和社会问题将集中显现出来。我国目前正处于这个时期，一些深层次矛盾随着社会结构

的变化和利益格局的调整逐步显现，社会利益关系更为复杂，人民内部矛盾多样多发，社会管理面临许多新的挑战。在这个时期，抓法治建设、抓制度反腐，既是化解矛盾促进和谐的有效手段，也是从源头上治理腐败的逻辑起点。通过加快法治湖南建设和制度反腐，充分运用法治手段来遏制腐败行为，对于协调社会关系，规范社会行为，化解社会矛盾，营造公开、公平、公正、可预期的法治环境，最终实现社会和谐稳定将起到重要保障作用。

### （四）廉政文化建设的理性自觉

增强廉政建设的文化自觉，为反腐倡廉建设提供智力支持和思想保证，反腐倡廉建设才能获得长久的内生动力。湖南是一个文化大省，“心忧天下、敢为人先”的湖湘精神在推动湖南特色的反腐倡廉文化建设中起到了突出作用。从2002年开始，湖南的开门立法已经走过了9年历程，“法治湖南”被人民网评为“2011年优秀地方新政”，制定实施的《湖南省行政程序规定》《湖南省规范行政裁量权办法》《湖南省廉政文化建设实施意见》等，都是全国第一个“吃螃蟹”的地方立法之举或廉政制度文化举措。可以说，湖南正是基于文化自觉，通过在法治湖南建设中推进制度反腐，不断提高反腐倡廉的科学性和有效性，推动反腐倡廉建设的制度化，抓好各项制度的落实，把这种文化自觉反映到具体的制度建设之中，落实到制度反腐的具体行为引导和氛围营造之中。

### （五）深度治理腐败的现实需要

反腐倡廉建设是一项具有长期性、艰巨性和复杂性的工作，需要从制度层面不断推进。当前，消极腐败现象已成为影响国家执政安全和社会稳定的突出问题之一。从湖南近些年查处的大量违纪违法案件看，反腐倡廉制度还不健全，还存在不少漏洞和缺陷。我国建设惩治

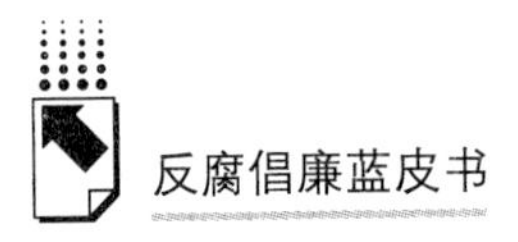


和预防腐败体系战略任务提出以来，全省反腐倡廉制度建设已取得明显的阶段性成效，但还未跟上反腐倡廉形势的发展，还不能完全适应加强反腐倡廉建设的客观需要。只有构建完善的惩治和预防腐败体系，才能实现从“运动反腐”“惩治反腐”“权力反腐”向“制度反腐”“科学反腐”的转变。推进法治湖南建设，构建具有湖南特色的反腐倡廉制度体系，已经是其势已成、其时已至。通过在法治湖南建设中推进制度反腐，做到用制度管权、用制度管事、用制度管人，是深化腐败治理的迫切需要。

## 二　制度反腐在法治湖南建设中深度推进

湖南省立足省情实际，按照中央提出的“三个更加注重”的要求，弘扬法治精神，突出时代特色，深入推进反腐倡廉制度建设，取得了新突破新进展。

### （一）推动政府法规制度创新，让权力运行“透阳光”

湖南省加快推进政府改革，进一步转变政府职能，创新出台一系列地方政府规章，逐步建立起一套有效管用的制约和监督政府行为的体制机制，在规范政府行为，防止权力滥用方面迈出了坚实的步伐。

**1.“建”程序**

2008年湖南省制定了我国第一部系统规范行政程序的地方政府规章——《湖南省行政程序规定》，《规定》确定了公开、参与、便民、高效、信赖保护等基本原则，全面规范了政府工作流程，涉及政府工作的各个方面，重点建立了行政决策、行政公开、行政回避、行政裁量、行政问责等制度，对行政权力的运行程序进行了全面的规范。《规定》实施以来，有效树立了公务员特别是领导干部的程序意识，进一步提高了行政执法水平，有力推进了行政决策的科学化、民

主化。

**2. “清”文件**

2008年以来，湖南省全面实行了规范性文件登记制度，对新制定的规范性文件实行统一登记、统一编号、统一发布。同时，还组织实施了规范性文件的有效期制度、备案制度和申请审查制度。两次组织全省各级各部门开展大规模规范性文件清理。2009年，又制定了《湖南省规范性文件管理办法》，形成了比较完备的规范性文件监管机制，有效控制了违法规范性文件的出台，实现了对行政权力的源头控制。

**3. “控”裁量**

行政裁量权的滥用往往是造成腐败的重要根源。为此，湖南省于2009年专门制定了《规范行政裁量权办法》，这是我国第一部全面规范行政自由裁量权的省级政府规章，设定了行政裁量权的“综合控制模式”，采取了控制源头、建立规则、完善程序、制定基准、发布案例等“五项基本制度”，规定了符合法律目的原则、平等对待原则、排除干扰原则、先例原则等行使行政裁量权的一般规则，重点对行政审批、行政确认、行政处罚等8类行政行为的裁量权进行了全面规范。《办法》在规范行政行为，减少执法随意性，解决反腐倡廉中群众反映强烈的“合法不合理、同案不同罚、同事不同办”等突出问题方面发挥了重要作用。

**4. “优”服务**

为切实转变政府职能，规范政府服务，湖南省建立了一系列旨在提升政务服务水平的制度。如，连续8年实施为民办实事工程制度，集中解决了一大批重点民生问题；积极开展政府服务平台制度建设，各级政府中心建设不断加强，社区服务中心、社会求助服务中心建设有序推进，在全省开通了网上政务服务和电子监察系统；大力精简行政审批和行政收费。近几年，每年都按照精简30%以上的目标精简行政审批项目。目前，省直部门的行政许可审批项目只有307项，为全国最少的省份之一。2011年，出台了我国第一部系统规范政府服务行为的政府规章——《湖南省政府服务规定》，从政府服务的体制、内容、平台、公开、保障、监管等各个方面进行了全面规范，探索将服务型政府建设纳入法制化轨道，第一次将政府服务的责任刚性化、内容法定化、机制制度化。

**5. “晒”权力**

大力推行规范权力运行制度，真正让权力运行全过程、全方位处在阳光下。2010年以来，全省以阳光施政、服务群众为主线，以清理职权来源和依据、公开透明、绩效评估、查究问责为抓手，认真开展规范权力运行工作。全省各级各部门按照要求编制了权力运行制度汇编及流程图。省本级69个部门（单位）共建立权力运行制度3704项。省直和中央驻湘69个单位和14个市州已经将权力目录、权力制度及流程图在政府门户网站或单位内部政务内外网进行了公布。目前，这一工作正在继续深化并向乡镇一级延伸。

### （二）出台加强党政正职监督的系列制度，给“一把手”套上“紧箍咒”

如何有效监督党政正职一直是反腐倡廉的难点问题，也是社会关注的焦点问题。湖南省从理论和实践上进行了一系列探索，先后出台了《关于进一步加强对县市区党政正职监督的暂行办法》和《加强对市州和省直厅局级单位党政正职监督的暂行办法》，逐步建立了一整套对党政正职监督的创新性制度。

**1. 抓住分权限权这个关键**

从制度上合理分解限制党政正职权力。全面推行“三个不直接分管”制度，明确规定党政正职不直接分管干部人事、财务审批、工程建设项目，这些工作的日常管理权力必须分解给班子其他成员行

使；完善“三重一大”事项决策制度，对其内容和标准进行明确和细化；普遍推行党政正职末位表态制和票决制；规定不得以现场办公会、招商引资会、党政联席会、文件圈阅等形式决定应该由集体决定的重大事项。从而有效防止了党政正职在重要事项上大权独揽、独断专行。

**2. 突出防止利益冲突的重点**

在容易引发重大利益冲突的事项上加强制度约束。针对党政正职滥用权力主要集中在干部人事、工程建设、土地出让、矿产开发、项目审批、减免税费、融资贷款、提供补贴等方面的现实情况，设置若干用权行为“高压线”，有效防范廉政风险。比如，在工程建设方面，在全国率先制定《关于防止和遏制领导干部违反规定插手工程项目建设的暂行规定》，对插手工程项目建设的各种情形进行了界定，并提出了相应的处理办法。在经济工作中，规定不得个人擅自决定减免税收和土地出让金等有关规费，切实增强了对党政正职监督的针对性和实效性。

**3. 创新向纪委公开述廉载体**

湖南省在基层探索和实践的基础上，推行了党政正职向纪委全会公开述廉制度。其主要操作程序是：纪委每年确定一定比例的党政正职作为公开述廉对象，成立述廉评议工作组，广泛收集和听取各方面反映和意见，全面了解述廉对象廉洁方面的基本情况，在此基础上专题召开纪委全会，由述廉对象作述廉报告，评议工作组汇报所了解的情况，对述廉对象进行询问，纪委委员进行评议，最后是纪委委员对述廉对象按满意、基本满意、不满意无记名投票。纪委形成对述廉评议对象的评议意见，将评议意见向本人反馈并向上级汇报，作为其业绩评定、奖励惩处、选拔任用的重要依据。这种当面进行的评议针对性强，对述廉评议对象触动大。为了扩大公开述廉的社会效果，不少地方对述廉和接受询问、评议的情况进行电视直播或录播，述廉对象被评得“脸红、心跳、出汗”，收到了实效。这种监督形式了解掌握情况透，参加主体广，社会影响大，监督效果较好，起到了一个综合性监督平台的作用。

**4. 推行廉政测评制度**

湖南省建立了由纪委和组织部门具体实施的廉政测评制度。规定每年对县市区党政正职进行一次廉政测评，任市州党政正职满 2 年的，进行一次廉政测评；对省直厅局级单位党政正职，每年选择一部分进行廉政测评。测评一般结合干部考核、述廉评议进行。廉政测评分满意、基本满意、不满意三个档次。对廉政测评中不满意票超过一定比例的，要进行组织处理。

**5. 健全监督信息共享机制**

湖南省于 2008 年建立了由纪检监察机关牵头，组织、宣传、巡视、检察、审计等 19 个单位组成的湖南省监督工作联席会议制度，确立了共同研究监督工作中出现的问题，共同制定有关监督工作的制度规定，相互交流监督工作经验的机制和信息共享、情况通报等制度，使分散于各监督主体的力量得以有效整合，形成了对领导干部尤其是“一把手”的强大监督合力。

## （三）搭建“三库一网一平台”，培育社会信用体系“试验田”

近几年来，湖南省制定印发《湖南省社会信用体系建设规划》和《湖南省信用信息管理办法》等诚信体系建设文件 10 余项，按照“边建设，边应用，以应用促进建设”的方针，致力科技手段应用与建立健全相关制度的结合，精心培育社会信用体系这块“试验田”，实现了政府部门信用信息的归集、整合和共享。

**1. 建设“社会诚信库”**

构建社会诚信体系，首要的就是建立一个大的“社会诚信库”，让失信之人留下痕迹，使其一处失信、处处碰壁，也让守信之人严于

律己，更加注重自己的行为规范。近些年来，湖南省一直注重利用先进的科技手段来建立这个大的“社会诚信库”，在多次研究试点的基础上，率先在全国建立了人民银行系统的“企业和个人信用信息数据库”、工商系统的“企业信用信息基础数据库”和公安系统的“公民信息数据库”（三库），并且以互联网为依托建立了“湖南信用网”（一网）和“省电子政务外网数据交换平台”（一平台）。“三库一网一平台”构建了社会诚信基础体系，直接促进了政府管理方式的改变，加快了守信激励和失信惩戒机制的形成，在预防商业贿赂中发挥了基础性作用。

**2. 建设公共资源统一交易平台**

针对普遍反映的公共资源交易隐蔽化、容易“有猫腻”等情况，湖南省加大规范公共资源交易试点工作力度，加快公共资源交易统一平台建设，探索建立透明工作机制，力促公共资源交易实现“公开、公平、公正”，除去“猫腻”。长沙市、益阳市等地建成了“一委一办一中心”（公共资源交易管理委员会及其办公室、公共资源交易中心），株洲市组建了集中、统一的招标投标管理局，郴州市组建了“同城合一”的集公共资源交易、政务中心、便民中心、电子政务与监察于一体的政府公共服务中心。全省普遍推行工程建设领域项目法人责任制，招投标项目库、监委库制度和项目“三审”制度等，进一步完善了公共资源交易统一平台相关制度。此外，透明机制建设正逐步向政府采购、公务员招聘、评先评优和企业财务审计等领域延伸。

**3. 建设电子政务和电子监察**

全省县以上政府都建立政务服务中心，具有行政审批职能的47个省直部门都建立了办事大厅，推行“一条龙式”和“一个窗口”式服务，通过实行电子政务化行政审批、网络化办公等举措，变“依靠头脑”为“操作电脑”，防止违规操作和“暗箱操作”。为强化电子政务监督，确保实效，湖南省着力抓好三项工作：一是大力推进电子监察系统建设，在湘潭市、株洲市等市州推行行政事业性收费和行政处罚网上运行电子监察系统，对行政权力运行做到了可查可控，实现了全程适时监控；二是推行网上举报，省纪委、省监察厅和一些市州建立举报网站，对网络信访件进行受理和处理，及时解决群众反映的“不用电脑靠头脑”违规行为；三是加大重点领域和关键环节电子监控力度。如，对国有建设用地实行网上招标拍卖、挂牌出让，对政府采购实行网上招标，对公共资源实行网上交易，对药品和医疗器械实行网上统一集中采购，对重点建设项目实行网上招投标，等等。

**4. 建立惩戒机制**

近几年来，湖南省陆续出台了《关于加快建立守信激励失信惩戒机制有关事项的通知》等多项问责惩处制度，对一些有失诚信行为明确惩处办法。比如：《关于防止和遏制领导干部违反规定插手干预工程项目建设的暂行规定》对 18 种违背诚信违规插手工程项目建设的具体情形明确了处理办法。为明晰单位和个人在社会诚信体系建设中的职责，全省建立了省、市、县三级行政效能投诉处理机制和优化经济发展环境责任制等制度，省直单位和各市州建立和完善了公开办事制、岗位责任制、服务承诺制、首问负责制、限期办结制、效能告诫制和责任追究制等制度。2007 年出台的全国第一份惩戒行为方案中，更是明确行政机关、公用事业单位、行业管理机构、行业组织在日常监督管理、行政许可、资质等级评定、定期检验、表彰评优、安排和拨付有关补贴资金等工作中，必须依照法规查询“湖南省信用信息系统”记录的企业信用信息，并采取相应的激励或惩戒机制。中央纪委充分肯定了这项工作并发通报予以推介。

### （四）推出“作风建设主题月”活动，着力搭建党群干群“连心桥”

湖南省坚持以密切党同人民群众的血肉联系为重点，在全国率先

推出作风建设主题月活动制度，深入推进机关干部作风建设，探索出一条具有湖南特色的作风建设之路。

**1. 定基调，树标杆**

省委要求各级各部门切实加强作风建设，以良好的作风促进富民强省。省委将2007年确定为“作风建设年”，下发了《关于加强领导干部作风建设的决定》，要求加强领导干部思想作风、学风、工作作风、领导作风和生活作风建设。2009年5月，省委又下发了《关于加强领导干部党性修养树立和弘扬良好作风的意见》。2011年9月，省委再次下发了《关于建立健全深入基层深入群众进一步密切党群干群关系若干制度的意见》。省委先后出台的3个作风建设指导性文件，为深入推进作风建设指明方向、明确目标和要求。省委作出“五个带头”的公开承诺，即带头维护中央权威、带头恪尽职守、带头改进作风、带头维护团结、带头廉洁自律，并且制定《关于省委常委会改进作风加强自身建设的若干规定》，从加强思想建设、提高会议效率、精简事务性活动、注重调查研究等方面对常委自身建设作出具体规定，充分发挥领导干部表率作用。

**2. 办实事，解难题**

湖南省把每年的3月份定为作风建设主题活动月。每年省、市、县三级组织10万名以上机关干部深入企业、村组、社区，为群众办实事、做好事、解难事。2007年，全省组织开展了“围绕‘三最’搞调研，排忧解难促发展”作风建设主题月活动，共组织10万余名机关干部深入农村、社区和厂矿企业，切实帮助基层和群众解决困难，共解决各类问题23400多个，拿出解决问题的办法8000多条。2008年，湖南省遭遇历史上罕见的特大冰灾，全省基础设施、工农业生产遭受极度破坏，群众生活遭受严重影响。为此，省委部署开展“救灾补损保目标，改进作风促和谐”作风建设主题月活动，共抽调16万余名机关干部赶赴灾情最严重的地方，投入救灾资金17亿多元，转移安置灾民166万余人，重建倒塌房3万多间，帮助一批企业生产自救。2009年，为积极应对金融危机，提振信心，共克时艰，全省开展了“服务经济保增长，改善民生保稳定”作风建设主题月活动。2010年，围绕“转方式、调结构、抓改革、强基础、惠民生”的目标要求，全省开展了“破解难题保转变，服务民生促和谐”作风建设主题月活动。2011年，全省开展了“转变方式建‘两型’，转变作风惠民生”作风建设主题活动，着力解决企业改制发展、重点工程、民生建设、新农村建设、信访维稳和安全生产等方面存在的突出问题。通过开展主题月活动，为基层和群众解决各类问题，及时处理各类信访件，调解处理矛盾纠纷，帮助解决了大批涉及“三农”、特困群众与灾民的生产生活困难和影响企业改革发展以及工程项目的突出问题，为经济发展提供了有力保障。

**3. 建机制，保长效**

湖南省特别注重作风建设长效机制的形成。省委将省作风建设领导小组办公室由省纪委移交到省直工委，明确其牵头抓省直机关作风建设，并赋予其指导全省作风建设的职责，同时，明确省教育工委、省国资委、省委农村工作部分别牵头抓高等院校、省属国有企业和农村基层的党员干部作风建设，并用制度固定下来。变省纪委牵头抓为省纪委组织协调、四机关和部门牵头抓，从而增强抓作风建设的力量和工作力度。各市州和县市区也建立起相应的领导体制和工作机制，全省形成了党政齐抓、条块结合、上下联动的作风建设新机制。此外，为配合作风建设主题活动开展，全省始终着力监督考评机制创新，逐步形成民主评议、专项治理、网站监督、热线接受投诉、台账记录、绩效考评等各种监督和考评的长效机制，推动作风建设落到实处。

### （五）推出纠风工作项目化治理制度，筑牢利民惠民的“防风墙”

将治理损害群众利益的不正之风列入惠民“十大工程”，每年确定一批群众反映强烈的突出问题，作为纠风工作的重点，对这些重点问题实施项目化治理，做到“四个明确”，即明确问题项目、明确目标要求、明确责任单位和责任人、明确治理时限，并将问题整改情况作为党风廉政建设责任制考核的重要内容，实行量化考核，推动工作落实。近几年来，全省共确定13类重点纠风问题，明确整改项目336个，327个整改项目收到了明显成效。

**1. 制止教育收费乱象**

建立了与物价、审计等部门的教育收费问题定期督查机制，每年开展一次治理教育乱收费规范办学行为检查，对反映的突出问题进行及时整改。近年来，先后对长沙双语学校“捐资助学”案、郴州教辅资料发行乱象、娄底的一中学“捐款”购买多媒体设备等一批教育乱收费典型案件进行了严肃查处。针对部分示范性高中管理方面存在的突出问题，在全省实行示范性学校综合考核年度排名公示制，存在教育乱收费现象的实行一票否决并在省内主流媒体上公开通报。近年来，先后有9所省级示范性高中被取消和暂停示范学校资格，并对28名责任人进行了问责。

**2. 狠刹医药行业歪风**

深入开展了医药行业不正之风大整顿和医疗市场秩序专项治理。推动建立全省统一的医药招标采购平台，实行全省药品集中招标采购制度，通过药品集中招标采购，实现了中标药品价格下降30%的目标，一年为老百姓减轻药品负担25亿元。2011年，针对群众反映强烈的医院乱用滥用抗生素现象，督促卫生部门实行医生处方定期抽查和抗生素处方全省监控制度，有效制止了医生“开单提成”和滥用抗生素等群众反映强烈的问题。

**3. 开展交通专项治理**

全省按照关于取消二级公路收费站卡规定，取消公路收费站卡42个。针对群众反映强烈的道路技术监控建设由公司投资、罚款按比例分成、执法不规范的新的公路“乱象”，湖南省出台了《湖南省道路交通技术监控工作规定》，在全省集中开展了专项治理，组织了由公安、交通、审计、质监等相关部门成立的专项治理协调小组，对企业参与道路技术监控系统建设投资予以坚决纠正，拆除不合理限速标志牌1299处、公路电子卡口447处，进一步规范交通违法处罚行为，提高交警的文明执法水平。

同时，围绕维护群众利益，对一些群众反映强烈的突出问题进行了立项，实行重点整改。开展了对社保基金、住房公积金、扶贫资金、救灾资金等“四项资金”的监管。并省政府办公厅下发《关于切实加强强农惠农资金监督管理的意见》，将资金分为10个大类，83项，分类分项进行监管，明确部门责任制、信息公开制、备案制和责任追究等长效监管机制。近年来，全省共纠正和查处“四项资金”违规问题69个，涉及资金1827万元，48人受到处分或组织处理。开展退耕还林资金专项检查，全省立案61件，100余人被追责，收缴违纪资金1890万元。2012年，还在全省率先实行了农机具购置补贴直接打卡到农户的做法，堵塞资金管理方面漏洞。

### （六）推进廉政文化制度创新，着力营造崇廉保廉的“清风港”

省委建立了党风廉政建设宣传教育联席会议制度，出台了《湖南省廉政文化建设实施意见》《关于推进廉政文化建设的实施办法》等，围绕廉政文化建设进行了积极探索。

**1. 以“六进”带动**

有重点、全方位、多层次地开展廉政文化活动。通过树立勤政廉

政的先进典型，在党政机关干部中培育崇尚廉洁的文化，坚持“一把手”讲党课制度，从省委书记到各市州、区县市党政“一把手”，每年坚持讲一堂廉政党课；新任领导干部必须参加廉政培训班。连续三年先后举办了省直部门主要负责人和市州委书记（市长）、县市区委书记、县区长和省管国有企业及省属高校主要负责人廉政培训班。创建省级社区廉政文化示范点 42 个，市级社区廉政文化示范点 446 个。岳阳市将君山风景区野生荷花世界打造成廉政教育示范基地，长沙、衡阳等地的一些社区建起了廉政文化广角、廉政文化墙，设立了“廉政阅览室”。永州市组建廉政文化“乌兰牧骑”小分队深入农村开展廉政文化巡演，至今演出 72 场，观看群众近 10 万人次。积极开展党员干部家庭助廉教育活动，开展“廉内助”评选活动。注重以“示范”带“普及”，创建了一批高质量、有推广价值的“六进”示范点。省纪委对 21 个省级廉政文化示范点和 20 个廉政教育基地进行了验收和挂牌，全省各地共建立廉政文化建设“六进”示范点 446 个。

**2. 以先进典型示范**

注重根据本地实际不断挖掘、树立具有本地特色和时代特色的各类先进典型。近年来，湖南省对本省涌现的先进典型郑培民、陈超英等开展了多种形式的宣传与学习活动，组织先进事迹报告会，根据其生前事迹制作电视专题片、电影、电视剧。2008 年，在全省开展了边评选先进典型、边学习先进典型事迹的活动，全省共评选出“勤政廉政、富民强省优秀领导干部”1000 余名，其中 44 名受到省委、省政府表彰。各级各单位充分利用身边的先进典型，开展学习活动，组织先进事迹报告会 480 余场次，推出先进事迹报道 400 多篇。通过开展先进典型学习活动，大力弘扬了正气，促进了领导干部为民、务实、清廉，推进了廉政文化建设。

**3. 以警示教育为重点**

湖南省率先在全国设立了省级反腐倡廉警示教育基地。全省 14

个市州均依托当地的监狱相继建立了警示教育基地。全省有7000多个单位280多万名党员干部到警示教育基地接受了教育。省纪委创办《领导干部党风廉政教育专刊》，定期给领导干部发送廉政短信，现已覆盖全省副科级以上干部7万多名。益阳市委、市政府将市区内的会龙山公园打造为廉政警示教育公园，将廉洁从政警句格言篆刻在会龙山上，将廉政警示广告牌树立在公园内，使廉洁意识在潜移默化中渗透。像这样立足本地文化资源，建立的廉政警示教育园地，全省共有2357个。同时，湖南省不断丰富警示教育内容，对相继查处的张德元、林国悌、吴振汉、李大伦、曾锦春等一批有影响的大案要案，及时进行剖析，制作警示教育电教片18部，对党员干部进行教育。如郴州市发生系列腐败案后，摄制了《堕落的灵魂——雷渊利腐败案剖析》《蜕变的权力——郴州系列腐败案剖析》等警示教育专题片，在全省党员干部中放映，收到了良好效果。2011年又将39名职务犯罪人员在监狱中的改造心得编成《心语》教育读本，发送给全省副处级以上领导干部阅读，让大家深受教育。

**4. 以文艺创作为阵地**

充分发挥文艺工作者队伍的主力军作用，创作出以廉洁为主要内容的优秀作品100多部，如反腐倡廉电视剧《风雨乾坤》，电影故事片《郑培民》，长篇反腐倡廉小说《风雨人生》等。充分调动民间廉政文艺创作热情，如攸县以“乡村大舞台”为依托，创作了地方剧小品《代理乡长》《对号入座》等廉政剧目。利用湖南丰富多彩民俗文化，展现廉政文艺，现代花鼓戏《城市英雄》《但愿人长久》，常德丝弦《枕头风》《苏大姐做寿》等，这些反腐倡廉文艺作品意义深刻，富有湖湘特色与乡土气息，深受群众喜爱。常宁的版画、桑植的阳戏、南岳的竹雕、湘西的民歌、衡阳的渔鼓等艺术样式的参与，为廉政文化建设构建了新的平台。

**5. 以媒体传播为平台**

湖南电视媒体的发展在全国具有广泛影响。湖南省充分利用本省传媒的优势，实行多媒体联动，构筑廉政文化的传播平台。省纪委在各类媒体上开辟的廉政专栏8个，全省市、县纪委在当地媒体上开办廉政专栏达406个。依托湖南门户新闻网站“红网”，开辟了“反腐倡廉专页”，在互联网开设了“湖南三湘风纪”网站。株洲市开辟网上举报通道，湘潭市利用互联网建起了行政监察电子平台，桃源县利用农村远程教育网络推动农村廉政文化普及，这些做法使得现代信息技术在廉政文化建设中发挥了重要作用。

## 三　在法治湖南建设中推进制度反腐的成效

近几年，湖南省在推进制度反腐工作中，善于谋大谋深谋远，坚持求实务实落实，鼓励创新创造创优，坚持与法治湖南建设相结合，党风廉政建设和反腐败工作取得明显成效，形成了具有湖湘特点、时代特征、个体特性的实践样本。

### （一）全省法治和廉政环境得到改善

湖南省在实施“法治湖南”建设中着力推进制度反腐，大力加强反腐倡廉制度化、法制化建设，以党和政府的法治之风有力带动社会法治之风，法治和廉政环境得到改善。

**1. 依法执政的自觉性提高**

各级政府依法行政，重大决策要经法律咨询，公民可旁听党委常委会议，政府文件要接受合法性和廉洁性审查，各领域法治化水平得到提高。各级政府依法行政能力进一步提升。“黑头（法律）不如红头（文件），红头不如口头”的现象得到改变，党政正职的权力得到有效制约，“红头文件”过多过滥的问题得到解决。目前，全省新增规范性文件数量呈下降趋势，每年约有500件不合规文件得到及时纠正。2010年9月27日《人民日报》头版头条刊发了法治湖南建设的这一成功经验。

**2. 依法行政的自觉性提高**

广大公职人员依法决策、民主行政意识增强。依法决策方面，2008年以来，全省共举办关乎人民群众切身利益的重大决策听证会1000余次，仅2011年就举行重大行政决策听证会408次。民主行政方面，长沙市建立了邀请市民参与市长现场办公会制度，在建设“西湖文化园”过程中，邀请50名市民代表参加市长现场办公会，在广泛听取代表意见的基础上，作出了将西湖文化园“还湖于民”的决策。目前，全省机关效能建设与优化企业发展环境满意度超过90%。

**3. 公正司法的自觉性提高**

司法系统的司法公开和作风建设得到改善，广大群众参与司法监督的途径广泛便捷，司法“暗箱操作”减少，群众的利益诉求与司法的法律理性得以有效“焊接”。据省高级人民法院统计，仅2008年，全省行政机关败诉的行政案件417件，人民群众就行政机关违反法定程序提起行政诉讼并胜诉的案件达134件，占全部败诉案件的32.1%。全省140个法院现在已全部建成对外网站，数量排名全国第二。邵阳市检察机关建立了集案件查询、业务咨询、接待群众来访、案件受理于一体的检务公开大厅和检务公开信息平台，仅2012年以来就接受群众咨询和监督2000多人次，执法质量大幅提升，人民群众的合法权益得到保障，有效促进了社会和谐。

**4. 公民守法的自觉性提高**

公开透明、公平正义、以人为本、法律至上等法治理念开始深入人心，全社会崇法、学法、知法、用法的氛围正在形成，经济与社会发展的法治环境得到优化，社会和谐和社会稳定度提升。到2011年

底，全省法治县市区创建工作的启动面达到60%，全省有30个村被授予“全国民主法治示范村”，195个村、97个社区被授予“全省民主法治示范村（社区）”。如双峰县锁石镇坪上村村民彭启章于2004年自筹资金2万余元，购进各类法律书籍5000多册，开办了全省首家农家法律书屋，无偿供当地群众学习借阅。同时，他还利用自学的法律知识积极向村民提供法律服务，化解邻里矛盾纠纷，坪上村已多年没有发生一起矛盾纠纷刑事案件，并连续3年被镇党委政府评为社会治安综合治理先进单位。

### （二）具有湖湘特色的反腐倡廉制度体系逐步建立

近年来，湖南省发扬经世致用、敢为人先的湖湘精神，初步构建了专业水准高、具体措施实、创新精神足、政策合力强、湖湘特色浓的反腐倡廉制度体系。

**1. 构建惩治和预防腐败体系基本框架，增强引导力**

湖南省2008年出台的《湖南省贯彻落实〈建立健全惩治和预防腐败体系2008～2012年工作规划〉的实施办法》，为全省推进反腐倡廉制度建设提供了顶层设计和行动指南。在惩防体系基本框架指导下，全省反腐倡廉制度建设取得了突出成绩，加大了制度创新力度，制定出台一系列法规制度，形成了制度体系。

**2. 构建行政权力制约监督的法规制度，增强约束力**

湖南省2008年起先后制定出台的《湖南省行政程序规定》《湖南省规范行政裁量权办法》《湖南省政府服务规定》等“一规划两规定六办法”对建设法治政府、廉洁政府起到了重大作用。规范性文件“大清理”取得重要成果。2008年以来，全省共清理规范性文件11万件，废止和宣布失效4.6万件，彻底厘清了规范性文件“家底”。全省各级规范性文件从7.6万件压缩精简至4.8万件。共受理规范性文件审查申请985件，纠正违法规范性文件486件。行政处罚裁量权基准制定工作已经全面完成。47 个省直单位，14 个市州 651 个市直单位以及全省所辖县市区所属相关单位均制定出台了行政处罚裁量权基准。5 年累计精简压缩行政审批项目 1011 项，精简幅度达 58%；取消 154 项行政事业性收费；精简年检年审项目 32 项，精简率达 41%；精简达标评比表彰项目 5762 项。从 2008 年起，省政府决定对法定行政审批和其他办事期限压缩 1/3 以上，行政机关办事效率大大提速。清理“权力清单”举措被中央电视台、新华社、《人民日报》等八大中央媒体进行了集中报道，并被新华网评为“2006 年度中国法治建设的十个足印之一”。2008 年《湖南省行政程序规定》的出台施行，先后入选年度中国十大法治新闻、中国十大改革新闻、中国十大改革探索案例、中国十大地方创新试验。2010 年《湖南省规范行政裁量权办法》的出台和施行，在人民网当月的“十大地方新政”评选中列第一位。2011 年 1 月 15 日，《湖南省行政程序规定》获得首届“中国法治政府奖”第一名。

**3. 构建选人用人制度，增强导向力**

省委提出的“三个不吃亏”（不让综合素质高的人吃亏、不让干事的人吃亏、不让老实人吃亏）的选人用人导向以及配套制定的《关于进一步完善促进科学发展的领导班子和领导干部考核评价机制的意见》和四个具体办法及《关于规范和监督县委书记用人行为的意见（试行）》等相关制度，为整治“跑官要官”“买官卖官”“封官许愿”“带病提拔”等选人用人腐败，形成风清气正的用人氛围发挥了重要作用。如 2006 年各级党委换届期间，全省查处涉及非法组织活动的党员干部 34 人；2007 年各级人大、政府换届期间，又严肃查处了 21 起违反换届纪律的案件。与此同时，还有 5 名县委书记被选拔到省直机关任副厅（局）长。20 名优秀乡镇党委书记选拔到省直厅局担任副处实职等，湖南的这一“人事新政”在全国引起广泛关注，获得群众拥护。

#### 4. 构建关键环节的治理腐败制度，增强震慑力

湖南省针对领导机关和领导干部在土地管理、工程建设、矿产资源开发、产权转让、政府采购以及司法等重点领域和关键环节制定的治理制度对遏制腐败行为也起到了很好的作用。如 2009 ~ 2010 年，全省受理相关举报 1190 件，立案 901 件，查实 431 件，有 245 名干部受到党纪政纪处分，另有 156 人被移交司法机关处理。其中有厅局级干部 4 人，县处级干部 31 人。

### （三）群众反映强烈的突出问题趋于减少

近年来，湖南省深入贯彻以人为本、执政为民理念，切实体察民情、体验民生、顺应民意，集中解决了一批人民群众反映强烈的突出问题，有力维护了群众利益和社会公平。

#### 1. 人民群众的教育权益得到维护

2011 年，全省查处各类学校乱收费问题涉及金额 4587 万元，清退 3949 万元，422 人受到处分和组织处理。先后有 9 所省级示范性高中被取消和暂停示范学校资格，28 名责任人受到问责。仅 2011 年，就抽查了 539 所公办中小学校的食堂伙食费管理使用情况，共涉及学生 113 万多人，涉及资金 56769 万元。通过这些治理，教育领域的腐败现象得到有效遏制，人民群众的教育公平感大大增强。

#### 2. 人民群众的医疗权益得到维护

有效遏制了医药购销领域商业贿赂现象的发生，有效消除了不正之风的隐患，有效查处了医药购销中的腐败行为，有效减轻了群众医药费用的负担。与此同时，实行医生处方定期抽查和抗生素处方全省监控制度，有效制止了医生“开单提成”和滥用抗生素等群众反映强烈的问题。近 5 年来，全省共查处医药方面的典型案件 97 起，处分人员 487 人，43 人被移送司法机关，一批重大案件得到了有效查处。

**3. 人民群众的安全生存权益得到维护**

安全生产形势继续保持稳定好转的态势，事故死亡人数和较大事故起数呈现“双下降”特点，湖南多数地区、多数行业领域安全生产形势稳定，煤矿、非煤矿山、道路交通、铁路交通、烟花爆竹等主要高危行业领域和绝大多数市州事故同比下降。生态环境保护效益明显，越来越多的地方天更蓝、水更清、空气更清新，城乡环境明显改善。

**4. 人民群众的相关权益得到维护**

全省共纠正和查处社保基金、住房公积金、扶贫资金、救灾资金“四项资金”违规问题69个，涉及资金1827万元，48人受到处分或组织处理。全省共立退耕还林资金案61件，100余人被追责，收缴违纪资金1890万元。对市一级农机具补贴金额在5000元以上的农机具资金去向实行100%核查，促进了农机具补贴资金的使用和管理。

此外，群众反映强烈的食品药品安全、土地征用、房屋拆迁、企业改制、农民工工资支付、有线数字电视收费和服务、驾培驾考、制售假冒伪劣农资等坑农害农行为，评比、达标、表彰和庆典、研讨会、论坛过多过滥等方面的问题也得到了有效治理。

### （四）党群干群关系不断好转

湖南省在制度反腐中，始终坚持眼睛向下看，把握群众所思；始终坚持重心向下移，解决群众所忧；始终坚持脚步向下迈，顺应群众诉求，大力加强干部队伍作风建设，切实增强了人民群众的归属感、安全感和认同感，密切了党群干群关系。

**1. 作风建设主题月活动让群众“暖心”**

省委连续开展的作风建设主题月活动以来，由于各级各部门每年准备早、行动快、举措新、氛围好，有力地推动了作风建设持续深入有效开展，并逐步形成了以月带年、以短促常、全方位、多层次、管

长远的网络和机制，取得了非常好的效果。仅2011年，全省就下派工作组2万多个、机关干部14万多名，进驻1.3万多家企业、1.1万多个项目、5万多个村组（社区），走访群众341万余人，筹集帮扶资金13亿元，排查出突出问题12万多个，解决各类问题9万多个，有力地促进了经济发展和社会稳定。据统计，5年来已累计解决各类问题20万余个，处理各类信访件3万余件，调解处理矛盾纠纷18900多起。如2011年，省直机关分成6个工作大组，派出1316名干部，进驻企业、乡镇和街道，走访群众7000多人，排查各类突出问题268个。各市州结合实际同步开展活动，共派出22000多个工作组，排查各类突出问题12万个，让人民群众切实感受到了党和政府的温暖。

**2. 群众评议机关和干部作风活动让群众“顺心”**

几年来，湖南省先后开展3次万人民主评议省直机关作风活动，共收到评议意见5000多条，均督促各被评议单位限期进行整改。通过活动的开展，增强了群众的政治参与意识，实现了普通民众与领导机关的良性沟通，改变了对机关工作的单一评价模式，改善了党政机关的服务水平，提高了党政机关的执行力，规范了党政机关的从政行为。如省信息产业厅通过评议活动建立了完备的机关工作制度体系；省卫生厅在厅机关和直属单位新建政风行风建设制度95项，完善制度125项，出台便民措施367条。省工商局有力杜绝了部分工商所在罚没款方面定指标下任务、办案经费与罚没款挂钩、不严格履行法定程序、受经济利益驱使办人情案等问题。省国税局通过评议共查摆问题4700余项，追究违纪违规责任人员140余人次。省劳动和社会保障厅通过评议活动开展，高标准做好了提高企业退休人员待遇、全面铺开城镇居民医疗保险试点等惠及民生的十件实事，得到群众的拥护。

**3. 农村党风廉政建设与基层干部作风建设让群众“舒心”**

几年来，全省结合农村与基层党风廉政建设和创先争优活动大力加强基层干部作风建设，赢得了老百姓的衷心拥护。5 年来，全省共组织对 17800 多个村进行了财务集中清理，办结涉农信访件 1 万余件。国有企业、高校、城镇社区党风廉政建设也得到了切实加强。“十一五”时期，全省共受理行政复议案件 10481 件，通过调解、和解、听证等手段，有效消除和化解了大量行政争议和社会矛盾。

## 四　在法治湖南建设中推进制度反腐的基本经验与深刻启示

湖南省在推进法治湖南建设的进程中，把制度建设贯穿于反腐倡廉的各个环节，针对容易滋生腐败的重点领域和关键环节，推进体制改革和机制创新，取得了良好效果，也得出了一系列启示，这些启示也成为湖南省进一步推进制度反腐所必须坚持的基本经验。

### （一）注重制度反腐的顶层设计

推进制度反腐是一项系统工程，需要从基本框架、总体部署、重点难点上进行顶层设计，以增强制度反腐的前瞻性、针对性和实效性。一是注重确立制度反腐的基本框架。省委、省政府围绕源头治理、规范权力运行、提升服务效率进行制度创新，搭建起制度反腐的基本框架。在推进政府管理创新、加强政府自身建设、解决行政管理问题等方面建立起了一系列基础性法规制度。完善依法决策、科学决策、民主决策机制，着力建设法治型、服务型、效率型政府。确定制度反腐框架体系，分别在预防、教育、监督、惩治等方面制定和完善了一系列制度，党风廉政建设的制度体系初步成形。二是注重强化制度反腐的总体部署。在制度设计重点上，紧紧围绕规范权力运行这个中心，编制了权力运行制度汇编及流程图，省本级 69 个部门（单位）共建立了权力运行制度 3704 项。在制度推进步骤上，先试点推

行，再总结推广。如在推行党务、政务公开制度方面，湖南省先在华容、衡东两县开展了县委权力公开透明运行试点，在衡阳市、益阳市、炎陵县、天心区等地开展地方党组织党务公开工作试点，在此基础上，再逐步向全省推开。在制度推进方式上，强调抓一项成一项，积小胜为大胜。三是注重突出制度反腐的重点难点。在人员对象上，突出强化对各级领导干部特别是党政正职权力运行的规范与监督，为此，湖南省出台了一系列规范党政正职权力运行、加强党政正职监督的一系列制度，如“三重一大”事项决策执行程序、党政正职向纪委全会公开述廉制度等。在制度建设的功能目标上，更加注重治本，更加注重预防，为此，湖南省在作风建设、廉政文化建设等方面出台了为民办实事机制、领导干部蹲点调研、民情调研、结对帮扶、一把手讲廉政党课等制度，从思想上筑牢党员干部拒腐防变的“长城”。

### （二）注重关键制度的创新突破

新的形势下，反腐倡廉工作既面临许多久治不愈的顽固性问题，又面临许多新情况、新矛盾、新挑战。这就需要在推进制度反腐上敢于创新，敢于先行先试。近年来，湖南省重点推进了三个方面制度创新。一是紧紧围绕腐败问题易发多发的重点领域及关键环节推进制度创新，从制度上堵塞滋生腐败现象和不正之风的漏洞。目前，在工程建设、采购、组织人事、财务管理等领域和环节，腐败问题仍呈易发多发的态势。推进反腐倡廉制度建设，湖南省首先是重点抓好这些领域和环节的制度完善、改革和创新，努力形成用制度管权、按制度办事、靠制度管人的体制机制。同时，着力抓好损害群众利益问题易发多发领域和环节的制度改革创新，有效遏制损害群众利益问题的发生，让群众切身感受到反腐倡廉建设的实际成效。二是紧紧围绕党务、政务公开推进制度创新，从制度上规范权力在阳光下运行并接受社会监督。确保权力正确行使，必须让权力在阳光下运行。只有大力推进党务、政务公开，增强决策的透明度和公众的参与度，使广大党员和人民群众更多地了解党务、政务，更好地享有知情权、参与权、表达权、监督权，才能把滥用职权、以权谋私等腐败行为的可能性减少到最低程度。因此，在推进反腐倡廉制度建设中，湖南省注重从群众最关注、权力最集中的领域、部位和环节入手，进一步建立健全党务、政务公开制度，着力打造阳光政务，切实提高工作的透明度和公信力，防止决策失误、权力失控、行为失范，力争做到公开、公平、公正。三是紧紧围绕深化机制改革推进制度创新，从制度上保证纪检监察机关自身建设。在纪检系统严格执行民主集中制，完善省纪委常委议事规则，实行常委分工负责制，干部选拔任用票决制。深化干部人事制度改革，实行系统干部双向挂职制度，增强干部队伍活力。实行纪检监察工作目标考核制度，进一步激发各级纪检监察机关和干部干事创业的积极性。

### （三）增强制度反腐的实际成效

制度反腐要取得实效，要义在科学合理的制度供给，关键在制度的切实执行。湖南省为了增强制度反腐的实际成效，主要从三方面建立机制，切实提高制度执行力。一是以建立制度执行的考核评价机制促实效。抓反腐倡廉制度的执行，是各级党政组织和领导干部的重要责任，制度执行的评价和考核，要紧紧围绕这个重点。湖南省成立了由省委书记任组长的党风廉政建设责任制及推进惩治和预防腐败体系建设检查考核领导小组，每年年底由省委、省政府组织对各市州和省直机关进行检查考核。为了使考核工作更加公正公平，委托省统计局进行民意调查，让群众给领导干部打分，将民意调查和民主测评的结果计入考核总分。省委、省政府的领导作动员、听汇报、查阅资料、与班子成员谈话、反馈意见，保证了检查考核的质量，形成了重视惩防体系建设强有力的工作导向。检查考核结果报省委、省政府审定，

强化了考核的权威性。同时，高度重视检查考核成果的运用，对整个检查考核结果，以文件形式通报。二是以建立制度执行的督促检查机制促实效。确保制度发挥应有的作用，关键在于有效监督。湖南省注重建立健全对制度落实情况的监督检查机制，不断拓宽监督渠道，整合监督资源。如2010年在全省开展了“5+X”反腐倡廉制度执行情况专项检查活动，对新增投资项目财政性资金管理使用，禁止公款出国（境）旅游，公务用车配备管理使用，禁止领导干部违反规定插手干预工程项目建设，规范领导干部及其配偶、子女和特定关系人投资入股、经商办企业等五个方面制度执行情况进行专项检查。同时，各地各部门根据实际情况，有针对性地增加若干制度一并开展执行情况的专项检查，共纠正和整改各类问题1000多个。三是以建立制度执行的责任追究机制促实效。加大责任追究力度，坚决纠正有法不依、有令不行的问题。对于在执行制度方面出现重大失误、不按程序办事的，除了责成纠正外，对负有责任的领导干部进行必要的责任追究，对造成严重后果的严肃查处；对于违反制度的单位或部门，采取经济处罚、年终考核降低等次等办法处理。如在党风廉政责任制实施方面，近几年湖南省共对1177名领导干部进行了责任追究，维护了责任制的严肃性。通过严肃的责任追究，提高反腐倡廉制度的严肃性，促进制度规定得到严格执行。

### （四）形成制度反腐的整体合力

推进制度反腐，必须形成党委统一领导、党政齐抓共管、纪委组织协调、部门各负其责、群众支持和参与的格局。一是建立廉政文化“六进”机制，注重形成全社会反腐倡廉整体氛围。湖南省把廉政文化建设纳入全省文化建设的总体部署，建立“六进”机制，创建一批“六进”示范点，推动廉政文化进机关、进社区、进农村、进企业、进学校、进家庭，使党员干部全方位、全天候接受廉政文化的浸润与洗礼，使全社会不同群体都能感受廉政文化的感化与教育，形成良好的反腐倡廉整体氛围。二是落实党风廉政建设责任制，注重形成党政齐抓的整体格局。制度反腐既是党的建设的重要内容，又是政府工作的职责内容。党政齐抓共管是战略和全局的考虑，也是加强政权建设的需要。湖南省按照《中共中央关于实行党风廉政建设责任制的规定》的精神，把落实党风廉政建设责任制与推进惩防体系建设当做反腐倡廉建设的龙头工作来抓，按照“领导抓”“抓领导”“系统抓”“抓系统”的工作思路，对责任进行分解，签订责任状，并实行一岗双责，做到领导干部人人肩上有担子，形成了全省上下党政齐抓的整体格局。三是理顺纪委与各部门关系，注重发挥各部门各负其责的整体作用。湖南省纪委在组织协调制度反腐工作时，一方面注重立足本职，组织协调各方面力量积极参与到反腐败工作中去；另一方面又注重不越位操作，切实做到职能部门的事，由职能部门按照各自的法定职能去做，职能部门之间交叉的事由纪委协调。正因为这样，在发挥纪委制度反腐组织协调作用的同时，又充分调动起了各职能部门的积极性，促使他们切实负起了责任。

### （五）注重制度反腐的理论研究

湖南省将理论研究工作与反腐倡廉实践相结合，切实加强和改进反腐倡廉理论研究工作，创新理论研究思路与方法，充分发挥监察学会、湖南大学等高校资源、廉洁文化研究会等民间组织与社团等研究力量的作用，提高理论研究效率，发挥理论思维和调查研究在推进制度反腐中的重要作用，有力增强了制度设计的系统性、制度评估的科学性、制度实施的实效性。一是开展重要趋势性问题研究，为制度反腐基础性制度建设提供理论指导。近几年来，在对反腐倡廉形势的分析把握上，湖南省比较透彻地调查分析了经济社会中与反腐败工作密切相关的若干重要趋势及其对制度反腐提出的新课题，如工业化加快

和基础设施力度加大的趋势、信息化和网络作用越来越突出的趋势、更加注重保障与改善民生和公共支出向民生领域倾斜的趋势、转变经济发展方式的趋势等等。通过对这些趋势的研究，湖南省有针对性地建立了一系列制度。比如，制定出台了重大工程项目向纪检监察机关报告的制度、严禁领导干部违规插手干预工程项目建设规定、新增投资项目资金管理使用中违纪行为追究办法等。二是开展重要战略性问题研究，为制度反腐关键性制度建设提供决策依据。战略性问题事关制度反腐的方向。湖南省对一些战略性问题的深度研究，催生了一批关键性制度的出台。如围绕破解党政正职监督难题进行集中调研，特别是对郴州系列腐败案和几起县委书记违纪违法案件的深度剖析认识到：加强对党政正职监督的实质和关键，就是要真正建立起决策权、执行权、监督权既相互协调又相互制约的权力结构和运行机制。在此基础上，湖南省普遍推行了领导班子讨论决定重要事项表决制和党政正职“末位表态制”，实行了“三个不直接分管”，建立了党政正职向纪委全会公开述廉制度和廉政测评制度。三是开展重大瓶颈性问题研究，为制度反腐创新性制度建设提供智力支持。近年来，湖南省精心选择一批重点难点问题，集中时间和精力深入调研，在此基础上，精心试点，及时总结完善，实行调研与实践探索滚动式推进，在制度创新上取得了显著成效。如湖南省围绕公共资源交易腐败易发高发的领域，就工程项目建设、国有土地出让、矿产资源开发、国有资产处置等进行深度调研，在此基础上，制订了《湖南省防治公共资源交易领域腐败创新工作实施方案》，在防治公共资源交易领域腐败方面初步探索出了一条符合湖南省实际的新路子。

# B.9

# 海南在国际旅游岛发展战略中实抓反腐倡廉建设

海南省反腐倡廉建设课题组*

海南是中国最年轻的省、最大的经济特区和唯一的热带岛屿省份，也是中国陆地面积最小的省和海洋面积最大的省。1988 年海南建省办经济特区以来，经济社会发展成就显著，但由于发展起步晚、基础弱等原因，整体发展仍然欠发达的状况没有根本改变。自 2010 年起，海南实施国际旅游岛国家战略，既是再创特区新优势的重要突破口，也给海南带来了实现科学发展、和谐发展、跨越式发展的重大历史机遇，使海南又一次站在了大开放大发展的历史新起点上。为适应国际旅游岛建设要求，营造风清气正的发展环境，海南省创新反腐倡廉建设思路，加大工作力度，干部执行力明显提高，廉洁从政意识增强，锐意进取、奋发有为、凝心聚力、团结干事的良好氛围正在形成。

## 一 国际旅游岛战略对反腐倡廉建设提出的新要求

反腐倡廉建设与经济社会发展紧密相连，在推进国际旅游岛建设中，经济社会发展的许多问题都会在党风廉政建设中有所反映，抓好

---

* 课题组组长：宋健，海南监察学会常务理事。课题组成员：吴清一，博士、海南大学副教授；杨剑华，海南监察学会理事、副秘书长；李红山，海南监察学会会员；段小申，海南监察学会干事。执笔人：杨剑华、吴清一。

反腐倡廉建设对推进海南国际旅游岛建设、全面建设小康社会、打造中外游客的度假天堂和海南人民的幸福家园具有重要的促进和保障作用。

### （一）为实施“一台两区三地”战略提供保证

国际旅游岛“一台两区三地”的战略定位，既是推进海南经济社会发展必须遵循、实施的宏伟蓝图和基本思路，又是推进反腐倡廉建设必须研究、服务的中心和大局。保障和促进建成“一台两区三地”是反腐倡廉工作义不容辞的重大责任。比如，建设我国旅游业改革创新实验区和世界一流的海岛休闲度假旅游目的地，要求有一流的政务环境、社会环境、投资环境、司法环境、市场环境与其相适应；建设全国生态文明建设示范区，要求加强对生态环境保护、节能减排、环境污染防治政策措施落实情况的监督检查；建设国际经济合作和文化交流的重要平台、南海资源开发和服务基地、国家热带现代农业基地，要求必须切实改进工作作风、提高服务效能，坚决整治“庸懒散贪”等问题，通过良好的党风促政风带民风，营造一流的发展环境。正如海南省委书记罗保铭所讲：没有过硬的作风、没有过硬的廉政建设，建设国际旅游岛将是一句空话；必须把反腐倡廉要求和工作融入到国际旅游岛建设的大局中，把预防工作做得更扎实更有效，把惩治工作抓得更坚决更有力。①

### （二）防范国际旅游岛优惠政策适用中的廉政风险

国家对海南建设国际旅游岛，在政策优惠和扶持方面含金量很

---

① 海南省委书记罗保铭 2011 年 11 月 16 日在省惩治和预防腐败体系建设领导小组会议上的讲话。

高，这些优惠和扶持政策，如果用不足，就无法充分发挥政策效应；如果用不好，就可能产生新的廉政风险。比如，在开展城乡建设用地增减挂钩试点、农村集体经济组织和村民利用集体建设用地自主开发旅游项目试点等过程中，在保障性住房建设和分配、试行离岛旅客免税购物政策、设立旅游产业投资基金过程中，怎样健全完善监督制约措施，强化责任追究，规范权力运行，才能防止出现“权力寻租”“暗箱操作”等廉政风险；试办国际通行的旅游体育娱乐项目、探索发展竞猜型体育彩票和大型国际赛事即开彩票后，对公职人员有什么样的纪律要求，如何进行有效管理和约束，才能防止出现失职渎职、以权谋私等违纪违法违规行为，或者发生利益冲突现象，等等。这些都要求海南必须加强对国际旅游岛建设重大现实问题和政策措施的研究，深刻把握新形势下加强反腐倡廉建设的规律和特点，不断创新推进反腐倡廉建设的思想观念、工作思路和方式方法，及时掌握腐败的新动向、新成因、新特点、新规律，完善相关制度和应对措施，进一步增强工作的预见性、主动性和针对性，为反腐倡廉建设提供更加有力的理论支撑和制度保障。

### （三）在国际旅游岛建设中解决损害人民群众利益的问题

建设国际旅游岛的根本目的是强岛富民，打造中外游客的度假天堂和海南人民的幸福家园，因此既要注重经济发展，也要注重社会发展，不遗余力改善民生，加强社会管理，让人民群众及时享受到国际旅游岛发展带来的实惠。当前，腐败问题是对党群关系的最大威胁，不仅伤害了群众对党的感情，降低了群众对干部的信任，也成为诱发党群干群矛盾和集体上访、群体性事件的重要因素。[①] 这就要求推进

① 原海南省委常委、省纪委书记王为璐：《落实以人为本执政为民需要重点把握好几个问题》，《中国监察》2011 年第 4 期。

反腐倡廉建设必须坚持以人为本、执政为民的理念，坚持以发展为大、民生为本、稳定为重，从着力改善民生、构建和谐海南的大局出发，督促有关部门完善城乡医疗卫生服务体系和社会保障体系，加强对保障性住房建设和分配情况的监督检查，加强对惠民补贴等专项资金管理和使用情况的监督检查，坚决纠正损害群众利益的不正之风，严肃查处发生在群众身边的腐败问题，维护好、保障好、实现好人民群众的切身利益。

### （四）优化国际旅游岛发展软环境

独特的生态环境是海南最大的资源优势和良好的硬环境，但还需要与之相适应的风清气正的软环境，才能形成强大的竞争力和后发优势。① 海南省委原书记卫留成指出：“海南建设国际旅游岛究竟最缺的是什么？我看最缺的不是钱，最缺的也不是宾馆，缺也是暂时的，很快也会上去，这都容易解决。最缺的是人才，最大的差距在软件，最重要的是各级领导的能力、责任心和作风。”蒋定之当选海南省省长后在接受媒体专访时讲：“我不担心我们底子薄弱，但担心我们的思想不够解放；不担心我们没有好的思路和办法，但担心我们能不能把这些思路和办法有效地付诸实践，并且取得真正的成效；我也不担心我们团队的能力，但担心我们是否各负其责，真正尽到了责任。”② 因此，能力、作风、效能、责任心等问题，是推进国际旅游岛建设必须首先解决好的问题，这些问题解决得不好，推进国际旅游岛建设的各项政策措施不仅难以执行，而且还有可能滋生新的消极腐败现象。推进国际旅游岛建设，必须把反腐倡廉建设摆在更加突出的位置，进一步规范权力运行，持续优化政务服务环境，促进反腐倡

---

① 海南省委常委、省纪委书记马勇霞 2012 年 6 月 4 日在海南省开展集中整治“庸懒散贪”问题专项工作动员部署电视电话会议上的讲话。

② 彭清林：《新任省长蒋定之接受媒体联合专访》，2012 年 2 月 14 日《海南日报》。

廉建设与国际旅游岛建设良性互动，为国际旅游岛建设营造良好的软环境。

## 二　海南推进反腐倡廉建设的整体思路

应对国际旅游岛战略实施给反腐倡廉带来的新挑战，海南明确了以下工作思路：①严明党的纪律特别是政治纪律，紧紧围绕党和政府重大决策、重要工作、重大活动开展监督检查，确保中央和省委、省政府重大决策部署落到实处，保障中央政令畅通和国际旅游岛建设顺利推进。②坚持严肃查办案件和注重预防腐败工作相结合，既坚决惩处腐败分子，加大打击违法犯罪行为力度，保持惩治腐败高压态势，又积极开展预防腐败工作，在强化教育宣传、完善制度体系、加强监督制约、拓宽预防腐败领域、防控廉政风险、开展制度廉洁性审查、防止利益冲突等方面争取新进展。③坚持抓好反腐倡廉长期性基础性工作和解决反腐倡廉建设中人民群众反映强烈的突出问题相结合，既统筹兼顾、整体推进党风廉政建设和反腐败斗争，又积极回应社会关切，突出重点、突破难点，开展专项治理工作，切实解决党风政风方面存在的突出问题。④既着力解决一些单位和干部脱离群众、脱离实际和铺张浪费等方面的问题，抓好治理“庸、懒、散”等工作，又坚决纠正损害群众利益的不正之风，着力解决发生在群众身边的腐败问题和损害群众利益的突出问题，强化对民生工程和惠民资金的监管，抓好维护群众权益、便民利民惠民工作，力求实现抓党风、保廉政、顺民意、促和谐的综合效果。

围绕更加主动地把反腐倡廉建设放到国际旅游岛建设中来谋划推进，更加主动地为国际旅游岛建设营造良好的党风政风环境，扎实推进反腐倡廉各项工作。

### （一）严明党纪、畅通政令，保障国际旅游岛建设

加强对国际旅游岛建设政策措施的学习培训，加强对各级各部门履职情况的监督检查，加大问责工作力度，推行绩效考评制度，对贯彻落实中央和省有关决策行动迟缓、措施不力、成效不好，尤其是因失职渎职导致党和政府决策部署得不到落实、造成严重不良后果的地方和单位，坚决追究有关领导和人员的责任。正确处理“发展”与“保护”、“好”与“快”、“城市”与“农村”的关系，既保持开发建设力度，又预留发展空间，使环境保护与经济建设、社会发展统筹规划、同步实施、协调推进，推动国际旅游岛建设走上科学快速的发展轨道。

### （二）转变作风、匡正风气，推动国际旅游岛建设

海南省委充分认识到，全面推进国际旅游岛建设，关键在党，关键在干部；海南建省办经济特区以来，影响和制约海南加快发展最突出的问题，就是干部的作风问题，抓作风就是抓发展，作风正、民心顺、海南兴。“作风直接反映投资环境和发展环境的优劣。门难进、脸难看、事难办，甚至吃拿卡要，再优惠的政策也吸引不了投资项目。项目跑了，发展就成了一句空话，也直接损害党和政府的形象。”① 海南坚持把加强干部作风建设融入到国际旅游岛建设发展的大局中来思考、把握和推进，促使各级领导干部在实践中自觉历练作风、磨砺意志，提高抓落实、抓推进、抓发展的能力。

### （三）改革统揽、制度创优，服务国际旅游岛建设

充分发挥特区立法优势，加大反腐倡廉制度建设力度，着力解决

---

① 海南省委书记罗保铭2012年3月16日在传达全国“两会”精神干部大会上的讲话，《党课》2012年第4期。

“制度空白”和“管理真空”问题，进一步优化政策环境、法制环境。深化重点领域和关键环节的改革，在积极推进行政审批制度、干部人事制度、财政管理制度、投资体制等改革措施的同时，围绕优化国际旅游岛建设发展环境，努力建立完善推动旅游业与相关产业发展、规范旅游市场主体、维护旅游市场秩序、资源开发利用和保护、生态建设和环境保护以及实现公共服务均等化等方面的法规制度。健全工程建设项目招标投标行政监督机制，加强重大项目决策管理，完善土地征收和使用权出让制度。开展制度执行检查年、推进年、巩固年活动，对违法行政、失职渎职，造成重大损失和恶劣影响的，严肃查处，及时问责。

### （四）严肃法纪、严惩贪腐，促进国际旅游岛建设

保持惩治腐败的高压态势，不断加大查办案件工作力度，严肃查处妨害和破坏国际旅游岛建设的各种腐败案件，特别是重点查处利用审批权、执法权谋取私利、贪污受贿等损害发展环境的典型腐败案件，以及工程建设等腐败易发多发领域的违纪违法案件和侵害群众利益、影响社会稳定的案件。坚持“查实问题、惩治腐败是成绩，澄清问题、保护干部也是成绩”的理念，正确处理惩处与保护、严明纪律与教育干部的关系，注意把改革创新中出现的工作失误与严重违纪违法区分开来，鼓励和支持党员干部解放思想、敢闯敢试，旗帜鲜明地为干事创业的人撑腰，为勇于探索的人壮胆，切实保护和激励广大党员干部参与国际旅游岛建设的积极性和创造性。

## 三　从省情出发，清农地、清贷款、清红包、清高考移民

将专项治理作为解决党风政风方面突出问题的抓手，积极探索符

合海南实际的专项治理之路，是海南特色反腐倡廉建设的重要内容。近年来，海南紧密结合实际，积极回应社会关切，深刻把握问题实质，对中央要求明确、群众反映强烈、治理条件具备的突出问题，特别是一些久治不愈的“顽症”，出重拳、下猛药，集中进行整治，努力做到治理一个问题，解决一个难题，扭转一种风气。

### （一）清理党政机关公职人员承包农村土地

“清农地”即对党政机关和公职人员承包、租赁农村土地问题进行专项清理。20 世纪 90 年代，海南一些地方曾一度鼓励党政机关及工作人员承包、租赁农村土地从事农业开发，但后来逐步出现了租金过低、租期过长、面积过大和通过转包土地获取差价、长期拖欠租金等现象，成为与民争利、挤占农业资源、损害农民权益的突出问题。

2007 年换届后，省纪委常委会根据省委的部署和要求，旗帜鲜明、态度坚决，着手研究通过专项治理彻底解决这一问题。2007 年，通过反复深入的调研和摸底，海南在万宁市、琼中县开展了为期一年的“清农地”试点，随后在全省铺开。通过两年多的“硬仗”，党政机关及公职人员退出承包的土地 826 宗共 12.81 万亩，分别占应清退土地宗数、面积的 99.04% 和 99.12%，追回拖欠租金 3467 万元。2009 年底，“清农地”范围扩大到省农垦系统，截至 2010 年底，已清退垦区党政机关及 1044 名工作人员承包的土地 1308 宗 1.98 万亩，分别占应清退人数、宗数、面积的 99.71%、99.77% 和 97.29%，追缴拖欠租金 1256 万元。在“清农地”工作中，海南坚持还地于民、让利于民，凡党政机关承包土地期间投入的资金、兴建的设施，全部无偿转让给村集体和农场，既增加了农村集体和农场的资产，每年还大幅增加了群众的土地收入。

“清农地”工作涉及很多历史遗留问题，牵扯多方利益关系，处理不好容易激化矛盾、引发纠纷甚至造成群体性事件。为调整好各方利益关系，在“清农地”中，海南坚持做到“三个保障”：一是注重宣传动员，强化思想保障。深入开展宣传动员，让群众了解“清农地”的目的是解决与民争利、损害农民权益问题，取得广泛支持。加强思想教育，尤其注重做好承包、租赁土地人员的思想疏导工作，消除思想顾虑，明确政策和法纪要求，积极配合搞好“清农地”工作。二是注重调查摸底，强化决策保障。以深入调研、摸清情况、找准问题为基础，通过梳理问题，明确思路，有针对性地制定“清农地”措施。为确保“清农地”调查摸底“不漏一宗地、不漏一个人”，采取党政机关及公职人员自报、村集体经济组织上报、收集土地发包合同三管齐下的办法，逐一核实土地位置、开发状况、承包手续合法性、土地附作物现状。同时，通过调查研究，制定了“以人为本、让利于民、促进发展、尊重历史、面对现实、依法办事、确保稳定”的“清农地”工作原则。三是注重建章立制，强化制度保障。根据调研发现的问题，健全完善相关制度，做到“清农地”工作有章可循、有法可依。省政府印发的《关于进一步加强农村土地流转管理工作的通知》，明确禁止国家机关及其工作人员到农村承包土地；海南省实施《中华人民共和国农村土地承包法》的办法明确规定：农村土地不准发包给国家机关及其工作人员，农村土地承包经营权不得采取转让、合作、转包、出租、入股、抵押或者其他方式流转给国家机关及国家工作人员（含离退休人员）。

### （二）清理党政机关和公职人员及农村干部拖欠农村信用社贷款

“清款贷”即对党政机关和公职人员、农村干部拖欠农村信用社贷款问题进行专项清理。海南一些党政机关和公职人员拖欠农村信用社贷款问题由来已久，至 2007 年底拖欠本息达 1.7 亿元，影响了公职人员从政行为的廉洁性，破坏了社会信用环境，使急需贷款的农户

得不到贷款，也使2007年刚组建的省农信联社举步维艰、运营困难。

从2008年5月开始，海南省部署针对党政机关及公职人员的清贷工作，通过对恶意拖欠的“公职老赖”采取媒体曝光、处分处理等措施，全省共清收贷款6605笔、本息1.5亿元，带动清收社会不良贷款13.2亿元。2010年5月，结合村级组织换届，海南把清贷工作延伸到农村，很快收回农村干部拖欠的农信社贷款本息3666万元，带动清收社会各种不良贷款4.4亿元。2011年，海南又部署对剩余欠贷进行清理，现已基本完成了“清贷款”工作。“清贷款”3年多，至今累计收回党政机关、公职人员和农村干部拖欠的贷款1.96亿元，带动清收社会不良贷款20.46亿元。通过“清贷款”，不仅解决了欠贷问题，也促进了农信社经营管理，盘活了不良资产，提高了信贷资产质量，使省农信社2011年资本充足率、成本收入比、贷款增幅、存贷比增幅的进步率居全国第一位，其中前两项的进步率2009年以来连续三年居全国第一位。中国银监会原主席刘明康对海南“清贷款”给予充分肯定，要求加以总结、宣传、推广。

“清贷款”工作中，海南始终把党政机关措施是否得力、能否应收尽收作为衡量其责任心、诚信度、公信力和执行力的重要指标，着力做到“两个确保”。一是确保“清贷款”工作齐抓共管、形成合力。明确和落实纪检监察机关、相关职能部门、农信各级联社、被清理地方和单位的责任，做到既分工负责、各司其职，又相互协调、密切配合，形成“清贷款”工作整体合力。省纪委加强同省农信社的协调沟通，及时传达省委、省政府的部署，通报“清贷款”工作进展，督促抓好“清贷款”工作；省委组织部、省民政厅把是否归还农信社贷款、是否诚实守信作为公职人员和“两委”干部任职的重要条件；省公安厅、省高院等单位下发通知，要求本系统各单位采取具体措施，督促公职人员归还欠款；省农信社实行领导分片包干，采取有力措施强化“清贷款”工作；部分市县政府拨付专门资金解决区域内党政机关、事业单位欠款问题。二是确保在统筹兼顾基础上实现重点突破。省纪委会同有关单位深入了解掌握欠贷单位、欠贷人员的自然情况、贷款用途、欠贷原因、偿还能力以及还款态度，明确了以欠贷大户为重点、以机关单位和领导干部为突破口，带动清收工作整体推进的思路。同时，对恶意拖欠的“公职老赖”，除进行曝光外，还采取停岗、停职、停薪和给予党纪政纪处分直至追究刑事责任等措施，共采取“三停”措施 49 人，给予党纪政纪处分 14 人；农村“两委”换届中因拖欠贷款问题而落选的农村干部 37 人；省农信社内部有 155 名干部职工受到查处并被追究责任，其中，移送司法机关处理 11 人。

### （三）清理党员领导干部违规收送“红包”

“清红包”即对党员领导干部违规收送礼金、有价证券、支付凭证和商业预付卡问题进行专项清理。党员领导干部违规收送礼金、有价证券、支付凭证和商业预付卡问题是一个久治不愈的“顽疾”，在一些地方已演变成一种“潜规则”，成为腐蚀党员干部、败坏党风政风的“毒瘤”。据已被查处的东方市原市长谭灯耀交代，现在送红包现象非常普遍，如果自己放开收，一年收二三百万元没问题。

从 2009 年开始，海南由表及里、逐步推进，分阶段深化违规收送红包专项治理。一是重点突破。2009 年 11 月，省纪委通过查处和剖析省检察院查处的省农垦总局个别领导大肆收受下属单位红包问题，在农垦系统开展了违规收送红包专项治理。随后，针对检察机关查办东方市原市长谭灯耀、原市委副书记吴苗、原副市长邢俊强腐败窝案中暴露出的领导干部违规收钱送钱突出的问题，又在东方市开展了违规收送礼金问题专项治理。二是全面铺开。2010 年 5 月，结合《廉政准则》颁布实施，省委常委会决定把专项治理范围

扩大到全省副科级以上领导干部。三是巩固深化。2011 年 4 月，省纪委省监察厅下发《关于深化领导干部违规收送礼金问题专项治理工作的通知》，进一步明确专项治理的基本原则、重点对象、重点问题和工作措施，畅通主动自查自纠和上缴礼金的渠道，强化违规收送礼金问题的信访举报措施。通过这三个阶段的工作，海南违规收送红包问题专项治理逐步深化并取得显著成效。截至 2012 年 6 月，共有 1342 人上缴礼金 3125.69 万元，其中年内已有 221 人上缴礼金 1051.89 万元。通过治理，一些地方和单位收送红包的歪风已得到扭转，以往节日期间相互送礼的陋习和机关大院车水马龙“送礼”的现象不见了，党员干部没有人情纷扰，节假日过得文明、祥和、安宁。

在开展“清红包”专项治理工作中，海南省始终做到“三个坚持”。一是教育先行、及时引导。工作伊始，就向领导干部讲明政策、表明态度、严明纪律，有针对性地进行教育和引导，督促领导干部主动自查自纠问题。2010 年 8 月，原省纪委书记王为璐在省委中心组（扩大）会议上，向全省副厅级以上领导干部作学习贯彻《廉政准则》专题辅导报告，用活生生的事例讲明了收送红包的危害。会后，省纪委立即向参加报告会的领导干部群发短信，告知廉政账户，提醒主动上交礼金，收到了立竿见影的效果。2011 年查办三亚市海棠湾腐败窝案，海南专门召开专案政策说明大会，提出投案自首、挽回损失、从宽处理的原则，要求涉案的领导干部主动上缴违规款项。二是宽严相济、区别对待。对有苗头性、倾向性问题或存在问题但情节较轻的，多从教育、帮助的角度进行处理；对既不自律又不主动自纠的，果断启动谈话调查和处分处理机制。专项治理自查自纠阶段一结束，根据掌握的线索，由省纪委副书记和常委带队，及时对相关人员进行谈话教育，对不纠正和纠正不彻底的人员进行严肃处理。三是纠建并举、注重预防。把纠正处理问题与有效防范问题紧密结合，注重发挥专项治理的警示教育功能、促进廉洁从政功能和从源头上治理腐败功能，努力构建防治违规收送红包问题长效机制。2011年，省纪委提出了关于有收送红包问题的领导干部使用的原则和意见，延续拓展了治理成果，也使专项治理的相关原则和政策实现了规范化、制度化。

### （四）清理异地“高考移民”

海南教育事业发展滞后，高考录取分数线相对较低，“高考移民”问题一度非常突出。2005年，海南“高考移民”达9793人，平均约5名考生中就有1名，当年高考的理科“状元”竟然也是“高考移民”，引起社会和国内外诸多媒体热议。海南“高考移民”潮涌动时，不良中介十分活跃，户口非法买卖呈市场化趋势，形成了“高考移民经济链”，把一些部门和学校负责人拉下“水”，群众反映十分强烈。

为维护海南考生合法权益，实现教育公平，净化党风政风环境，海南多部门联手铁腕治理“高考移民”问题。教育部门完善和严格执行学籍管理制度，杜绝虚假转学空挂学籍、出具虚假本省义务教育阶段毕业证明材料等现象的发生，除对户籍、学籍严格要求外，还把限报志愿门槛由二本降至三本和专科高职院校。公安部门严格执行户籍管理规定，严把省外户籍迁入关。监察机关加强监督，严肃查处各种造假行为。建立岗位责任制和责任追究制度，对在“高考移民”问题上不坚持原则或工作不到位导致的问题，造成工作损失或影响社会稳定的，不仅按照规定严肃处理当事者，而且追究有关主管领导责任。通过治理，2007年以来，海南有1283名高考考生未通过加分资格审查，222名考生被取消高考报名资格，1598名考生被限报“三本”以下学校，一批以虚假手段为外省考生获取海南高考资格的公职人员和学校领导受到查处。

## 四　实施公务卡和一卡通“两卡”约束

### （一）通过“公务卡”堵塞现金管理漏洞

海南省从2007年下半年开始着手实施公务卡制度改革，建立了“银行授信额度、个人持卡支付、单位报销还款、财政实时监控”的公务卡管理模式，将公务接待、差旅费、会议费等公务支出通过公务卡支付报销，有效堵塞了现金管理和财务报销中的漏洞。

实施公务卡制度改革的主要做法：一是加强制度建设，筑牢改革根基。改革初期出台了《海南省公务卡改革实施方案》，2012年2月下发了《关于实施公务卡强制结算目录的通知》，在省级预算单位实施公务卡强制结算目录。通过制定一系列相关制度、办法、规定，用制度规范公务卡改革工作的管理方式、操作程序、相关职责及监督检查等事项，使改革工作始终在制度化、规范化的轨道上运行。二是加强信息系统建设，支撑改革高效运行。根据公务卡改革工作信息化建设的业务需求，在财政国库管理信息系统上增加公务卡业务处理功能，规范和监控公务卡使用行为，确保了公务卡改革制度高效落实。三是加强宣传服务，确保改革有序推进。一方面，做好公务卡改革相关政策制度的舆论宣传工作，营造良好改革氛围。另一方面，各级财政部门积极主动与其他相关部门沟通协调，加强业务指导和上门服务，取得理解和支持，减少改革的阻力。四是加强业务培训，提高改革执行力度。将业务人员培训融入公务卡改革业务需求分析和系统测试之中，由各市县、各部门和各单位选择精干业务力量参与改革业务需求分析和信息系统测试工作，熟悉和了解各项改革的政策制度以及信息系统运转机制，有力推动改革工作深入开展。

海南在公务支出领域引进具有“雁过留声、消费留痕”特点的公务卡，替代现金结算，提高了政府支出透明度，对于加强惩防体系建设具有重要意义。改革不仅方便了预算单位用款，提高了财政资金运行效率和财务管理水平，还提高了财政收支的公开透明度，有利于监控支出的真实性和规范性。截至2011年，改革在省本级和19个市县（区）本级全面铺开，累计发放公务卡4.7万张，其中，省本级2.1万张，市级1.1万张，县级1.5万张。据统计，2011年，公务支出刷卡消费达2.5亿元，其中，省本级1.3亿元，市级1亿元，县级0.2亿元。

### （二）以“一卡通”监管财政惠民补贴资金

财政惠民补贴资金“一卡通”改革，就是以补贴对象为单位，各项财政惠民补贴资金发放实行“一人一折一号”，由财政部门通过代理金融机构直接将补贴资金划入补贴对象的“一卡通”存折账户。

在推行“一卡通”改革中，海南始终坚持“部门权责不变、分工协作，资金发放规范透明、方便高效，管理信息系统统一研发、全省通用，集中支付、一折发放”的基本原则。一是落实责任分工。省政府和各市县政府成立了以分管领导为组长，财政、交通、发改、农业、纠风、教育、民政、公安、农信社等14个部门和单位为成员的领导小组，明确了各自的责任分工。其中，市县政府主要负责组织相关部门和乡镇政府实施“一卡通”改革，组织实施基础信息采集和录入工作；财政部门作为改革牵头单位，负责惠民补贴资金拨付等工作；项目主管部门主要负责补贴项目及补贴对象确定等工作；公安部门主要负责配合“一卡通”补贴对象基础信息采集工作；农信社作为代理金融机构负责免费为补贴对象办理“一卡通”存折并发放补贴资金；省纠风办和各市县纠风办负责组织协调和监督检查，查处违纪违法行为，形成了相互协作、共同推进的工作格局。二是明确发放范围。凡财政预算安排的直接支付给居民用于经济发展和保障基本

生活需要的各类补贴资金，原则上全部纳入“一卡通”发放范围。“一卡通”发放的项目范围还涵盖了城镇居民补贴资金项目。2009年10月改革以来，海南先后将城镇居民的城镇低保、城市生活补贴、城市物价补贴等24个补贴项目列入“一卡通”发放范围。三是规范发放流程。省财政厅印发了财政惠民补贴“一卡通”改革资金发放操作规程，细化和明确了补贴资金发放管理的程序：全面采集补贴对象个人基础信息和补贴项目基础信息并录入“一卡通”操作系统；农信社免费为每个补贴对象开设一张个人存折和银行卡，实行“一人一折一号”；下达惠民补贴资金指标，当期补贴资金的发放对象、补贴金额经过公示和项目主管部门审核后，报财政部门审核；财政部门将当期补贴发放名册等有关信息提供给农信社，农信社核对无误后，将补贴资金拨入补贴对象“一卡通”存折账户。四是建立信息系统。研发了全省财政惠民补贴资金“一卡通”管理信息系统，各项惠民补贴资金申请、拨付、统计上报等相关手续都可以在网上完成。为了提高发放效率，农信社布设6136台小型银行自助结算终端，覆盖全省所有行政村，补贴对象尤其是农村居民可以就近在家门口领取补贴。五是加强舆论宣传。督促有关部门印发《致全省城乡居民的公开信》，免费发放25万份《财政惠民补贴资金“一卡通”实用手册》，同时通过报刊、电视、网络等媒介进行宣传，让群众了解“一卡通”的政策内容、补贴项目和标准、操作流程和使用方法。

在推进“一卡通”改革中，海南省纠风办会同省财政厅、省审计厅等部门加强组织协调和督促检查，严肃查处了一批违反惠民补贴规定的违纪违法案件。自2009年10月以来，各级纠风办牵头查处违反惠民补贴规定的违纪违法案件45件，84人受到党纪政纪处分。

通过推行“一卡通”改革，减少了补贴资金发放环节，强化了对补贴资金的监管，方便了群众，提升了政府公信力。截至2011年12月，全省各级财政纳入“一卡通”发放的补贴项目共164个，资金达31.3亿元，惠及城乡居民867.51万人，有效遏制了惠民补贴资金被挪用、截留的现象。

## 五　以警示教育为重点实施反腐倡廉教育

同一般教育手段相比，反腐倡廉警示教育更具说服力、感染力和震撼力。海南在反腐倡廉建设中凸显警示教育的作用，积极探索具有海南特色的警示教育新方法新路子，警示教育走上常态化、制度化、规范化的轨道。

### （一）建设警示教育常态化有效载体

为建设警示教育常态化的有效载体，海南于2006年开始在海口监狱（职务犯罪监区）设立警示教育点。经过一段时间的运行，从2010年开始，省纪委监察厅会同省司法厅、海口市纪委监察局和省农垦总局，历时一年多，把海口监狱警示教育点扩建为海南省暨海口市反腐倡廉警示教育基地，为全省广大党员干部接受警示教育搭建了新的平台。该警示教育基地具有三个特点：一是展示内容丰富，教育功能突出。展厅主题为“前车之鉴，警钟长鸣”，展板图文并茂地将在全国影响较大的13个腐败案例、近年来海南省查处的52个典型案例分成6个部分展示出来，案例触目惊心，剖析催人警醒。参观时，利用海口监狱职务犯罪人员相对集中的优势，组织一批职务犯罪人员进行现身说法，增强了教育的针对性。二是巧妙布局，突出震撼性。警示教育基地建筑面积2300多平方米，集展厅、演播厅、报告厅为一体。展厅设有模拟监舍和服刑人员模型，开通LED监控视频连线，可直观看到服刑人员现实生活场景；设有《忏悔书》展柜，把犯罪人服刑后悔恨痛苦的内心世界呈现出来，令参观者印象深刻。展厅运用多媒体技术，让参观者经过一片“薄冰”地面，来到“悬崖深渊”

之前，观看腐败分子的忏悔视频，深切体会“如履薄冰”“如临深渊”的现实感受。三是注重应用，突出实效性。警示教育基地于2011年12月22日举行了启用仪式，省委书记罗保铭、省长蒋定之、省政协主席于迅等20名省领导出席仪式并集体参观了基地。省纪委运用基地开展领导干部集体任前廉政谈话。省纪委、省直机关工委发文要求各市县、省直各单位组织本市县、本单位党员干部到基地接受警示教育。2012年1～6月，全省有370个单位，340批次，共计23410名党员干部参观了基地，其中厅级干部近523人。一些领导干部参观后表示，警示教育基地是最直接、最现实、最震撼人心的教育基地，以活生生的案例警示各级领导干部牢牢守住党纪国法的底线，体现了党委、政府和纪委对党员干部的关心和保护。

## （二）编写警示教育典型材料

海南注重运用警示教育读本教育广大党员干部，近年先后组织编印了《镜鉴》《反腐倡廉教育普及读本》《人生核算》《高墙铁窗内的忏悔》等书，组织拍摄了5部警示教育专题片。海南编写典型教育材料开展警示教育有三个特点：一是深刻剖析，精确点评。在编写读本时，对拟选用案例认真筛选，对悔过书认真校阅，必要时还对案犯进行采访，以准确把握犯罪人的心理活动和现实想法。《镜鉴》一书精选了发生在海南的32个违法违纪典型案例，并对案例进行深入的剖析点评。《高墙铁窗内的忏悔》精选近年来海南省查处的典型案例89个，深入剖析，一案一评，印发后广受好评。二是深挖资源，形成特色。《人生核算——一名囚徒的感言》一书由省纪委会同省监狱管理局和海口监狱指导一名服刑人员撰写，中国方正出版社公开出版，首印10万册。自2010年以来，以文昌市委原书记谢明中受贿和巨额财产来源不明案等5个典型案例为蓝本，组织拍摄了5部系列警示教育专题片，其中三部入选中央纪委发行的反腐倡廉电教片《廉政中国》。这些书籍和电教作品，有鲜明的海南地域特色，针对性、可读性较强。三是充分利用，广泛教育。《镜鉴》一书被省委列为党员先进性教育读本，发给全省党员领导干部学习；《反腐倡廉教育普及读本》被作为廉政文化进学校和开展“廉内助”活动的教育材料，赠送给全省中小学生和党员干部家属学习；《人生核算——一名囚徒的感言》《高墙铁窗内的忏悔》等书向全省各级领导干部赠阅。赠书活动在社会上引起热烈反响，“海南省向官员赠阅‘囚徒感言’”入选2009年全国廉政文化建设十件大事。

### （三）举办警示教育展览

在对全省党员领导干部集中进行警示教育时，海南通过举行大型反腐倡廉警示教育展览，在短时间内形成强大影响力，达到震撼人心的效果。一是精选案例，突出震撼点。2008年，在海口举办了首次大型反腐倡廉警示教育展览，并在三亚、儋州两市巡展。展览选择7件中央纪委查办的省部级领导干部违纪违法案件，100件海南省查办的典型案例，分为全国省级干部案件、省直机关厅局级干部案件、市（县）委书记市（县）长案件、基层干部案件等7大板块展出。这些精选案例，具有较强的代表性，社会关注度高，增强了展览的震撼力。二是形成规模，打造精品。为使展览具有强大的冲击力，一方面，坚持展品从思想内涵到实物形态高质量，除展板外，还设置了警示教育片播放室、实物展柜、廉政公益广告、情景宣传模型和廉政动漫等，展出形式生动直观，增强了感染力。另一方面，展览具有较大规模，海口展区面积达4000平方米，三亚、儋州的展区面积也有近3000平方米，能够容纳相当数量的参观人员。开展期间，每天前来参观人数经常超出计划，不得不增加场次，延长展览时间。三是全面覆盖，提升教育效果。全省第一次警示教育大型展览，46天内参观人数达到10.5万人，其中，省级干部（含离退休）45人，

厅级干部375人，处级干部5059人，科级干部15953人。时任省委书记卫留成、省长罗保铭等25名省四套班子成员出席展览开幕式，并作为第一批观众参观了展览。除了有组织的观展外，还有两万多名群众自发前来观展，有从市县搭乘长途客车专程赶来的，有一家老小相互搀扶过来的，有年轻夫妇带着子女来的，还有从北京、郑州、上海、北海、青岛、石家庄等兄弟省市前来学习借鉴的。观展的干部群众踊跃书写参观心得，650篇发自肺腑的留言写满了整整33大本。

### （四）发挥身边典型案件的震慑作用

注重及时运用发生在党员干部身边的最新案例开展警示教育，收到很好的教育效果。一是创新处分执行方式。为取得查处一个、教育一批的效果，省纪委将传统的由被处分人所在单位宣布处分决定，改为被处分人所在市县或单位组织召开警示教育大会，省纪委领导在大会上宣布处分决定、通报案情、剖析原因，次日在媒体上发布消息等方式，形成了有效警示的链条，放大了警示教育的效果。二是召开警示教育大会。近年海南结合查处的省国资委原副主任王俊武案，在省国资委召开了由国资委全体干部、省属企业班子成员参加的警示教育大会；结合查处的省第二中级人民法院原院长贾沛案，召开了由省高级人民法院、省第二中级人民法院全体干部参加的警示教育大会；结合查处的三亚市原市长助理曾清泉案，在三亚市召开了由市四套班子领导、全市副处级以上干部参加的警示教育大会。在查处屯昌县水务局原局长曾某伪造虚假合同套取工程款问题后，针对该案暴露出的财务监管缺失问题，召开了县直单位负责人、报账员、会计等近250人参加的警示教育大会，并安排40多名重要岗位负责人旁听曾某的庭审现场，取得较好效果。三是深刻剖析案例，警示党员干部。每查处一起大案要案后，都组织人员进行探讨和剖析，总结违纪违法的思想根源、社会危害、制度缺失和腐败轨迹，提出改进措施，达到了完善制度、堵塞漏洞、防范腐败、警示他人的目的。

## 六　探索开展制度廉洁性审查

海南针对地方性法规、政府规章和其他规范性文件存在违规扩权免责、谋取部门利益、监督制约缺失、自由裁量权过大等问题，自2009年开始，探索开展了制度廉洁性审查工作，主要从规范权力配置、防范廉政风险、防止利益冲突、维护群众利益等方面，采取设置“三道关口”、围绕“四个重点”、紧扣“五个节点”等措施，进行严格审查把关。

### （一）把好自查关、审查关和廉审关

自2009年起，海南把开展制度廉审列入省委常委会工作要点，作为省委、省政府的一项重要工作进行部署，通过明确各级党委、政府和职能部门的责任，设置“三道关口”对规范性文件进行严格把关。

一是要求制度制定单位按照“谁制定、谁审查”的原则，负责对本部门、本单位起草制定的和已经实施的法规制度进行自查自纠，主动查找和纠正本部门、本单位存在的可能引发腐败的制度性问题，切实把好“自查关”。

二是要求人大法规部门和政府法制部门发挥职能作用，着力从制度的“合法性”“合理性”等方面进行审查，使权力设置有依据、运行有规范、监督有措施，切实把好“审查关”。

三是以纪检监察机关为主，对政府法制部门和人大法规部门送来征求意见的规范性文件，着力从防范廉政风险的角度查找问题，剔除容易发生以权谋私、权力寻租等腐败问题的制度性因素，切实把好

"廉审关"。

这"三道关口"的设立，既明确了各职能部门的职责，形成了齐抓共管的工作格局，又有利于加强立法部门的相互监督和相互制约，进一步改进立法工作，提高立法工作科学化水平。省法制办反映，开展制度廉审，不仅为防治腐败设置了一道"防火墙"，也为科学立法、廉洁立法注入了"催化剂"。

### （二）把审查着力点放在重点制度上

开展制度廉审，不仅政策性强，而且涉及的制度层级多、内容广、数量大，海南始终注意把着力点放在对重点制度的廉审上。

第一，围绕党委和政府中心工作，重点加强对涉及重大决策部署的政策制度进行廉审，服务和保障海南科学发展、绿色崛起。如重点对海南国际旅游岛建设发展条例、导游人员管理规定、道路旅游客运管理规定、餐饮服务监督管理规定、鼓励和保护华侨投资若干规定、政府投资管理办法、企业投资项目核准办法等70多件涉及国际旅游岛建设的规范性文件进行了廉审，既严格规范权力设置和控制处罚事项，防范这些制度与廉政要求相违背、与上位法相抵触，又保证了这些服务中心工作的制度措施及时出台，促进了国际旅游岛建设健康顺利推进。

第二，围绕腐败问题易发多发的重点领域，重点加强对工程建设、城市规划、政府采购、税收管理、住房公积金行政监督、国有土地上房屋征收补偿等方面制度的廉审，切实堵塞制度上的漏洞，强化廉政风险防控，营造良好的政务环境。针对海南省政府采购中心两任主任违纪违法受到查处的问题，通过制度廉审，推动有关部门修改完善《海南省实施〈中华人民共和国政府采购法〉办法》，制定《海南政府采购当事人和评审专家行为规范》，进一步规范采购程序，强化监督制约，严格工作纪律。

第三，围绕贯彻以人为本、执政为民的要求，重点加强对涉及人民群众切身利益的保障性住房建设和分配、食品和药品安全、农产品质量安全、农药管理、教育和医疗收费、救灾捐赠管理、物价管理和调控、城镇从业人员基本医疗保险条例实施细则、旅游价格管理、城镇容貌和环境卫生管理、公共厕所管理、价格调节基金征收使用管理、机动车辆通行附加费征收管理、劳动保障监察等相关制度措施开展廉审，严禁违规违法增加群众义务、取消或限制群众权利，坚决纠正损害群众利益的突出问题。

第四，围绕社会关注、廉洁自律方面的热点问题，重点加强对领导干部出国（境）管理、公务接待、公务用车配备管理使用、执法执勤用车配备管理使用、社会保险基金管理使用违法违纪行为处分、行政执法违法责任追究办法和招商引资奖励办法、项目推进奖励办法等制度措施的廉审，督促把党员领导干部廉洁自律各项要求融入制度建设。这“四个重点”，既把握了发展之重、凸显了民生之要，又落实了重点领域和关键环节防范廉政风险的要求，有利于促进领导干部廉洁从政，更好地保障人民群众的合法权益。

### （三）抓住权力配置和运行的重要节点

海南在制度廉审工作中，紧紧抓住权力配置和运行的重要节点，从科学规范、严格制约、强化监督等环节入手，努力构建决策权、执行权、监督权既相互制约又相互协调的权力结构和运行机制。一是紧扣权力设置的“关键点”，重点解决和纠正制度缺乏法律依据、权力配置不当而产生的部门利益保护、侵害公众利益等问题，使权力设置科学合理、有法可依。二是紧扣涉及利益的“冲突点”，重点解决和纠正一些部门之间职权不清、揽权争利和交叉执法、重复处罚等问题，使职权划分明晰、行使规范。三是紧扣权力运行的“风险点”，重点解决和纠正相关制度对权力的配置过于集中、裁量权过大等问题，使廉政风险得到有效防控。四是紧扣权责之间的“衔接点”，重

点解决和纠正一些制度设置权责不一、义务缺失或有权无责等问题，使权力和义务相统一，做到有权必有责。五是紧扣监督制约的“缺失点”，重点解决和纠正一些制度中廉政要求缺失、监督制约不力等问题，做到用权必须受监督。紧扣以上“五个节点”，实质上抓住了权力配置和运行的核心，把住了滋生制度廉洁性风险的关键环节。

海南开展制度廉审工作三年，取得了积极成效。截至2012年5月底，全省共清理18956件法规制度，决定废止137件、修改665件、新立281件；省纪委、省监察厅对草拟中的214件规范性文件进行廉审，提出廉审意见685条，吸收率达92.7%。海南通过制度廉审，有效规范、约束和矫正了制度设计中存在的问题，较好防范了制度在廉洁性方面的漏洞和缺失，减少和压缩了“立法谋私”的机会和空间，从制度层面维护了群众权益，前移了预防腐败关口。同时，有关部门对制度廉审的重视程度、配合意识明显提高，法治观念和廉洁立法意识明显增强，为国际旅游岛建设创造了良好制度环境。这项工作得到中央纪委、监察部和国家预防腐败局的肯定，《检察日报》刊发评论认为，海南“制度廉洁性审查，是完善制度，防止制度缺陷、缺失的一剂妙方”。①

## 七　推行行政审批事项、人员、权力“三集中”改革

海南在完善“小政府大社会”、省直管县（市）管理体制中，成立了海南省人民政府政务服务中心（以下简称“中心”），并自2008年7月1日起在中心全面推行行政“三集中”审批、科学配置审批权。

① 《制度廉洁性审查值得期待》，2009年12月1日《检察日报》。

### （一）科学配置审批权，实现审批权行使的“空间转移”

海南的行政审批“三集中”是指审批事项、审批人员、审批权力的集中，即凡有行政审批职能的单位，均须在现有编制条件下成立审批办公室，将其内设处室的行政审批职能移交审批办，审批办人员集中到中心大厅办公。海南行政审批“三集中”最核心、最具特色、最具改革意义的是审批权力的相对集中，也是有别于其他地方改革的最关键之处。审批权的相对集中，既彻底改变了行政审批权力分散在审批机关及其处室和个别人员手中，难以管理和监督的状况，又为审批权行使的公开、规范、廉洁、高效提供监督机制保障。“三集中”是在不改变行政审批权力既有归属，即审批职能、人员、权力依然归属各厅局的“三不变”的前提下，合理划分和调整部门内部的行政审批职能，本质是对审批权的科学配置和审批权行使的“空间转移”，使得办理窗口拥有受理权和直接审批权。目前，84%的办件在中心大厅可以直接办结，采取各审批办专业化审批、监察机关派驻机构专业化监督、政务中心专业化管理的“三位一体”运行模式。对于少数涉密、场地受限制等特殊审批事项，实行委托办理，由专业处室和机构承办，办事窗口具有分办权和督办权。

### （二）构建政务公开平台、服务平台和监督平台

在“三集中”的基础上构建了“三个平台”。一是审批项目集中，构建了政务公开平台。中心从正式运行以来，按照“应进必进”的原则，将省政府34个单位的1240项行政审批事项，逐步集中在中心公开办理并集中管理。中心对所有进驻的行政许可、行政审批项目，通过新闻媒体、政府网站、文本示范、办事指南等途径和形式向社会公开，即公开项目名称、法律依据、办事程序、申报材料、承诺时限、收费项目、收费标准、收费依据。二是审批人员集中，构建了

政务服务平台。在不增加编制的情况下，全省进入中心的 34 个厅局增设了审批办，共选派 232 名综合素质较高的干部，全部进入中心工作。三是审批权力相对集中，构建了政务监督平台。把权力的使用推向窗口，实行多重监督，避免了过去权力藏得深、责任分不清的现象，堵死了以权谋私的门路。

### （三）实行审批权的分权制衡

在审批权相对集中的同时实行审批权的分权制衡，对审批权进行层层分解，环环制衡。一是对由审批办首席代表批准的审批事项，实行审批办工作人员之间的分工负责，审批办主任或窗口具体办理人员，都只是整个审批流程中的一个环节，无法左右整个审批过程和结果。二是实行网上审批，将行政审批流程各环节的审批条件、工作标准、审批要点、材料要求、特殊问题处理方法等具体审批要求，整合到审批平台中，实行了标准化审批，减少审批办主任的自由裁量权。三是实行集中审批后，所有审批业务只有审批办一个窗口对外，对办理条件、所需材料等实行一次性告知，审批办主任、各委厅局及其处室不接触申请人，实现了审批业务人员与申请人的物理和制度双重隔离。四是实现审批过程网上全程监督，监察厅派驻监察室可通过电子监察平台对各环节的审批意见以及形成的具体材料进行全方位、全过程同步监察。五是大厅审批系统与 34 个厅局实现了远程联网，驻厅局领导与相关处室可远程登录审批系统查询审批情况，监督审批工作。六是在行政审批“三集中”运行过程中，各厅局审批办不断探索运行机制，创新服务方式，共制定了各类集中审批运行管理制度 273 项，确保了“三集中”后权力的规范、高效、安全运行。

### （四）优化再造审批流程

中心组织对进驻项目进行流程优化和压缩、精简，34 个厅局审批办不断细化概念模糊不清的申报材料条款，合并相近或重复设置的内容与环节，取消不必要的审批环节，并进一步优化了审批流程，共压缩审批环节1020个。如省质监局优化了代码证办理流程，把以前的8个环节合并简化为3个，把法定承诺的10个工作日改为当场办结。

### （五）推行电子政务

中心运用现代信息技术，强化电子政务功能，建立了项目管理、网上审批、电子监察、互联网办事、政务公开“五位一体”的电子政务平台，实现了对行政审批项目的动态有序管理，强调了在线办事功能，也实现了对审批程序和环节的全程监控，为群众办事提供了便利，提升了行政服务水平，并有助于公众监督、规范权力行使。同时，建立完善行政审批事项数据库、互联网服务和申请平台、企业电子档案系统，并依托电子监察系统对行政许可审批事项及政府采购、建设工程招投标实施电子监察。

截至2011年12月底，中心共办结许可审批事项近47万件，按时办结率100%；承诺件提前办结率99.5%，单件实际办结时间比法定办结时间平均节省14.4天，为150多万人次办事群众提供了服务，为2166个政府投资建设项目和政府采购项目提供专家服务，并做到了廉政建设方面“零投诉”。总之，海南行政审批“三集中”改革，真正实现了“一个窗口受理、一站式审批、一条龙服务、一个窗口收费”审批，促进了行政审批服务的高效透明，解决了监督难题，实现了“便捷、规范、高效、廉洁”的目标，进一步促进了政府职能转变和管理创新，较好地预防了腐败问题的发生，实现了行政审批相对人受益、行政部门受益、地方政府受益的多赢局面，为海南国际旅游岛建设营造了良好的政务环境。2011年11月，中心被中央文明办评为“文明单位”。2012年1月，海南行政审批“三集中”改革，荣获中国地方政府创新奖和中国地方政府创新媒体传播特别奖。

## 八　科学规范和有效监督县委书记用人行为

海南把规范和监督县（市）委书记用人行为作为干部人事制度改革的一项重点工作，于2009年起在海口市、屯昌县、琼海市开展了“科学规范和有效监督县（市）委书记用人行为”改革试点。改革坚持“以程序公正保证机会均等、以实体公正保证选准用好”的要求，从规范用人权、扩大选人民主破题，逐步向探索干部退出机制、试行干部竞争性交流等改革深水区稳步推进，取得良好效果，其中屯昌县的改革试点比较典型，其主要做法包括以下几方面。

### （一）规范“三项权力”

屯昌县牢牢把握关键，注重加强对干部选拔任用的重点环节进行刚性约束，保障县委书记正确行使用人权。一是把住源头，规范“动议权”。动议是选拔任用干部的起始环节，直接关系到选人用人的质量。该县制定了选拔任用领导干部调整动议办法，对干部调整动议的前提条件、原则和程序作出具体规定。明确规定：县委书记只提出动议的意向和原则，不提具体的职位和人员。通过规范动议权，减少了干部调整的随意性，从制度设计上有利于防止县委书记个人说了算及违规任用干部问题的发生。二是分类推荐，规范“提名权”。规范提名是干部任用中的关键环节。该县制定了选拔任用科级领导干部提名办法，明确了干部选拔任用提名主体，即实行大会民主推荐、县级领导实名推荐、单位党委（党组）推荐、个人自荐为主，群众推荐为辅的“4+1”提名模式。扩大范围、分类提名的做法改进了传统单一、封闭提名方式的弊端。三是推行票决，规范“决策权”。县委出台了常委会、全委会任用干部投票表决办法，实行领导干部任用票决制，使县委书记与常委会和全委会委员“同票同权”。在讨论程

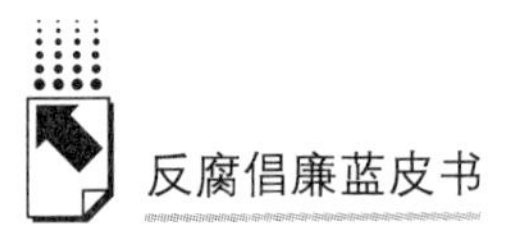


序上，要求县委书记“末位表态”，不得先行发表倾向性意见；在决策上，先由县委常委会票决确定差额或等额提名人选，然后提交全委会酝酿，再由全委会进行无记名投票表决。

### （二）实施“五个差额”

该县变“伯乐相马”为“赛场选马”，全方位引入竞争机制，提高干部选拔任用工作的透明度和公信度。一是差额提名。县委组织部对“4+1”模式的提名情况进行汇总，并综合分析民主测评及日常考核等情况，按1∶5比例差额提出提名方案，然后提交“五人会议”（县委书记、县长、县委专职副书记、县纪委书记、县委组织部部长）共同酝酿，确定提名人选。二是差额考察。对通过竞争性选拔方式产生的提名人选，按1∶3比例提出差额考察人选，经县委组织部部长办公会议研究确定考察对象。三是差额酝酿。由县委组织部提出差额酝酿方案，经常委会充分酝酿后，对委任制和聘任制职位按1∶2比例提出差额人选，对选任制职位按1∶3比例提出差额人选。四是差额票决。在县委全委会上，拟提名人选进行施政演讲，县委组织部负责人介绍考察情况，经委员们充分酝酿后，按1∶1比例，对委任制和聘任制职位的差额提名人选进行无记名投票表决；按1∶2比例，对选任制职位的差额提名人选进行无记名投票表决。五是差额选举。对选任制职位，通过召开党委会、人代会等进行选举。选举前，差额选举提名人选先进行竞选演讲，再由与会的委员、代表进行无记名投票。

### （三）实行“两个退出”

该县充分运用考评成果，通过推行任期制和淘汰制两个退出机制，在畅通干部“下”的渠道的同时，又让“下”的干部服气顺心。一是实行任期制退出。县委制定了党政领导干部职务任期试行办法，

对委任制、选举制、聘用制的领导干部任期做出明确规定，原则上一个任期为5年，且领导干部只能在同一职位上任满一个任期，任期届满后不再推荐、提名或任命担任同一职务。二是实行淘汰制退出。每年县委召开两次全县干部大会对科级单位“一把手”民意测评，对测评结果靠后的，年度考核结果以及县委组织部平常了解掌握情况较差的领导干部进行谈心谈话，经教育不改的，将其从领导岗位调整下来。通过探索淘汰制，有效疏通了领导干部的出口，为优秀年轻干部干事创业创造了条件，较好解决了领导干部“干多干少一个样、干好干坏一个样、干与不干一个样”和“能上不能下”的问题，激发了广大干部的积极性和创造力。

### （四）强化“五项措施”

该县积极拓宽有效监督渠道，坚决防止选人用人上的不正之风。一是全程监督。成立以县纪委书记为组长，县人大副主任、县政协副主席为副组长的监督小组，制定了“科学规范和有效监督县（市）委书记用人行为”试点工作纪律和县纪委、监察局在试点工作中的职责等制度，对监督的事项、内容和纪律要求作出明确规定。在调整动议和“五个差额”环节全程派员参与实施全程监督。二是全程纪实。对工作开展实行全程纪实，做到一人一表、一事一记，特别是在差额考察、差额酝酿、差额票决等环节，详细真实地记录时间、地点、事由和结果。三是谈心谈话。在选任各个环节，县委主要领导和有关领导与提名人选逐个谈话谈心，加强思想引导，强调遵守纪律，教育其摆正心态、公平竞争。四是廉政“双考”。对列入考察对象的人选实行廉政专项考察，为县委常委会和全委会差额酝酿和差额票决提供参考；组织对拟任人选进行任前廉政考试，明确规定考试不及格者取消其任职资格，有效防止干部“带病提拔”，确保选人用人质量。五是民主监督。坚持走群众路线，将提高群众参与度贯穿于选拔

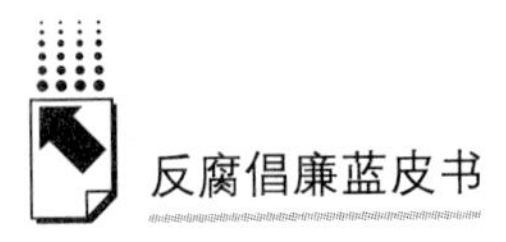


全过程，在面试、施政演讲和差额票决环节邀请非县委委员的县四套班子成员、有关单位主要负责人和离退休老干部代表等到场监督，同时邀请新闻媒体进行跟踪报道。

海南在科学规范和有效监督县（市）委书记用人行为的试点工作中，坚持正确处理好党管干部原则与扩大民主、规范书记权力与改善和加强县委领导、尊重民意与防止简单以票取人、按岗位选人和发现培养人才的关系，增强了干部工作的群众基础，拓宽了选人用人视野，提高了干部选拔任用工作的透明度和选人用人的公信度。时任中共中央政治局委员、中央书记处书记、中央组织部部长李源潮先后4次作出批示，对海南此项改革工作给予肯定。屯昌县对改革以来选人用人情况进行的群众满意度测评，满意率达96.5%。

## 九　展望海南未来反腐倡廉建设

剖析近年来海南反腐倡廉工作的开展轨迹，我们清晰地看到，海南省的反腐倡廉建设，既体现中央精神，又符合地方实际；既有“规定动作”，又有“自选动作”；既注重顶层设计，又突出基层创新，把反腐倡廉建设与党委和政府中心工作紧密结合起来，与本地区经济社会发展相互协调，集中力量解决本地区人民群众反映强烈的突出问题，树正气、刹歪风、明法纪，努力实现好、维护好、发展好最广大人民的根本利益，密切了党同人民群众的血肉联系，增强了人民群众对党领导的反腐败斗争的必胜信心。同时，积极推进反腐倡廉制度创新、实践创新和方式方法创新，着力提高反腐倡廉科学化水平，有效整合各方面的资源和力量，形成了党风廉政建设齐抓共管的局面。

反腐倡廉建设，是民心所向、使命所系，是一项系统工程和战略任务，需要付出长期、艰辛、不懈的努力和奋斗。2012年4月底召

开的中国共产党海南省第六次代表大会确立了“坚持科学发展、实现绿色崛起、全面加快国际旅游岛建设”的奋斗目标，作出了深入推进反腐倡廉建设，大力营造风清气正、廉洁施政的政治生态的重要部署。海南正围绕省第六次党代会确定的目标和任务，深入开展“服务保障海南科学发展和绿色崛起大调研”活动，通过深入调查研究，进一步理清工作思路，明确工作重点，找准问题症结，提出对策措施，破解工作难题，不断提高坚决惩治和有效预防腐败工作水平，不断提高反腐倡廉建设科学化水平。在实施国际旅游岛建设发展战略中推进反腐倡廉建设，总体思路是，坚持用改革的精神、系统的思维、统筹的观念、发展的办法和科技的手段解决滋生腐败的问题和矛盾，围绕推进海南科学发展、实现绿色崛起、全面加快国际旅游岛建设这个全省工作的大局，更好地发挥反腐倡廉建设的服务、保障和促进作用。一是以科学的理论指导反腐倡廉建设。认真总结十七大以来海南反腐倡廉建设的经验，努力探索和把握客观规律，坚持标本兼治、综合治理、惩防并举、注重预防，着眼于权力行使安全、项目建设安全、资金运用安全和干部成长安全来谋划反腐倡廉工作。二是以科学的方法确定反腐倡廉建设的重点和领域，完善惩治和预防腐败体系，落实党风廉政建设责任制，保持查办案件的强劲势头，严肃查办发生在群众身边的腐败问题，开展“庸懒散贪”突出问题集中整治，加强机关效能建设，加大干部问责力度，做到党委政府的中心工作确定在哪里，反腐倡廉工作就跟进到哪里，围绕中心不偏移、服务大局不动摇、保障促进发展不懈怠，以反腐倡廉新的成效取信于民。三是以科学的制度保障反腐倡廉建设。推行制度廉洁性审查，进一步前移预防腐败关口。提高制度建设的质量和水平，形成科学、严密、管用、有效的反腐倡廉制度体系。加强制度执行力、落实力的监督检查，纠正有令不行、有禁不止，上有政策、下有对策，以及虚假执行、应付执行、选择执行、歪曲执行等不良现象。用好用足特区立法权，注意发挥专家学者在推进法规制度建设中的作用。四是以科技手段推进反腐倡廉建设。采用“制度+科技”的办法，推行网上行政、网上审批、网上招投标和网上监管，促进权力在阳光下运行，资源在市场中配置，资金在网络中监管，制度在约束中落实，提高反腐倡廉建设的信息化、网络化和智能化水平。

# B.10 四川反腐倡廉建设为"两个加快"提供坚强保障

四川省反腐倡廉建设课题组*

近年来，四川遭受了"5·12"汶川特大地震、低温雨雪冰冻灾害和特大山洪泥石流等重大自然灾害，经历了应对国际金融危机、藏区维稳等严峻考验，度过了一个艰难的发展时期。四川人民没有被困难吓倒，面对各种艰难险阻，自强不息、众志成城，在党中央、国务院的坚强领导和全国人民的倾力支持下，取得了灾后重建和加快发展的显著成绩。四川在反腐倡廉建设中紧密结合本地区实际，统筹推进惩治和预防腐败体系建设，助推"加快建设西部经济发展高地""加快建设灾后美好新家园"战略部署实施，为抗震救灾、恢复重建和加快发展提供了坚强保障。

## 一 "两个加快"催动四川反腐倡廉建设

### （一）反腐背景：加快建设西部经济发展高地、加快建设灾后美好新家园

四川地处西南腹地，位于长江上游，是承接东西、连接西南和西

* 课题组组长：李后强，四川省社会科学院党委书记，四川省廉政建设研究中心主任，教授。课题组成员：陈井安，四川省社会科学院党委副书记，四川省廉政建设研究中心常务副主任，研究员；郭丹，四川省廉政建设研究中心秘书长，研究员；廖冲绪，四川省廉政建设研究中心副秘书长，副研究员；刘福敏，四川省廉政建设研究中心助理研究员；张虹，四川省廉政建设研究中心助理研究员。执笔人：陈井安、廖冲绪、刘福敏、张虹。

北的战略要地。作为全国第一大彝区和第二大藏区，四川的发展对维护少数民族地区经济社会发展和稳定具有重要意义。面对“人口多、底子薄、不平衡、欠发达”的省情，面对“发展不足、发展水平不高”的问题，面对汶川特大地震、国际金融危机带来的困难，四川跳出盆地看四川、着眼跨越看突破，作出了“加快建设西部经济发展高地”的重大战略决策。近年来，四川致力于建设辐射西部、面向全国、融入世界的西部经济发展高地，着力打造“一枢纽（西部综合交通枢纽）、三中心（西部物流中心、商贸中心和金融中心）、四基地（战略资源开发基地、现代加工制造业基地、科技创新产业化基地、农产品深加工基地）”，取得了加快发展的奇迹。①

“5·12”汶川特大地震中，四川受灾面积达28万平方公里，21个市（州）有19个受灾，重灾区51个县（市、区），其中极重灾区39个，4600多万人不同程度受灾。面对新中国成立以来破坏性最强、波及范围最广、救灾难度最大的地震灾害，在党中央和国务院的领导下，在全国各族人民的无私援助下，四川省委省政府带领8000多万四川人民迎难而上，在地震后第7天就开始谋划灾后重建工作，提出了“三年基本恢复、五年发展振兴、十年全面小康”的灾后重建总体目标，作出了“加快建设灾后美好新家园”的战略决策，取得了抗震救灾的伟大胜利，铸就了“万众一心、众志成城，不畏艰险、百折不挠，以人为本、尊重科学”的伟大抗震救灾精神，在党的领导和政府主导下，探索形成了自力更生、多方援助与市场机制相结合的科学御灾模式，创造了灾后重建的奇迹。②

---

① 从2007年GDP突破1万亿元起步，到2011年跨入“2万亿俱乐部”，人均生产总值超过4000美元，四川仅用了4年时间。从2007年到2011年，全省经济增幅从高于全国平均水平1.4个百分点跃升到5.8个百分点，在GDP总量排名前10位的省市中发展速度居第一位。全省经济总量2011年已居全国各省（市、区）第8位。

② 截至2011年9月，纳入国家规划的39个重灾县重建规划任务全面完成，纳入省规划的103个一般受灾县重建任务基本完成，成功解决了540多万户1200多万城乡（转下页注）

## （二）指导方针：科学、系统、开放、创新

四川立足于“两个加快”，回应社会转型期的各种民意诉求，以实现好、维护好、发展好人民群众的利益作为反腐倡廉建设的出发点和落脚点，确立了“科学、系统、开放、创新”的反腐倡廉建设指导方针。

注重科学性。“两个加快”建设涉及领域多、项目多、资金多，极易导致公共权力异化，滋生腐败，损害人民群众的切身利益。四川各级党委、政府和纪检监察机关深刻认识和把握经济高速发展时期腐败的特点，在组织建设、监督检查方法、干部队伍建设等方面，把握矛盾共性与个性相统一的规律，结合惩治和保护干部的原则，突出标本兼治的目的，将体系反腐、制度反腐、文化反腐、科技反腐并重，既遵守原则性又贴近人性化，充分体现四川党风廉政建设和反腐败工作的科学性。

注重系统性。不论是西部经济发展高地建设，还是灾后美好新家园建设，都要求掌握国内形势的发展变化新情况，把反腐倡廉建设放在中央、省委省政府工作大局中思考和决策。因此，四川反腐倡廉建设追求政治效果、社会效果和法纪效果相统一，以系统性的战略眼光在“两个加快”的恢宏篇章中构建惩治和预防腐败体系。

---

（接上页注②）居民的住房修建，20 万失地农民的异地安置，170 万受灾群众的就业，以及因灾导致的 9524 户困难家庭，1449 名孤老、孤儿、孤残人员，2.7 万余名地震伤残人员特殊群体的生活；在 142 个受灾县高标准高质量地维修加固和重建了各类学校 8283 所、医疗卫生机构 2292 个，新建了一批功能完善的社会福利院、社区服务中心、文化中心，原址和异地重建城镇 38 座，建成干线公路 5606 公里、农村公路 32950 公里；整理复垦了 200 多万亩灾毁土地，恢复了林草植被近 450 万亩，实现了“家家有房住、户户有就业、人人有保障、设施有提高、生态有改善”的重建目标。2011 年 6 个重灾市（州）的地区生产总值、地方财政一般预算收入、城镇居民人均可支配收入和农民人均纯收入，分别是 2007 年的 1.95 倍、2.39 倍、1.7 倍和 1.75 倍，灾区基本生活条件和经济社会发展水平全面超过灾前水平。

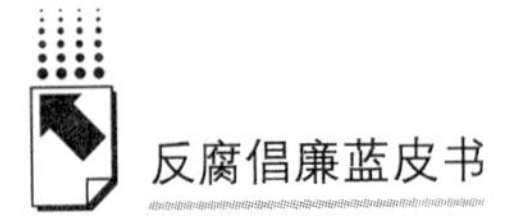



注重开放性。四川注重发挥人民群众在反腐败中的主体地位，推进信息公开，构建社会参与和群众评价机制。抗震救灾和灾后重建的纪检监察工作，坚持“公开、透明”的原则，将知情权、选择权、管理权、监督权交给人民群众，为群众全程参与监督创造条件，确保了“廉洁救灾，阳光重建”，实现了胡锦涛总书记“向人民群众交一本明白账、放心账”的嘱托。

注重创新性。四川反腐倡廉建设力求在设计制度、健全制度、执行制度的整体推进和具体举措上实践创新，将防范的关口前移，及时预判腐败现象变化趋势，探索惩治和预防腐败体系的顶层设计、组织机构干部队伍的核心保障、信息化的科技反腐、社会监督和群众评价等新举措。

### （三）基本思路：分层设计、分类实施、突出重点、点面结合、整体推进

结合“两个加快”实际，四川在反腐倡廉建设中坚持用系统的思维、统筹的理念、科学的方法指导反腐倡廉建设，注重主体责任落实、分层分类构建、强化风险防控和社会参与评价，确立了“分层设计、分类实施、突出重点、点面结合、整体推进”的工作思路。

分层设计。省、市、县、乡、村分别围绕本级反腐倡廉建设重点任务系统设计惩防体系基本框架。目前，省级已设计出“1＋7”惩防体系基本框架模型，“1”指框架构建的整体思路和方法；“7”指反腐倡廉教育机制、权力运行监控机制、改革创新治本机制、纠风治乱匡正机制、案件查办惩戒机制、社会参与评价机制和工作保障机制。

分类实施。按照党和国家机关、事业单位、国有企业、产业园区、“两新”组织5个类别，分别设计符合自身实际的惩防体系基本框架。首先在教育、财政、国土、卫生、国企、工商6大行业开展惩

防体系基本框架构建工作，引领四川各行业系统全面跟进。

突出重点。把重点领域、重点部门、重点岗位、重点环节、重点人物作为工作重点特别予以关注。

点面结合。确定了20个单位作为先行构建单位，确保全省2012年6月底前初步建成惩防体系基本框架。

整体推进。坚持系统治理，抓好教育、制度、监督、改革、纠风、惩处各项工作任务落实；坚持整体联动、全员参与、全域覆盖。

## 二　特色鲜明的惩治和预防腐败体系建设十项举措

四川坚持以服务“两个加快”为中心，建立健全反腐倡廉教育机制、权力运行监控机制、改革创新治本机制、纠风治乱匡正机制、案件查办惩戒机制、社会参与评价机制和工作保障机制等七大机制，加强对制度的廉洁性审查，初步建成主体责任落实、分层分类构建、注重社会评价的惩治和预防腐败体系。

### （一）发挥廉政文化的熏陶功能

廉政文化在反腐倡廉中具有基础性和导向性的作用。近年来，四川省委、省政府高度重视廉政文化建设，将其纳入文化强省建设的总体部署，制定了五年《工作规划》，出台了《关于加强廉政文化建设的实施意见》，整体谋划推进廉政文化建设。将地方特色的文化资源和反腐倡廉教育结合起来，是四川廉政文化建设的一大特点。四川充分运用电视剧、话剧、小品、川剧等文艺形式，宣传近年来各条战线涌现出的先进模范。例如，举办王瑛同志先进事迹专题宣传活动，制作了电视专题片《红叶永照心间》，川剧《巴山红叶》，全国巡演话剧《红叶旅途》。让廉政文化从会场走向广场、从机关走向社会，是四川廉政文化建设的另一特点。2012年，在推进中央纪委、监察部

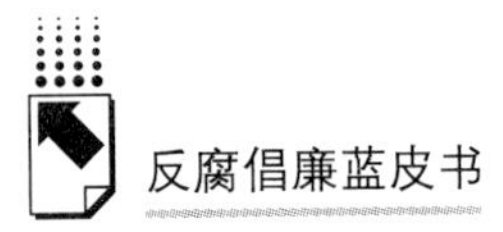


廉政文化“六进”的基础上，四川提出廉政文化“八进”工程，即廉政文化进机关、进学校、进企业、进家庭、进社区、进农村、进景区和进医院，不断增强廉政文化的社会影响力。以邓小平故里、朱德故里为载体建设廉政教育基地；召开全国廉政文化进校园联系点会议；依托“中国书法之乡”遂宁市蓬溪县打造全国廉政书法创作基地；推广蜀南竹海、三苏祠开展廉政文化进景区的经验；以“病人至上，廉洁行医”为主题开展廉政文化进医院活动。目前，四川已创建了13个国家级、省级廉政教育示范基地，在13个国家重点旅游景区和52个省级重点旅游景区融入廉政文化内涵。

### （二）开展防范利益冲突的制度廉洁性审查

四川不仅高度重视反腐倡廉制度建设，还把制度廉洁性审查作为预防腐败工作的一项重要内容。针对腐败案件中暴露出来的制度缺失和制度性腐败的严峻现实，2007年以来，四川采取纪检监察机关牵头、试点单位实施、有关部门配合的工作模式，推进审查工作。对试点领域的现行制度分三个层次进行清理：省人大法工委侧重对相关地方性法规进行清理，省政府法制办侧重对相关政府规章及规范性文件进行清理，试点单位侧重对本部门制定出台的制度进行清理。审查的标准包括：现行制度是否适应经济社会发展和改革的需要、是否包含廉政规范的要求、是否对自由裁量权做到充分限制和合理监督、是否存在程序设计上可能导致腐败问题发生的漏洞、是否有以制度形式谋取小团体利益等。审查的重点是权力相对集中的重点领域、关键环节，包括行使人事权、财经权、决策权相关制度，相关制度规定的自由裁量权幅度，相关行政审批事项规定，相关制度相对人权利义务保障规定。如省国土资源厅将审查重点放在土地矿产资源交易、土地矿产资源评估、开发项目管理、专项资金管理等8方面；省住房和城乡建设厅将审查重点放在项目招标、城乡规划、房地产开发、

住房公积金管理等5方面。省政府法制办清理了2007年底前省政府发布的规章203件、规范性文件690件，废止143件，宣布失效126件，修改完善48件，继续执行373件。省国土资源厅清理了涉及矿产、地质等6方面的制度性文件586件，废止327件，宣布失效118件。

### （三）全面防控廉政风险

四川将廉政风险防控机制建设作为推进惩防体系建设的重要一环，对各种岗位排查廉政风险，加强风险防控。通过查找履行岗位职责、执行制度、内部管理权等方面存在的廉政风险点，制定完善的防控措施，让权力在阳光下运行。根据党和国家机关、群团组织及其下属单位、国有企业、事业单位、农村基层、城市社区的不同特点，围绕权力运行的重要岗位、关键程序和主要制度，深入排查风险点，确定风险等级。在此基础上，再造业务流程，健全预控机制，堵塞管理漏洞，强化公开规范用权。截至2012年6月，全省21个市（州）均已在市一级开展了廉政风险防控工作，有55个省级部门（单位）、32家省属国有企业、68所省属高校、163个县（市、区）开展了廉政风险防控机制建设工作，取得显著成效。

### （四）开展县委权力公开透明运行试点

2009年以来，四川开展县委权力公开透明运行试点，探索规范和制约县委班子及其成员权力的实现方式。2009年成都市武侯区被中央纪委、中央组织部确定为“县委权力公开透明运行”试点县（区），2011年四川确定成都市锦江区、泸州市龙马潭区和巴中市南江县为县委权力公开透明运行试点县（区）。这项试点把党员群众知情、群众参与和群众监督贯穿始终，注重探索通过厘清职责权限、优化运行流程，搭建公开平台、畅通参与渠道，规范权力运行、强化权力监督等，从权力结构上解决超越职权、职权交叉、权责不清以及县委书记权力过于集中等问题，对权力事项进行梳理分类，逐项编制权力运行流程图，优化权力运行流程。

### （五）对审判权与执行权进行制衡

近年来，四川通过推进司法体制机制改革，加大从源头上治理腐败的力度。省法院相继制定了《关于防止司法人员干扰办案的规定》《司法人员廉政谈话制度》《法官廉政档案制度》等，加强审判管理权与审判权的监督制约，明确院长、庭长、审委会、合议庭的审判管理权限，依法规范自由裁量权；实行执行权力的分权制衡，在财产执行调查、采取执行措施、执行财产分配、执行异议的各个阶段，由不同人员办理；推行阳光司法，实现网上立案审查、审理、评查、考核和监督。

### （六）构建统一有效的招投标监督体系

针对公共资源交易领域腐败易发多发的实际，四川省委、省政府下发《关于设立四川省招标投标监督委员会的通知》，创建统一的招投标监督网络平台。目前，四川已形成了招监委组织领导、行政部门各司其职、重大问题协商处理的工作格局，实现了从分散管理、各自为政向统一协调、合力监督的转变。2011 年又推进了四项创新措施，即试行国家投资项目规模标准以下随机比选办法、建立统一的电子招标（采购）平台、建立工程项目评标复审机制、建立招标（采购）诚信体系。科学有效的招投标监督体系，使四川建设西部经济发展高地所需要的公开、公平、公正的市场竞争环境不断得到优化。

### （七）以“三项制度”促行政作风改进

2008 年以来，四川省以“首问负责制”“限时办结制”“责任追

究制”为重点，建设行政效能监察制度体系，提升效能改进作风，省级纪检监察机关将效能监察工作纳入反腐倡廉建设总体部署和惩防体系建设总体规划，相继出台了《四川省行政机关首问负责制度》《四川省行政机关限时办结制度》《四川省行政机关责任追究制度》等10余个规范性文件，将效能监察从具有行政审批职能的部门向不具有行政审批职能的部门延伸，从行政审批事项向公共服务延伸，使全省行政效能监察实现全方位、全覆盖、全过程。截至目前，省直部门行政审批事项由2008年的1122项减少为478项，全省实现了90%的行政审批项目进入政务服务中心办理，90%的行政审批人员进入政务服务中心集中办公，提前办结率达97.6%、现场办结率达99.6%。此外，四川还利用现代电子信息网络技术，在省市县三级176个政务服务中心和54个省直部门建立开通了具有“实时监控、警示纠错、信息管理、效能分析”功能的行政效能电子监察系统，对各级各部门政务服务实行实时监察和动态评估，有效提高了行政效能监察的科学化水平。四川在行政效能建设中注重畅通群众投诉渠道，在县级以上纪检监察机关都设立了行政效能投诉中心，专人办理群众投诉，维护群众的合法权益。到目前，全省共查处效能投诉8132件，5060个单位5103人受到责任追究。

### （八）发挥专项治理和案件查办的惩戒功能

近年来，四川开展专项治理，严厉惩治违规收送红包礼金、违规打麻将参与赌博、违规经商办企业、违规占用住房、公款出国（境）旅游、私设“小金库”的行为，治理工程建设领域突出问题。五年来，查处工程建设领域违纪违法案件1419件，督促整改问题6283个，给予党纪政纪处分549人；查处“小金库”1964个，给予党纪政纪处分143人；取消不符合政策规定的庆典研讨会论坛活动313项；清理党政机关违规公务用车13568辆。四川还突出查办大案要案，完善信访制度，积极发挥查办案件的治本作用。四川将 2009～2011 年确定为办案工作制度建设年，制定了《市州纪检监察机关查办案件工作考核办法（试行）》《委厅机关纪检监察室信访件处理暂行办法》《四川省纪检监察机关重大案件内部通报制度（试行）》等，逐步建立了在信访举报案件工作中“四个必报”制度，即中央纪委交办的信访举报案件必报主要领导签批、本级筛选排查的信访举报案件线索必报主要领导批准、交办的信访举报案件查办进展情况必报主要领导掌握、下级报结的信访举报案件必报主要领导审查。近 5 年来，全省纪检监察机关受理信访举报 300005 件（次），立案 20815 件，给予党纪政纪处分 23994 人，其中市（厅）级干部 59 人、县（处）级干部 1021 人。

## （九）导入党风廉政建设社会评价机制

社会监督是权力制约机制中不可或缺的重要组成部分。四川在反腐倡廉工作中探索建立“党风廉政建设社会评价体系”，以省委办公厅、省政府办公厅名义发布《关于开展党风廉政建设社会评价工作的意见》，导入社会参与和评价，让人民群众有更大的参与权和话语权。四川省被中央纪委确定为党风廉政建设社会评价工作试点地区。2011 年以来，四川围绕责任考核，坚持群众满意标准，提升考核方式的科学化水平和考核结果的公信力，将考核结果纳入省委综合目标管理和省政府绩效考核，并作为领导干部的表彰奖励、考察考核、选拔任用的重要参考。成立了以省委常委、省纪委书记为组长的党风廉政建设群众满意指数综合评价工作领导小组，在全省范围内深入开展“关于落实以人为本执政为民要求，进一步提升群众对党风廉政建设满意度”专题调研，在此基础上建立健全了以 4 个一级指标、15 个二级指标为基本框架的“四川省党风廉政建设群众满意指数综合评价指标体系”；委托省统计局社情民意调查中心，通过计算机辅助电

话调查系统（CATI）进行民意调查，调查人员与被调查者不直接见面，对访问进行全程录音、现场监听，随机抽取30%的样本进行复核，实现调查访问质量的全程控制，确保调查结果的客观真实。四川每半年分别针对21个市（州）、181个县（市、区）党委政府领导班子抓党风建设开展一次民意调查，并强化评估结果的运用，反馈评价结果，纳入目标考核，来推动工作建设。社会评价工作的开展，为党风廉政建设责任制考核提供了定量分析依据，促进了各级党政领导班子切实担负反腐倡廉建设的责任，推动了党风廉政建设与党委、政府中心工作的有机融入，与经济社会发展同步推进，形成了党政责任落实、层层齐抓共管、群众积极参与的良好格局。

### （十）强化组织、运行和检查考核保障机制

惩治和预防腐败体系建设是一项复杂的系统工程，需要各方面的保障。四川通过加强组织保障、运行保障和检查考核保障，推动惩防体系建设。在组织保障方面，2010年省委成立推进惩防体系建设领导小组，同年，成立省预防腐败局，专门负责“组织协调、检查指导全省惩防体系建设工作”。在运行保障方面，2010年建立了惩防体系建设牵头协办单位联席会议制度、预防腐败联席会议制度、项目化推进台账式管理制度、会议调研督导等方式推进工作制度等70余项工作机制，并对重点任务实施项目化管理，用推进工程建设项目的办法推进重点任务落实。在检查考核方面，2010年制定《关于贯彻落实〈中共中央纪委关于推进惩治和预防腐败体系建设的检查办法〉实施细则（试行）》，对工作检查、年度考核、结果运用等做了明确规定，对各市（州）和省直牵头、协办部门工作推进情况进行动态检查督促。2011年，5位省委常委和4位省纪委副书记分别带队，对9个市（州）、6个省直牵头部门、3个省属国有重要骨干企业推进惩防体系建设情况进行了检查。省委惩防体系建设领导小组成员和省预

防腐败局领导带队，深入全省18个市（州）、40余个县（市、区）、10余个省级部门（单位），开展惩防体系基本框架构建等内容的调研、指导、检查，并将检查结果纳入省委、省政府综合目标考核，作为干部提拔任用、评先评优和实施问责的重要依据。创新了对领导干部的日常监管方式，把住房、投资、配偶子女从业等情况纳入党员领导干部个人有关事项报告内容。2011年12.6万余人次报告了个人有关事项，对23人涉及的有关问题进行了纠正。

## 三　对重大决策部署执行情况“精细化”监督检查

四川注重围绕重大经济发展战略、应急监督、藏区稳定、民生问题等重大决策部署，强化对贯彻执行情况的监督检查，确保各项决策部署真正落到实处。

### （一）监督检查“加快建设西部经济发展高地”战略决策的落实

在加快发展进程中，随着重点园区、重点产业和重点工程的不断推进，大量基础设施陆续开工建设，大量资金不断投入使用，如果缺乏有力有效的监管，极易产生权力寻租，增加腐败发生几率。针对形势的发展变化，四川加强对新一轮西部大开发重大部署实施情况、加快转变经济发展方式、成渝经济区区域规划实施情况、天府新区建设等重大发展战略实施情况的监督检查。2011年，围绕加快转变经济发展方式，加强了对政策落实、资金管理、项目建设管理等情况的监督检查，形成了各司其职、各负其责、齐抓共管的工作格局。2012年，围绕兴川大计“一号工程”——天府新区建设，省纪委、监察厅牵头建立天府新区土地规划利用专项监管联席会议机制，全面部署天府新区土地管理专项监管，出台《关于加强天府新区土地规划利

用专项监管工作的意见》，强化土地规划编制、用途管制、征收审批、农用地转用、土地供应、土地登记确权颁证等六大关键环节的监管，以严格的监督保证天府新区建设健康进行。

### （二）监督检查抗震救灾和灾后重建重大决策部署的落实

“5·12”汶川特大地震救灾和重建时间紧迫、任务繁重、举世关注，四川各级纪检监察机关和有关职能部门认真监督检查抗震救灾和灾后重建重大决策部署的贯彻落实。一是构建立体覆盖的监督体系，形成协同监督的合力。建立健全监督检查领导机构，落实各级党委、政府和职能部门的监管主体责任，充分发挥纪检监察组织协调、发改系统项目稽查、财政系统资金监管、建设系统质量监督、审计系统同步审计等监管主体的作用，构建起省市县乡村五级监督体系。二是坚持务实有效的监督举措，增强应急监督实效。在应急监督中突出一线监督、动态监督、专项督查、效能监察与合作监督，共组建监督检查工作组530余个、抽调干部2870名、征聘省级社会监督员343名，常驻灾区一线开展全程监控、定期巡查、专项抽查和动态监督，发现并督促整改问题2万余个。三是创新制度设计，提升应急监督规范化科学化水平。健全约束严密的监督制度，规范资金物资管理使用的关键点、约束招标投标的薄弱点、防控腐败易发多发的风险点、清除制度建设的空白点，先后制定社会捐赠资金物资和“特殊党费”及港澳援助资金项目管理监督办法、重建工程项目招标投标工作规程、灾后重建行政效能问责规定等20余个重要规范性文件，强化预警预控，确保有章可循。四是强化公开透明，及时回应社会关切。坚持民生事项让百姓全面及时知晓，全面公开救灾资金物资管理使用情况；拓宽信访举报渠道，建立涉灾信访绿色通道，第一时间启用举报电话12388，在灾区群众集中安置点设立现场投诉站，开设网络举报信箱、网上投诉栏目，及时受理群众诉求，核查涉及抗震救灾和恢复重建的信访举报 10540 件，查处 582 人，移送司法机关 91 人。在抗震救灾和灾后重建中，救灾重建资金物资使用和项目管理规范有序，没有出现重大质量问题，没有发生重大安全事故，没有发现重大违纪违法问题，得到中央的充分肯定和社会的广泛好评。

### （三）监督检查藏区发展稳定工作的落实

四川藏区的发展稳定不仅事关四川的发展稳定，也直接影响全国其他藏区的发展稳定。针对四川藏区的重要战略地位及反分裂斗争的严峻形势，四川省纪委监察厅围绕中央和省委加强藏区发展稳定的决策部署，将抗震救灾中的一些有效做法融入到藏区工作中去。在监督方式上，健全责任体系，下沉工作重心，强化分级自查、驻点监督和专项检查，明察暗访相结合，把监督工作覆盖到乡镇、延伸到村社。在监督内容上，重点加强执行政治纪律、落实维稳工作责任、干部作风建设、基层政权建设、民生工程实施等五方面的监督检查。一方面，通过监督检查发现问题，惩治不作为的领导干部。先后组织开展 8 轮集中检查，随机抽查了藏区 44 个乡（镇）、48 个村落实维稳责任和开展“两个排查”等情况，暗访了藏区 37 个州、县直单位干部值班在岗情况，解决藏区项目建设土地征用、城镇拆迁过程中侵害群众利益的行为，严肃查处截留、挤占、挪用扶贫开发专项资金的行为，推动建立维护群众利益长效机制。另一方面，引导广大党员干部在面向群众、改善民生中转变作风，发挥好联系群众、服务群众、团结群众的作用。健全“信访绿色邮政”，对现有信访积案集中化解。开展纪检监察机关领导干部接访、重点约访和主动下访活动，为群众排忧解难。督促进行“四项帮扶活动”“五项关怀行动”和“万名干部下基层”活动，动员党员干部驻村入户、进寺入舍，把群众工作落实到家庭、寺庙和人头。

### （四）监督检查民生政策的落实

关注民生、改善民生、提高民生，是巩固执政基础的战略举措。近年来，四川省针对人民群众反映强烈的突出问题，重点围绕中央和省委强农惠农政策落实、扶贫开发政策落实、征地拆迁以及就业促进、扶贫解困、民族地区帮扶、百姓安居等“十项民生工程”开展监督检查。四川特别加强了中央、省委推进农村改革发展方针政策和强农惠农政策落实情况的监督检查。坚持经常性检查与专项检查相结合，把粮食直补、良种补贴、农机具购置补贴、农资综合直补等农业补贴，以及新农合、新农保政策落实情况作为必查内容，开展农民负担重点领域专项治理和重点地区农民负担综合治理，纠正在农民建房、计划生育、农机具推广等方面乱收费、乱罚款和各种集资摊派问题，推行涉农价格收费“公示制”和农民负担“监督卡制”，严厉打击制售假劣农资、哄抬农资价格等行为。2012 年制定扶贫资金项目管理工作监督检查意见，加大明察暗访和专项巡察力度，推行扶贫政策五级公示和村民代表、党员代表、人大代表、政协委员定点监督制度，形成了职能部门监督、纪检监察监督、社会监督“三道防线”。近五年来，共查处涉农“三乱”等损害农民利益的案件 664 件，处理 403 人；在社保基金、住房公积金、扶贫移民资金、救灾救济资金监管方面，纠正问题 630 件，查处 258 人。治理教育乱收费涉及金额 9419 万元，处理 657 人；查处医药购销和医疗服务中的违纪违法案件 387 件，处理 296 人；查处公路“三乱”案件 329 件，处理 247 人。

## 四　基层组织建设、队伍建设和信息化建设“三箭齐发”

近年来，四川注重强化各级纪检监察机关和广大纪检监察干部政治观念、大局观念、责任观念、群众观念和自律观念，通过加强基层组织建设、干部队伍建设和信息化平台建设，夯实了反腐倡廉建设的组织基础。

### （一）全面恢复乡镇纪检组织

在贯彻中央纪委、监察部下发《关于加强乡镇纪检组织建设的指导意见》的过程中，四川结合实际，推进乡镇纪检组织机构规范化、队伍建设专业化、装备条件现代化、管理机制科学化，努力把乡镇纪检组织建设成为“巩固执政基础的战斗堡垒、反腐倡廉建设的前沿阵地、服务联系群众的桥梁纽带、基层管理创新的示范窗口”。2012 年初，四川省委、省政府办公厅出台《关于加强乡镇纪检组织建设的实施意见》，明确提出健全组织机构、发挥职能作用、加强干部管理和强化工作保障等方面要求。全省 4406 个乡镇，到 2012 年 8 月已按要求全面恢复设置乡镇纪委，乡镇纪委所需工作经费全部纳入县级或乡级财政年度预算。

### （二）大规模开展“三项建设活动”

四川纪检监察系统以能力素质、思想作风、基层组织“三项建设”活动为载体，着力打造一支政治坚强、公正清廉、纪律严明、业务精通、作风优良的高素质纪检监察干部队伍。一是推进能力素质建设。2008 年以来，通过专题培训、岗位练兵等形式，对全省各级纪检监察干部开展大规模培训，由省纪委直接开展新任乡镇纪委书记任职培训，市、县两级纪委则对乡镇纪检干部加强培训。2012 年省纪委出台《2012 ~2016 年全省纪检监察干部教育培训规划》，强化对各级纪检监察机关领导干部、业务骨干和基层干部的分层分类培训，着力提高战略思维能力、把握大局能力、科学执纪能力和创新实践能力。二是推进思想作风建设。四川各级纪检监察机关认真落实省委

“面向群众、改进作风”的要求，深化开展“挂包帮”活动、纪委书记下基层活动，探索建立“纪委开放日”制度，强化“监督者更要带头接受监督”的意识，建立监督内控机制，分级开展纪检监察干部作风巡察，巡察结果纳入纪检监察系统工作考核范围，作为衡量各级纪检监察机关作风建设成效的重要依据；充分发挥党委、人大、政府、政协，以及新闻媒体和人民群众的作用，加强对各级纪检监察干部的监督。建立健全纪检监察干部人文关怀机制，提高经费保障、基础设施建设和技术装备水平，不断提升纪检监察机关的工作效能和创新活力。三是推进基层组织建设。规范各单位、各部门纪检监察组织设置，健全高等院校、国有企业纪检组织，探索推进非公有制经济组织和社会组织中的纪检组织建设，努力形成横到边、纵到底、全覆盖的监督网络。

### （三）建设纪检监察信息化平台

四川省纪委、监察厅高起点规划，高标准建设，高效率推进，建成省市县三级互联互通的纪检监察“四大系统”：一是省、市、县三级全覆盖的高速专用网络系统，为全省纪检监察信息网络开辟了安全稳定的“高速路”；二是视频会议、协同办公、在线培训、远程指挥等多种功能的视频指挥系统；三是有效满足语音通话、会议、传真等需求，增强纪检监察系统语音通信的安全性和稳定性的语音通信系统；四是网络数据安全防范系统。这“四大系统”应用于惩防体系建设、党内监督、公共资源交易监督、行政效能监察和招标投标等“五大领域”，全面提升了反腐倡廉建设科学化水平。通过“惩防体系建设信息管理系统”高效推进惩防体系建设；通过党员干部“廉情预警系统”对党员干部廉洁自律、遵规守纪、作风效能等方面情况进行综合评估、定量分析，分级分类进行实时预警；通过“公共资源电子交易平台”对各个交易环节进行实时、在线动态监控，确保资源在市场中配置，权力在阳光下运行；通过“行政效能电子监察系统”实现权力运行全方位、全覆盖、全过程监督；通过招标投标监督网实现建设工程开标评标电子化、监督管理自动化、招投标过程信息化。

## 五　反腐倡廉建设地方探索“百花争艳”

在四川省委、省政府的领导和省纪委的组织协调下，四川各地以改革创新精神，积极探索反腐倡廉建设新举措，保障了地方经济社会的健康发展。

### （一）成都：“两新组织”防治腐败

成都市围绕“守法、诚信、廉洁、自律”主题，坚持“服务发展、尊重自愿、分类指导、统筹推进”的工作原则，探索在新经济组织和新社会组织（以下简称“两新”组织）中开展反腐倡廉建设的途径和方法。一是健全“两新”纪检组织，夯实反腐工作基础。坚持“两新”党组织建设与纪检组织建设同步推进，工作机制同步完善，逐步扩大“两新”党组织纪检工作的覆盖面。二是加强反腐倡廉建设，努力营造廉洁氛围。在“两新”组织的负责人、党员及广大职工中广泛宣传党纪、国法以及反腐倡廉工作方针、政策，围绕“诚信守法、廉洁从业”的目标，实施“打造一个阵地”“兑现一句承诺”“参与一次活动”的“三个一”工程，营造“崇廉”“尚廉”的良好社会氛围。三是完善内控约束机制，强化廉洁风险防控。围绕促进“两新”组织健康发展，积极开展“两新”组织廉洁风险防控工作，把廉洁风险防控纳入“两新”组织的生产经营及管理环节，健全内部管理和诚实守信等制度体系，优化和再造管理流程，规范决策行为，建立和完善内控约束机制。四是完善双向协作机制，搭建交

流工作平台。积极探索党政机关服务和保障“两新”组织发展的工作机制，建立定期联席制度，完善派出纪工委联系辖区“两新”组织纪检工作制度。成都市“两新组织”反腐倡廉建设不仅为“两新”组织健康发展提供了有力保证，也为社会领域防治腐败提供了经验借鉴。

### （二）泸州：惩防体系“三化”模式

泸州市在提高反腐倡廉建设科学化水平的探索中，提出了“三化”推进惩防体系建设的模式。一是系统化设计，包括构建要素系统化、构建层级系统化和构建类别系统化。围绕“不想腐败、不能腐败、不敢腐败”，市、区县、乡镇、村（居）四个层级和党政机关、事业单位、国有企业、产业园区、“两新”组织五个类别都构建了“152”惩防体系基本框架（见表1）。二是标准化管理，包括风险查找标准化、风险定级标准化、风险管控标准化。按照全员参与、全域覆盖、全程规范的要求，从主要领导干部到一般工作人员，从市、区县、乡镇、村（居）到党政机关、事业单位、国有企业、产业园区、“两新”组织，都严格按照职权梳理、对照自查、互帮互查、公示评议、审核把关五个程序组织查找廉政风险防控点；根据岗位在单位的权重、服务社会的关联度、掌控资金和物资量、近五年来的信访量、发案率、自由裁量权大小等参考要素，进行量化和集体评议，由低到高设置三级、二级、一级风险；紧紧围绕重点对象、重点领域、重点环节，针对权力发生和运行特点，进行前期、中期、后期全程动态防控。三是常态化推进，包括落实责任常态化、监督检查常态化、改革创新常态化。健全完善干部作风和廉洁方面苗头性问题“早发现、早提醒、早纠正，提醒卡、警示卡、纠错卡”的“三早三卡”机制；实行市纪委常委联系区县制度，对区县工作进行指导督查，督促区县党政班子廉政履职；对惩防体系建设引入工程建设理念，实行项目化管理，实行“三书”告勉，年初向各责任单位发出年度任务告知书，每季度对照党风廉政建设台账，向未完成工作进度的单位发出督办通知书，对督办期限结束仍未完成任务的单位，发出限期整改问责书。泸州市通过“系统化设计、标准化管理、常态化推进”，科学推进惩防体系建设，不仅为当地经济社会又好又快发展提供了坚强保证，也为全省惩防体系建设提供了宝贵的经验借鉴。

**表1　泸州市“152”惩防体系基本框架**

| “1”：一个目标 | “5”：五大系统 | “2”：两大工作机制 |
|---|---|---|
| 惩防体系建设总体目标：内容科学、程序严密、配套完备、有效管用 | 廉洁自律系统：廉洁文化、廉洁修身、廉政教育、廉政承诺<br>权力制约系统：风险防控、规范决策、规范运行、权力公开、科技防控<br>监督惩治系统：专门机关监督、社会监督、专项治理、案件查处<br>纠风治乱系统：行风建设、专项治理<br>改革创新系统：推进改革、完善机制 | 组织保障机制：落实责任、检查监督、考核奖惩<br>评估修正机制：分析评估、修正完善、改革创新 |

## （三）广元：以“廉洁细胞”工程打造“廉洁城市”

广元市在全国地级市中率先提出打造“廉洁城市”的目标要求，并纳入本市“十二五”总体规划。一是以廉政风险为防控重点，深入推进“廉洁机关”建设。各机关通过干部廉洁教育、干部作风建设和科学配置权力，树立廉洁理念，形成廉洁文化，做到领导示廉、干部勤廉、机关清廉、社会享廉。二是以廉洁理念的传播为重点，深入推进廉洁学校建设。从播种廉洁种子、倡树廉洁理念入手，通过抓学校领导班子的廉洁治校、教师队伍的廉洁从教和青少年的廉洁教育三个关键环节，大力加强“廉洁学校”建设。三是以规范基层干部履职行为为重点，深入推进廉洁村庄（社区）建设。在廉洁村庄

（社区）建设中，加大《农村基层干部廉洁履行职责若干规定（试行）》的宣传和执行力度，制定《资金、资产、资源和工程管理办法》《廉洁村庄（社区）工作规范》，规范村组干部用权行为，畅通信访举报渠道，严肃查处村（社区）干部贪污贿赂、以权谋私等与民争利的行为，把廉政文化进农村纳入新农村建设的总体规划，开展创建文明村、文明户活动，建设文明乡风。四是以家庭美德建设为重点，深入推进廉洁家庭建设。家庭是社会最基础的细胞，社会廉洁，家庭有责。通过举办“贤内助”“廉内助”培训班，加强法律法规、党纪政纪条规学习，教育家庭成员当好宣传员、监督员、守门员、战斗员，不干涉、不插手领导干部正确行使权力；通过创建“文明家庭”“五好家庭”“和谐家庭”、评选“廉内助”等活动，引导家庭成员提高廉洁意识，以此带动和影响身边的人和事。五是以诚信体系建设为重点，深入推进廉洁企业建设。企业是城市的重要细胞，通过开展诚信教育、建立全市统一的企业信用信息共享平台、加强企业廉政风险防控等举措，构建诚信体系，建设廉洁企业。六是以医德医风建设为重点，深入推进廉洁医院建设。医患关系是目前社会高度关注的热点。通过廉政文化建设，把廉政文化与医院文化建设相融合；通过完善内控制度，切实纠正医疗行业不正之风；通过深化行风建设，强化社会监督。

广元市积极探索以廉洁机关、廉洁社区、廉洁企业、廉洁医院、廉洁学校、廉洁村庄、廉洁家庭为主要内容的“廉洁细胞”工程，通过领导示廉、机关清廉、干部勤廉、社会尚廉、人人倡廉、处处讲廉、事事创廉，努力培育党委政府清正廉明、党员干部干净干事、广大市民崇廉自律、企业依法经营的党风、政风和行风，为广元市经济发展与社会和谐营造了良好的环境。

### （四）眉山：建设防止暗箱操作“公共资源交易平台”

眉山市整合工程建设招投标、政府采购、土地矿权出让、国有产权转让等有形市场，纳入统一平台交易。一是创立“三权制衡”模式。2007 年眉山市及 6 区县成立了由同级纪委书记担任主任的招监委，下设招监办；2008 年成立公共资源交易中心及招标投标管理办公室，招管办行使管理权，交易中心行使操作权，招监办行使监督权，“三权”相互配合、相互制约，理顺了决策协调、日常管理、行政监督和办理操作的关系，形成了权力制衡的三足之势，确保操作平台健康、高效、公开、公平、公正运行。二是建立健全制度。以制度建设为切入点和着力点，对进场登记、资料审核、信息发布、专家抽取、开评标管理、资料归档、保密、异常情况分析处理等各个环节形成了一整套规章制度。每年查缺补漏，问题发现一个解决一个，并制定针对性措施。三是广泛运用电子技术。建成集网上招标、投标、开标、评标于一体的公共资源电子交易服务平台，彻底实现招投标全程电子化，围标、串标现象得到有效遏制。四是提升标后管理水平。率先在省内出台《治理政府投资项目转包、违法分包及挂靠行为实施办法》，通过建立新增工程联席会议制度、项目结算公示制度、改革压证施工制度，规范项目履约阶段管理，堵塞“低价中标、高价结算”的漏洞。研发政府投资工程项目在线监控系统，对项目运行关键环节，进行在线动态监控。初步建立招投标诚信体系，形成“一处受罚，处处受限”的局面。

眉山市通过公共资源交易平台建设，较好地实现了对政府机关的职权、程序、办事过程、办事结果、监督方式等全程监控，使公共资源交易中的权力运行公开透明，避免暗箱操作，遏止了权钱交易等腐败现象，取得了明显的“降本增效”成果。

### （五）绵阳：利用现代科技手段防腐反腐

作为中国唯一科技城和全国首批“三网融合”的唯一地级市，绵阳市充分利用科技城的实力优势，积极探索现代信息技术手段在惩

防体系建设过程中的新应用和新突破。一是运用电子网媒，打造党风廉政电子化教育平台，切实增强宣教说服力。依托“金纪工程”、绵阳政务门户网站、单位局域网、互联网等，积极搭建廉政宣传教育信息化平台，构建反腐倡廉宣教电子阵地和网络舆情预警系统，确保廉政教育入眼、入脑、入耳、入心，营造浓厚的网络廉政教育氛围，及时发现梳理违纪线索，有效疏导网民偏激情绪。二是安装“电子眼”，打造政务服务电子平台，切实增强监督约束力。在全省率先开通运行了市级电子政务大厅和手机版电子政务大厅，通过手机上网即可办理行政审批，实现了群众办事“一机在手，网上完成”。同时，构建网络化并联审批综合管理系统，实行了行政审批的主要内容、基本程序、申报文本、办理时限、收费标准在网上“五公开”；建设市、县市区、市级部门政务网站集群，将各部门行政权力清单在网上向社会公开，推进政府信息网上公开。三是设立“防火墙”，打造权力电子监察平台，切实增强权力制衡力。先后建成市管干部无记名电子票决系统、行政权力运行全程监控系统和群众政风效能监督系统，充分发挥现代科技手段规范权力、制约权力的强大功能。四是注重科技支撑，打造案件查办工作平台，切实增强惩治威慑力。积极运用现代科技，探索信访举报网络化、办案手段电子化途径，为及时揭露、发现和有效查处违纪违法案件提供有力的科技支撑。先后建立了网络举报处理系统、远程办案指挥系统、案件突破电子系统。

绵阳市在惩防体系建设中，不断运用信息技术手段，增加科技含量，规范权力运行，在很大程度上能够破解传统文化消极困扰，提高了预防腐败能力、制度执行能力和监督水平能力。

### （六）内江：发挥“四大优势”建设廉政文化

廉政文化建设有利于培养公民的廉洁自律意识，在全社会营造廉政的良好氛围。内江市积极开发本土资源，发挥“四大优势”，大力推进廉政文化建设。一是发挥智力优势。整合内江师范学院、内江各类艺术家协会和各级纪检监察组织的力量，成立了全省第一家“廉政文化研究会”和第一家市级“预防腐败研究中心”，积极开展廉政文化研究和建设，推出了《指南针》《百姓爱好官》《变脸》《麻将人生》等一批获得全国、全省奖项的廉政文化作品。二是发挥载体优势。内江在全省市（州）机关党报上率先开设了廉政文化宣传专版；指导威远县创办的“婆城廉网”五年来网民点击达三百多万人次；建立了辐射全市领导干部和党代表、人大代表等六千余名人员的“廉政手机短信库”；坚持重要节点利用城区所有公用LED宣传平台播放廉政箴言；在城市乡村广泛设置廉政公益广告、廉政文化百米墙和廉政文化一条街、廉政书屋等，强化了廉政宣传的辐射力。三是发挥群众参与优势。面向社会征集剧本，选拔演员，拍摄了地方反腐倡廉电视短剧《盛世清风》；利用四川省首批非物质文化遗产——“资中木偶剧”开展廉政文化巡演“双百双十万”工程；开展廉政文化“赶场”活动。全市成立了由社区组织、市民自发参与的近百个“廉政社区艺术团”、“周末合唱团”等，在城区乡村巡回演出，干部群众参与廉政文化创建的积极性普遍提高。四是发挥历史文化资源优势。利用“中国石牌坊之乡”——隆昌的古牌坊开展“观廉政牌坊、做廉洁干部”活动；打造了新闻巨子范长江纪念馆、红岩英烈原中共四川省委书记罗世文史料陈列馆等一批廉政文化教育基地，有效发挥了地方廉政资源的作用，促进了廉政文化建设。

## 六　四川反腐倡廉建设的思考与展望

反对腐败、建设廉洁政治是全人类的共同愿望。四川反腐倡廉建设坚持以党的领导为根本保障，以发展的马克思主义理论为指导，强化“以人为本、执纪为民”的反腐倡廉建设理念，系统推进惩防体

系建设，保障了“两个加快”的顺利推进，维护了人民群众的切身利益，创造了具有四川特色的鲜活经验。

## （一）保障发展、服务民生是反腐倡廉建设的价值取向

反腐倡廉建设须围绕特定历史阶段的发展任务，服务解决社会主要矛盾的需要，为经济社会发展和人民福祉提供强有力的保障。一方面，必须把实现好、维护好、发展好人民群众的根本利益作为工作的出发点和落脚点，体现“以人为本”的价值追求。另一方面，要把“人”作为反腐倡廉工作最积极、最能动的要素，加强对党员干部的教育、管理与监督，做好关心人、爱护人、教育人、挽救人的工作。四川反腐倡廉建设紧紧围绕“两个加快”，立足服务民生，为抗震救灾、灾后重建、加快发展“三个奇迹”的取得提供了坚强的保证，为四川经济社会又好又快发展奠定了坚实的基础。这充分证明只有坚持以人为本，围绕解放和发展生产力、保障和改善民生这个工作重心，反腐败工作才能把握前进的方向，才能找准突破口，从而推动经济发展，促进社会和谐。

## （二）科学的制度设计是反腐倡廉建设的基础性工程

反腐倡廉建设不可能一蹴而就。建立和完善相关法律制度是反腐倡廉建设的一项基础性工程。四川在反腐倡廉建设中，坚持制度先行，并创造性地开展制度廉洁性审查，防止因制度不廉洁导致腐败的发生。在“5·12”汶川大地震抗震救灾和灾后重建中，不管时间多紧迫、任务多艰巨，四川都坚持以制度管人、管事、管钱，避免“特事特办”和“下不为例”的“人治”现象，遏制了腐败现象的滋生蔓延。同时，四川各级纪检监察机关拓展深化常态监督，积极探索应急监督向常态监督转化的有效路径，在加快经济发展方式转变、藏区（彝区）跨越式发展和长治久安政策落实，以及灾后发展振兴、

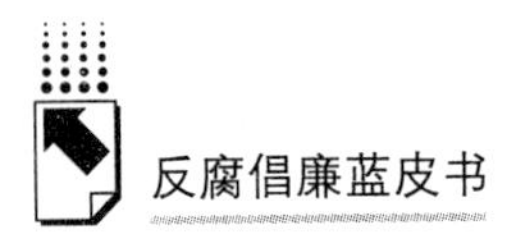


民生工程、扶贫开发、重大基础设施建设资金项目管理使用情况等各项监督检查工作中全面推广、积极运用抗震救灾和灾后重建监督检查工作中的有效做法和成功经验，并形成常态监督制度，为我国乃至世界其他国家和地区应急监督向常态监督转变探索新路。

### （三）辩证思维是反腐倡廉建设的内在要求

反腐倡廉建设是一项艰巨复杂的系统工程，必须用联系和发展的眼光，统筹布局反腐倡廉各项任务。四川在贯彻落实《建立健全惩治和预防腐败体系 2008－2012 年工作规划》过程中，党政齐抓共管，分层分类构建，以点带面推进，正确处理了惩治和预防的关系、惩处和保护的关系、当前任务和长远目标的关系、重点和一般的关系、可能和现实的关系、共性和个性的关系，将反腐倡廉工作有机融入中国特色社会主义事业和党的建设整体布局中，融入四川“两个加快”的战略选择中，突破了反腐败斗争零敲碎打的简单化、碎片化思路，形成了“分层设计、分类实施、突出重点、点面结合、整体推进”的惩防体系基本框架构建新思路。这一思路既注重惩防体系总体上的同一性和普遍性，又强调惩防体系不同时空条件下的差异性和特殊性；既体现了唯物辩证法的两点论，也体现了唯物辩证法的重点论；既注重系统思维，也注重整体设计，是马克思主义哲学辩证思维的科学实践。

### （四）人民满意是反腐倡廉建设成效的检验标准

人民群众是历史的创造者，人民群众的支持和参与是反腐败和廉政建设取得成功的强大力量。四川各级党委和政府深刻认识到，新形势下，群众工作“松”不得，党群关系“散”不得，稳定基础“垮”不得，并立足巩固执政基础的政治高度，立足基层社会发展稳定大局，立足基层党风廉政建设任务，注重群众监督，不断拓宽群众

参与反腐倡廉建设的渠道，把群众举报和专门机关依法惩处相结合，把群众监督纳入法制化和制度化轨道。同时，坚持群众满意标准，引入社会评价机制，把人民群众“满意不满意”和“答应不答应”作为反腐倡廉的首要标准。

### （五）作风效能建设是发展高速期反腐倡廉建设的客观需要

作风效能建设为经济发展提供优质“软环境”保障。作风效能建设简便了政务办公流程，提高了效率，减少了权力寻租的可能，从而有利于保障发展，促进社会公平。四川各级党委和政府立足加快发展的实际和发展民生的目标，结合深化行政管理体制改革的要求，坚持把抓效能监察促经济社会发展与抓效能监察促廉政风险防控、惩防体系建设结合起来。在效能监察中服务科学发展、服务环境优化、服务广大群众，注重监效监廉并重，以监效监廉促发展、保民生，为“两个加快”提供了透明开放的政务环境、优质高效的服务环境、公正严明的法治环境和优良的作风保证。

“两个加快”谱写了危难中崛起的恢宏篇章，“科学发展、执政为民”开启了跨越提升的崭新征程。经历汶川地震重创后，四川经济保持了较快增长，2009 年经济增长达 14.5%，2010 年达 15.1%，2011 年达 15%，经济增速创改革开放以来四川历史新高，财政收入增长三年翻一番，已经从“吃饭财政转变为发展财政”。当前，四川正处于深入实施新一轮西部大开发战略、持续推进“两个加快”和全面建设小康社会的关键时期，正处于联动推进新型工业化新型城镇化和农业现代化的攻坚时期。省第十次党代会确立了科学发展、执政为民的主基调，提出了“在科学发展的轨道上实现跨越提升、加快建设富裕民主文明和谐的新四川”目标。反腐倡廉建设既面临一系列新的重大机遇，也面临一系列新的严峻挑战。

未来五年四川将继续着眼于改革开放和现代化事业大局，以

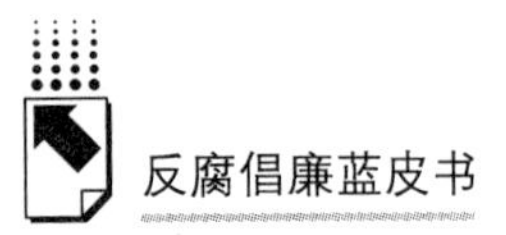


“四大战略”定位科学推进反腐倡廉建设。

毫不动摇保障跨越发展。四川未来的科学发展，需要反腐倡廉建设助推跨越。畅通政令保障发展、优化环境促进发展、转变作风推动发展，努力实现反腐倡廉建设与经济社会发展的良性互动，为建设西部经济发展高地和全面小康社会，清风正气、凝心聚力、保驾护航。

全力以赴促进社会和谐。四川执政为民的宏图，要求反腐倡廉建设必须着力保障民生政府的建设，解决群众最关心、最直接、最现实的利益问题，维护社会公平正义，建立健全维护群众权益机制，在社会管理创新中构建和谐社会。

旗帜鲜明维护党的纯洁。四川反腐倡廉建设的深化，要求以党员干部思想纯洁、队伍纯洁、作风纯洁和清正廉洁为目标，强化思想理论武装、干部队伍管理，在推进党的建设不断完善的进程中永葆党的纯洁性。

坚定不移巩固执政基础。四川全面加强党的建设，要求以优良的党风促政风带民风，不断密切党同人民群众的血肉联系，在凝聚民心的系统反腐进程中深化政权建设、巩固执政基础。

B.11

# 江苏扬反腐倡廉旗帜 保“两个率先”发展

江苏省反腐倡廉建设课题组*

“率先全面建成小康社会、率先基本实现现代化”是江苏在21世纪头20年发展的总目标、总定位。在推进改革开放的同时，江苏明确提出：“经济建设走在全国前列，党风廉政建设也要走在全国前列”。近年来，江苏始终把反腐倡廉建设贯穿于“两个率先”之中，形成了以“五大机制”为支撑的惩防体系框架，做到围绕发展抓廉政，惩治腐败促发展，为江苏又好又快实现“两个率先”保驾护航。

## 一 “两个率先”对反腐倡廉建设提出新的更高要求

江苏作为沿海先发展起来的省份，经济发展速度快、经济规模大，党员干部掌握公共资源较多、受到诱惑较大，党风廉政建设遇到的问题与其他地区相比，在时间上更早、在领域上更广、在类型上更复杂。如何确保经济发展、干部不倒？江苏省以构建惩治和预防腐败体系为抓手，坚持以改革的精神、创新的思路，扎实推进反腐倡廉各

* 课题组组长：黄继鹏，江苏省纪检监察学会副会长。课题组副组长：赵长林，江苏省纪检监察学会副会长；刘旺洪，江苏省纪检监察学会副会长、江苏省社会科学院副院长、教授、博导。课题组成员：徐大勇，江苏省纪检监察学会理事、秘书长；刘海涛，江苏省纪检监察学会理事、副秘书长；孙肖远，江苏省社会科学院马克思主义研究所副所长、研究员；束锦，江苏省社会科学院马克思主义研究所助理研究员。执笔人：孙肖远、束锦。

项工作，把2010年确定为“全省惩防体系基本框架形成年”，明确提出要努力形成以制度建设为主线，以反腐倡廉教育机制、权力运行监控机制、预防腐败工作机制、纠风工作长效机制、惩治腐败工作机制等五大机制为支撑的惩防体系基本框架。建立了省委常委惩防体系建设联系点制度，每位常委负责联系一个省辖市，认真履行惩防体系建设的领导责任，定期会商重要事项，定期开展专题调研，定期组织监督检查，定期交流工作情况，督促和引导各级党委切实担负起抓党风廉政建设的政治责任，带头抓好惩防体系建设，带头落实反腐倡廉任务。

江苏把建立完善惩防体系作为反腐倡廉建设的重点，从关心爱护保护党员干部出发，找准惩防体系建设服务保障中心工作的切入点和着力点，从五方面加强干部队伍建设。

一是激发党员干部和广大群众干事创业的积极性、责任感，建立健全重要工程、重大项目的监督检查制度和纪律约束机制，每年召开省级机关作风建设大会，两年组织一次机关作风万人评议活动，加强行政绩效管理。

二是针对党员干部可支配资源较多、受到诱惑较大的实际，构建反腐倡廉教育长效机制，着重建立事前、事中、事后教育机制，保持党员干部先进性和纯洁性。

三是解决经济快速发展过程中反腐倡廉新情况新问题出现较多较早的矛盾，构建预防腐败长效机制，着重管好项目准入和监管环节，理顺权力与市场的关系，规范党员干部从政从业行为。

四是围绕不断暴露的为政不廉问题，构建权力运行监控和从严治腐惩戒机制，着重推进公开、民主用权，增强及时发现和查处腐败的能力，促进党员干部廉洁从政。

五是为了提升惩防腐败综合效能，深入研究新时期防治腐败的客观规律，坚持多管齐下、系统治理，切实提高反腐倡廉建设科学化水

平，努力遏制腐败现象的滋生蔓延，最大限度地防止腐败损害经济社会发展成果。

## 二　以利民惠民的实际行动服务百姓

近年来，江苏省把促民生、顺民意、谋民利作为惩防体系建设的重要价值取向，把解决社会反映强烈的民生问题和损害群众利益的突出问题作为惩防体系建设的重要任务，及时有效回应人民群众对反腐倡廉建设的新要求新期待，以反腐倡廉实际成效取信于民。

### （一）深入开展领导干部下基层“三解三促”活动

2011 年，江苏省委为贯彻落实中央关于领导干部改进作风、密切联系群众、做好群众工作的要求，印发《关于实施社会管理创新工程切实加强群众工作的意见》，作出开展领导干部下基层“三解三促”活动的决定，就是要了解民情民意、破解发展难题、化解社会矛盾，促进干群关系融洽、促进基层发展稳定、促进机关作风转变，使江苏各级干部不仅在“两个率先”的进程中努力向上攀登，而且在基层和老百姓中深深扎下根。坚持领导干部定期接访下访、及时阅处群众来信制度，注重收集分析研判社会舆情，及时了解社情民意。坚决纠正不切实际、不惜民力、急功近利的行为，坚决制止各种“形象工程”和“政绩工程”，坚决治理庸懒散问题，坚决克服形式主义、官僚主义。省委制定印发《关于开展领导干部下基层活动的通知》，明确活动的目标任务、方式方法和具体要求，提出要把发展困难的地方、经济薄弱的地方、矛盾突出的地方作为下基层的重点；要轻车简从，不事先踩点，不陪同接待，不增加基层负担；要认真记好民情日记，真实记载基层情况，梳理群众反映的意见建议，作为研究思考工作的重要载体。同时，规定各级党政领导班子成员每年深入基层调研时间不少于2个月，其中走村入户调研不少于1个月，驻村住户时间不少于7天，召开普通党员群众座谈会不少于3次。

江苏省委书记罗志军、省长李学勇及省级机关主要负责人带头落实“三解三促”活动部署，分别深入泰州、徐州等地驻村住户开展调研，与基层群众同吃同住同劳动，帮助群众解决实际困难。2012年上半年，省、市、县三级43600多名处级以上的党政领导干部深入各地村组、社区和基层单位驻点调研，召开普通党员群众座谈会4891次，走访群众31452户，为基层办实事5756件，撰写民情日记和调研报告5466篇，了解了群众的所思、所忧、所盼，掌握了基层第一手情况，为制定更加切合实际、更加符合群众利益的政策举措提供了科学依据。活动开展以来，各级领导干部坚持把务实为民作为下基层“三解三促”活动首要任务，出实招、办实事、求实效，先后为基层和群众解决实际问题7812件。一是围绕促进社会和谐解民忧。在驻点乡镇召开群众座谈会、党员干部座谈会、民营企业座谈会，与党员群众交心交流，了解群众对党委、政府工作的评价和期盼，了解基层干部对上级机关的希望和要求，共同分析和查找矛盾问题产生的根源，谋划解决问题、改善生产生活条件的思路办法。二是围绕促进农村发展帮民富。深入典型村，开展兴村富民专题调研，有针对性地提出盘活存量资产、扩大经营性资产、发展富民产业的对策性意见。三是围绕转变机关作风听民意。广泛发放调查问卷，积极征求群众意见和建议，找准差距、理清思路、寻找对策、解决问题。四是围绕帮扶弱势群体暖民心。主动深入困难村（居）和需要帮扶的农户，着力解决生产生活中遇到的实际问题。

为使“三解三促”活动常态化、制度化，形成领导干部下基层、人民群众得实惠的长效机制，江苏省委把领导干部下基层情况作为年度考核和述职的重要内容，与实施社会管理创新工程、加强干部队伍建设、深化创先争优活动紧密结合，确保动机与效果相统一，不作

秀、不刮风、不搞形式主义。南京市将活动情况纳入领导班子推动科学发展评价考核体系，并作为加强和创新社会管理绩效考核的重要依据。溧水县结合每季度召开的经济形势分析会，对上季度领导干部下基层情况和取得的成效进行集中通报点评。当前，“三解三促”活动已在全省广泛推开，各级领导干部虚心向基层干部群众学习，扑下身子与群众打成一片，真心实意地为群众排忧解难的工作作风，深受广大群众的欢迎和好评。

### （二）全面推广村级“勤廉指数”测评村官工作

2006 年，随着江苏省城乡一体化的快速推进，村级产业规模不断扩大，作为农村发展各项事业的带头人，村干部能否勤廉履职已经成为决定新农村建设事业成败的重要因素，直接影响到广大农民群众的福祉和建设小康家园的热情。为此，江苏省太仓市在持续加强村务公开和基层民主建设的同时，创新开展村级“勤廉指数”测评工作，将廉政与勤政、上级考核与群众评议、干部自律与他律、主观判断与量化评估、当前工作现状与未来工作指向等统一起来，既加强了对农村基层工作的领导，又调动了村干部工作的积极性，促进了农村基层干部廉洁履职、勤政为民，走出了一条增强村级民主监督实效的新路子。苏州市推广太仓的经验做法，已在全市 1193 个行政村和 209 个涉农社区开展测评工作，组织村民直接考核村官勤廉履职情况，取得实效。

太仓市“勤廉指数”测评的主要做法是由纪委组织村民考村官。从涉及农村勤政廉政工作的 200 多项内容中梳理出群众最关注、最具代表性的 30 项指标，每项内容设定具体分值，按照内容的不同确定分值权重，发放调查问卷公开测评，再由专业统计部门对不同身份人员测评成绩进行分类统计，最后采取累加的办法算出各村的综合“勤廉指数”值，从整体上掌握村干部工作的实绩和廉洁从政情况。

为保障测评结果客观公正、测评数据反映群众的真实想法，太仓市纪委推进党务、政务、村务、财务“四公开”工作，规定专门的民主理财日、村务公开日、民主监督日，实行村情发布会制度和民主决策日制度，确保群众如实掌握村重大事项、重大决策、财务收支等情况。参与问卷调查的工作人员由太仓市纪委抽调，包括老党员、退休村干部、村民理财小组成员等，所有人员都经过专门培训。参评村民由统计机构采取半距起点、等距抽样方法确定，每年参评人员不重复，保证了每个村民都有机会参与测评。太仓每年88个村按分值排名，村干部说“靠后真的很有压力”。测评结果与各村年终考核、评先评优挂钩，与工资核定标准挂钩，测评结果在工资核定中占50%的权重。测评好的村通报表彰并奖励，对排名末位的村督促落实整改。苏州市纪委对测评结果运用作出明确规定，每年测评工作完成后，各级纪委要准确及时做好反馈，严格监督强化整改，将测评结果作为村干部考核的重要依据，与评先评优、报酬兑现相挂钩，充分调动村干部的工作积极性和主动性，形成有效的竞争激励机制；将测评结果作为组织监督的重要依据，对测评得分末位的村主要负责人进行诫勉谈话，对群众不满意的村党支部书记调整工作岗位，将非权力性的民主监督转化为具有强大约束力的组织监督。

2011年，江苏省纪委制定《关于在全省开展村级“勤廉指数”测评工作的意见》，全面推广村干部“勤廉指数”测评工作。在指导思想上，坚持监督与引导两统一，把广大基层干部和群众改革发展的积极性引导好、保护好、发挥好；在考核内容上，坚持勤廉并重两手抓，使测评工作始终保持持久、旺盛的推动力、引导力和吸引力；在测评方法上，坚持上下联动两结合，既强化组织监督，又强化群众监督，使测评更加客观科学、周密严谨、操作性强；在结果运用上，坚持考核激励两促进，形成鲜明导向，让勤廉兼优的干部脱颖而出，让庸懒贪腐的干部无地自容。

### （三）构建“12345——有事找政府”服务新热线

近年来，江苏建立统一便捷的“12345”热线服务新平台，实行一个号码对外、24小时开通的一站式服务，在线受理群众各类诉求，搭建全时段、多功能的为民服务平台，统一接收、办理、督办和反馈民生诉求，及时协调相关职能部门联动化解热点、难点问题，畅通便民服务渠道和民意表达渠道。目前，这样的政府公共服务平台，已在全省13个省辖市、21个县（市、区）建成。各地按照“一个号码对外”的原则，整合公共服务资源，不仅将党政部门及公共企事业单位的服务电话统一纳入“12345”服务平台，而且和“110”“114”等专门热线实现衔接互通，服务范围基本涵盖了群众日常生活的各个领域。热线每天接听的问题面广量大、各式各样。为提高解答的准确性和规范性，各地还建立了“12345”政务信息知识库，各有关单位所有事关公民、企业、组织的依法应公开的事项，全部纳入政务信息知识库，及时更新维护，方便查询使用。如连云港“12345”实行网格化管理，制作了电子地图，普查了市政设施、园林绿化、市容环境、道路交通等方面的30多万个部件数据，把市区划分成1358个“万米单元网格”、219个“监督管理责任网格”，标注在电子地图上，从而建立起物、事、人、单位——对应的职责关系——要解决问题、寻找责任人，“按图索骥”即可。跟踪督办、考评问责，是全省“12345”平台的“铁手腕”。镇江市将“12345”平台与电子监察中心、行政服务中心融合，构建“三位一体”的服务监察平台，服务对象可以通过服务热线查询在行政服务中心办理的审批事项进展情况，电子监察中心可以对服务热线受理投诉、派送电子工单和办理情况进行督查督办。

据不完全统计，2011年以来江苏省各级“12345”热线共受理办件530.5万件，办结率98.46%，群众满意率达95.38%。“12345，有事找政府”理念在江苏逐步深入人心。

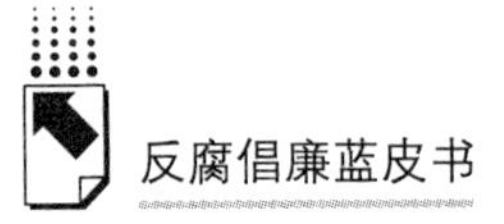


## 三　突出制度建设主线推进反腐倡廉建设

惩防体系建设的核心，是建立一套有效管用的反腐倡廉制度体系。根据中央和中央纪委关于反腐倡廉建设的总体部署，结合“两个率先”的实际，自2005年以来，江苏省在推进惩防体系建设的过程中，始终抓住制度建设这根主线，从省、省级机关和市县（市、区）三个层面，连续6年开展反腐倡廉制度建设年、推进年、提高年、规范执行年、制度体系框架构建年和惩防体系基本框架形成年活动，2010年又集中出台了构建反腐倡廉教育机制、权力运行监控机制、预防腐败工作机制、纠风工作长效机制、惩治腐败工作机制五个文件和惩防体系基本框架工作考核办法等“5+1”系列文件，以制度建设引领惩防体系建设，着力构建一套有效管用的反腐倡廉制度体系。

### （一）形成“五位一体”的制度群

江苏省运用教育、监督、预防、纠风、惩治等五方面制度，把反腐倡廉建设各个环节有机衔接起来，突出惩防体系基本框架五大机制的“制度集成”特征，打造协调配套的制度群，形成环环相扣的制度链条和科学有效的运行机制。目前初步确立了反腐倡廉制度建设的15类80项具体内容，涉及361项制度规定的制度体系，形成具有江苏特色的惩防体系框架结构。

围绕构建反腐倡廉教育机制，以筑牢党员干部拒腐防变思想道德防线为目标，通过完善反腐倡廉学习教育、廉政文化创建、反腐倡廉舆论引导等三类21个方面制度，将反腐倡廉教育贯穿于干部的培养、选拔、管理、使用全过程，引导领导干部崇尚法治、敬畏民意、规范用权、守正勤廉，自觉养成“习惯在监督的环境下工作、习惯在法

制的轨道上用权”的良好作风。三年来，江苏省委对1900多名省管领导干部进行集中轮训。围绕贯彻落实《廉政准则》，组织开展“学习《廉政准则》、争做勤廉表率”主题教育活动，共举办专题辅导15000多场次，培训班2000多期，组织知识测试50多万人次。全方位、多层次推进廉政文化建设，举办“清风扬帆”廉政文化宣传周活动，开展反腐倡廉历史文化资源普查，播放廉政公益广告，建成27个省级廉政教育基地和535个省级廉政文化示范点。徐州市以领导干部为重点开展“清风润德”工程，2011年举办反腐倡廉宣讲报告、廉政文艺演出等活动620余场次、廉政培训545期，受教育党员干部7万余人，不少党员干部在潜移默化中养成了“不想为”的自律习惯。该市“510”廉政账户在2011年新增缴款186万元，在全市“购物卡廉政专柜”中，仅春节期间就收到各级党员干部主动上交的购物卡（券）共计65.46万元。

**链接一：以“好人沛县”活动引领廉政文化建设**

沛县是刘邦故里、汉文化的发祥地，涌现了1位全国道德模范、2位中国好人。近年来，沛县在转型升级、科学发展的同时，十分注重反腐倡廉工程建设，以“好人沛县”活动引领廉政文化建设，充分发挥教育倡廉的先导作用。开展“做好人做好官”主题教育活动、沛县“中国好人”事迹报告会、文艺汇演、巡回报告会等各类活动160多场次，开展新时期“好人、好官”标准大讨论350余场，机关部门公开服务承诺700余项，落实整改问题900余条。用身边的好人好事、凡人善举教育人、引导人、凝聚人，形成了风清气正、干事创业、和谐发展的良好氛围，打响了具有鲜明特色的“好人沛县”廉政文化品牌。

围绕构建权力运行监控机制，以推进权力阳光运行为重点，出台权力风险内控、权力阳光运行和权力运行监督等三类12个方面制度，特别是实行党务公开、党内情况通报、县委权力公开透明运行、行政权力网上公开透明运行、部门内控机制建设、电子监察、市厅级领导干部点题述廉、县乡级领导干部勤廉公示和村干部勤廉双述等制度，建立地方党政正职用人责任审查、编制责任审核和经济责任审计“三责联审”制度，加强对领导干部和重要领域关键环节用权行为的监督。截至目前，全省85.51%的基层党组织实行了党务公开，其中农村乡镇、行政村，街道、城市社区（居委会）、乡镇社区（居委会）党务公开推进面均达100%。部门权力内控机制建设是江苏省纪委监察厅早在2009年就推动开展的旨在制约监督机关部门内部权力运行的重要举措，各地各部门对照职能，全面梳理权力事项，认真排查权力风险，制定防控措施，成效显著。加强农村基层党风廉政建设，实现村务监督机构、农村集体“三资”信息化监管和农村基层党务公开“三个全覆盖”。在全省开展的村干部“勤廉指数”测评工作，得到中央纪委高度评价，中央农村基层党风廉政建设工作联席会议要求在全国推广江苏的做法。

围绕构建预防腐败工作机制，以领导干部、企业、社会组织为重点，完善防止利益冲突、市场配置资源、社会信用体系等三类12个方面制度，特别是实行领导干部廉政谈话与廉政承诺制度、领导干部回避制度、预防腐败联席会议制度、政府投资工程监管体系、公共资源市场交易制度，规范领导干部用权行为、企业廉洁经营行为、社会组织活动等，实现预防制度全覆盖，着力堵塞腐败漏洞。抓好廉政风险防控体制机制建设，做到惩治于已然、防患于未然。建立工程建设远程异地评标制度，对重大投资建设项目实行纪检监察机构派驻制。健全民主公开、竞争择优的选人用人机制，率先对省辖市党政正职、省辖市纪委书记、省辖市组织部长等人选实行公推票决。

围绕构建纠风工作长效机制，以民生幸福和民权保障为标准，完

善作风效能督察、行风投诉查纠、专项治理长效监督等三类14个方面制度，特别是实行作风效能监察制度、群众诉求处理机制、纠风工作责任追究制度、纠风工作群众评议制度，定期开展专项治理，严肃查处纠风案件，形成齐抓共管的责任落实机制、常抓不懈的监督约束机制、反应快捷的查处纠正机制和管用有效的源头治理机制，全省80%的信访积案得到有效化解，损害群众利益的不正之风得到有效查纠。

围绕构建惩治腐败工作机制，以党要管党、从严治党为要求，建立腐败案件有效查办、违法违纪行为处理、查办案件监督保障等三类21个方面制度，健全统一的“12388”举报电话和网络举报受理机制，完善腐败案件及时揭露发现机制、大案要案联办督办机制和防逃、追赃、追逃机制，完善查办案件工作联席会议制度，形成各负其责、优势互补、上下联动的办案工作格局，提高依纪依法办案水平，保持惩治腐败的高压态势。

### 链接二：徐州反腐倡廉建设“八大工程”

徐州市借鉴ISO9000质量管理理念，科学制定工作绩效目标、绩效考核评价、绩效结果应用等机制，全面实施反腐倡廉建设“八大工程”，推进惩防体系建设实行工程化管理、项目化实施。实施“护航保障”工程，确保政令畅通；实施“清风润德”工程，不断增强党员干部廉洁自律的内生动力；实施“惩腐肃贪”工程，保持党员干部队伍的纯洁性；实施“监督制衡”工程，大力推进行政权力阳光运行；实施“正本清源”工程，切实完善防治腐败制度体系；实施“廉政实事”工程，着力提高民生幸福指数；实施“创新引领”工程，精心打造具有徐州特色的反腐倡廉品牌；实施“素质提升”工程，努力建设“善监督、能创新、懂经济”的纪检监察干部队伍。

### （二）推进重点领域制度创新

江苏省坚持以权力集中、资金密集、资源集聚的部门和领域为重点，加强制度创新，推出规范干部选拔任用提名权、建设行政服务（审批）中心、试行财政资金绩效管理、完善公共资源市场化配置、实行政府投资项目公示制、实施政府采购“管采分离”等制度措施，使反腐倡廉制度安排更加科学有效。

针对目前一些地方和部门决策失误、集体违规时有发生的问题，明确规定“决策过程要如实记录、存档备考”；对涉及群众利益的重大决策，“进行廉政风险和社会稳定风险评估，开展专家论证、评审，征求党员和群众的意见”，切实规范决策权。

针对“用人腐败”问题，江苏不断深化干部人事制度改革，健全民主公开、竞争择优的选人用人机制，丰富党员群众参与监督的渠道，把预防腐败机制前置到权力运行的实施主体即领导干部的选拔任用关口上。全省大力推进公推公选、公推直选、竞争上岗、轮岗交流等干部选拔任用制度，有序推进市县（部门）党政正职人选差额推荐、差额考察、差额酝酿和差额票决制度，不断强化对干部选拔任用各个环节的民主监督，最大限度地压缩“用人腐败”的空间。近两年来，全省公开选拔 1138 名领导干部，公推公选 775 名领导干部。2011 年，公推票决产生了 6 个省辖市 9 名党政正职人选，集中公推票决选配了 7 名省辖市纪委书记和 8 名组织部长。

交通运输部门承担着工程建设、行业管理、行政执法等职能，权力运行环节多，特别是交通重点工程资金投入大，时刻面临着廉政风险的考验。以 2012 年为例，江苏省交通厅重点建设项目包括扬州泰州机场、宁杭铁路、泰州大桥等交通重点工程 73 个，计划投资达 752 亿元。针对这一领域高风险的特点，江苏省交通运输厅着力构建廉政风险防控体系，梳理权力事项 752 项，编制权力运行流程图 788

张，排除权力运行风险点3423个，建立防控措施4622项，实现了内控机制对厅机关和厅属单位内部权力运行的全覆盖。

**链接三：具有淮安特色的“5+3”的惩防体系基本框架**

淮安市针对惩防体系建设时间跨度长、涉及领域广、组织协调难等实际情况，积极探索运用项目化管理的理念和方法推进惩防体系建设。2010年，该市将惩防体系建设重点工作任务转化为246个重点项目，分解到9个县（区）和市委办、市委组织部等66个主办、协办部门，要求各地各部门以项目集聚资源，抓好工作落实。3年来，项目化管理已成为淮安推进惩防体系建设的创新载体和有效抓手。该市在连续3年扎实推进部门权力内控机制建设的同时，明确提出围绕建成拒腐防变教育机制、权力运行监控机制、源头治理预防机制、纠风治乱长效机制、从严治腐惩戒机制等5大机制，着力健全支撑惩防体系框架的基础性制度、解决突出问题具有本地特色的创新制度、维护制度执行的保障制度等3大类制度，形成具有淮安特色的“5+3”惩防体系基本框架。市级层面现已建立惩防体系基本框架制度213项，其中支撑框架基础性制度128项，具有淮安特色创新制度48项，保障性制度37项。

## （三）以检查考核强化制度执行力

江苏省在加强制度建设的同时，注重抓好制度执行情况的监督检查，针对重要节日、干部调整、重大工程招投标和大额资金使用等关键时段的廉政风险，督查《廉政准则》和有关制度的落实情况，查处一批严重违纪违法案件，通报一批典型案例，使反腐倡廉制度成为党员干部的行为准则。同时，对制度执行进行责任分解，明确责任部门和责任人，明确执行时限和阶段性要求。把制度执行情况纳入惩防体系建设和党风廉政建设责任制的检查考核，省委常委每年到13个省辖市和省级机关重点部门检查考核，及时发现问题、跟踪督促整改，发挥检查考核的评价和导向作用。注重检查考核结果运用，对抓制度和任务落实不力、造成严重后果的，严格进行责任追究。2008年以来，结合惩防体系检查考核情况，全省共有1130名领导干部受到责任追究。

### 链接四：具有镇江特色的惩防体系系列模型

2010年底，镇江市提出了建立惩防体系系列模型的理念，为构建镇江特色惩防体系基本框架提供了一条创新思路。系列模型涵盖了从市、县（区）到基层单位三个层面。在总体架构上，惩防体系模型确定为“机制＋制度＋制度执行力保障”的基本模式，机制包括建立健全拒腐防变的教育机制、权力运行的监控机制、源头治理的预防机制、纠风治乱的长效机制、从严治腐的惩戒机制等五大机制，以反腐倡廉制度建设为有效载体贯穿其间，其内在逻辑关系是运用机制保障基本框架构建，运用制度保障机制运行，运用评先评优、检查考核、问责追究、立案查处等手段保障制度执行。为构建具有本地特点的惩防体系基本框架，该市坚持突出重点、抓住关键。强调建立重要权力节点的监控机制，着力将有关人权、财权、物权、事权等重要权力节点，纳入有效监控之中，全市现有64个市级机关部门初步建立了节点监控机制。建立主动监督检查的工作机制，有权必有责，用权受监督，积极主动问责成为日常程序和习惯。

## 四　运用科技手段保障惩防体系高效运行

近年来，江苏省充分发挥科技资源丰富、信息技术普及的优势，

依托科技手段拓宽制度创新空间、降低机制运行成本、防止人情社会消解制度，初步实现了教育全覆盖、监督全过程、预防全方位、办案全监管，反腐倡廉建设科学化水平得到较大程度提升。

### （一）建立网上反腐倡廉教育系统，满足不同教育需求

江苏充分利用自身经济、文化和科技优势，将计算机技术、通信技术、信息网络技术、多媒体技术等现代科学技术引入反腐倡廉教育工作，大大增强了教育的实效和活力。依托干部在线学习平台开设反腐倡廉教育课程，县处级以上领导干部进行网上菜单式选学，对广大党员干部开展“5 + X”远程教育、按需施教。不少市县在网上设立廉政课堂，开辟视频讲座、学习资料、知识题库、在线测试等栏目，针对不同需求提供相应辅导和交流空间，集听、学、练、考于一体。省检验检疫局、省物价局等单位建立网上勤政廉政展示馆，不仅使机关干部职工足不出户即可随时接受教育，而且获得的信息量大大增加。利用门户网站、网上论坛、党员博客等，面向社会宣传反腐倡廉方针政策，普及法纪知识，展示反腐倡廉建设成果，抢占信息化条件下反腐倡廉教育工作制高点。江苏廉政网、廉石网、钟山清风、龙城清韵等一批反腐倡廉网站正在成为面向社会开展宣传教育的重要窗口。淮安市纪委依托“淮水安澜”论坛开展“阳光纪检”行动，宣传工作成果，聆听群众意见，扩大工作影响，起到了良好效果。2011年9月，40多位中外记者首次联合前往江苏省采访反腐倡廉建设情况，省里通过构建的网络反腐平台等向中外记者立体展示了江苏反腐倡廉建设健康发展的态势。

### （二）建立权力网上运行和电子监察系统，实现全过程监督

江苏构建权力运行监控机制的实践中，运用科技和信息手段支撑权力监督机制，大力推行行政权力网上公开透明运行系统建设，目

前，省级行政权力公开透明运行平台已经建成，省级机关、13 个省辖市、104 个县（市、区）行政权力网上运行平台互联互通，初步实现了数据电子化、流程标准化、办公网络化、信息公开化，对行政权力运行实行全程留痕、全程可控、全程监管。同步开发运用电子监察系统，发挥信息采集、流程监控、自动预警、绩效评估、异常处理等功能，实现了县级以上所有行政机关、所有行政事项和网上行政监察“三个全覆盖”，共运行权力事项 327615 项，其中 27838 项为行政审批事项，全省各级各部门在平台上公开透明办事件数累计达 721 万件，省电子监察系统共发出黄灯预警 3135 起、红灯预警 22356 起，通过信息技术、网络技术等科技手段支撑起对权力运行有效监督、让掌权者感受到权力腐败“不能为”的一片晴空。

### （三）建立工程建设网上招投标系统，遏制工程招投标腐败风险

建设工程招投标环节容易滋生腐败行为，一直是反腐倡廉的重点难点领域。针对工程建设领域招投标环节围标串标易发多发问题，江苏省建设系统研发了工程建设招投标远程异地评标系统，将全省评标专家集中进行随机抽取，各地专家通过远程评标系统进行网上异地评标，评标结束后系统自动汇总评标结果，实现标书电子化、评委异地化、评标远程化、监督实时化和管理网络化，切断招标人、投标人和评委的联系，防范围标串标行为发生。截至 2012 年 3 月，全省 13 个省辖市和 66 个县（市、区）已开展网上异地评标，完成远程异地评标项目 10720 个，占政府投资工程项目的 99%，实现了“零投诉”。南京市住建委为完善建设工程招投标监督机制，打击招投标活动中违法违规行为，积极运用“制度 + 科技”手段，创建了集智能化操作和监控功能于一体的建设工程网上交易平台——“e 路阳光”招投标系统，该系统于 2009 年 7 月正式开通运行。为重点解

决招投标中存在的“围标串标”“量身定做”等突出问题，“e路阳光”采用模板化制作各类招标投标文件、数字认证密钥登录网上报名、加密递交投标文件等方法，利用相似度分析技术及时发现处置“围标串标”等问题，为建设工程领域筑起了一道有效实用的权力监督“防火墙”。

### （四）建立反腐倡廉资源共享系统，实现全方位预防

建立领导干部电子廉政档案系统，构建与组织、人事、审计等部门的信息共享机制，加强对领导干部的日常监督管理。在全国率先建立商业贿赂犯罪档案查询系统，实现跨地区数据交换，强化了对违纪违法行为和商业贿赂行为的实时防范、警示教育。常州市运用信息化技术支撑权力监督体系进行了有益探索，全力打造市、辖市（区）、镇（街道）、村（社区）四级联动的惩防体系信息化建设“555”工程，形成了“社情动态、党员之家、民声广场、数字社区、在线监督”等具有五大功能的基层社区信息化应用平台。“555”工程实现了业务信息化资源与惩防体系信息化系统的深度整合对接，公众通过这一系统能够便捷、快速地举报、反映身边存在的腐败问题，有效扩大了基层群众参与对基层干部的监督渠道，已成为全市惩防体系建设的一道重要防线。

### （五）建立智能化办案系统，规范案件查办工作

建立网络举报平台，健全网上举报受理处置机制，拓宽了案源渠道。省市两级开发应用办案综合指挥、案件管理、谈话监控、心理测试、电子笔录、“两规”监管、报警联动、保密安全等八大软件系统，促进了依纪依法、安全文明办案。建立完善案件线索、基础信息、办案人才等三个电子信息库，提高案件查办工作的效率。

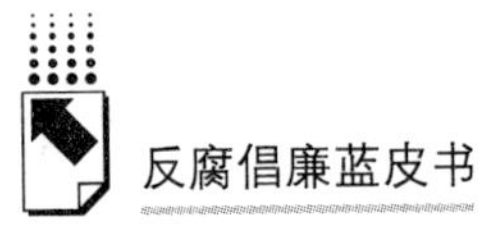



## 五　江苏反腐倡廉建设的实践成效

### （一）为经济社会建设营造了良好的发展环境

江苏把惩防体系建设放在党委政府工作全局中谋划和推进，把服务科学发展作为反腐倡廉建设的重要任务，大力营造有利于反腐倡廉建设与经济社会协调发展的良好氛围，有力促进了科学发展。“十一五”期间经济年均增长超过13%，“十一五”末全省地区生产总值超过4万亿元，财政总收入突破1万亿元，全省经济综合实力上了一个大台阶；“十一五”末全省总体上达到省定全面小康指标，“两个率先”取得重大阶段性成果。2011年，在国际经济环境复杂多变和国内经济运行趋紧的情况下，在加快转型升级中实现了经济平稳较快增长，全年地区生产总值48604亿元，比上年增长11%，人均地区生产总值突破6万元，地方财政一般预算收入突破5000亿元，实现了“十二五”发展的良好开局。

科学发展的组织保障不断强化。江苏省各级、各部门对照职责权限和授权依据，对本部门、本单位的权力事项进行全面清理，按照承办岗位、运行程序、职责要求、监督制度等内容，设计权力运行流程、编制流程图、完善制度规定，形成以权力行使为点、业务流程为线、制度建设为面的全方位覆盖、全过程控制的廉政风险防控机制。把惩防体系建设贯穿于干部队伍建设全过程，各级领导干部为民务实清廉的作风进一步树立，领导科学发展的意识和能力不断提升，全省干部队伍的整体素质大大提高。2011年3月，中央惩防体系建设检查组充分肯定江苏惩防体系建设在促进干部队伍建设方面的成效，认为“江苏的干部整体素质高、精神状态好、创新意识和敬业精神强，整个江苏风清气正、政通人和”。

科学发展的政策措施落实到位。深入开展监督检查，确保中央和省重大决策部署的贯彻落实。围绕扩内需稳增长加强监督检查，重点加强对项目投向、工程进度的检查，督促整改落实，促进了中央和省投资项目的顺利实施，项目开工率达100%，竣工率达80%以上。围绕调结构促转型加强监督检查，重点加强对省委、省政府新兴产业倍增、服务业提速、传统产业升级“三大计划”实施情况的监督检查，督促有关部门认真落实结构调整、节约用地、节能减排、环境保护和房地产市场调控等政策措施，促进全省经济转型升级。围绕保稳定促和谐加强监督检查，认真解决征地拆迁、安全生产、稳定物价等方面的突出问题，继续加强对抗震救灾恢复重建资金物资管理使用的监管，启动对口援疆监督检查工作。

科学发展的政务环境不断优化。万人评议省级机关作风和创建“人民满意基层站所”活动深入开展，市、县、乡、村“四级便民服务网”不断健全，在全省上下营造风清气正的发展氛围。建立健全效能投诉工作机构，拓宽投诉受理渠道，规范投诉办理程序，严肃查处行政不作为和乱作为等问题，促进机关作风转变。围绕服务型政府建设，探索建立科学的绩效评估指标体系，全面推动绩效评估试点工作，政务效率不断提高，全省行政审批削减幅度达52.6%，近两年通过减少省级行政事业性收费减轻企业和群众负担55.7亿元，江苏成为全国项目审批和行政事业性收费最少的省份之一。软环境建设对外资的吸引力不断增强，江苏实际利用外资已连续8年位居全国第一，“十一五”期间利用外资占全国的四分之一，为全省实现“两个率先”提供了重要支撑。

### （二）群众对党风廉政建设满意度逐年提高

江苏省在惩防体系建设中坚持以人为本、关注民生，着力解决社会反映强烈的突出问题，取得了显著成效。根据国家统计局的民意调

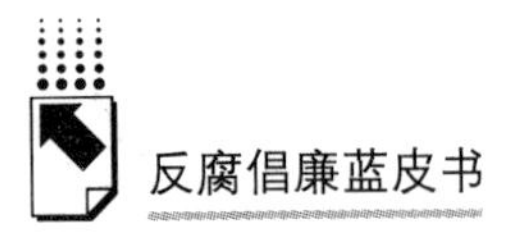


查显示，人民群众对江苏党风廉政建设满意度逐年提高，2011 年达 74.59%，比 2001 年提高了 22.6 个百分点。

强农惠农政策得到有效落实。加强对 2007～2009 年中央及省安排的 26 项强农惠农资金使用情况的监督检查，促进了强农惠农政策落实到位，督查没有发现政策执行存在严重违纪违法问题，农民利益得到有效维护。

医疗、教育等领域不正之风得到有效治理。药品网上集中招标采购、基本药物等一批制度全面推行，药价逐步回落，食品药品安全监管更加到位；教育乱收费现象得到有效遏制，教育乱收费的信访举报数连年下降。

“小金库”现象得到有效治理。加强对全省党政机关、事业单位、社会团体和国有及国有控股企业“小金库”的自查自纠和重点检查，近两年全省共清理“小金库”1336 个，涉及金额 5.22 亿元，处理相关责任人 110 名，整顿和规范了财经秩序。

“三公”问题解决取得积极进展。开展党政机关厉行节约专项工作，回应社会关注的“三公”问题，2011 年全省公车购置及运行费用同比下降 4.36%，公务接待费用同比下降 1.41%，因公出国（境）经费支出比 2006～2008 年三年平均数减少 20%。

创建廉洁高效优质工程取得明显进展。随着工程建设领域突出问题专项治理的深入开展，问题排查、整改、查处以及漏洞堵塞逐一到位，工程建设效益显著提高。2011 年全省政府投资工程项目节省 36.8 亿元，平均节省率达 8.19%。

### （三）消极腐败现象得到进一步遏制

查办违纪违法案件，消极腐败问题得到解决。据统计，2011 年，江苏省各级纪检监察机关共受理工程建设领域举报和案件线索 781 件，立案 551 件，已查实 473 件，给予党政纪处分 469 人，其中县处

级以上28人次，移送司法机关285人。严肃查处干部选拔任用工作中的违纪违法行为，处理相关案件5起，涉及卖官的3人，买官的11人，其中3人受到刑事处罚，14人次受到纪律处分。2010年，全省各级纪检监察机关共立案查处公款出国（境）违纪案件9起，给予2名副厅级、5名处以下党员干部党政纪处分，追缴违纪金额40.7万元。由于坚持惩治与有效预防并重，腐败现象在一些领域易发多发的势头得到遏制。

涉及党员干部违纪违法的信访举报数量持续下降。在开通“12388”全国纪检监察信访举报统一电话、开通邮件绿色通道、推进网上举报等不断拓宽信访举报渠道的情况下，2010年共受理信访举报45904件（次），同比下降3.81%，2011年共受理信访举报45195件（次），同比下降1.5%。

案件查办数量稳中有升。在信访举报数量持续下降的同时，近三年全省纪检监察机关立案查处党员干部违纪违法案件每年都在9400件左右，其中，2010年立案查处9401件，同比上升0.35%，2011年立案查处9434件，同比又上升0.35%。

党员干部廉洁自律意识不断增强。近两年来，全省党员干部主动上交礼金礼券7396.68万元，“510”账户缴进6783万元，党员干部抵制不廉风气的意识和能力进一步提高。

## 六　江苏发展新任务赋予反腐倡廉建设新使命

当前，江苏改革发展已进入新的历史阶段，全省如期实现了“第一个率先”，正满怀信心地朝着“第二个率先”迈进。2011年底召开的省第十二次党代会对江苏未来科学发展作出了全面部署，开启了率先基本实现现代化的新征程。2012年3月，胡锦涛总书记在十一届全国人大第五次会议上又对江苏省代表团提出了新期望，要求江苏在坚持科学发展、转变经济发展方式、统筹城乡区域发展、保障和改善民生、深化改革开放、推动社会主义文化大发展大繁荣等六方面迈出新步伐。面对新形势新任务，江苏将按照“两个率先”的新内涵新标准，推动党风廉政建设继续走在全国前列，为实施“八项工程”①、实现“两个率先”发挥更大作用。

### （一）坚持有力查处和有效监督相结合

一方面，坚持从严惩治腐败，严厉查处领导干部的腐败行为，严厉查处“八项工程”实施过程中的腐败行为；认真研究和准确把握新形势下腐败案件发生的特点和规律，健全及时揭露、发现和查处腐败案件机制。另一方面，加强对领导机关、领导干部权力的监督，扩大县委权力公开透明运行试点范围，全面推进重点领域、关键环节权力运行内控机制建设，进一步提升权力公开透明运行水平，建立预防腐败信息共享机制、预警机制。

### （二）坚持深化机关作风建设与深入推进基层党风廉政建设相结合

推进领导干部下基层“三解三促”活动，坚持领导干部定期接访下访、及时阅处群众来信制度，注重收集分析研判社会舆情，及时了解社情民意。完善便民服务网络，健全服务承诺、首问负责、限时办结、失职追究等制度，严肃追究不作为、慢作为、乱作为问题。坚持和完善机关作风民主评议机制，继续开展创建人民满意基层站所、服务窗口示范点活动，建立健全民意调查和征求群众意见制度，切实提高党政机关服务效能。推动农村基层党风廉政建设“3+1”工程

① 2011年12月召开的江苏省第十二次党代会提出，全力实施转型升级、科技创新、农业现代化、文化建设、民生幸福、社会管理创新、生态文明建设、党建工作创新等“八项工程”。

全覆盖，健全农村基层惩防体系的基本框架。解决高等学校在招生录取、基建工程、物资采购、学术诚信等方面存在的突出问题，进一步健全国有企业领导人员薪酬管理、股权激励和职务消费等制度。

### （三）坚持着力解决群众反映强烈的突出问题与健全维护群众利益长效机制相结合

深入推进工程建设领域突出问题、“小金库”问题、公务用车问题和庆典研讨会论坛过多过滥问题等专项治理，建立长效机制。继续治理征地拆迁、住房保障、土地管理、食品药品安全等方面的突出问题，坚决纠正损害群众利益的不正之风，严肃查处各项惠民政策贯彻落实过程中的违纪违法行为。完善“四位一体”政风行风热线媒体联动机制，拓展“12345”政府公共服务热线功能，强化政府门户网站、领导电子信箱、网上咨询投诉办理平台等服务功能，健全群众诉求事项办理督查制度，提高群众反映问题的办理时效和质量。

### （四）坚持深化重点领域关键环节改革和运用推广信息技术相结合

针对腐败多发易发的领域和环节强化制度防控，完善公共资源市场化配置机制，建立统一交易平台和综合性监管中心。加快推进社会信用体系建设，建立领导干部电子廉政档案和信用资料信息库，完善商业贿赂犯罪档案查询系统，建立区域和行业守信激励和失信惩戒机制。以电子政务为载体，以权力监控为重点，将信息技术与业务工作相结合、与制度设计相协调，切实提高惩治和预防腐败的科技含量。

# 专题报告

Thematic Reports

# B.12 云南以问责加强公共服务机构建设

中国社会科学院反腐倡廉建设调研组*

近年来，云南在全省范围强力推行问责制，加强对权力运行的制约监督，强化公共机关责任，改善了干部队伍廉政勤政善政的工作作风。

## 一 延伸问责对象，发挥惩戒功能

云南省相继出台《关于省政府部门及州市行政负责人问责办法》《云南省党政领导干部问责办法（试行）》两个“问责办法”和服务承诺制、首问责任制和限时办结制“三项制度”，各州（市）、县

* 调研组组长：马援；执笔人：王田田。

（市、区）以此为依据，将行政问责对象延伸到全体公职人员和基层自治组织负责人，突破了传统问责对象范围，发挥了问责对各类违规主体的惩戒作用。

### （一）向非行政机关的国家工作人员延伸

在全省42个省政府工作部门和16个州市、129个县市区行政机关全面实施领导干部问责制的基础上，云南在省级国家机关和昆明、红河、曲靖、大理、西双版纳、文山等州市及部分县市区，展开了对党群机关、人大机关、审判机关、检察机关、政协机关和工会、共青团、妇联等人民团体机关领导干部实施问责的探索。省高级人民法院推行了《关于执行工作问责制实施办法（试行）》。省检察院出台了《云南省检察机关检察人员问责办法（试行）》。红河州制定了《州人大机关工作人员问责办法》，并将“州行政问责办法办公室”更名为“州问责办公室”。

### （二）向行政机关普通工作人员延伸

“服务承诺制、首问责任制和限时办结制”，确立了对全省行政机关及“参公管理”的事业单位，特别是行政集中许可、行政执法及与群众联系密切的“窗口”单位公职人员的问责依据。2008年3月~2012年3月，云南共问责科级以下普通工作人员3575人，对工作缺岗、服务态度不好、服务质量差、一次性告知事项不全、推诿扯皮等人员进行了诫勉谈话，调整了工作岗位，或免职处理。

### （三）向公共企事业单位负责人延伸

云南省已在29所省属高校、24家省级医院和部分科研院所实施了问责制，并向州（市）、县（市、区）教育、卫生和科研系统拓展，向提供水、电、气公共服务产品的企业延伸。个旧市政府在自来水公司、房地产交易中心、土地开发咨询公司及卡房镇水厂推进了问责试点工作。红河州620多个公共企事业单位全部推行了问责制。2011年，云南省共问责省属国有企业负责人63人。

### （四）向基层自治组织负责人延伸

昆明市官渡区双凤社区以“考察学习”为名，擅自组织村小组党支部书记及部分社区工作人员到海南旅游，双凤社区党总支书记、居委会主任受到停职检查问责。红河州将被问责对象延伸至323个社区（街道）和86个村委会，实现了“一线问责”。[①]

## 二　拓展问责内容，促进干部勤政廉政善政

围绕服务中心工作，云南加大了对重大决策部署执行不力及损害群众利益案件的问责，将行政管理不当行为纳入问责体系，把对公职人员的问责内容从法律层面拓展到政治和道义层面，为干部勒上了勤政廉政善政的“紧箍咒”。

### （一）对重大决策部署执行不力问责

昆明市先后出台各类问责规定32项，涵盖了对加强改善宏观调控、做好“三农”工作、房地产调控、规范和节约用地、资源节约和环境保护、保障和改善民生等重大决策部署执行的问责，对公车使用、公款出国（境）、工程建设、治污减排、滇池治理、卫生城市创建中突出问题的问责。昆明对出现“小金库”问题负有管理责任的领导干部、419件商业贿赂案件涉及的违纪违法干部和进展缓慢的32个民生项目的62名责任人进行了问责。禄劝县对屏山公安派出所巡

① 《红河州行政问责进展情况》，http：//www. hh. gov. cn/InfoPublic/index. aspx，访问时间：2012年6月5日。

防中队一民警用公车接送子女上学给予诫勉谈话，责令作出书面检查。四年来，在云南省实施问责制涉及的人数中，因执行不力被问责的有 2667 人，占问责总数的 34.4%。

## （二）对损害群众利益案件问责

澄江县“120”急救中心以施救地点太远而拒绝出车事件发生后，除该值班人员受到问责外，县人民医院分管“120”急救中心的副院长、人民医院院长、该县卫生局主持工作的副局长、县政府分管副县长都受到问责，在社会上引起良好反响。[①] 云南某投资公司虚构“城中村”改造项目。昆明市属新闻媒体邀请该公司参加评选活动，对该项目做了大量偏离事实的宣传报道，造成恶劣影响及严重后果。为此，昆明市纪委监察局责成责任部门作出书面检查，分别给予《昆明日报》原总编辑、分管副总编辑、经济新闻中心总监、经济新闻中心地产部副主任诫勉谈话、通报批评、停职检查和免职问责。[②]

## （三）对行政管理不当行为问责

云南省行政问责办法明确规定“办事拖拉、推诿扯皮、不求进取、平庸无为”等不履行或不正确履行职责的 10 种情况，将行政绩效管理不严、行政成本控制不当、行政行为监督不力、行政能力低下和未履行重大决策听证、重要事项公示、重点工作通报和政务信息查询程序纳入调整范围，通过配套制度使工作作风不实、服务态度不好和履职不到位等“不作为、慢作为、乱作为”成为行政问责内容，把对公职人员的问责内容拓展到政治和道义层面，改变了只问责“违法行为”的局限性。昆明市软环境建设办公室组织 10 个

① 《问责，在强力推动中稳步前行》，2008 年 6 月 1 日《中国纪检监察报》。

② 《2010 年昆明问责 694 人》，http://www.km.gov.cn/structure/sylm/kmxwxx_145709_1.htm，访问时间：2012 年 6 月 5 日。

检查组对全市机关作风进行明察暗访，对20个单位未按时到岗或在电脑上玩游戏、聊天、看电影、看股市信息的28名工作人员进行了通报批评，取消当年评优评先资格，同时对相关分管领导进行了诫勉谈话。

## 三　扩大问责范围，形成多方监督合力

为引导社会力量有序参与责任政府建设，云南省通过问责办法赋予了各类监督主体提供问责线索的权利，形成了信息多渠道、监督多主体的问责格局。

### （一）拓宽问责的信息来源渠道

各级问责办公室积极主动从监督检查、领导批示、群众来信、媒体报道等渠道中寻找问责线索。云南省实施行政问责后的两个月共问责86人，因媒体曝光而受到问责的就有12人。昆明市聘请人大代表、政协委员、党风巡查员、特邀监察员，采取模拟办事人员办事、现场录音录像等方式，对全市机关行业作风进行经常性明察暗访。通过“千名客商评价软环境”“万人民主评议机关作风”、新闻发布会曝光等形式，扩大了问责线索的来源。

### （二）形成立体问责格局

中央机关和云南省委领导指示、批示和通报，省长、副省长、省长助理、省政府秘书长提出的意见建议，可以成为问责依据。昆明市每年有1000多件领导批示件经核实后进入问责程序。审计、监察等监督机关的意见成为问责依据，有力保证了问责的科学性和严肃性。人大代表、政协委员的议案、提案，公民、法人和其他组织的检举控告，新闻媒体的报道，经核实都可以成为问责依据。

## 四　健全问责长效机制，提高制度执行力

在推进问责制实践中，云南省创新体制机制，积极推行政务公开，实施绩效管理，不断提高问责制度的有效性。

### （一）与体制机制创新相结合

云南建立了加强政府自身建设的联席会议制度，由省政府办公厅、法制办、新闻办、督察室，省监察厅、省人事厅等13家成员单位组成，负责全省行政问责办法等16项制度的监督检查。联席会议下设问责办作为经常性办事机构。问责办公室设在省监察厅，编制7人。各州（市）、县（市、区）设地方各级问责办公室。红河州政府各部门、驻州各行政机构及13县市政府均成立了问责制机构，配备专职人员，累计投入专项工作经费100余万元，保障了问责工作运转和督促检查工作的开展。云南省"法治政府""责任政府""阳光政府""效能政府"主题政风建设包含的16项制度，都预留了问责"接口"，与省行政问责相关规定衔接，确保制度落地。

### （二）与政务公开相配套

2011年，云南省各地各部门通过政府门户网站、政府信息公开网站、新闻发布会、政府公报及其他便于公众知晓的方式，公开信息141.6万条，政府信息公开申请受理机构电话有效性为76.7%，比2010年相比提高了33.4%。[①] 为拓展政务信息查询的服务时间、内容和方式，建立了全国首家统一的"96128"专线和覆盖了全省各级党

① 《2011年云南省政府信息公开工作年度报告》，http://www.yn.gov.cn/yn_zwlanmu/yn_gggs/201203/t20120330_3766.html，访问时间：2012年6月5日。

政机关、服务窗口、社区、机场、车站、医院、学校等公共场所的“政务信息岛”公告屏。2011 年“96128”专线应答 47.7 万次，“政务信息岛”公开信息 19800 条，较好满足了公众对政务信息及时多样性要求。昆明市建立了全程留痕、全程可控、全程监管的行政审批电子监察系统，将全市重大项目督查督办纳入系统，对行政权力运行实施流程监控、自动预警和异常处理。“阳光政务”保障了外部问责主体的知情权，增强了政务工作透明度，有利于提升领导干部严格执行制度的自觉性。

### （三）与政府绩效管理相适应

云南对县级以上行政机关实施行政绩效管理、行政能力建设、行政成本控制和行政行为监督，运用审计、督查和效益评价等手段，实行目标倒逼管理和一线工作法管理，重点开展对政府投资重大项目、重点民生专项资金的绩效管理。宜良县扶贫办办理小额扶贫贷款作风拖沓，收到市扶贫办的文件一个多月后才将通知下发到九乡乡政府，而且没有深入宣传、实地调查、及时解决问题，导致九乡 300 万元小额扶贫贷款在近 4 个月时间里仅贷出 15 万元。为此，宜良县纪委监察局对于县扶贫办主任给予调整岗位问责。日益完善的政府绩效管理，为问责提供了合理标尺，公共服务提供到哪里，绩效评估就到哪里，问责就到哪里，保障了制度高效运行。

## 五　云南省以干部问责强化公共机关建设的启示

四年多来，云南省共问责 6976 人，问责厅级干部 27 人、处级干部 533 人，对 440 人实施劝其引咎辞职、责令辞职、建议免职、停职检查和调整工作岗位的问责。通过实施“严厉”的问责制，规范了权力行使，“门好进了，脸好看了”，优化了经济社会发展的软

环境，有利于干部勤廉双优作风的养成。问责以常态长效、公开透明的姿态有机地融入到云南省惩防体系建设与“责任政府”建设中，成为云南省跨越式发展的强大推动力。其有益的启示有以下几方面。

### （一）树立负责任的权力观，是预防消极腐败的基础

云南省重视党员领导干部价值观的“型塑”功能，围绕培育正确的权力观进行理论培训、典型教育和内部警示，通过网络畅通政民互动渠道，让各级干部了解百姓疾苦与需求，强化“权力来自人民”“行使权力对人民负责”“有权就有责”的理念。问责事由的发生，根源在于某些干部的权力观、政绩观发生了偏差，他们“在其位不谋其政”，不为人民做事，怕担风险，怕负责任，官僚主义，不思进取，一切都是为了自己，其结果必然是遇到矛盾绕道走，碰到困难“打哈哈”。问责制强调了权力与责任的对称性和不可分离性，让干部不尽责就保不住自己的位置。因此，问责制的作用在于鞭策提醒领导干部，培育以民为本、权责一致、注重个人道德操守的权力观，纠正“尸位素餐”“无过便是功”的扭曲权力观。

### （二）实行科学问责，对于提高干部管理科学化水平意义深远

在问责实践中，云南省将着眼点对准那些并不构成违法，但不履行职责或不正确履行职责、人民反映强烈的干部，并将适用范围扩展到整个公职人员队伍。这就打破了传统的政绩考核标准，直接动摇了当“太平官”的基础，对领导干部和普通公职人员提出了恰当的政治要求和道德要求，是构建科学可行的干部退出机制的有益探索。云南省《党政领导干部问责办法（试行）》对干部受到不同形式问责后的任职影响期与复出程序，分别作出了明确规定。昆明市新出台的

《被问责领导干部相应组织处理意见》和《被问责干部跟踪考察办法》，确立了对被问责干部的跟踪考评机制，这是对被问责干部后续管理的尝试与创新。伴随问责制的常态化，问责官员的退出与复出问题不可回避。通过辞退、引咎辞职等责任追究形式将“退出”制度化，使干部降职、辞职等“下行”和“退出”行为成为政治生活中的常态，使干部“复出”有法有据可依，从而完善干部选拔任用考核的整个链条，真正实现干部能进能出，能上能下，这对于改进干部教育管理意义深远。

### （三）坚持常态化问责，是提高为民服务能力的重要举措

云南以问责为抓手，推进经济社会发展软环境建设，促进了干部队伍作风建设，完善了以廉洁行政、干净干事为目标的制度体系，明确了责任追究在政治生活中的具体操作规程，与信息公开、绩效管理有机结合起来，保障了问责的常态和长效，打造了权力公开透明运行的“防火墙”，为公权力的行使者拉起了责任的“高压线”，促进廉洁高效责任型政府及各类公共机关的建设，有助于从根本上改善干部作风，提高干部为民服务的能力。

# B.13
# 山西“阳光农廉网”开辟农村防腐新视域

山西省社会科学院课题组*

山西省地处黄土高原，拥有2300余万农村人口，全省70%以上的国土面积围绕在太行山脉和吕梁山脉，许多乡村、集镇甚至一些县城都分布在沟洼地或山梁上。农民要行使民主政治权利，不仅受体制机制和传统观念的束缚，而且还受制于山峦沟壑的阻隔。2006年，山西开始探索乡村治理新模式，积极构建农村反腐倡廉信息网（以下简称“阳光农廉网”），利用互联网把山区村村寨寨有关财政、教育、医疗卫生、农林牧业、国土资源等主要涉农部门联在了基层政府的“一张网上”。运用“制度加科技”方法，着力推进农村“三务”公开和“三资”管理规范化、制度化、程序化，不断拓宽农民群众参与民主管理、民主监督及维护自身合法权益的途径，使政府与公众的信息沟通基本畅通，国家各项强农惠农政策得到贯彻落实而不再“注水、走样”，尤其是群众对政府的监督得以有效实现，为密切农村党群干群关系、维护稳定和谐局面，开辟了一个新视域、搭建了一个好平台。

## 一 “阳光农廉网”来自呼唤与选择

山西是一个亟待转型的资源型大省，70%以上的农村集体经济和

* 课题主持人：贾桂梓，山西省社会科学院副院长、研究员；课题组成员：常瑞，山西省社会科学院党建政法所助理研究员。执笔人：贾桂梓、常瑞；特邀研究人员：宋永清，山西省长治市纪委农廉室原负责人。

以工补农资金来自于矿产资源收入，在收益分配中往往容易引发农村的矛盾与信访事件。据2011年数据，全省农村居民年人均纯收入在1550元以下的贫困人口为276万，占到农业人口总数的11.8%。每年国家下拨的扶贫款、救济款以及各种惠农政策补贴资金涉及的人群广泛，类型多样，而在分配过程中，违背政策、暗箱操作、截留挪用等违纪违法行为时有发生。每年由于收益分配或惠农政策兑现过程中引发的农村信访就占到全省信访总量的一半以上。农村不稳，则国家不安；农村基层政权不健康，党的执政基础就不牢固。因此，要想确保转型跨越发展的宏图大略如期实现，必须构建能够针对山西特点的惩治和预防腐败体系，创出一套管事顶用的防腐反腐新招数，这是加强农村党风廉政建设，促进和谐稳定发展的基本前提。

### （一）农村党风廉政建设面临的现实困惑

现在国家对农村投入加大，各种支农惠农补贴较多，但由于村里没有公示，缺乏沟通，便引发了上下怨愤的矛盾。事实上农村的许多矛盾都是因为上下左右信息不沟通、不对称，从而引发相互之间不信任、不理解，进而导致闹矛盾、搞上访，其症结就在于村务公开没做好。那么，村务公开主要公开什么呢？农村财务管理通常由村里主要干部一人说了算，财务开支缺乏事前、事中、事后监管，极易形成坐收坐支、口袋账、糊涂账。因此，村务公开的关键在“财务”。在农村，财务管理、土地流转和各种惠农补贴、各项涉农政策落实等问题一直是村务管理的难点，也是村民最想知情的重点，同时还是最易导致群众上访的焦点。为了平息村民的怨气，理顺干群关系，就必须打开天窗说亮话，给村民一个“明白”。

村务公开原有的张贴纸张告示、出黑板报、大喇叭通知等方式还是凸显不足：一是信息容量少，二是保存时间短，三是提供与接收的双方不能交流。在财务、村务、政策等信息不透明、不公开或半

透明、半公开之下，一些村干部暗箱操作、贪占村民便宜，甚至贪污侵占集体资产的行为依然屡禁不止。2007 年，山西省农业厅在对 10681 个村集体经济组织审计中，发现违规违纪资金 3.5 亿元，处分 140 人，对 2406 个财务管理混乱村进行了清理整顿。国土资源厅共纠正农村土地承包问题 375 件，农村土地征占用问题 206 件。教育厅在“两免一补”专项督查中，清理乱收费 400 多万元。2008 年以来，共组织开展涉农专项检查 28381 次，发现和纠正违纪违规问题 48044 件。仅 2009 年一年就查处农村基层党员干部违纪违法案件 2160 件，给予党政纪处分 2174 人，组织处理 109 人，移送司法机关62 人。[①]

传统的村务公开方式被广大村民认为是当官者走形式、糊弄人。源头治理事与愿违、风险防控不遂人意的局面不得不让人进一步思考：如何创新村务公开形式？如何将农村各项惠农措施、财务运行情况全部、彻底地公开给村民？怎样有效遏制农村干部的腐败行为，消除老百姓对“当官的”质疑、隔阂甚至对立？回答和解决好这些问题，是加强农村党风廉政建设的关键所在。

### （二）“阳光农廉网”是“村务公开”的最佳方式

胡锦涛同志在中央纪委六次全会上强调，“要贯彻落实以人为本、执政为民，大力实施各项公开制度，保障人民群众的知情权、参与权、表达权、监督权，加强对党和国家机关工作人员履行职责行为的有效监督，保证权力在阳光下运行。”[②] 阳光是最好的防腐剂，公开是最好的监督。因信息不对称造成的腐败现象，必然要通过政府信息公开、权力阳光运行来治理、来解决。

---

① 山西省纪委：《2007 年以来山西省信访举报工作情况总结》。

② 《胡锦涛同志在十七届中央纪委六次全会上的重要讲话》，2011 年 1 月 11 日《中国纪检监察报》。

在当今农村，人口流动性极大，关注并亟须了解村务信息的人群大都在外地打工或做生意，常常与村内的黑板报、大喇叭等公开信息的工具无“缘”相对。基于这种现状，山西许多地方认识到，在信息化时代，利用互联网实行“村务公开”是最佳选择。而且随着农民收入的逐步提高，户均拥有电脑的数量逐年增加，这就为利用互联网实现“村务公开”提供了物质基础。党中央关于制定“十二五”规划的建议中提出，“全面提高信息化水平，加强经济社会各领域信息化”，“以信息共享、互联互通为重点，大力推进国家电子网络政务建设，整合提升政府公共服务和管理能力”。可以说，信息化必将越来越渗透到社会生活各个领域、各个层面，谁能及时赶上信息化浪潮，谁就站在推动科学发展的高地上。

山西省在总结实践经验过程中认识到，随着民主政治建设进程加快，政治新生态渐露端倪，“制度加科技”成为防控权力失范、破解政府信息公开难题、实现民主监督、民主管理、推动权力阳光运行的最佳选择。于是，建立“阳光农廉网”的重要决策逐渐成熟，按照制度为核心、科技为载体、注重预防、突出实效的原则，山西加快推进廉政建设信息化工程，不断提高惩防体系建设的科技含量和综合效能，全省农村党风廉政建设由传统的村务公开形式走向了“制度加科技”的阳光农廉新时代，全面建设“阳光农廉网”的序幕由此拉开。

## 二 “阳光农廉网”的发展与普及

“阳光农廉网”是山西拓展从源头上治理农村腐败领域的新创举。“阳光农廉网”建设源于基层民主的自发力，源于政府创新机制的推动力，历经多元渐进的实践历程，按照试点先行、因地制宜的科学方法，以点带面，逐步推进。

## （一）“阳光农廉网”的由来

农村的多数矛盾都是由财务问题引起的，“阳光农廉网”就是在探索解决农村财务管理矛盾过程中应运而生的。为解决农村矛盾，稳定发展形势，各地曾普遍探索使用“村账镇管”形式。2004 年，山西开始全面推行“农村会计委托代理制度”，即在乡镇政府依托经管站成立农村会计服务中心，中心主任由经管站站长兼任，中心下设总会计一名，总出纳一名，会计人员数量根据工作量大小设置。村级取消会计和出纳，只设一名助理会计。农村会计委托代理制度的实行，在村账乡管的基础上进一步规范了村级财务。

2006 年，中央办公厅、国务院办公厅制定下发了《关于加强农村基层党风廉政建设的意见》，要求全面推进乡镇政务公开、村务公开和党务公开。在贯彻落实《意见》的过程中，广大农民关注更多的是村里的“财务、账务”，许多村干部在换届中被“赶下台”也主要是因为财务、账务说不清楚。在推动基层民主政治建设进程中，广大农民群众的民主意识越觉醒，财务公开的迫切性、严峻性也越凸显。于是，在基层民众的强大推力与党中央决策的积极引导下，利用互联网实行村务公开的思路在萌生、在试验、在探索。

## （二）“阳光农廉网”的雏形

在信息化时代，互联网的广泛运用，为有效破解农村“三务”不公开、难公开、假公开难题提供了寻觅已久的“良方”。

以长治市为例，2007 年 5 月 15 日，长治市城区五马办事处马坊头村，因土地补偿问题引发了村民集体上访事件。事件发生后，马坊头村委才就占地问题进行详细核查和上墙公示。但由于公开成了“马后炮”，违背事前公开的决策程序，结果不仅未能起到应有的效用，还使问题演变，矛盾激化。新形势下，长治市开始探索村务公开新形式。首先在经济条件较好的长治县试行了局域网，实行财务公开。2008 年，又创新使用了“支农惠农政策明白卡”，之后还用喷塑材料在各村制作了“明白墙”。但在众多形式中，“局域网”的公开效果最好，由此，长治市开始在全市推行，各县市区普遍建起了财务公开局域网。2009 年，又进一步依托互联网实现了全市“乡镇会计服务中心电算化联网”。通过一系列的公开措施，长治市有效地“挤压”了农村财务“账目不清”“化公为私”等暗箱操作的空间，杜绝了利用财务漏洞做手脚、占便宜等贪腐问题发生的可能性。随之，又将政务（村务）公开、党务公开的内容全部搬上了互联网。这样彻底的公开透明，使群众随时随地可以了解村里的重大决策和财务开支情况，村民们说“窗户打开、锅盖揭起，俺们才真正有了主人翁的感觉”。农廉网的实施极大地促进了长治市农村的稳定和发展，特别是长治市的长治县由于农廉网的推行，由一个多年难以治理的上访大县变成了赴省、进京“零上访”县，并且发展成为全市乃至全省的经济强县。长治县的变化引起上级党委、纪委的极大关注。2009 年 2 月 11 日，时任中央纪委副书记张惠新深入到长治县西火镇东庄村等地进行调研，他对农村“三务”公开进入互联网，实现网络化监督，群众随时随地可以获得知情权和监督权的做法给予了高度评价。中央纪委领导的首肯更加坚定了山西各地推进农廉网建设的信心。

此间，山西许多市、县都在探索实行农村廉政建设局域网、互联网的必要性和可行性。如运城市新绛县的农廉监督网络、忻州市的“静乐惠农网”、晋中市左权县的农村民主管理信息化平台和灵石县的综治信访服务中心、晋城市沁水县的“三三机制”等，都是试行局域网效果较好的县区。这些有益的探索，都不约而同地将农村廉政建设与运用信息化技术连接起来，都把创新村务公开形式的目光聚焦到了互联网上。这些自发的创新实践给“农廉”插上了网络的翅膀，作为“阳光农廉网”的雏形，形成了一片斑斓纷呈的“燎原星火”，

为在全省进一步推广和普及“阳光农廉网”，从思想观念和物质条件上都打下了坚实的基础。

### （三）“阳光农廉网”的典范

各地的创新实践，不断地证实运用信息技术推动农村“三务”公开是当下最佳的选择，运城“阳光农廉网”就是在这一趋势下推动、发展和普及的。2010 年，山西省农廉网建设工作会议指出，“全省各地都不同程度地建立了局域网或使用了互联网，但是运城市的‘阳光农廉网’更加规范，更加完善。”

运城市是山西的农业大市，农村人口占全市总人口的 71%，也是全省的信访大市，2008 年一年的信访量就占全省的 10.1%，其中，涉农信访占 40%，严重影响着农村的和谐稳定。涉农信访或是源于基层干部以权谋私，侵害农民权益，或是因为村务不公开不透明，群众因不了解详情而产生质疑。如运城河津市北午芹村以前干群矛盾突出，原因就在于村干部做事独断专行，不与群众商量沟通，造成村民不信任村干部，村干部不亲近村民，干群关系冷淡。为解决这些问题，2009 年 9 月，运城市新绛县首先尝试利用在农村建起的农经信息网，搭载有关村务公开方面的内容，将村干部的工作职责、完成任务等情况，以及党务、村务、财务等内容挂到网上，村民们谁想看就能看。此举推开，反响热烈，村民拥护，效果显著。正如河津市北午芹村民史梅说：“现在可好，啥事都在网上给公开，白纸黑字，谁也甭想搞猫儿腻！”利用网络进行公开的方法，真正做到了给村民一个明白，还干部一个清白。

运城市委、市纪委经过对这些示范县、乡的农廉网建设情况实地调研评估后，作出一个在农村党风廉政建设方面具有里程碑意义的决定：将“阳光农廉网”这一公开方式在全市县、乡、村全面推广，将主要涉农部门涉及农民利益的信息，在网上全部、彻底公开。一石激起千层浪。此前，农廉网只是局限于将农村的“三务”公开上了互联网，而没有将区县涉农部门和各个乡镇的政务信息也晒到网上。这一重大决策深深地触动了基层领导干部的权力神经，“怎么公开的剑锋由村干部指向了科局级干部?”一时间，反对的理由层出不穷：各部门、各乡镇、各村建设农廉网需要偌大的资金从哪儿来？操作、管理、维护农廉网的人从哪儿来？人员编制受限、财政不能开工资，如何养人？乡镇一级维持政府正常运转经费远远不够，许多乡镇不得不靠截留、挪用农村基础设施和社会事业款项来支撑，这些岂能公开？等等，捂权惜权的心理、现行体制机制的障碍、资金和人员短缺的困难……消极反对的声音一浪高过一浪，运城的信息化“阳光农廉网”陷入困境。

运城市纪委书记赵建平是一位认准了就要干、干就敢较真的“包公”式领导。2008 年 8 月他一上任，就针对运城市农村信访量居高不下的情况，紧抓“农廉”工作不松手，着力推动各县区“阳光农廉网”试点工作。面对全市普及推广“阳光农廉网”遇到的杂音和阻力，他请示市委同意后，召开全市县委书记、纪委书记会议，黑着脸、低沉着声音说：“在全市全面推行‘阳光农廉网’，上符合党中央和省委、省纪委反腐倡廉、政务公开的一贯方针，下有市委的集体决策、会议决定，不管遇到多大困难，市纪委坚决干到底。你哪个县委书记不重视、不关心‘阳光农廉网’，市纪委就要重视、关心你哪个县委书记。大家都是领导干部，你们看着办吧。”与会干部在静默中体味着纪委书记这番话和阳光农廉这事儿的分量！之后，再无人在公开场合讲“阳光农廉网”的“不适宜”“没法办”了。相反，市、县、乡纷纷出台办法、制定制度、投入资金、抽调人员，争先恐后推行“阳光农廉网”。从 2010 年开始，运城市陆续投资 2000 余万元，调剂、筹建了县、乡、村三级“阳光农廉网”工作的专门场所，即：县“阳光农廉网”监管中心、乡“阳光农廉网”服务中心、村

“阳光农廉网”查询室，配备电子设备4000余台，创建了覆盖全市13个县（市、区）、153个乡（镇、街办）、3190个行政村的涉农信息公开平台，建起每县（市区）10人左右、各乡镇3~6人的“阳光农廉网”专职工作队伍，将党的各项强农惠农政策、基层政务事务，特别是“三资管理”情况纳入网上公开，让农民群众足不出户就对有关切身利益的事项了然于心，促使基层公共权力在阳光下运行，探索出了一条保障农民权益、维护农村稳定、巩固党的执政基础的新途径。

**1. 围绕“群众心里的事儿”拓宽网络公开内容**

运城市将县、乡、村以及16个涉农部门明确为信息公开主体，确定涉农单位支农资金项目和资金分配，农村低保、土地流转、粮食直补等重大村务事项，农村财务收支及债权债务等六方面内容在农廉网上适时公开。到2012年7月份，农廉网上公开的信息量达1260万条，基本涵盖了群众最关心的各类敏感问题，形成了一个涉农信息的“集散地”和“大超市”。特别是针对农村信息不畅、农业科技知识普及不够、农产品缺乏销售渠道等问题，“阳光农廉网”有效整合了农经信息网等资源，积极打造服务农民与农资生产企业、农产品加工企业的信息沟通平台，大量发布农产品供求信息，许多地方还把当地的农产品“晒”在“阳光农廉网”上，广泛进行宣传、展销，吸引了大批的外地客商，促进了各地的农民增收、农业增效和新农村建设。

**2. 以严格的公开程序保证群众在网上获得“真信儿”**

运城市在公开内容上网前实行分级审核、层层把关，在不违背《保密法》的前提下，该公开的绝不遮蔽。村务、财务公开流程为：统一收集信息→村委主任审核→乡镇对口站所审核→乡镇党委、政府领导审核→网络公开；县级涉农单位公开流程为：统一收集信息→单位领导审签→县（市、区）“阳光农廉网”监管中心备案审检→网络

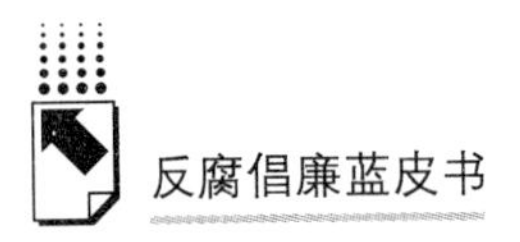


公开。同时，纪检监察机关全程跟踪监督，若发现问题立即进行责任倒查和追究，确保“阳光农廉网”规范运行。

**3. 服务至上，用简易便捷的操作程序降低村民上网门槛**

运城市为每个村配备了一台专用计算机，由大学生“村官”、村民监督小组负责人或威望较高的群众代表负责引导和管理，并对部分人员进行专业培训，还精心印制了46.6万余份操作指南发放给群众，简化操作程序，通过3~5个步骤就可查阅所需信息。同时综合采取各种宣传方式，使“阳光农廉网”家喻户晓、人人皆知。

**4. 强化网络效能确保群众上网能够“见官、解惑”**

“阳光农廉网”为基层干部群众创建了一种全新的沟通模式，“阳光农廉网”为208家县直涉农单位和153个乡镇领导分别专设一个QQ号码，并依次排班，农民群众可通过视频通话的形式向相关领导“面对面”反映问题，提出质疑，催要结果。凡是接听电话和视频对话的大小干部，都必须就群众提出的问题解疑释惑、负责解决或提出解决办法，组织、人事部门将这一环节作为干部考核的重要依据和年度述职述廉必述内容。同时，针对农民生产经营中遇到的技术问题，农业专家还定期在网上“坐诊”，为农民提供咨询和帮助。平陆县张店镇张店村村民孙公社高兴地说：“真没想到农廉网上还有培训班，遇到问题到农廉网上一查，还有专家定期教授。”

为保障“阳光农廉网”科学、长效运转，运城市成立了市、县、乡三级“阳光农廉网”监管中心，按3~6人核定编制，主任由同级农经管理中心主任担任；按市县两级每年不少于10万元、乡镇每年3万~5万元标准，将“阳光农廉网”监管中心办公经费和人员工资全额纳入财政预算。在完善工作机构的同时，运城市对工作机制也进行了周密设计和层层强化。比如，为了防止时间一久，出现人浮于事，麻痹懈怠，专人不专职的情况，他们就对专职机构和专职人员的权利和义务设置了制约监督机制：在“阳光农廉网”上设置了举报

投诉栏，市纪委设置专机专人实时监控县、乡、村三级农廉网络公开情况，市委和纪委领导随时随机抽查实况或查阅记录。市、县纪检、组织部门把“阳光农廉网”运行情况纳入党风廉政建设责任制考核的重要内容，严格实行“一票否决”。“阳光农廉网”有效推动了涉农政策的贯彻落实和公共权力的公开运行，开辟了农民维权新视野。三年来，运城市利用“阳光农廉网”，堵塞农村不合理开支和防止集体资产流失6.4亿元，消除省级挂号的难点村115个。许多过去因公开不全面、不及时而引起的涉农上访明显减少，从而规范了权力行使，促进了干部作风转变，维护了农民群众权益，融洽了干部群众关系。

### （四）“阳光农廉网”的普及

运城“阳光农廉网”的大力推行和成效初现，引起了全省反腐战线的极大关注和一片热议。山西省纪委遂将加快推进“阳光农廉网”列为全省农廉工作的一项重要任务，迅速加大财政投入，强力推行运城经验，及时出台《关于推广运城经验、推进全省“阳光农廉网”建设工作的通知》，在全省掀起建设“阳光农廉网”、推进村务公开、规范权力运行的热潮。

在省纪委强有力的推动、指导下，在各地创新实践的基础上，“阳光农廉网”建设按照“制度加科技”的思路，开始在山西全省推广、普及。经过不断地探索、总结、提高，山西“阳光农廉网”逐渐形成了“两个拳头用力的基本套路”，一方面，夯实村务公开这一基础。针对传统公开方式不全面、不具体、不及时、难保存问题，山西把“阳光农廉网”作为涉农党务、政务和村务公开的载体，全面公开村级财务、惠农补贴、自治事务、涉农项目、干部履职和任期目标等六方面52项村务事项，民主决策和监督、“三资”管理、“三务”公开、农村综合改革等四方面36类农村党风廉政建设工作制度，做到该公开的都公开、群众关切的都公开。另一方面，抓好民主管理这一根本。针对过去村务主要由村干部实行管理、群众参与不广泛等问题，着眼于保障农民群众的决策权、管理权，山西把农村集体“三资”和重要村务事项全部纳入“阳光农廉网”，并开发了“三资”管理软件，“权力运行到哪里、程序就建立到哪里”，绘制农村重大事项决策、实施流程图，并通过计算机程序实现制度固化、全程留痕、刚性管理，农民可以通过网络全程监督。通过运用这两个“套路”，山西“阳光农廉网”为加强农村党风廉政建设、提高基层政权防控腐败能力提供了有效实用的制度保障和技术工具。

山西在推进“阳光农廉网”全覆盖过程中，充分尊重和发挥基层的主动性和创造性，倡导各市县结合实际，因地制宜，不搞一个模式，不搞形式主义，杜绝铺张浪费，使全省“阳光农廉网”的建设运行展现出一个“多元渐进”的发展历程。太原市将“12316”服务农民热线、太原农经信息网、并州“阳光农廉网”三个信息平台进行有机结合，注重对一些经济方面招投标、资产处理等制度的公开，实现了优势互补和资源共享。朔州市畅通了互联网、手机短信、电视点播、114语音等四条渠道，实现了网络的互联互通；晋中市各级“阳光农廉网”普遍采取了内外网有机结合模式。晋城市、阳泉市等市引入了多级视频互动系统，多人可同时在网络上和多部门面对面互动。长治市围绕宣传、公开、监管、接访、服务五大功能，设置了“三务”公开、农村信息资源共享、农村土地流转服务、农村集体财务公开四个平台；三资管理监控、农民群众网上答疑两个系统；工作动态、三务公开、咨询投诉等11个板块。将农、林、水利、科技、气象等18个单位的涉农信息上网发布。实现了电话、网络、视频“三位一体”的多元化工作受理、领导视频约谈、专业人员视频解答和网上及时回复。运城市、吕梁市对已成立的市、县、乡三级“阳光农廉网”监管（服务）中心，核定编制，定岗定人，并积极发挥

大学生村官、村民督导小组作用，强化了“阳光农廉网”的队伍建设，确保了“阳光农廉网”的正常运行。还有些市区是将原有的乡镇会计服务中心电算化网络与新建的“阳光农廉网”进行链接，增设了栏目，拓展了信息容量，使“阳光农廉网”的脚步稳健迈开。与此同时，各市普遍出台了《“阳光农廉网”管理暂行办法》，规范了网络操作、运行、管理、监督等内容，加强了涉农投诉直查快办和农廉各项制度的督查落实。

为加快农廉网建设进程，尽快使之发挥作用，山西各级政府提供了及时有力的财政支撑。山西省财政为全省人均可用财力低于全省县级平均水平的81个县（市区），解决“阳光农廉网”专项资金3664.7万元。各市自己投入资金最少都在800万元以上，其中，运城市、晋城市、大同市、长治市达到了2000万元以上，从根本上保障了“阳光农廉网”建设的顺利进行。如今，上“阳光农廉网”已成山西农民的重要事情，截至目前，全省11个市、116个涉农县（市、区）、1288个乡（镇、街道）里，开通“阳光农廉网”的村达到22165个，约占行政村总数的80%。“阳光农廉网”的开通和使用，实现了干部做“明白官”、群众看“明白事”的愿望。

## 三 “阳光农廉网”的成效与经验

2010年以来，山西“阳光农廉网”建设已取得了阶段性成效，对党和国家各项强农惠农政策的落实、农村干部作风的进一步转变、农民群众反映强烈的突出问题的有效化解，都起到了重要作用。到2012年6月底，“阳光农廉网”点击量已突破7200万人次，农民群众通过各地农廉大厅查询300多万人次，各级干部通过视频解答咨询30多万人次。各地群众通过网络表达诉求8万余件次，解决涉农问题10万余件。各涉农部门公布各类强农惠农富农政策和农业信息795万条，全省各级通过“阳光农廉网”采取不同形式服务“三农”20余万件次。[①]“阳光农廉网”在农村惩治和预防腐败体系建设中发挥着越来越重要的作用，取得了明显的经济效益、政治效益和社会效益。

山西省稷山县翟店镇古路岔村修了1个小广场，总造价9万元，而其他村修建于2008年的广场造价仅为6万元，“为啥差价这么大?”村民就有些疑惑。要是过去指不定会有多少不好的说法，而现在，大家有疑问就上“阳光农廉网”查询，网上账单很清楚，是原材料上涨等因素导致工程造价偏高，理解了、认可了，群众疑惑消除了，干群关系正常了。

平陆县张店镇侯王村党支部书记李全义说：“村级政务财务翔实公布，对干部而言，既增加了一层监督，一种约束，也减少了群众的误会、怀疑，还洗刷了涂在一些好干部身上的污秽。”站在群众的视角，感知老百姓的评价，概括起来就是：普及“阳光农廉网”，让人感受最深刻的是政策公开透明了，通过在网上亮家底，群众看到的全部是“真情况”；让人感受最舒心的是办事方便了，连上网线，不用奔波跑腿就能快速办理；让人感受最真实的是网上视频互动，咨询诉求“面对面”，一些萌芽状态的矛盾问题和纠纷得到及时解决；让人感受最直接的是网上电子监察，一经装上电子眼，监督检查“零距离”，进一步推动了办事效率提速、干部作风转变和干群关系的融合。

### （一）“阳光农廉网”的主要成效：约束干部，凝聚民心

一是约束了干部。“阳光农廉网”上公开的强农惠农政策等信息

① 《民主阳光照亮希望田野》，2012年7月2日《山西日报》。

基本上涵盖了农民群众最关心、最关注的事项，村务、财务群众一清二楚，从根本上改变了以前那种啥事都蒙着来、背着干的方式，基本上“网住”了农村基层干部利用职权瞎胡来的手脚，基本上达到了通过“村务公开、政务公开”防控基层政权寻租贪腐的目的，使广大乡村治理水平实现了一个新的跳跃。二是缓和了矛盾。“阳光农廉网”公开内容广泛、简便易用、普及大众，着实改变了一些干部利用职权多吃多占，或者给自己的家族势力谋取利益的不公平状况，政策明摆着，账本明挂着，村民心里亮堂着，干群矛盾也就缓和了。三是树立了形象。“阳光农廉网”既是监督的平台，也是干部展示形象和施展才能的舞台。不管多大的干部，一接到乡民的诉求，就尽快、尽力安排部署、协调解决，群众在乡、村干部为民办实事、解难事的过程中，增进了对各级干部的理解和信任，增强了对干部推进工作的支持和配合。四是巩固了基础。党的执政基础在农村。“阳光农廉网”建设促使乡村里常能听到的怨气怨声有所消弭，经常能见到的干群关系紧张状况有所改变，和谐因素在不断增加。廉政建设推进了民主政治，端正党风巩固了执政基础。长治市武乡县纪委书记王霖说：“阳光网络强化了农村‘三务公开’，凝聚了民心、集中了民智，农村基层党组织的凝聚力大幅增强。”

### （二）“阳光农廉网”的基本经验：“三参三改三结合”

山西着力建设的“阳光农廉网”是现代公共管理理念和信息技术相融合的产物，它摒弃了传统的行政方式和思维逻辑，具有打破地域、时限等优势，在创新治理手段、提高行政效能、增强工作绩效、提升廉政建设科学化水平、方便群众办事、维护民利、保障民生等方面，发挥着越来越重要的作用，显示出融信息化技术于廉政建设的积极效用，同时也积累了一些行之有效的经验，即“三参三改三结合”。

“三参”：是指“阳光农廉网”不仅仅是一个网络平台，而是一个由各方面参与组成的整体系统，主要的参与者是各级党委政府、广大农民群众和社会各界力量。其中，党委政府是农廉网的建设者和提供者，农民群众是享用农廉网的参与者和受惠者，社会力量是评议农廉网的第三方监督者，由他们共同构成“阳光农廉网”的参与主体。

“三改”：即“阳光农廉网”建设涉及的思想领域、运行机制及工作方法。遵循用民主科学的大众化思想改革保守禁锢的观念行为，用公开透明的权力机制改革单向度运行的权力方式，用现代科技的创新方法改革被动应对的传统方法的原则，促使“阳光农廉网”形成一种对廉政新理念和制衡型权力机制的探索。其中，改革思想观念是“阳光农廉网”建设依照民主、科学、大众化的指导方针，破除农村社会传统思想桎梏，以人民至上替代权力至上的理念，推动形成一种体系化、整体性的廉政新理念；改革权力机制是“阳光农廉网”建设的关键，改革以往单向度、人情化、集权化的权力运行方式，着眼于预防腐败制度建设，探索构建制衡型的权力机制；改革工作方法是“阳光农廉网”建设的基础，依托现代科技手段和管理方法，改革传统被动应付的工作方式，追求服务型、高效化、回应性、便捷式等以人为本、执政为民的“公权公用”新境界，由它们共同构成“阳光农廉网”的内涵。

“三结合”：即将“阳光农廉网”的经济效应、政治效益和社会效益有机结合。“阳光农廉网”建设的实效性体现在经济效益、政治效益和社会效益上。增加农民收入是新农村建设的关键环节，经济效益是基本导向，是“阳光农廉网”的生命力和源泉所在；维护党的执政基础是反腐倡廉建设的核心价值，“阳光农廉网”建设提高了政府的执行力和公信力，密切了干群关系，增强了农村基层廉政建设的政治效益；维护民利、保障民生是廉政建设的根本目标。“阳光农廉

网”提升了政府的执政水平和农民群众的政治参与能力，扩大了现代信息技术的运用空间，展示出良好的社会效益。以上三方面结合起来，共同构成“阳光农廉网”的综合效能。

### （三）“阳光农廉网”的理论意义：群众路线和制约权力原则

如果说“三参三改三结合”作为“阳光农廉网”建设基本经验有值得借鉴之处的话，那么贯穿其中的“群众路线”和“权力制约”原则是最基本、最核心的思想精髓。运用现代科技手段预防腐败，促进权力运行规范化、公开化、刚性化、可控化，维护和保障农民群众的切身权益，是实现预防腐败的过程管理机制。通过“阳光农廉网”建设，尝试构建直接面向群众的基层管理服务平台，促进群众与政府之间形成一种多元合作的长效机制，推动基层政府管理重心下移，这是积极完善农村治理结构和基层民主政治体系的创新之举，也是贯彻落实十七大提出的“健全民主制度、丰富民主形式、拓宽民主渠道”在基层的破题之作。

## 四　面对时代挑战，“阳光农廉网”建设未来依然任重而道远

在农村利益格局深刻调整，农村社会结构和组织形式发生深刻变化，农民群众多元化、多层次需求不断增加的社会背景下，山西省积极创新村务公开和民主管理方式，将经济全球化的时代标志——信息技术融入农村惩治和预防腐败体系建设，依托科学的方法促进了基层廉政建设与经济社会发展相得益彰。但“阳光农廉网”作为一个新生事物，在普及上还存在一些覆盖盲区，其预想功能的发挥还将继续接受实践的检验和进一步修正完善，在以后的发展中也将面临一系列的重大挑战。

**（一）能否破除农民群众的传统思维与领导干部潜在的消极意识，是推动"阳光农廉网"全面普及并深入人心所面临的思想上的挑战**

由于历史文化、地理区位的原因以及国家长期的煤炭产业计划体制的影响，山西的一些干部"思想固化、观念保守，不善谋划大思路、大发展，满足于资源优势下的小日子，习惯于按部就班"[①]，对依托信息技术推进党务、村务、财务公开还存在着一定的潜在抵触，消极对待"阳光农廉网"建设可能带来的各种利益冲突，不敢"跳起来摘桃子"。同时，大多数农民对市场经济的全球化、信息化、城镇化等外部环境关注不够，切实理解并积极运用"阳光农廉网"来维护自身利益的人群还有待扩大。特别是受城乡二元结构和传统小农经济意识的影响，部分村民还禁锢在等、靠、要、怕的思维模式中，即等政府帮助、靠政策救济、向周边关联企业索要、怕市场波动利益受损。"阳光农廉网"要真正普及并深入人心，就必须破除广大干部、群众的这些不适应时代发展的思想观念和思维方式，这还需要一段时间来逐步实现。

**（二）能否适应农村经济基础与上层建筑变革，是推动反腐倡廉建设科学化，维护农村改革发展稳定所面临的深层次挑战**

科学技术是第一生产力。"阳光农廉网"的普及利用，必然促进农村生产力的发展，引起农村经济社会关系的变动。同时，山西"阳光农廉网"对农村的经济建设、政治建设、文化建设、社会建设以及生态文明建设已经或正在产生全面而深刻的影响，特别是提高了基层反腐倡廉建设的科学化水平，在构建农村惩防体系和服务"三

① 《以转型发展为主线，为实现山西经济社会跨越发展努力奋斗》，袁纯清在全省领导干部大会上的讲话，2010年7月29日。

农”工作中发挥了积极作用。另一方面，控制论讲求保持力度均衡以维持系统平衡。“阳光农廉网”建设必须坚持力度统一性，现代科技手段运用于反腐败斗争的张力要跟得上农村经济社会发展的引力，坚持不冒进、不折腾。否则，如果“阳光农廉网”对涉农惠农政策的“度”把握不当，不仅不会促进民利、民生，反而有可能造成影响“三农”利益的消极因素，出现科技反腐异化现象，那就势必会对“阳光农廉网”产生挤出效应，反过来影响农村社会的改革发展稳定。

### （三）能否客观定位现代科技在农村党风廉政建设中的位置，是正确处理“人脑”与“电脑”关系所面临的必然挑战

山西“阳光农廉网”着力推进权力公开透明运行，使行政部门避免出现“盲人骑瞎马，夜半临深池”的政治风险，对权力的监控作用逐步显现。但是，在“阳光农廉网”建设中，科技只是辅助而非万能，如单纯依靠技术，则会陷入“误区”——形成科技崇拜心态或对科技的路径依赖，认为中国的一切腐败问题都根源于科技规范的缺失，只要依托科技反腐就能使腐败问题迎刃而解。但实践证明，科技反腐的成效取决于设计者、实施者和受用者，其中，干部是决定因素。信息技术最终要靠人来运用，在发挥主观能动性的基础上，干部的先进性和纯洁性决定“阳光农廉网”在实践中的成效。只有建立一支能够真正理解科技反腐和发挥组织、协调、牵头职能的干部队伍，在反腐倡廉中更多地增加科技含量和借助科技手段，才能更有效地防止官员在人性的贪欲诱惑下误入歧途，同时也能最大限度地保护干部，使得这堵科技“防火墙”在更高层次上实现“阳光农廉网”的人本主义价值。

### （四）能否认识到“阳光农廉网”已日渐形成一种不可逆的乡村廉政治理新模式，是推动现代科技与农村惩防体系建设有机融合所面临的系统挑战

山西的“阳光农廉网”不是制度与科技的简单叠加，而是一种

反腐倡廉新理念和乡村治理新模式，它具有四方面基本特征：一是体系性。它突破了工具化反腐的思维局限，着眼于体系反腐。二是整体性。它不仅是执政党和政府的职责，也是社会以及民众的共同职责。三是渐进性。它立足于理性的反腐意识，依托科技手段，采取渐进方式把腐败的发生控制在最低限度。四是预防性。它着眼于防止利益冲突理念，通过影响农村干部和农民群众双方的政治观念，提升干部依法行政的能力和群众的维权意识，从源头上预防腐败现象的发生。山西"阳光农廉网"将转型期农村社会的政治文化与时代发展潮流有效链接，实现现代科技与农村惩防体系建设的有机融合，用科技手段弥补人力缺陷与制度漏洞，提高了外部监督效能，在实践中切实解决了许多农民群众反映强烈的问题，强化了对农村基层干部的教育、管理和监督，更好地保障了群众的知情权、参与权、监督权。同时，山西"阳光农廉网"还提供了一种直接面对基层群众的管理服务平台，矛盾在基层发生、就在基层解决，政策对基层产生优惠，就在这一平台实现，从而将政府管理重心下移至基层一线干部和群众，并通过农廉网赋予群众更便利、更直接的自治条件，在创新社会管理实践中初步形成了"群众——'阳光农廉网'——干部"这种新型的乡村治理结构，并将继续接受实践发展的检验。

### （五）能否将现代科技与提高制度执行力有效结合，是进一步加强对权力制约和监督所面临的技术挑战

"制度加科技"倡导实效性导向和精细化管理，注重提高制度执行力。能否运用现代信息技术对权力结构进行科学分解和合理配置，对运行流程进行梳理优化并固化于信息系统内部，是杜绝制度执行中"合意的执行，不合意的不执行""上有政策，下有对策"现象的关键所在。从形而上学的视角看，山西"阳光农廉网"将农村廉政建设与现代信息科技有机融合，创新运用了"制度加科技"方法，在

一定程度上实现了精细化的制度设计和规范的权力运行。“阳光农廉网”“以机办事、以机管权”的运行模式最大限度地保证了业务操作和执行的刚性，缩小具体设计与执行之间的差距，增强了制度的执行力和实效性。但是，从辩证唯物主义的视角看，“阳光农廉网”所代表的科技反腐创新只是初步的、浅显的，随着反腐败斗争的不断深入，科学技术的不断推进，科技反腐还将面临更多新情况、新问题，而实现科技手段与制度执行力的有机融合，也将不断创新方式和持续深化，不断加强对权力的制约和监督。所以，能否将科技手段持续有效地融入制度执行中，是保证权力公开透明运行的“脊梁”所在。

### （六）能否用发展的眼光看待科技反腐的创新实践，是不断深化“阳光农廉网”建设所面临的现实挑战

山西“阳光农廉网”直接关注的是用科技手段防止权力扭曲和异化，提高制度执行力和遏制腐败的效能。它在客观上改变了监察力量不足和手段单一存在的监督缺陷，扩展了廉政建设的参与主体和渠道，在实践中创造了一些成功的做法。但这些创新做法作为一种新生事物，运行时间还不长，功能还尚未充分发挥，需要在实践中继续检验其是否普遍有效。比如，信息化技术必将会继续创新与升级，农廉网系统如何及时跟进？村务、财务等信息的彻底公开与维护国家、政府和公众的信息安全之关系如何处理？“阳光农廉网”建设的根本目的是要让基层群众充分拥有知情权、表达权、参与权和监督权，但是，基层民主政治的推进，必然受制于公民社会的发育和党内民主、人民民主提高的程度和速度，农廉网的民主公开如何与之同步推进、有机衔接？“阳光农廉网”的广泛应用，必然要以广大农村信息科技的普及、公民意识的提高、基层政权的转型等为基本前提，而这些要素的实现当然取决于一个地方经济社会发展进步的程度，作为欠发达省份的山西，要全面解决这些问题还需要一定的条件和过程。总之，

诸如此类的新问题必将会随着“阳光农廉网”建设的深入推进而逐渐显现，构成对“阳光农廉网”发展的新挑战。

## 五　对“阳光农廉网”建设的理性思考

实质上，反腐倡廉建设是民主政治的永恒课题。无论依靠传统方法还是现代技术反腐败，都是手段，实现民主才是目的。看待“阳光农廉网”，不能仅局限于政策工具性的视野，还要从推动政府管理理念、管理体制、管理方式和管理职能的转变和创新方面深思，以提升政府的行政效率、管理水平和工作透明度，实现政府体制机制的变革。在当今世界发展中，唯有坚持与时俱进，以科学的方法推进党的建设，不断提高拒腐防变和抵御风险能力，才能始终保持马克思主义政党的先进性和纯洁性，为中国特色社会主义民主政治建设提供坚强的政治保障。

# B.14

# 四川抗震救灾和灾后重建中应急监督的实践创新

四川省反腐倡廉建设课题组*

2008 年 5 月 12 日 14 时 28 分，四川汶川发生 8.0 级特大地震。面对旷世巨灾，抗震救灾迫在眉睫，灾后重建任务繁重，维护人民群众的利益，尽快恢复正常社会秩序，纪检监察工作尤为重要。在中央纪委、监察部和四川省委、省政府领导下，四川各级纪检监察机关积极投入汶川特大地震抗震救灾斗争和灾后恢复重建工作，不断探索创新，创造出十分宝贵的经验。

## 一 “5·12”汶川特大地震对监督检查工作带来的挑战

“5·12”汶川特大地震是新中国成立以来破坏性最强、波及范围最广、救灾难度最大的一次地震，加之此次巨灾是在经济全球化深入发展、信息化迅猛推进、国际金融危机持续影响的时期发生的，这些背景使抗震救灾和灾后重建工作成为对政府应急管理机制和能力的

---

* 课题组组长：李后强，四川省社会科学院党委书记，四川省廉政建设研究中心主任，教授。课题组成员：陈井安，四川省社会科学院党委副书记，四川省廉政建设研究中心常务副主任，研究员；郭丹，四川省廉政建设研究中心秘书长，研究员；廖冲绪，四川省廉政建设研究中心副秘书长，副研究员；刘福敏，四川省廉政建设研究中心助理研究员；张虹，四川省廉政建设研究中心助理研究员。执笔人：陈井安、廖冲绪、刘福敏、张虹。

一次全面检验。监督检查工作作为应急管理的重要组成部分，面临着前所未有的挑战。

### （一）处置时限空前紧迫，监督工作面临快速响应新形势

地震突如其来，生命救援，分秒必争；生存救助，迫在眉睫；重建工作，刻不容缓。党中央在举全国之力支援四川迅速开展抢险救援、临时安置受灾群众之后，明确提出加快灾后恢复重建工作，力争“三年重建任务两年基本完成”的目标要求。紧迫的形势要求监督检查工作必须快速反应、高效跟进，确保中央一系列重大决策部署迅速得到贯彻落实。

### （二）受灾范围空前广大，监督工作面临点多面广新问题

四川灾区面积达28万平方公里，21个市（州）有19个受灾，重灾区51个县（市、区），其中极重灾区39个。面对如此大范围的灾情，如何统筹谋划、科学调度，迅速实现监督检查工作对所有灾区救灾和重建资金、物资和项目的全覆盖，是必须切实解决的新问题。

### （三）救灾款物数量空前巨大，监督工作面临资金物资和项目规范管理新挑战

中央举全国之力抗震救灾，海内外同胞爱心泉涌，救灾款物数量之巨前所未有。纳入国家重建规划的项目29692个，总投资8613亿元；全省接收社会各界捐赠资金201亿元，接收中央分配“特殊党费”80.3亿元。平均每个重灾县所使用的救灾和重建资金相当于过去年度财政支出的数十倍，绝大多数部门单位都承担着重建任务。每一分款每一件物都凝聚着社会各界的爱心、每一个项目都承载着灾区人民的期盼。如何确保资金使用安全、项目建设规范、干部清正廉洁，是监督检查工作面临的严峻挑战。

### （四）监督参与者空前多元，监督工作面临组织协调新考验

地震发生后，各级政府及民政、发改、财政、审计、建设等相关职能部门纷纷参与到救灾和重建中，承担着工作主体和监管主体的双重职责；18 个兄弟省市和香港、澳门特区政府分别对援建援助项目开展监督检查；救援队伍、建设队伍、志愿者队伍和各类媒体在短时间内聚集灾区，各方面的社会力量也以多种方式参与到监督检查中。面对众多的见证者和参与者，如何最大限度地整合监督资源、形成监督合力，对纪检监察机关的组织协调能力提出了新的更高要求。

### （五）群众期盼空前迫切，监督工作面临高效响应民生诉求新任务

在效率方面，无论是抢险救灾、过渡安置还是恢复重建，人民群众都急盼在最短时间实现民生诉求；在公平方面，从救灾款物的发放、重建资金的申领到统建住房的分配，灾区群众都要求切实体现公开公平；在质量方面，群众希望重建住房结实美观，希望学校、医院等公共服务设施安全牢固。如何更好更快地响应群众诉求，及时防止和纠正损害群众利益的问题，推动中央和省委一系列救灾和重建决策部署落实，监督检查工作责任更大、任务更重。

### （六）社会舆论空前关注，监督工作面临及时回应新要求

抗震救灾和灾后恢复重建工作举国关注、举世瞩目。救灾款物分配使用、重建项目建设管理、涉灾案件调查处理等迅速成为公众聚焦的热点。特别是在网络等新兴传媒高度发达的今天，救灾和重建款物分配使用、项目建设管理、案件调查处理中稍有不公开、不公正、不规范的问题，就有可能形成舆论焦点，甚至造成严重负面影响。如何及时回应舆论关切，对监督检查工作提出了全新要求。

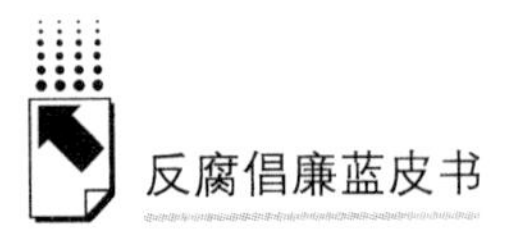


面对突如其来的重大灾难考验，按部就班的常态监督模式凸显出不适应的问题。主要有：一是从监督力量来看，地震前基层纪检监察机构力量本来就较为薄弱，特大地震又造成严重的人员伤亡，监督力量受到削弱，面对陡然增加的繁重监督任务，亟须整合监督资源。二是从制度机制来看，常态下建立的监督制度机制，在涉及应急管理的某些重要领域、特殊节点上存在空白和盲区，面对应急状态的特殊要求，亟须创新制度设计。三是从方式方法来看，常态监督往往涉及的领域相对单一、操作的模式相对固化、力量动员的范围相对较小，面对如此大范围、多领域、高节奏、快反应的应急要求，凸显其效能、手段等方面的不适应，亟须迅速改进、优化。四是从组织体系来看，常态监督往往依托属地监督、层级监督，而应急状态下监管范围和领域空前扩大的实际，亟须优化监督工作组织体系，以更高效率、更大限度延伸监督触角。

## 二　四川在“5·12”汶川特大地震救灾和重建中应急监督的有益探索

“5·12”汶川特大地震发生后，面对前所未有的严峻考验，胡锦涛总书记特别强调要“向人民群众交一本明白账、放心账”，四川省委鲜明提出“公告天下、取信于民”。四川各级纪检监察机关以“向人民负责、让历史检验”的政治责任感和历史使命感，全力投入、快速跟进，努力探索和把握应急状态下开展监督检查的特点规律，以新思路应对新挑战，以新举措解决新问题，扎实推进廉洁救灾、阳光重建。

### （一）整合监督资源，形成立体覆盖、协同监督的组织体系

针对救灾和重建监督检查工作时间紧、任务重、头绪多的实际，

及时整合监督资源，迅速建立上下结合、条块结合、专群结合的高效的应急监督网络，推动监督检查工作有力有序有效运行（见图1）。

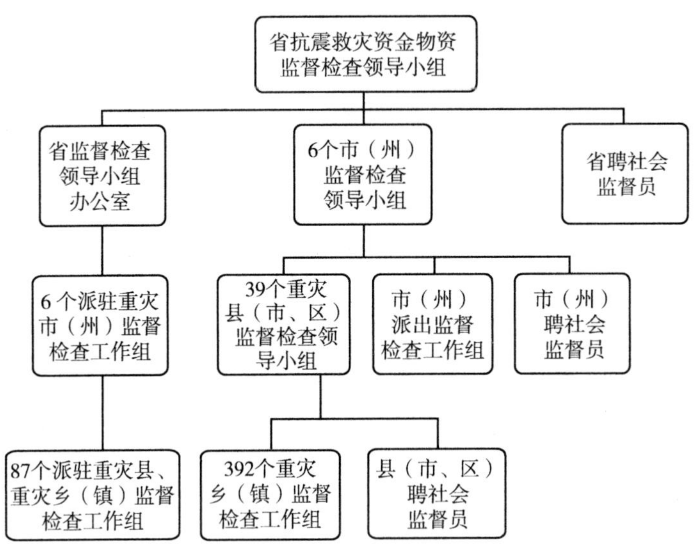


**图1　四川省抗震救灾监督检查工作组织架构**

**1. 领导小组指挥统筹监督检查工作**

地震发生后，迅速成立由省纪委书记和省政府常务副省长任双组长，15个省直部门为成员单位的监督检查领导小组，下设督查、综合、信访、招投标监督等工作组，统筹推进监督检查工作；以省委巡视机构为依托，从全省抽调精干力量组建6个重灾市（州）、44个县（市、区）监督检查工作组，将救灾和重建监督检查作为巡视工作的重要内容，变日常巡视为专项巡视；各市（州）、县（市、区）也先后组建了共480个监督检查工作组，构建起了省市县乡四级监督体系，实现了监督力量统一指挥、全面覆盖。

**2. 职能部门发挥主体监管作用**

按照“谁主管谁负责，谁审批谁负责，谁签字谁负责”的原则，强化各级政府和职能部门在救灾和重建中的监管主体责任，明确任务

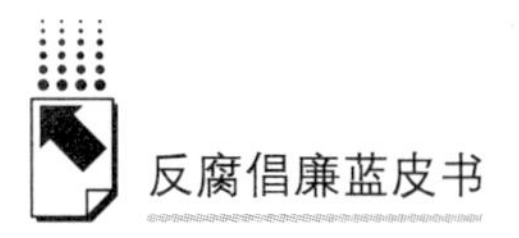


分工，督促责任落实。把廉洁重建纳入党风廉政建设责任制考核的重要内容，刚性考核，“一票否决”。各级政府和职能部门的监管责任意识进一步强化，民政系统款物核发、发改系统项目审查、财政系统资金监管、审计系统同步审计、建设系统质量检查等的综合效应充分发挥。

**3. 纪检监察机关组织协调监督**

建立监督主体之间联系沟通、信息共享、联合检查等沟通协调机制，加强综合分析，及时解决问题。制定重大事项通报、工作进展情况报告等制度，明确规定资金物资管理使用、重点项目建设、大额资金拨付、大宗物资采购等重大事项，有关职能部门必须同步通报各级监督检查领导小组。畅通信息渠道，对上，每周有周报，每月有月报，每年有年报；对下，定期有通报，适时有简报，增强了监督检查工作的整体性、协调性。

**4. 社会力量踊跃参与监督**

为增强监督检查工作的公信力和实效性，顺应社会各方热切关注、踊跃参与的积极性，探索引入社会监督员参与救灾和重建监督检查的工作模式。先后分两批面向社会公开征聘了公道正派、社会责任感强、综合素质较高的308名省内外志愿者，以及建筑、造价、财会、招投标等方面的35名专家担任社会监督员，分赴灾区一线，对款物的接收、管理和使用情况以及项目建设进展、质量安全等情况独立开展蹲点监督和现场监督。全省各级纪检监察机关建立了社会监督员建议意见接收采纳机制和反映问题核实查处制度，促使社会监督员反映的问题得到及时处理。

### （二）坚持多措并举、务实创新，增强应急监督实效

抗震救灾和恢复重建不仅需要只争朝夕的速度，更需要规范有序的保障。四川应急监督始终坚持时效性与规范性的有机统一，坚持严格监管与加快进度相结合，坚持宏观规范与微观检查相结合，在实践

中积极创新方式方法，确保程序不减、周期缩短，力求提速不越轨、加快不违规。

**1. 监督力量下沉监督一线**

采取由省向基层直派监督力量的形式，从全省纪检监察机关和发改、财政、民政、审计、建设等部门抽调400多名干部派驻市县靠前监督；受灾市县也抽调2500余人驻点检查，将监督力量下沉到了每一个乡镇、每一个项目、每一个现场，做到实情在一线掌握、问题在一线解决、形象在一线树立。

**2. 动态监督紧贴阶段要求**

针对不同阶段的主要矛盾和重大问题，及时调整监督重点，跟进监督措施。抗震救灾初期，重点加强对应急救援资金、捐赠资金、救灾物资的接收、管理、分配、使用等情况的监督检查；恢复重建阶段，重点围绕《汶川地震灾后恢复重建条例》和《汶川地震灾后恢复重建总体规划》的执行、8613亿元重建资金的管理使用、29692个重建项目实施中招投标等重点环节加强监督检查；项目竣工验收阶段，突出加强对决算审计、质量监管和统建安居房分配等的监督检查。

**3. 专项督查力促问题整改**

及时梳理网络舆情、信访反映、审计公告和监督检查组发现的问题，围绕社会高度关注、群众反映突出的热点难点，多次组织开展捐赠资金使用、救灾款物发放、房屋重建进度和质量等专项监督。适时组织省纪委、监察厅领导带队分片深入县乡和项目建设工地开展专项督查。建立问题整改台账，落实责任人，加强跟踪督促。到2011年底共发现各类具体问题2万余个。对发现的问题，发出整改督办通知书，逐一“挂号”整改，逐一“销号”落实；对重大问题，采取约谈当地党政主要负责人等方式加大督办力度，确保问题及时得到整改。

**4. 效能监察服务重建速度**

四川专门出台《汶川地震灾后恢复重建效能问责规定》，健全落实首问责任制、限时办结制和责任追究制，对不作为、乱作为、慢作为等行为加大问责力度，以治庸提能力、以治懒增效率、以治散正风气。开通电子监察系统，实施行政效能同步监察、全程监察，推动各级政府优化办事流程、缩短审批时限，改善救灾和重建工作的政务服务环境。对灾后重建项目实行“统一受理、并联审批、限时办结”，开通项目审批“绿色通道”，对手续完备、审验合格的工程项目提供VIP服务。对城乡住房重建等工作开展专项效能监察，推动让灾区群众早日住上好房子的目标圆满实现。

**5. 合作监督确保援建实效**

对口援建工作一启动，18个对口援建省市在受援地设立监督检查机构，积极开展援建项目的监督检查工作。对口援建涉及援建方、受援方、项目业主、施工方、监理方等各个方面，对援建项目的监督，其工作依据、基本原则并未脱离常态监督的范畴，但主体责任和运行方式又突破了原有体制格局和工作惯例。四川加强与18个对口援建省市监督检查机构的沟通协作，共同探索建立既立足常态监督框架，又具有较强创新性的跨区域、多层级合作监督模式。区分“交支票”“合作共建”和“交钥匙”三种不同援建形式，分别承担相应的监管主体责任、配合监督责任和服务保障责任（见表1）。层层建

**表1　对口支援资金物资监督检查职责分工**

| 项目类型 | 项目资金来源及项目实施 | 监督责任 |
|---|---|---|
| “交钥匙”项目 | 支援方提供项目资金并实施建设建成后交受援方使用 | 支援方承担监督主体责任，受援方搞好服务保障 |
| “交支票”项目 | 支援方提供项目资金受援方实施项目建设 | 受援方承担监督主体责任，支援方积极参与 |
| “合作共建”项目 | 支援方和受援方共同投入资金项目互有合作 | 支援方和受援方共同承担监督责任，按双方投入的物力、财力和项目建设分工情况进行监督 |

立和落实联席会议、重要信访协调处理、案件查处协调配合、建设项目联合检查等灵活有效的协作对接机制，推动形成了相互支持、密切配合、分工负责的工作局面。

### （三）以切实管用的制度，提升应急监督的规范化科学化水平

坚持预防在前、规范在前、监督在前，围绕抗震救灾和灾后恢复重建中的重点领域、关键部位和薄弱环节，及时构建约束严密、切实管用的制度“链条”，从运行机制上形成应急监督的依据和规范。

**1. 抓住资金物资管理使用的关键点规范运转程序**

在救灾阶段，及时制定救灾资金管理、物资收发程序、紧急采购办法等一系列制度，全面推行救灾款物台账式管理、流程化运转，对物资实行“一账、一表、一单、一册”（见表2）、对资金实行“一个口、一个户、一支笔、一本册”，实现了款物募集、接收、拨付、分配、使用等各环节的全程监督。在重建阶段，有针对性地出台重建资金物资、“特殊党费”、港澳援助资金使用管理监督等制度规定，专项资金实现“封闭运转、单独核算、专款管理”的专户管理，资金使用纳入“提前介入、关口前移，即时监督、全程跟踪”的审计监督，大大降低了资金物资违规使用的可能性。

**表2　抗震救灾物资接收、分配、发放运行机制**

| 一账 | 一表 | 一单 | 一册 |
|---|---|---|---|
| 救灾物资按种类、数量建立登记台账 | 物资接收和下发建立日报表和累计报表 | 建立救灾物资分配审批单实行专人审批 | 建立救灾物资发放领取花名册 |

抓住招投标的薄弱点约束操作行为。针对灾后重建中大量物资紧急采购、大量工程密集上马的实际，始终把规范招投标作为制度设计的重点。制发规范招投标行为、加强招投标监督的制度规范，完善采

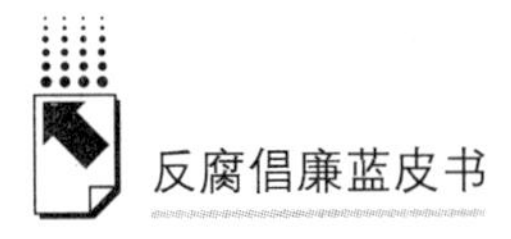


购代理机构、采购单位、定点供应商监管制度，严把招投标条件关、程序关、合同履行关、采购关（见图2）。针对以应急为名规避招投标的问题，对招投标工作中“不招标、不比选”的条件作出严格界定，严格应急项目的审批程序。制定招标文件网上公告、电子招标、公共资源交易现场管理、公共资源交易监管过错责任追究等监管制度，积极构建“制度+科技”的招投标监督平台，切实规范招投标活动，最大限度减少人为干扰。

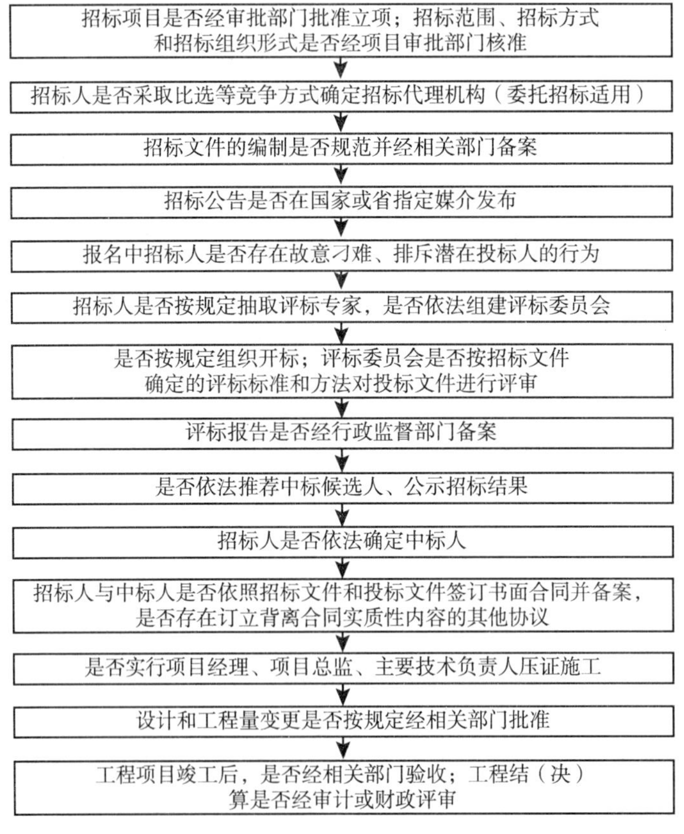


**图2　灾后重建政府投资工程项目招标投标监督流程**

**2. 抓住腐败易发多发的风险点推进廉政风险防控**

在灾后恢复重建中权力运行的关键领域和重点部位全面推行廉政

风险防控机制建设。紧扣灾后重建资金物资管理使用和项目建设的各个环节，以项目为点、以程序为线、以权力运行要素规范管理为基础，深入排查廉政风险。通过明确岗位职责，再造业务流程，建立预控机制，健全权责体系。

### （四）严格惩戒纠偏，以高度严明的纪律保证应急状态下决策部署的落实

针对抗震救灾和灾后重建中涉灾违纪违规行为危害更为严重、影响更为恶劣、群众反映更为强烈的实际，坚持把严格执纪贯穿监督检查的全过程，以严明的纪律约束、严格的惩戒措施保障廉洁救灾、廉洁重建，努力实现省委“工程建好、干部不倒、群众说好”的要求。

**1. 设置法纪红线突出针对性、及时性**

针对应急状态下各级干部可能出现的各种违纪违规行为，在第一时间发出严肃纪律的紧急通知，明确纪律要求，强调严格禁止并严肃查处截留、挤占、虚报、冒领救灾款物等行为，划定红线、设定禁区，既保障廉洁又警示干部。围绕省委在救灾和重建中对各级领导干部提出的“特别讲大局、特别讲付出、特别讲实干、特别讲纪律”的要求，制定完善具体措施，推动各级领导干部以优良作风和严明纪律全力投入抗震救灾和灾后重建。针对监督检查中不断出现的新情况新问题，及时制定违纪违规行为处分、过错责任追究、行政效能问责等纪律规定。

**2. 注重信访举报渠道的多层面多途径**

震后第一时间在全国率先启用举报电话 12388，配备专人专班，24 小时值守接访。在灾区群众集中安置点设立现场投诉站，安排值班人员，设置投诉信箱，全天候收集民意。开设网络举报信箱、网上投诉栏目，切实拓宽信访渠道，让群众“理有处讲、难有处诉、事有处办”。省纪委领导班子成员不定期深入灾区听取群众呼声，走村

入户了解基层干部工作作风和廉洁从政情况。通过畅通群众表达合理诉求的渠道，既发挥了群众在第一时间发现问题的作用，又防止了别有用心的人借维权之名挑拨煽动。进一步完善涉灾案件线索收集汇总、分析排查和快速处理机制，注重从社会热议和媒体关注的问题中发现违纪违法线索。到 2011 年底全省纪检监察机关受理涉灾举报 13088 件次，核查 10498 件，查实 1318 件。

**3. 快查严处违纪行为**

建立快查快处机制，对涉灾违纪违规案件迅速固定证据、迅速查清事实、迅速研究处理，做到调查取证快、处理问责快。建立案件直查机制，对发生在基层的重大典型案件，由省纪委组织专案组深入案发地直接查办，一查到底。建立协作查处机制，对涉及专业领域的复杂案件，纪检监察机关与相关部门组建联合办案组，整合办案资源，集中优势兵力，实行重点突破。抗震救灾中全省先后查处相关违纪违法人员 559 人，移送司法机关 70 人。

## （五）以公告天下、取信于民的姿态回应社会关切

在抗震救灾和灾后恢复重建中，四川坚持公开透明原则，不断推进阳光运作，最大限度地维护人民群众的知情权、参与权和监督权，提升党和政府的公信力。

**1. 民生事项让百姓全面及时知晓**

结合廉政文化建设，以廉政文艺汇演、廉政公益广告、廉政年画、廉政短信等多种形式在灾区干部群众中大力宣传“廉洁救灾、阳光重建”的理念要求和政策措施。积极探索公开公示的有效途径，切实增强救灾和重建政策规定、款物分配、项目建设等的透明度。既有张榜公示这样的传统手段，又有网上公开和在线查询这样的现代方式，各个受灾县市的乡镇、街道、村组、社区、群众安置点的公示栏随处可见，各级政府网站的抗震救灾资金物资、灾后重建项目公示栏

目突出醒目。在内容上，强调公开的信息必须真实全面、清楚明晰，不仅注重总量公开，而且注重明细公开，大到上亿元资金物资的使用，小到一斤粮、一瓶水的发放，都力求让群众清楚明白；不仅公开资金物资从哪里来，而且公开资金物资的去向；不仅公开政策内容，而且公开执行情况。在时效上，既注重及时快捷，又强调动态更新，灾后重建项目规划立项、招标投标、建设单位等基础信息第一时间公开，项目施工进度、竣工验收等阶段性情况滚动公开。

**2. 重要决策让群众多形式参与**

积极推行权力公开透明运行，在关乎民生民利的重要决策上，变"代民做主"为"由民做主"，防止因封闭运作带来腐败行为。在民生政策制定中，通过座谈会、听证会、论证会等形式多方听取意见，保证有关政策符合大多数群众的利益。在重建规划中，广泛开展重建规划群众评议，对不符合群众意愿和要求的规划方案，督促修改完善。在项目建设中，不仅组织基层廉情监督员、特邀监察员、社会监督员，还引导普通群众参与项目质量等监督工作。在统建安居房分配中，采取电视全程直播、群众代表现场监督公开摇号等方式确保公开、公平、公正。

**3. 热点问题向公众开放式回应**

建立网上舆情及时收集、快速反馈机制，对涉及救灾和重建方面的网络热点问题，在深入核查、督促整改的基础上，通过跟帖回复、在线问答等多种形式及时给予反馈；对社会上流传的不实言论，第一时间公布客观、公正、翔实的权威信息，实事求是地作出解释和澄清；对公众关注的款物发放、案件查处、问题整改等情况，通过新闻发布会、媒体专访等形式，及时回应社会关切。如针对网上热炒、各方关注的"帐篷事件"、汶川漩口镇干部抢先入住安置房问题、个别地方重建房建设中的"粉粉砖"问题等，在依法处置的同时，通过网络及时公开处理信息，既维护了群众利益，又争取了舆论主导权，得到了群众的支持和认可。

经过不懈努力，四川初步探索出了一条在应急状态下充分发挥监督检查职能作用的路子，为灾区从废墟上站起、由灾难中重生、在重建中跨越提供了坚强有力的保证。到 2011 年 9 月四川全面完成灾后重建任务，没有出现重大质量问题，没有发生重大安全事故，没有发现重大腐败现象，实现了廉洁救灾、阳光重建。四川坚持在实践中探索、在探索中创新，着力建立健全中央重大决策部署纪律保障机制，把救灾和重建监督检查中行之有效的做法，推广运用到推进藏区跨越式发展和长治久安，全省扶贫开发资金管理使用和项目建设，交通、水利等重大基础设施建设项目，“十项民生工程”等重大工作中，为应急监督向常态监督转变探索新路。

## 三　四川在“5·12”汶川特大地震救灾和重建中应急监督的主要经验

“5·12”汶川特大地震救灾和重建中，四川开展应急监督的生动实践，拓展了应急监督的领域，丰富了应急监督的经验，创新了应急监督的制度机制，提高了应急监督的能力水平，深化了对应急监督科学规律的把握，体现了普适性与特殊性、继承性与创新性的有机结合，贯彻了“以人为本、执政为民”的价值取向。

### （一）充分发挥统一领导、齐抓共管的体制优势

中国特色的制度体系具有强大的政治组织优势和集中效率优势，不仅有利于形成全国救灾与重建一盘棋的协调行动，也极有利于确保在应急状态下统一调集各方监督力量，形成纵向层级管理、横向部门监管，整体联动、全面覆盖、严密有效的监督网络。在救灾和重建监督检查中，从高效组织抢险救灾到有力有序有效推进恢复重建，从各方监管力量的迅速动员集结到灾后恢复重建资金项目的规范管理，都

是我们党集中统一的组织优势和政治优势的充分运用，确保“指挥有力、运行高效的具有中国特色的应急监督体系”的建立。

### （二）更加强化从严治党、廉洁从政的理念思路

在应急事件发生的非常时期，人民群众对公平公正的期望更强烈，对干部廉洁的关注度更高，小到个别干部的“虚报冒领”“优亲厚友”，大到救灾款物的“中饱私囊”、重建工程的“暗箱操作”、建设项目的“低速劣质”，都较之平常时期更容易产生负面叠加的放大效应，严重影响党群干群关系，影响应急处置的顺利进行。在救灾和重建监督检查中，我们始终绷紧干部廉洁这根弦，四川特别重视干部作风建设，从严执行各项纪律规定，严肃快查快处各种违纪违规行为，决不因为快而忽视好，决不因为急而放松廉，既保证了项目高效、资金安全，又促进了干部廉洁、作风清新，实现了以廉洁促高效高质、以廉洁聚民心民力。

### （三）及时建立快速反应、超常应对的运行机制

在应急工作的推进中，要做到既好又快，效率是一项基本要求，监督检查工作必须适应这一要求。在救灾和重建监督检查中，各级监督检查机构的高效运转、纪律高压线的迅速设置、立足“程序不减、周期缩短”和“提速不越轨、加快不违规”的制度设计、违纪违规问题的快查快处、热点问题的及时回应，无不体现出应急状态下雷厉风行的效率意识和时间观念，以及突破惯性思维的束缚、敢于打破常规、善于探索创新，建立起迅速响应、高效应对的运行机制等非常之举。

### （四）着力健全关口前移、注重预防的有效举措

紧急关头要实现应对有方、处理高效，必须不断创新倡廉、保

廉、促廉的理念思路、方式方法和制度机制，加快构建科学配套、程序严密、有效管用的监管制度体系，切实做到关口前移、防范在先。在救灾和重建监督检查中，四川变事后监督为过程监督，将建章立制、规范管理有效嵌入到资金物资管理使用和项目建设的全过程，实现了监督检查的动态跟进；突出公开透明、阳光操作，让权力在规范中行使，在阳光下运行。

### （五）切实体现以人为本、执政为民的价值取向

应急状态下党委、政府和各级党员干部的履职行为和效果，关系着执政形象，关系着民心向背。在救灾和重建监督检查中，四川始终把灾区群众急盼作为开展工作的出发点和落脚点，紧紧围绕群众最迫切最集中的诉求分布力量、突出重点、增添措施，切实维护群众利益，才能在危机状态下赢得民心、凝聚力量。坚持以开放的姿态积极面向社会，与群众形成良好沟通和良性互动，有效消除公众疑虑，避免了矛盾积聚、问题放大和危机延时。注重创造条件引导群众积极有序地参与公共事务，才能在应急监督中及时发现问题，为党和政府赢得良好的国际国内形象。

## 四　对“5·12”汶川特大地震救灾和重建应急监督的思考

当今时代，自然灾害、极端气候事件频频发生，转型中的中国社会，同时还面临着社会突发事件、公共卫生事件多发的问题，公共危机由非常态变为常态、由偶发变为多发。作为特殊形势下社会管理重要内容的危机管理，对执政党的执政能力提出了严峻的挑战。应急监督不仅今天经历，今后还将面对。各级纪检监察机关应努力探究和把握应急状态下开展监督检查的内在规律，进一步提升应急监督水平，

并把应急监督的有效做法科学地运用于常态监督。四川应急监督的成功实践带给我们如下思考。

第一，科学构建分级分类的应急监督预案。结合国家颁布的《突发事件应对法》有关预防和处置各类突发事件的规定，区分不同的性质、规模、级别等，建立相应的应急监督预案。对应急监督的组织体系、运行机制、查处问责等作出制度化规定，对预警响应、信息报告、组织实施、评估改进等操作规范予以明确。

第二，积极推进应急监督有效做法的延伸运用。坚持预防和应急并重、常态与非常态相结合，把应急监督的有效做法和经验延伸运用到常态监督工作中。用应急监督的理念指导常态监督，用应急监督的标准规范常态监督，用应急监督的机制推进常态监督，提升常态监督的质量和效率。

第三，系统健全应急监督的配套纪律规定。纪检监察机关应系统梳理应急状态下易发多发的违纪行为，依据党的纪律处分条例、党政领导干部问责规定等上位法规作出具体规定，填补纪律约束的空当。针对同样的违纪行为在应急状态下比之常态下后果更为严重这一特殊情况，明确从严从重从快的处理规定。

第四，全面强化应急监督的能力培养。以构建学习型纪检监察机关为契机，开展规范化、科学化的培训教育，重点解决突发事件来临时监督检查工作“抓什么，谁来抓，怎么抓”的问题，切实提高果断决策、应变处置、高效执行、组织协调能力。

# B.15

# 合肥改革招投标制度防治工程建设腐败

合肥市反腐倡廉建设课题组*

近年来，在国家中部崛起战略带动下，合肥市城市化进程不断加快，城市大开发、大建设的格局客观形成了基础设施和工程建设项目的巨大需求。鉴于工程项目建设历来是腐败高发易发领域，其环节长，利益主体多，监管难度大，特别是政府投资的重大工程建设项目，投资额巨大，不仅直接关联项目参与方的重大利益分配关系，甚至涉及一个地区、一个行业、一个时期的发展大局，备受社会各界关注。合肥市为了遏制招投标环节腐败问题的发生，推动了招投标制度的全面改革。

2006年3月，合肥市按照城市总体规划和城市发展战略要求，以建设现代化滨湖大城市为总体目标，按照“新区开发，老城提升，组团展开，整体推进”的思路，统筹推进新区建设、老城区提升改造和四大城市组团拓展等各项工作，城市基础设施、生态治理工程、民生保障工程等政府投资项目全面建设，涉及综合交通工程、环境整治工程、园林绿化景观工程、水电气热等公用事业工程、文教卫体等公益性项目、保障性住房和复建点项目、市政设施维护工程、土地复垦工程及新农村建设、自主创新示范区建设等，总投资逾千亿元。如

* 执笔人：陈华，合肥招投标市场管委会副主任；王延中，中国社会科学院中国廉政研究中心副理事长。

此众多的项目，如此密集的资金，如此与百姓生活密切相关，是什么原因让合肥市能在5年的时间里做到快速、有序、高质、廉洁的推进呢？为了避免出现不少地方“大堤建成，干部垮下”的教训，合肥市积极探索“有效最低价中标法”，为工程招投标领域有效防治腐败闯出了一条新路子。

## 一　实施“四个统一”，改革招投标管理体制

招投标是确定政府投资项目承发包方经济利益关系的关键环节，历来是各种利益关系交织的焦点，是社会关注的热点。由于招投标环节是配置大量资源的前提，在监管措施不能到位的情况下，“前腐后继”的贪官也多倒在这个环节。

我国关于招投标的法律法规主要是2000年1月1日起施行的《中华人民共和国招投标法》和2003年1月1日起施行的《中华人民共和国政府采购法》以及2012年2月1日起施行的《中华人民共和国招投标法实施条例》。国家有关部委根据本部门行业特点还出台了《工程建设项目施工招标投标办法》（2003）《房屋建筑和市政基础设施工程施工招标投标管理办法》《公路工程施工招标投标管理办法》（2006年交通部令第7号）《水利工程建设项目施工招标投标管理规定》（2001年水利部令第14号）《农业基本建设项目招标投标管理办法》（农计发〔2004〕10号）《民航专业工程与货物招标投标管理办法》（2007年AP－129－CA－03号）等等。此外，各地还出台了一些招投标管理规定。

从我国招投标制度建设的历史现状看，国家发改委是招投标法确定的招投标主管部门，然而，建设、交通、水利、财政、民航、铁路等行政主管部门都对本系统的招投标作出特殊规定，几乎都明确了本部门是主管行业的招投标监督管理部门，实质上加大了招投标监督权

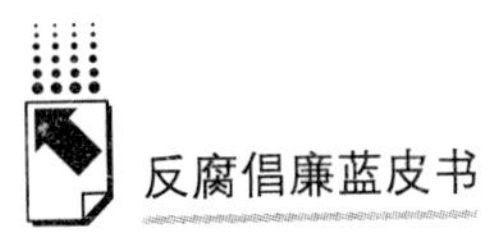


力的部门化。作为市一级的发改委对同级这些部门的指导只是流于形式，主管部门都是根据各自系统的有关规定自行组织本部门的招投标活动，缺乏监管，造成招投标市场条块分割，标准不一，操作不规范等现状，进而导致部门利益膨胀，“潜规则”盛行。致使规避招标，行政干预招投标活动的情况屡见不鲜，政府投资项目建设成本居高不下，严重扰乱了市场，破坏了政府形象，同时造成了招投标环节及工程建设领域大案要案频发，成为我国腐败高发地带。

为了使招投标监督管理体制进一步适应合肥市“大发展、大建设、大环境”的需要，促进招投标工作健康发展，实现招投标市场秩序的根本性转变，彻底杜绝招投标工作中的“潜规则”，2006 年 12 月，合肥市委、市政府决定排除部门利益干扰，打破条块分割局面，对全市建设工程、政府采购、产权交易和土地出让四大领域进行全面改革。按照“政府引导市场、市场公开交易、交易规范运作、运作统一监管”的总体思路，整合组建了合肥招标投标中心，着力构建“公开、公平、公正、廉洁、高效”的统一交易平台。首先将原先分散在建委、财政等部门的建设工程、政府采购、产权交易、土地出让等招投标交易活动，统一集中到中心办理，实行“统一进场、管办分离、规则主导、全程监管”的运作机制，推进社会公共资源配置的市场化运作。同时将四大领域招投标监管权力和职能从原有行政部门剥离，划归独立的招投标监管部门行使，把招投标监督从部门内部监督变为外部独立的监督。合肥市招投标体制改革重点是加强“四个统一”。

### （一）统一监管

按照“综合监管”和“组建统一市场”的原则，合肥市成立市招标投标市场管理委员会，是全市招投标市场的领导和管理机构，主要负责招投标工作中重大事项的决策和协调。管委会主任由市长亲自

担任，副主任由市纪委书记和常务副市长担任，相关职能部门主要负责人为成员。委员会下设办公室（以下简称市招管办），是招投标监督管理和招投标相关的行政管理职能的承载主体。市招管办依法履行原隶属于发改委、财政、建委、交通等不同部门涉及招投标业务的114项执法权，强化了统一招投标监管部门的法律地位，增强了招投标工作的执法权威和独立性，从系统内部监督变成外部监督，摆脱了因体制和行政隶属关系等因素对招投标公正性的影响。建立容量大、功能全的招投标有形市场——合肥招标投标中心（以下简称招投标中心），负责全市招投标项目的具体操作。构建起了“决策、监管、操作”三分离的招投标监督管理模式。

### （二）统一代理

招投标中心作为全额拨款的事业单位，是合肥市所有政府投资项目的招投标统一代理单位，主要负责具体的招投标事宜，依法发布各类信息，代理招标业务，为各类交易活动提供服务，招投标中心所有招投标活动的每个业务环节都要接受市招管办的直接监管和确认。从此，所有合肥市本级的财政性资金和国有投资项目的招投标工作都委托合肥招投标中心，不允许再委托其他中介代理机构。这是鉴于目前我国法规和诚信体系还不够健全的情况作出的规定，因为招标代理中介机构容易走向“权力寻租之路”，一方面在寻求招标代理业务时成为被寻租者的角色，另一方面在取得招标代理权以后往往又成为利用代理权寻租者，而合肥市这种设置切断了招标代理机构与项目代建人的利益关系，确保代理单位不因自身的经济利益而顺从委托人的不合理要求。

### （三）统一制度

健全的制度是保证招投标工作有序、规范、高效运作的前提和基础。合肥市根据国家有关法律法规，结合合肥市实际情况制定的一系列招投标文件，为规范全市招投标工作提供了制度保证。合肥市的招投标制度分为三个层面，具体来说就是“管事的制度、管人的制度、管程序的制度”。市委、市政府先后出台了《关于推进合肥市招投标体制改革的意见》，颁布了《合肥市招标投标监督管理办法》（第126号令），明确全市招投标体制改革的总体目标和具体措施，确定了合肥市招投标体制改革的总体框架。市纪委、组织部、监察局联合出台了《合肥市违反招标投标责任追究暂行办法》，对党员领导干部、国家公务员等相关工作人员违反招投标规定进行责任追究和纪律处分作出明确规定。另外，加强内部制度建设，市政府还出台了《合肥市招标投标投诉处理暂行办法》，招投标中心出台了《招投标业务工作程序》等一系列工作程序规定。这些法规制度的不断健全完善，促进和推动了全市招投标工作的开展，统一了招投标市场制度，规范了招投标办事规则。

### （四）统一标准

评标环节是招投标的关键环节之一，评标方法、标准的确定对于招标结果有直接的影响，在设有标底的招投中，接触标底的人也是投标人梦寐以求的追逐对象，通常采用的“综合评标法”由于自由裁量权无法控制，潜规则空间巨大，掌握标底的人，参加评标的人，编制标书的人等等，往往成为左右招标结果的关键。为了解决这个问题，合肥市推行“工程类项目有效最低价中标，土地和产权出让类项目有效最高价中标”，对工程建设项目只设最高限价，不设标底价，实行工程量清单计价招标、开标前公示最高限价、技术标符合性评审等制度，从根本上防止了投标人串标哄抬标价，招标项目成本大幅降低，这个评标标准最大限度限制了自由裁量权，减少了人为因素对项目交易结果的影响。

这四个“统一”解决了以前多头监管困难、执行标准不统一的问题，还原了招投标活动的市场属性，用公开、公平、公正、开放的措施，营造了良好的市场环境，鼓励投标人之间进行充分的市场竞争。

## 二　强化分权制衡，改革建设项目全流程管理

招投标体制改革是政府投资项目改革的一个环节，尽管十分重要，但不能包括政府投资项目的各个层面、各个环节，因此无法单兵突进。合肥市以往招投标改革结果往往不理想，与招投标改革涉及面广、相关改革不配套有很大关系。

2006 年，为了保证招投标改革的结果不在实施过程中走样，避免假招标，合肥市把招投标改革措施向标后监管延伸，对招标后的执行建立严格约束制度，使招投标改革形成标前、标中、标后相互呼应的综合配套体系。在工程实施过程中实施严格签证制度，所有的工程经济签证必须经过查清原因、明确责任、追究责任、报批审查四个环节。属于工作人员失职失责的，要追究行政责任，属于设计、施工单位责任的，要追究经济责任，在此前提下，履行报批手续，方予认可。通过这种签证制度，限制了现场管理人员的自由裁量权，较好地控制了工程实施过程中的造价变化，维护了招投标结果的严肃性，也让那些企图通过低价中标，然后在实施中通过不正常手段变更工程量，达到非法获利目的的投标人望而却步，起到制度防范和震慑作用。

在工程款支付和决算中实施严格审计制度，所有的工程款项支付必须经过审计部门的跟踪审计和决算审计，防止出现高估冒算，确保工程资金安全。在工程实施过程中，有些中标人往往虚报工程进度，虚增工程量，以图从业主方提前套取工程款，在业主支付工程款超过实际进度时，中标人就采取拖延工期等方法以期取得更大的利益。通

过严格的审计制度，一方面可以避免此类事件发生，另一方面对代建人也是一种监督，防止代建人和中标人相互串通，造成业主损失。

在工程全过程建立担保制度和严格的诚信惩戒制度。在工程实施过程中，代建人对中标人的违约行为往往缺乏制约手段，造成质量、工期、造价、安全等方面管理失控，为了避免出现此类纠纷，增加对双方履约行为的约束，合肥市建立了中标后的层层担保制度，对代建人要提供工程款支付担保，对中标人要提供履约担保，中标价格较低的还要提供低价风险担保。通过担保这个经济手段，为双方的履约提供刚性约束。针对投标人的履约情况，合肥市建立了招投标市场主体行为的管理办法，对投标人在投标过程中的行为、中标后的履约行为建立了诚信系统；建立企业信用档案，对于缺乏诚信的企业实行严厉惩罚，直至逐出市场。通过这些措施，为合肥市政府投资项目建设管理提供了有力的保障。

2006 年，在改革招投标体制的同时，合肥市对政府投资项目建设管理体制进行了改革创新，按照管理科学的原则，将原来由市建委等政府投资项目主管部门全程负责的封闭保守的建设体系改变成开放、透明、相互监督的建设管理体系。

### （一）建立了分段负责、相互制约的建设管理机制

实行“六分开”，即将规划、立项、招标、投资、建设、审计这六个环节彻底分开。市委、市政府认为，招标投标、资金支付、质量评定、竣工结算等关键环节都集中在政府投资项目主管部门，使得这些本应发挥作用的相互之间的监督制约机制属于同体监督，发挥不了各种监督应有的作用。为了解决这种由于权力过分集中而产生的弊端，合肥市对这六个环节进行彻底的分离，规划部门负责项目的规划；发改委根据立项申请，对项目建设标准、建设概算等申报材料审查通过后，批准立项；合肥招投标中心根据项目建设组织单位所提供

的需求，通过公开招标的方式来确定项目的设计、施工、监理单位；建设所需投资由合肥市投融资管理中心根据审计部门的审计意见负责拨付工程进度款和结算款；政府投资项目的建设管理由合肥市重点建设工程管理局负责，按照合肥招投标中心通过招标确定的有关施工单位和工程量统一组织实施；项目实施过程中和竣工款项支付和结算由市审计局负责跟踪审计；工程结束后经过质量监督部门组织验收合格后，最终移交养护单位管理使用。这些单位之间没有隶属关系，都是直接对市政府负责，相互之间的制约监督机制非常明确，以前那种一家独揽所有权力的同体监督情况彻底改变，部门或个人通过权力寻租不仅变得困难，而且由于相互之间的监督，使得这种寻租的成本增大，被发现的风险也大大提高，从制度上为各种不法行为设置了一堵“防火墙”。

### （二）实施“有限代建人”制度

合肥市重点工程建设管理局是政府组建的专门负责承担代建人职能的非营利机构，作为代建人，合肥市重点工程建设管理局只负责建设的协调和组织，在这套体系中，代建人可以称为“有限代建人”，按照“六分开”的机制，代建人无权决定合同签订、款项支付、大额经济签证、设计变更、采购事项等等。这种设置破除了当前市场条件下作为中介的代建人出于牟利的利益驱动，对政府作为投资人的权益可能造成的“合法”损害，使政府作为公共利益的代表者的权利得到充分保障，从而最终保护社会公共利益。

### （三）加快建设投融资体制改革

合肥市以前的融资平台分散，体量小，资产质量不高，融资能力弱，融资成本高，偿债风险大。为此，合肥市组建了投融资管理委员会，对全市的投融资工作进行统一管理，成立投融资管理中心，负责摸清政府债务家底，动态跟踪融资活动，监督财政性资金使用，整合设立建设投资集团作为投融资的执行机构，负责融资、投资及还款工作，将优质资产注入，帮助企业建立稳定的现金流，将所有用于政府投资项目建设的财政性资金，不分具体的用途，全部以政府投资项目建设的目的拨给建设投资集团。这些措施极大地提升了建设投资集团的资产规模和现金流，提高了融资能力，截至2007年底，整合后的建设投资集团资产总额达274亿元，融资108亿元，债务结构由流动资金贷款为主转为中长期项目贷款为主，平均还贷年限超过十年，降低了融资成本及还贷风险。

合肥市招投标管理体制和项目管理体制的全面改革，体现了市委、市政府统一领导下决策权、执行权、监督权的相互制衡和相互配合，有效遏制了招投标环节和工程建设领域腐败的发生，保证了城市大建设和大发展。

## 三　合肥招投标和项目建设管理改革的效果与启示

自2006年合肥市推行政府投资项目建设管理改革以来，合肥市的政府投资项目建设方式发生了巨大变化，这种变化带来的绩效也是明显的。

### （一）经济效益明显

作为政府投资项目最大的业主，合肥市从管理体制和机制上对政府投资项目建设模式的改革，为合肥市带来显著的经济效益。科学分工，职责明确，使政府效率大大提高；严格的标后管理，使中标人合同意识、信誉意识增强，政府投资项目建设的质量、造价、工期等得到较好控制。截至2011年底，5年时间里，合肥招标投标中心共完成招投标类项目15416个，签订合同金额2086亿元，与预算相比节

约和增值资金达到636.23亿元。其中合肥市政府投资的建设项目5646个，中标合同金额896.4亿元，与工程招标控制价相比减少政府建设资金支出达380.68亿元，执行政府采购项目7756个，中标合同金额162.46亿元，与采购预算价相比减少资金支出59.12亿元。

## （二）社会效果良好

由于实行阳光政策，取消标底和综合评分法，限制了专家评委的“自由裁量权”，潜规则不再通行，投标人合法竞争意识更加强烈，特别是通过投标资格后审制等一系列措施，使围标、串标行为得到遏制，招投标市场环境得到净化。通过加强监管，严格执行违规失信行为的惩处措施；通过新闻媒体，营造社会监督的良好氛围；对招投标过程中的违规现象严厉打击，先后取消了80多家企业的市场准入资格。初步建立交易规范、竞争有序、监管有力的市场环境，招投标市场诚信体系初步确立。

## （三）政治效益突出

通过政府投资项目建设方式的创新和探索，还营造了一个风清气正的良好建设环境，打招呼、批条子等现象在合肥招投标市场已经绝迹，五年来，没有发现干部在招投标环节出现违法违规行为，可以说这种体制营造了一个“不易腐败、不敢腐败、不能腐败”的制度保障。

改革五年多的实践证明，合肥政府投资项目建设模式的探索和创新，是在社会主义市场经济条件下强化政府投资项目建设管理的有效途径，具有鲜明的合肥特点。

### 1. 统一平台下的完全分权

分权是合肥政府投资项目建设模式创新的立脚点，如何管好权力，是防止权力寻租，防范“政府失败”的关键点。通过剥夺权力和权力制衡来管理权力，使权力运行依靠明确的制度，通过制度剥夺权力的自由裁量，通过权力制衡来对权力实现有效的监督制约，最终使权力寻租之路行不通，有效的防范腐败，防止政府投资项目建设中的“政府失败”现象。

**2. 坚持依法行政，强化严格约束**

依法行政是现代社会对政府的基本要求。政府投资项目建设管理涉及多方市场主体，政府无论是作为管理者的政府，还是作为业主代表的政府，在政府投资项目建设管理活动中必须依法办事。在进行政府投资项目建设模式创新和改革中，合肥市坚持的一个基本前提就是“依法合规”，所有的程序都要有法律法规支撑，要求所有的改革要处于现行法律法规框架之下进行，确保依法有据、依法合规。

合肥市特别强调法制框架下的约束机制建设。政府市场经济环境中的重要职能之一就是维护市场秩序。招投标市场和基本建设领域不规范的重要原因就是政府没有起到应有的维护市场秩序的作用。实际上从来不缺乏维护市场秩序的手段，缺的是有关行政主管部门使用手段的决心。这些部门出于种种原因，有的是地方保护，有的是利益驱动，有的是权力寻租、幕后交易，对违规的市场主体监督不力，使得违规的市场主体得不到应有的惩罚，对市场造成消极的外部效应，进而造成市场的诚信危机。合肥市政府投资项目建设模式中通过严格的失信惩戒机制，对违法违规现象严查重罚，违法必究，处罚到位，对市场中违规主体严厉打击，使得市场主体对市场秩序建立信心。三年来，多次通过逐出市场、经济处罚、媒体曝光、列入黑名单等方式，对不诚信的市场主体进行惩戒，用完善的失信惩戒机制和强有力的手段建立和维护了市场秩序。除了对市场参与各方机构的约束，合肥市还强调对“人”的约束，主要是对政府工作人员建立严格的制度约束并贯彻执行。在分权之后，合肥市还制定了《合肥市违反招标投标责任追究暂行办法》，对党员领导干部、国家公务员等相关工作人员违反招投标规定进行责任追究和纪律处分作了明确的规定；在制度

建设中强调细节的明晰，消减模糊地带，尽可能降低“人”的自由裁量权，让所有人的决策在透明的、明确的制度下接受监督。

**3. 系统思维下的综合配套改革**

合肥市政府投资项目建设模式的改革是一整套的系统改革，这种改革的范围不仅是行政方式的改革，也包括了绩效评价系统；不仅是建设体制上改革，相关的管理机制上也做了改革；不仅是建设管理体制改革，也包括了投融资体制改革、招投标体制改革、政府效能建设等等。正是通过一系列相辅相成的改革措施，整体推进，才形成了具有合肥特色的、系统的政府投资项目建设模式。

**4. 打破垄断的市场开放**

地方保护和行业封锁是市场自由竞争的最大障碍，在建设领域尤其严重，一些地方政府、行业行政主管部门或个人出于本地区、本部门利益或出于私利，利用职权干涉建设市场，设置障碍，破坏公平竞争机制，限制外来企业参与本地、本行业市场竞争，这种地方保护和行业封锁行为，造成了政府投资项目建设市场的严重混乱，使得潜规则横行，市场竞争不充分。合肥市政府投资项目建设模式制度设计中，本着开放的原则，抛弃地方保护和行业封锁，对所有企业敞开大门，取消一切不合理的妨碍企业公平竞争的限制，让所有企业在公平的起跑线上平等充分竞争。

**5. 注重细节、强化效果检验**

政府投资项目建设管理是一项政策性、程序性很强的工作，涉及的法律法规纷繁复杂，但是由于有关法律法规制定时考虑不细，有些概念模糊，如何对样品进行封样，如何进行工程签证，如何进行招投标评审复议等规定不具体，给具体实施留下很多风险隐患点，造成管理困难。为了防范这些风险，合肥市政府投资项目建设从细节出发，制定了一系列操作性制度，对每个流程环节、每个容易引起操作歧义的活动进行规范，使得政府活动处于公众监督之下，减少了操作过程中的自由裁量空间。

从整体上看，合肥市招投标改革和基本建设体制的改革取得了明显的成效。合肥市的招投标体制改革开创了一种全新的招投标监管模式，引起了兄弟城市和上级有关部门的关注，产生了良好的示范效应。安徽省16个地市中有14个地市借鉴合肥做法，进行了类似的招投标体制改革。北京、太原、沈阳、南京、广州、深圳、武汉、长沙等100多个兄弟城市以及中直机关采购中心等一批招投标部门前来考察学习，中央纪委、国家发改委、安徽省纪委、住房和城乡建设等部门领导先后来到合肥招标投标中心调研招投标体制改革工作，对“合肥模式”的成功经验进行肯定。同时合肥市还吸引了外省市和合肥周边地区的一些项目慕名来合肥招标投标中心进行招投标活动，如河南平顶山市卫生局医疗卫生服务综合楼工程施工招标、六安的皋城大厦项目招标、宿州市人民路新汴河大桥施工招标项目等。这项改革成为我国工程建设领域改革和反腐倡廉建设的“合肥模式”，其经验和做法非常值得关注。

当然，任何改革不可能一蹴而就。合肥的招投标体制和基本建设管理体制的改革仍面临一些深层次的挑战与压力。比如相关法制规章矛盾问题。政府投资项目建设涉及法律法规众多，涉及行政部门众多。制度建设中的权力部门化倾向成为通病，相关行政部门设定权力大小、划分势力范围、排斥异己力量、政出多门的混乱情景屡见不鲜。这种法规打架现象，一是破坏了法律制度的统一性，损害了法律应有的权威性，影响了人们对法律应有的敬畏；二是给执法带来严重困难，影响了依法行政的水平；三是导致政令不畅，有令不行，有禁不止，造成地方保护、行业封锁，损害了公共利益。

如何在制度建设中拆除部门利益的藩篱，打破条块分割，实现法律法规及制度的去部门化问题，不完全是一个地方所能左右的，需要从更大范围甚至全国范围内进行调整。与之相关的是进一步削减自由

裁量权，消除“寻租空间”的问题。目前各地在弱化自由裁量权过大问题上进行了很多探索，但由于很多制度规定的程序简单，实践性不强，特别是过于忽略操作的细节，以至于制定出来的制度原则性过强，这样的制度最终会留下“寻租空间”，埋下腐败的隐患。同时在认真执行，认真监督，需要进一步强化对于违规破坏制度行为的惩罚。合肥的改革在上述方面的探索无疑是开拓型的，在不断总结实践经验基础上，仍须继续深化改革，从根本上建立基本建设领域惩治和预防腐败的体制机制。

# B.16
# 宁波创建社区廉政工作室推进基层廉洁工程

宁波市反腐倡廉建设课题组*

为适应反腐倡廉建设新形势的要求，宁波市创新反腐倡廉工作理念，在全市创建了100个社区廉政工作室，传播廉政文化，加强民主监督，化解矛盾纠纷，服务居民群众，逐步实现纪检监察职能的“下放”和“承接”，凝聚了社会反腐倡廉力量，畅通了群众诉求表达渠道，为深化基层廉洁工程建设提供了有效载体和有力抓手。

## 一 社区廉政工作室建设的背景与特点

近年来，随着社会主义市场经济的发展，社会经济成分和物质利益、社会活动方式、社会组织形式、就业岗位和就业方式等方面的深刻变化，给各项基层管理工作带来了许多新情况和新问题，也对加强社区党风廉政建设工作提出了迫切要求。同时，由于一些地区存在基层党风廉政建设制度不完善、监督不到位、约束不严格等问题，社区（农村）呈现违纪违法案件易发多发趋势。为此，2010年，宁波市借鉴香港廉政公署的防腐理念和经验，在海曙区、江东区等地率先探索建立了纪委工作站和社区廉政工作室。

---

* 课题组组长：张文斌，宁波市廉政文化研究会会长。课题组成员：张旭，宁波市监察学会秘书长；张志松，宁波市廉政文化研究会副秘书长；刘军，宁波市监察学会副秘书长；范三国。执笔人：刘军、范三国。

2011年3月，宁波市纪委印发在全市创建100个社区廉政文化工作室的文件，选择人流量较大、群众生活比较集中、工作基础较好的社区建立廉政文化工作室，开展创建培育工作。2011年9月，宁波市纪委印发规范社区廉政工作室建设文件，各社区廉政工作室按照有标识、有场所、有人员、有计划、有制度、有特色等“六个有”要求，进一步规范社区廉政工作室建设，夯实反腐倡廉工作的群众基础。2012年，宁波市纪委总结经验，制定了《宁波市社区廉政工作室指导手册》，完善了领导信访接访等制度，开展“积分评星”等活动，全市社区廉政工作室形成了总体谋划、联动推进的发展态势。社区廉政工作室的建设具有以下特点。

### （一）明确功能把握定位

100个社区廉政工作室以“齐参与、共监督”“社会廉洁，你我同行”为目标，通过宣传廉政知识、收集廉政信息、化解基层矛盾、提高服务效能等工作，为广大基层群众参与党风廉政建设畅通途径，提供平台。各社区廉政工作室在把握定位的基础上，找准开展工作的切入点和突破口，因地制宜打造个性化品牌，形成区域特色，不断给工作室注入新的内涵。如北仑区在九峰山等农村社区探索创建农村社区廉政工作室，推出了“大廉政”的概念，依托区域内的企业和驻区单位、社区纪委以及上级纪检监察组织三级网络组织体系，将农村社区廉政工作室职能拓展为组织指导、宣传教育、监督监测、便民服务等，为推进农村基层党风廉政建设、破解农村老问题提供了有力的组织保证。

### （二）出台制度规范运行

社区廉政工作室虽然是一个新鲜事物，运行时间不长，但宁波市十分注重制度建设。建立规范化运作制度。宁波市纪委对全市百个社区廉政工作室的规范化建设提出“六个有”的制度要求，统一形象标识，开辟固定工作场所，配备专职人员，制订工作计划，相继建立了社区廉政工作室的宣传教育、举报投诉咨询受理处置、廉情预警、志愿者招募管理、工作人员考核培训等制度，使廉政工作室有章可循，规范了社区廉政工作室的运作模式。建立四级联建制度。市纪委监察局成立下访工作组；县（市）区纪委监察局定点联系各工作室；各街道纪工委建立轮岗制度；日常工作以社区纪委为主、廉政志愿者为辅开展。建立部门联系服务制度。定期组织政府部门到廉政工作室开展讲座、咨询服务等活动。

### （三）建立队伍充实力量

各县（市）区廉政工作室先后建立起廉政志愿者队伍。面向社会公开招募了一批有一技之长，并且热心于廉政建设工作的志愿者，其中包括高校教师、行业专家、机关公务人员、社区工作者、普通群众等，争取最广泛的参与，凝聚全社会之力加强党风廉政建设。

### （四）突出重点营造氛围

工作室把开展廉政文化创建活动，宣传反腐倡廉政策理念作为工作重心，与社区文化建设相结合，因地制宜地组织开展主题鲜明、形式多样的廉政文化创作、交流、传播活动，打造个性化品牌，形成区域特色。

### （五）强化监督服务群众

社区廉政工作室结合基层廉洁工程建设，发挥矛盾纠纷化解站的作用，通过领导接访、联合办信、专题协调等多种方式，直接受理党员群众党风廉政建设方面的投诉和有关政策法规咨询，收集党员群众对反腐倡廉工作的意见和建议，化解群众反映的热点、难点问题。工

作室坚持以群众工作为切入点，立足为群众办实事、解决困难，贴近群众，倾听群众的诉求，及时发现并解决群众关心的热点难点问题，做好服务群众、服务社区的工作。

## 二 “五管齐下”打造党风廉政建设基础平台

社区廉政工作室按照“以廉洁促和谐，以服务促发展”的工作思路，以打造“群众家门口的纪委”为目标，创新管理机制，拓展工作内涵，立足组织指导、监督预警、化解矛盾、宣传教育、便民服务等五大职能，发挥区域纪检组织的统领作用，维护社区和谐稳定，服务区域广大百姓，推进了基层党风廉政建设。

### （一）打造基层党风廉政建设的“指导站”

宁波市把创建社区廉政工作室作为加强基层党风廉政建设的重要内容，纳入街道、乡镇经济社会发展和党的建设整体部署，与社区建设统筹规划、同步实施。建立上下联动机制，健全市及县（市）区纪委监察局领导和各室主任定点联系制度，每月定期到各社区廉政工作室指导开展工作，受理群众信访、举报和投诉，现场解决问题。各街道纪工委建立轮岗制度，纪工委成员轮流到廉政工作室开展工作。各社区廉政工作室健全完善工作运行机制，确保规范有序。如小港街道红联社区完善软硬件设施，建立信访接待室、设置监督信箱，工作职责上墙；建立了廉政工作室宣传教育、投诉接访、谈心交流、廉情预警、志愿服务等一整套制度，并编印宣传小册子摆放在醒目位置，便于服务；建立了由老党员、老干部、社区居民、文艺爱好者、大学生等参与的清风志愿者、监督员队伍，聘请有关单位领导作为社区廉政工作室的顾问。同时，将廉政工作室工作作为社区党支部书记“一岗双责”的重要内容来抓，街道纪工委成员定期到廉政工作室

“坐堂”接访，形成内外结合、上下联动的工作运行模式。廉政工作室成为社区反腐倡廉宣传、廉情信息收集、民主公开监督、矛盾纠纷化解、提升服务档次的“新引擎”。

### （二）打造基层廉政风险防控的“雷达站”

每年基层群众的上访信息中，不少都集中在社区（农村）群众对居务村务工作的不满上。为此，小港街道红联社区结合开展廉政风险防控机制建设，搭建党员、居民代表直接参与监督的平台，对社区重大事项、实事工程、党务公开、党员和社区工作者廉洁自律行为等居民关注的热点问题进行实时动态监督；拓展社会监督渠道，通过向共建单位、社会组织推出“廉政监督岗”等九大服务岗位菜单，确保社区各项工作阳光运作，实现居民从被动参与监督到主动参与监督的转变。江东区潜龙社区廉政工作室创建了“廉情绿色楼道”，在楼道内设置“楼道气象台”，以楼道为单位，制定评比细则和“红黄绿”三个预警等级，让党员群众时刻约束自己，提醒家人和邻居，互相监督、互相促进。北仑区九峰山社区把加强村务运作监督作为廉政工作室的一项重要任务，依托廉政工作室，吸纳区域协商议事会成员、人大代表、党代表等，聘请27名“廉政监督员”，建立区域化廉政监督队伍，提升了社会监督的广度。

### （三）打造化解矛盾促进和谐的“稳压站”

社区廉政工作室把服务群众作为工作切入点，倾听群众诉求，针对生产生活中的实际困难和热点问题，通过深入细致地做好宣传解释工作，化解群众疑难，理顺群众情绪，为群众办实事，获得了群众的拥护和支持。小港街道红联社区建立解决问题保障机制，明确社区便民服务和政策法规咨询等一般性问题必须当场回复；对党风廉政建设和干部作风的投诉问题，由社区党组织会同街道纪工委协同解决，并

限期反馈处理情况；建立纵向问题协调处理机制，及时和相关部门联系对接，定期组织教育、卫生、药监、司法、公安、城管等部门到廉政工作室开展讲座，现场解答群众关心的热点问题，受理群众的投诉等。北仑区九峰山社区廉政工作室针对城市化进程中出现的新情况新问题，发挥区域化纪检监察工作优势，运用社区“老娘舅”协会等调解方式，帮助群众处理纠纷；新碶街道社区廉政工作室结合农村社区工作实际，建立多部门联手受理、调处的工作机制，把纪检、信访、城管、司法、治安等社区群众工作统一纳入廉政工作室的工作范围，全面负责区域内各类矛盾纠纷的受理、调处和化解，基本做到“小事不出村，大事不出区域”。这种把社会纠纷解决在萌芽状态的模式，减少了矛盾解决成本，密切了党群关系，维护了社会和谐稳定。

### （四）打造基层廉政文化建设的“宣传站”

社区廉政工作室把开展廉政文化创建活动作为重要任务，招募一批有特长、且热心于社区公益活动的人员组建廉政志愿者队伍，开展丰富多彩的廉政文化活动。海曙区纪委天一工作室开展“清风拂甬城，廉香飘万家”廉政文化夜市活动，来自各行各业的廉政志愿者创办了10个廉政文化“摊点”，以廉政微故事、廉政动漫、廉政标识、廉政短信、廉政灯谜、廉政书画、廉政T恤、廉政成语、红色影片等群众喜闻乐见的文化活动弘扬反腐倡廉理念。小港街道红联社区整合社区中心广场、书画协会、合唱队、青少年活动中心、远程教育点、廉政图书室等资源，举办廉政文艺表演、清风茶会、廉政书画长廊、暑期青少年讲廉政故事比赛、向党员干部发送廉政短信等活动，推进了社区廉政文化建设。江东区社区廉政工作室把廉政教育融入邻里文化、家庭文化之中，与传统美德、社会公德教育结合起来，通过争创廉政文化示范点，形成了社区廉政文化“一社一特色”的局面，如潜龙社区开展“党员政治生日会”“家访式党课”等活动，划船社区结合背街小巷改造建设廉政文化主题墙，新城社区结合拆迁安置社区的乡土文化创办农耕文化陈列馆，常青藤社区在社区中心广场设立“常青藤赋”“荷塘月色”“爱莲说”等一批特色鲜明的社区廉政景观，营造了学廉、颂廉、守廉、倡廉的浓厚氛围。北仑区大碶街道社区借助“廉政工作室”覆盖各村的脉络，在征求村民关于文体队伍建设意愿的基础上，组建了越剧、太极、合唱、舞龙等8支廉政文化小分队，并将廉政文化融入梅花节、杨梅节、葡萄节、兰花展等旅游民俗文化节庆活动，展示浓厚的乡土文化韵味和清廉文明的和谐乡风。

### （五）打造方便群众便民利民的“服务站”

从“廉政工作室”筹划之初，服务功能便被摆在了重要位置。宁波市全面推进社区（农村）便民服务中心建设，通过把行政管理、行政审批、行政服务延伸到最基层，实现政府行政管理与基层群众自治的良性互动，方便了基层群众办事，促进党员干部尤其是基层干部作风的进一步转变，有效避免了暗箱违规操作，遏制了推诿扯皮、“吃拿卡要”等现象。普遍设立了“便民服务热线”，有的社区建立了由村民组成的“自家人”服务连锁站，提供上门服务。一些社区建立“爱心”志愿服务体系，采取“一对一”或“一对二”的结对方式，定期对特定人群展开帮助；将社区公益性服务项目向区域内孤寡、病残、高龄、特困老人等弱势群体倾斜，关爱服务特殊人群；社企联动资贫助困，由志愿者发起行动，对贫穷困难群众进行帮扶。此外，宁波市结合作风建设，依托结对机制，建立部门联系服务机制，拓展机关党员干部参与社会化管理的内涵，组织机关部门到社区廉政工作室开展各类服务活动，提升机关部门服务基层、服务企业、服务群众的水平。

## 三　社区廉政工作室的实践成效

社区廉政工作室创新纪检监察传统工作模式，使纪检监察组织通过工作站深入群众，又集中力量回应群众的需求，成为纪检监察组织联系群众的“连心桥”、为群众排忧解难的“直通车”，达到宣传廉政知识、收集廉政信息、提高服务效能、化解基层矛盾、服务一线群众的目的，积极营造廉洁透明、和谐稳定的社区环境。

### （一）解决了一批群众反映的突出问题

社区廉政工作室强化了组织协调、接访接诉等功能，注重收集各类苗头性、倾向性的矛盾和问题，通过及时有效处置，把问题解决在萌芽状态，发挥了在解决群众反映突出问题中的基础性作用。这些问题的解决，促进了基层党风廉政建设和社会风气的好转。

### （二）化解了一些社会矛盾

社区廉政工作室注重依托区域党组织，充分调动驻区单位以及党代表、人大代表、政协委员参与推进反腐倡廉建设的积极性，最大限度地实现了辖区资源共享、和谐共赢的共建氛围，为区域开发建设和发展稳定提供支撑。据不完全统计，2012 年以来，宁波市 100 个社区廉政工作室共接待群众来信来访 15000 多件，化解矛盾纠纷 2000 多起，社区居民的满意率达 96%，维护了社会和谐稳定。

### （三）推进了社会廉洁文化建设

社区廉政工作室通过宣传教育活动，使廉政文化有机融入各行各业，成为村落文化、行业文化、企业文化的重要组成部分，形成了区域“大文化”工作格局，并正在形成传统人文精神、当代文化特征和区域文化特色相融合的廉政文化品牌，推动廉政文化建设在基层的有序开展，促进尊廉崇廉良好社会氛围的逐步形成。

### （四）促进了基层公共服务职能的发挥

社区廉政工作室形成了以社区廉政工作室为核心、上下纪检组织联动、社区内全体党员和单位共同参与的工作新格局，调动了各方积极性，进一步完善了基层公共服务功能，提升了社区的公共服务水平。

## 四 思考与启示

基础不牢，地动山摇。社区不仅是单纯的居民居住点，更是社会群体利益的交汇点、各种社会矛盾的聚焦点、各项方针政策的落脚点，担当着维护社会稳定“安全阀”的角色，已成为政府工作和社会事务管理服务的重心。社区廉政工作室作为纪检监察组织延伸到基层一线的新生事物，作为加强基层廉洁工程建设的一个有效途径，在关注民生、维护民利、保障民权等方面有着不可替代的作用。

### （一）社区廉政工作室是保持基层党的纯洁性的重要载体

人民群众看中国共产党的纯洁性，最直观的就是从身边党员干部的一言一行中作出判断和评议。当前基层党员干部队伍的主流是好的，广大基层党员干部奋战在一线、工作在前沿，十分敬业和辛苦。但同时也要看到，这支队伍还存在不少问题，违纪违法案件还时有发生。从宁波市近三年立案总量看，2009 年、2010 年、2011 年三年平均立案数 860 件，其中涉及农村基层的案件为 464 件，占整个立案数的 54% 。因此，推进社区廉政工作室建设与保持党的纯洁性的根本目标和要求是一致的，对于增强基层党组织的创造力、凝聚力和战斗力，使基层党组织和党员干部始终保持纯洁性具有十分重要的作用。

### （二）社区廉政工作室是深化惩防体系建设的必要支撑

深化以惩治和预防腐败体系为重点的反腐倡廉建设，必然要求把惩防体系向基层、企事业单位、两新组织延伸，探索开展社区（农村）基层的惩防体系构建工作，形成横向到边、纵向到底、点面结合和充分拓展的构建网络。这个网络的基点在基层，没有基层的构建这个网络就有漏洞，整个框架就缺乏支撑。社区廉政工作室作为基层廉洁工程的深化和延伸，作为反腐倡廉建设的一项重要基础性工作，是构建基层惩防体系不可缺少的支撑点。实践证明，各社区廉政工作室在发挥服务群众、维护稳定职能的同时，最大限度地调动和保护了广大党员干部、人民群众参与和支持反腐倡廉建设的积极性，增强了社区群众当家做主的责任感，巩固了反腐倡廉建设的群众基础。

### （三）社区廉政工作室是实现基层民主管理与民主监督的有效方式

社区廉政工作室不管是跨街道、社区、农村，本质的特点都是社区自治组织。推进社区廉政工作室建设，并按照监督与服务相结合的要求，充分发挥社区廉政工作室在社区民主决策、民主管理、民主监督方面的作用，扎实开展廉政文化进社区活动和便民服务工作，对于夯实社区民主政治建设基础，满足人民群众的民主诉求，有着重要的现实意义。

### （四）社区廉政工作室是纪检监察职责向基层衍生的系统工程

社区廉政工作室建设是一项社会性、系统性很强的工作，应强化组织领导，完善省市纪委总体指导、区县纪委具体协调、街道（乡镇）纪委直接领导、社区党委和纪委具体负责、广大干部群众积极参与的领导体制和工作机制，确保创新工作有序推进；应坚持制度先行，注重规范建设，做到明确职责、确定人员、完善制度、配备设施、保障经费，夯实基层纪检组织基础，切实推动社区廉政工作室规范运行；应突出实践特色，从实际出发，因地制宜，因势利导，针对工作推进程度和出现的实际问题，提出不同要求，采取不同措施，确保有的放矢，争创工作特色；应树立群众路线，把服务群众、维护群众利益作为开展工作的出发点和落脚点，发动群众参与，回应群众诉求，解决群众困难，争取群众支持，为深化基层党风廉政建设奠定坚实的群众基础。

# 附　　录

Appendix

# B.17

# 2012 年中国反腐倡廉建设十件大事

为了解社会对中国反腐倡廉建设重大事件影响力的真实看法，就2012 年1 月1 日～12 月10 日发生的在全社会有较大影响的几十个事件，中国社会科学院中国廉政研究中心组织专兼职专家学者投票，选出2012 年中国反腐倡廉建设十件大事。

**1.《中华人民共和国招标投标法实施条例》正式施行**

国务院第183 次常务会议2011 年11 月30 日通过的《中华人民共和国招标投标法实施条例》，自2012 年2 月1 日起施行。《条例》针对当前招标投标领域一些项目规避招标或者搞“明招暗定”的虚假招标、有的领导干部利用权力插手干预招标投标、当事人互相串通围标串标等突出问题，细化完善了保障公开公平公正、预防和惩治腐败、维护招标投标正常秩序的规定。《条例》的出台，是落实中央部署、推动工程建设领域反腐败长效机制建设的一项重要任务，是解决招标投标领域突出问题、促进公平竞争、预防和惩治腐败的一项重要举措。

**2. 全国党政机关进行公务用车专项治理**

2011年4月以来，党中央、国务院作出了开展全国党政机关公务用车问题专项治理工作的重要部署。一年来，各地区各部门按照中央的部署和要求，扎实有序推进公务用车登记自查、审查核实、纠正处理、建章立制等各个步骤和环节的工作，专项治理工作不断取得阶段性成效。按照从严从紧、总量减少的原则对公务用车编制进行重新核定，中央和国家机关本级一般公务用车压减达35%。截至2012年3月底，全国党政机关共清理出违规公务用车19.96万辆。据不完全统计，专项治理工作开展以来，各级专项治理工作机构共督办查处群众信访举报和媒体披露的案件949件，给予党纪政纪处分170人。

**3. 温家宝提出禁用公款买烟和高档酒**

3月26日，国务院召开第五次廉政工作会议，中共中央政治局常委、国务院总理温家宝发表讲话。他说，严格控制“三公”经费，今年继续实行零增长。禁止用公款购买香烟、高档酒和礼品。加强车辆编制管理，清理和规范越野车购置和使用。各单位公务接待费用、公务车购置和运行费用、出国出境经费要详细公开。

**4. 重庆市原市委书记薄熙来因严重违纪问题被开除党籍**

4月10日，鉴于薄熙来涉嫌严重违纪，中央决定，依据《中国共产党章程》和《中国共产党纪律检查机关案件检查工作条例》的有关规定，停止其担任的中央政治局委员、中央委员职务，由中共中央纪律检查委员会对其立案调查。9月28日，中共中央政治局会议审议并通过中共中央纪律检查委员会《关于薄熙来严重违纪案的审查报告》，决定给予薄熙来开除党籍、开除公职处分，对其涉嫌犯罪问题及犯罪问题线索移送司法机关依法处理。10月26日，全国人大常委会发出公告，重庆市人大常委会罢免了薄熙来的十一届全国人大

代表职务。依照代表法的有关规定，薄熙来的代表资格终止。随后，薄熙来因涉嫌犯罪，最高人民检察院经审查决定，依法对其立案侦查并采取强制措施，案件侦查工作正在依法进行中。

**5. 国办发出细化“三公”经费信息公开通知**

4月18日，国务院办公厅下发了《关于印发2012年政府信息公开重点工作安排的通知》，要求推进“三公”经费等重点领域信息公开。《通知》要求，报送全国人大审查部门预算的国务院部门和单位，要公开财政部批复的全部预算表格并细化公开到款级科目，其中有关教育、医疗卫生、社会保障和就业、农林水事务、住房保障等支出要细化公开到项级科目。在推进“三公”经费和行政经费公开方面，中央部门要细化“三公”经费的解释说明，公开车辆购置数量及保有量、因公出国（境）团组数量及人数、公务接待有关情况等。

**6. 铁道部原部长刘志军因严重违纪问题被开除党籍**

5月，铁道部原部长刘志军被开除党籍，移送司法。2011年2月，经中共中央批准，中共中央纪委对刘志军严重违纪问题进行了立案检查。经查，刘志军滥用职权帮助北京博宥投资管理公司董事长丁羽心获取巨额非法利益，造成重大经济损失和恶劣社会影响；收受他人巨额贿赂和贵重物品；道德败坏；对铁路系统出现的严重腐败问题负有主要领导责任。刘志军的上述行为已构成严重违纪，有的问题已涉嫌犯罪。依据《中国共产党纪律处分条例》等规定，经中央纪委常委会议研究并报中共中央政治局会议审议，决定给予刘志军开除党籍处分，待召开中央委员会全体会议时予以追认；给予刘志军开除公职的行政处分由监察部按程序报国务院审批后，另行作出；收缴其违纪所得；将其涉嫌犯罪问题移送司法机关依法处理。

**7. 中央军委要求军队领导增加报告收入房产情况**

6月，经中央军委批准，总政治部、军委纪委印发了新修订的《关于军队领导干部报告个人有关事项的规定》。《规定》增加了报告事项的内容，将领导干部的收入情况、房产情况和投资情况纳入了报告范围；严格了报告程序，规定了领导干部报告个人有关事项的材料须经审签的制度；增加了报告材料调查核实的规定，明确了对报告材料进行调查核实的条件、批准权限；规范了报告材料查阅的规定，明确了纪委、政治机关、军事检察院查阅报告材料的条件、批准权限、查阅范围和查阅程序与要求等。

**8. 原足球运动管理中心领导人员受贿案件正式宣判**

6月13日，辽宁丹东、铁岭、鞍山、沈阳四地中级人民法院对7起涉足球系列犯罪案件的11名被告人进行了一审公开宣判。其中，前足球运动管理中心主任谢亚龙、南勇，前国家足球队领队蔚少辉均因受贿罪被判有期徒刑10年6个月，各处没收个人财产人民币20万元，违法所得依法予以追缴；前足球运动管理中心技术部主任李冬生因受贿罪、贪污罪，数罪并罚，被判有期徒刑9年。

**9. “表哥”“房叔”事件呼唤加强官员财产监督**

8月26日，陕西省原安监局长杨达才在延安交通事故现场，因面含微笑被人拍照上网，引发争议并被网友指出杨达才有多块名表。随后，杨达才又被曝出拥有价值十万多元的眼镜和名贵腰带，再次引发热议。9月21日，经陕西省纪委常委会研究并报经省委研究决定：撤销杨达才陕西省第十二届纪委委员、省安监局党组书记、局长职务，并进一步调查发现的其他违纪线索。10月，有网民曝出广州番禺区城管局政委蔡彬及其妻儿名下拥有21套房产，随后番禺区纪委作出回应。经查，蔡彬家庭房产数量与网帖所列数量基本一致，此前蔡彬在其每年的财产申报中，均称自己拥有住房两套，存在严重的瞒报行为。番禺区委作出对其停职的决定，并作进一步调查。

**10. 中央政治局作出改进工作作风、密切联系群众的“八项规定”**

12月4日，中央政治局作出改进工作作风、密切联系群众的

“八项规定”。“八项规定”包括：中央政治局全体同志要改进调查研究，到基层调研要深入了解真实情况，切忌走过场、搞形式主义，轻车简从、减少陪同、简化接待；精简会议活动，切实改进会风；精简文件简报，切实改进文风；规范出访活动，严格控制出访随行人员，严格按照规定乘坐交通工具，一般不安排中资机构、华侨华人、留学生代表等到机场迎送；改进警卫工作，减少交通管制，一般情况下不得封路、不清场闭馆；改进新闻报道，中央政治局同志出席会议和活动应根据工作需要、新闻价值、社会效果决定是否报道，进一步压缩报道的数量、字数、时长；严格文稿发表，除中央统一安排外，个人不公开出版著作、讲话单行本，不发贺信、贺电，不题词、题字；厉行勤俭节约，严格遵守廉洁从政有关规定，严格执行住房、车辆配备等有关工作和生活待遇的规定。这“八项规定”引起强烈反响。

权威报告　热点资讯　海量资源

# 当代中国与世界发展的高端智库平台

**皮书数据库** www.pishu.com.cn

皮书数据库是专业的人文社会科学综合学术资源总库，以大型连续性图书——皮书系列为基础，整合国内外相关资讯构建而成。包含七大子库，涵盖两百多个主题，囊括了近十几年间中国与世界经济社会发展报告，覆盖经济、社会、政治、文化、教育、国际问题等多个领域。

皮书数据库以篇章为基本单位，方便用户对皮书内容的阅读需求。用户可进行全文检索，也可对文献题目、内容提要、作者名称、作者单位、关键字等基本信息进行检索，还可对检索到的篇章再作二次筛选，进行在线阅读或下载阅读。智能多维度导航，可使用户根据自己熟知的分类标准进行分类导航筛选，使查找和检索更高效、便捷。

权威的研究报告，独特的调研数据，前沿的热点资讯，皮书数据库已发展成为国内最具影响力的关于中国与世界现实问题研究的成果库和资讯库。

---

## 皮书俱乐部会员服务指南

### 1. 谁能成为皮书俱乐部会员？

- 皮书作者自动成为皮书俱乐部会员；
- 购买皮书产品（纸质图书、电子书、皮书数据库充值卡）的个人用户。

### 2. 会员可享受的增值服务：

- 免费获赠该纸质图书的电子书；
- 免费获赠皮书数据库100元充值卡；
- 免费定期获赠皮书电子期刊；
- 优先参与各类皮书学术活动；
- 优先享受皮书产品的最新优惠。

社会科学文献出版社 SOCIAL SCIENCES ACADEMIC PRESS (CHINA) 皮书系列
卡号：4116908139686780
密码：

（本卡为图书内容的一部分，不购书刮卡，视为盗书）

### 3. 如何享受皮书俱乐部会员服务？

**（1）如何免费获得整本电子书？**

购买纸质图书后，将购书信息特别是书后附赠的卡号和密码通过邮件形式发送到pishu@188.com，我们将验证您的信息，通过验证并成功注册后即可获得该本皮书的电子书。

**（2）如何获赠皮书数据库100元充值卡？**

第1步：刮开附赠卡的密码涂层（左下）；

第2步：登录皮书数据库网站（www.pishu.com.cn），注册成为皮书数据库用户，注册时请提供您的真实信息，以便您获得皮书俱乐部会员服务；

第3步：注册成功后登录，点击进入“会员中心”；

第4步：点击“在线充值”，输入正确的卡号和密码即可使用。

皮书俱乐部会员可享受社会科学文献出版社其他相关免费增值服务
您有任何疑问，均可拨打服务电话：010-59367227　QQ:1924151860
欢迎登录社会科学文献出版社官网(www.ssap.com.cn)和中国皮书网（www.pishu.cn）了解更多信息

社会科学文献出版社　**皮书系列**

“皮书”起源于十七八世纪的英国，主要指官方或社会组织正式发表的重要文件或报告，并多以白皮书命名。在中国，“皮书”这一概念被社会广泛接受，并被成功运作、发展成为一种全新的出版形态，则源于中国社会科学院社会科学文献出版社。

皮书是对中国与世界发展状况和热点问题进行年度监测，以专家和学术的视角，针对某一领域或区域现状与发展态势展开分析和预测，具备权威性、前沿性、原创性、实证性、时效性等特点的连续性公开出版物，由一系列权威研究报告组成。皮书系列是社会科学文献出版社编辑出版的蓝皮书、绿皮书、黄皮书等的统称。

皮书系列的作者以中国社会科学院、著名高校、地方社会科学院的研究人员为主，多为国内一流研究机构的权威专家学者，他们的看法和观点代表了学界对中国与世界的现实和未来最高水平的解读与分析。

自20世纪90年代末推出以经济蓝皮书为开端的皮书系列以来，至今已出版皮书近800部，内容涵盖经济、社会、政法、文化传媒、行业、地方发展、国际形势等领域。皮书系列已成为社会科学文献出版社的著名图书品牌和中国社会科学院的知名学术品牌。

皮书系列在数字出版和国际出版方面也是成就斐然。皮书数据库被评为“2008～2009年度数字出版知名品牌”；经济蓝皮书、社会蓝皮书等十几种皮书每年还由国外知名学术出版机构出版英文版、俄文版、韩文版和日文版，面向全球发行。

# 法律声明